er

Martin Warnke, geboren 1937 in Ijui (Brasilien), ist Professor für Kunstgeschichte an der Universität Hamburg. Buchpublikationen u. a.: *Kommentare zu Rubens* (1965); *Flämische Malerei des 17. Jahrhunderts* (1967); *Bau und Überbau. Soziologie der mittelalterlichen Architektur nach den Schriftquellen* (1976); *Peter Paul Rubens. Leben und Werk* (1977); (mit W. Hofmann und G. Syamken) *Die Menschenrechte des Auges. Über Aby Warburg* (1980); (mit E. Helman und W. Hofmann) *Goya – »Alle werden fallen«* (1982).

XVII

Martin Warnke (Hg.)

Politische Architektur

in Europa vom Mittelalter bis heute – Repräsentation und Gemeinschaft

DuMont Buchverlag Köln

Frontispiz: Gedenkmünze aus Anlaß der Wiederherstellung der Fortezza di Porta Galliera in Bologna (vgl. S. 127 in diesem Buch).

CIP-Kurztitelaufnahme der Deutschen Bibliothek

Politische Architektur in Europa vom Mittelalter bis heute : Repräsentation u. Gemeinschaft /
Martin Warnke (Hg.). – Köln : DuMont, 1984.
(DuMont-Taschenbücher ; Nr. 143)
ISBN 3-7701-1532-5
NE: Warnke, Martin [Hrsg.]; GT

Erstveröffentlichung

Satz und Druck: Rasch, Bramsche
Buchbinderische Verarbeitung: Boss-Druck, Kleve

Printed in Germany ISBN 3-7701–1532–5

Inhalt

Einführung

1. Eine Architektur, die Botschaften verkündet, schien lange einem überwundenen Stadium alteuropäischer Kunstgeschichte anzugehören. Wenn selbst schon das Ornament ein Verbrechen war, dann um so mehr eine Architektur, die über ihren Zweck hinaus erzieherische Parolen auszugeben hatte. Als das Bauhaus den Affekt gegen die bedeutungsbefrachtete, durch hohle Gesten erschöpfte Baukunst in ein ästhetisches Programm umsetzte, das sich bald zu einem »Internationalen Stil« entwickelte, da schien der Geist des Jahrhunderts auf den ästhetischen Begriff gekommen zu sein. Alles, was sich nicht auf seiner Höhe bewegte, was sich neben oder gegen ihn sträubte, erschien als ein nachhinkendes Überbleibsel aus den Zeiten zweckentfremdeter Baukunst.

Erst als sich ein allgemeines Unbehagen an den Folgeerscheinungen funktionalistischer Architektur ausbreitete, wurde man wieder aufmerksam auf die Neben- und Gegenströmungen in der Architekturentwicklung dieses Jahrhunderts.[1] Sie hatten sich in den Vordergrund gedrängt in den totalitären Regimen, die immer auf Bedeutungsarchitekturen angewiesen zu sein glaubten. Die Architektur unter dem Nationalsozialismus wurde ein Gegenstand seriösen wissenschaftlichen Interesses.[2] Auch wenn dieses Interesse mit entschiedener kritischer Distanz gepaart war, signalisierte es doch die Bereitschaft, nichtfunktionalistische Baukonzeptionen wahrzunehmen.

Die Allgegenwart der Bauhauskultur hat auch leicht übersehen lassen, daß es bald nach dem Kriege schon wieder Bedeutungsarchitekturen gegeben hat. Der »plastische Stil« des späteren Corbusier verdichtete sich 1950/54 in Ronchamp zu einer tiefgründigen expressiven Gestalt. Für Brasilia entwarf 1957 Lucio Costa einen Grundriß in Gestalt eines Vogels, der den Fortschritt gleichsam auf den Flügeln trug. In Berlin ließ Hans Scharoun seinen »organischen

Stil« 1960/63 ausdruckshaft in der Philharmonie Gestalt gewinnen. In der DDR entwickelte Hans Henselmann seit 1966 die Theorie der sprechenden Stadtdominante, welche Leipzig das Universitätsgebäude in Form eines aufgeklappten Buches, Rostock ein Kulturhaus in Form eines Segels, Jena ein Zeiss-Hochhaus in Form eines Fernrohrs bescherte.[3] Es gab also immer auch eine gewisse Bedeutungsanfälligkeit der Architektur. Als dann die siebziger Jahre eine beispiellose Restaurationswelle in alten Stadtkernen brachten und eine unbefangene Rehabilitation gründerzeitlichen Salonstucks das rationalistische Bauen vollends desavouierte, da waren gleich bauästhetische Theorien und Praktiken zur Stelle, die dem neuen Geschmacksbedarf entgegenkamen. Unter dem Kampfruf einer »postmodernen Architektur« kamen wieder die alten Tugenden einer gepflegten »Formensprache«, die sich auch am Klassizismus schulte, ins Spiel. Architektur will plötzlich wieder reden, zitieren, bedeuten und unterhalten.[4]

In der Malerei hat es eine entsprechende Entwicklung der Ansichten gegeben. Lange hatte es so geschienen, als sei die abstrakte Malerei der Endpunkt eines langen Weges hin zur reinen, autonomen Form. Dann kamen die figurativen Leinwände der Pop Art und bald auch immer neue Realismuswellen. Von ihnen her hat sich der Blick zurück erweitert und in der Malerei des 20. Jahrhunderts breite Strömungen gegenständlicher, realistischer Bestrebungen entdeckt; auch hierbei geriet die nationalsozialistische Malerei neu ins Blickfeld.[5]

Der revisionsbereite Rückblick hat jedoch den Klassikern der avantgardistischen Moderne neue Seiten abgewonnen. Ihre Werke gewannen an Bedeutungstiefe. Gropius' Architekturen sah man das Pathos, die erzieherischen Absichten an, und in Mies van der Rohes Spätwerk sah man die Klassizität eines Schinkel und Goethe ebenso wie die Philosophie Wittgensteins wirksam werden.[6] Reine Zweckarchitektur, schiere Bedeutungslosigkeit, glaskalten Rationalismus strebten, so scheint es, nur die zynischen und zweitrangigen Architekten und Bauherren an.

2. Die kunstgeschichtliche Forschung ist zwar in ein eigenes System von wissenschaftlichen Methoden und Traditionen eingebunden, doch ihre Wertvorstellungen, Vorlieben und Probleme sind darüber hinaus bestimmt von den Vorgaben der zeitgenössischen Kunst.

Dem Programm einer bedeutungsfreien Architektur entspricht in der Kunstwissenschaft eine Wahrnehmung, die vor allem an der ästhetischen Erscheinung der Architektur interessiert ist. Die Fähigkeit, Bauwerke vergangener Jahrhunderte unabhängig von ihren Funktionen und Bedeutungen als Ausfluß eines Kunstwollens zu sehen, das Räume und Wände, bauliche Massen und Flächen, Körper und Glieder nach Maßgabe eines stilistischen Wahrnehmungsbedürfnisses strukturiert, darf den gleichen Rang beanspruchen wie die Fähigkeit, einen Bau ohne Ornament oder ein Bild ohne Gegenstand zu verwirklichen. Heinrich Wölfflin hat dieser kunstwissenschaftlichen Fähigkeit sowohl auf dem Gebiet der Malerei wie der Architektur zum Durchbruch verholfen. Seither war es möglich und üblich, Kirchen, Paläste, Schlösser und Burgen ohne Rücksicht auf ihre historische Bedingtheit und inhaltliche Aussageabsicht als reine Formereignisse zu sehen. Die Kriterien und Begriffe, die dabei zur Anwendung und bald auch zur Abspulung kamen, lassen sich durchaus mit den ästhetischen Begriffen vergleichen, die damals gebaut wurden; noch Hans Jantzens Analyse der »diaphanen Wandstruktur« gotischer Architektur hat eine eigentümliche Verwandtschaft mit den dünnrippigen Glasvorhängen an den Bauten Mies van der Rohes.[7]

Ebensowenig jedoch, wie die Bauhausarchitektur oder die abstrakte Malerei aus heutiger Sicht die allein gültigen Tendenzen der künstlerischen Entwicklung waren, ebensowenig hat die Form- oder Stilanalyse alle methodischen Alternativen der Kunstwissenschaft außer Kraft gesetzt. In der privaten Bibliothek Aby Warburgs und von ihr ausstrahlend sind gegen die reine Stilgeschichte gewichtige Argumente und Forschungsergebnisse erarbeitet worden, die gegen die Sehgeschichte eine Kulturgeschichte setzten, welche den inhaltlichen, bildungsgeschichtlichen, themen- und bedeutungsbestimmten Traditionsvorgaben ein neues Gewicht verliehen. Der wahrnehmenden Anschauung, die sich selbst in immer neuen Begriffen stillegte, wurde eine begriffliche Denkentwicklung gegenübergestellt, die in den Kunstwerken ihre anschauliche Umsetzungsfähigkeit erprobte.[8] Auf die Architekturforschung griff dieser Ansatz erst relativ spät über. Der hier abgedruckte Aufsatz von Fritz Saxl ist wohl überhaupt der einzige Fall, daß sich aus dem engeren Kreis um Warburg jemand zur Architektur geäußert hat. Sachlich wie methodisch grundlegend war dann Richard Krautheimers Aufsatz in der Zeitschrift des Warburg-Instituts über die mittelalterliche

Architekturikonographie (1942), worin aufgezeigt wird, daß die häufigen Architekturkopien im Mittelalter nicht eine Stil-, sondern eine Bedeutungsübertragung vollziehen.[9] Nicht zufällig kam die Architekturikonographie zuerst an mittelalterlicher Architektur zu schlüssigen Ergebnissen. Denn eine theologisch bestimmte Sicht hatte dem Mittelalter immer schon kaum etwas anderes zugetraut, als daß es jegliche Tätigkeit mit theologischer Bedeutung auflud. So hatte Josef Sauer schon 1924 die »Symbolik des Kirchengebäudes und seiner Ausstattung in der Auffassung des Mittelalters« untersucht. Hans Sedlmayr, der 1948 die Auffassung von der »Architektur als abbildende Kunst« skizziert hatte, hat dann zwei Jahre später in seinem Buch über die Kathedrale, die er als ein Abbild des Himmlischen Jerusalem deutete, diesen Ansatz zu einem heftig umstrittenen Höhepunkt geführt.[10]

Waren die für die mittelalterlichen Kirchengebäude erschlossenen Bedeutungen lange auf einen theologischen Rahmen eingeschränkt, so traten doch bald auch die politischen Interessen an den Bauwerken zum Vorschein. Hatte Hans Gerhard Evers 1939 in seinem Buch über »Tod, Macht und Raum als Bereiche der Architektur« die politischen Implikate noch in einer universalhistorischen Sicht allgemein gelassen, so hat doch Sedlmayr mit seinem Vorschlag, die »Kathedrale als Königskathedrale« zu sehen, eine genauere Bestimmung zur Diskussion gestellt.[11] Mit André Grabars groß angelegtem Buch über das Martyrium (1946) und E. Baldwin Smith' Buch über die Kuppel als imperiales Symbol (1950) waren gattungsmäßige und motivische Einzelbereiche der spätantiken und mittelalterlichen Architektur als politische Bedeutungsträger erschlossen.[12] Eine Zusammenfassung und eine programmatische Wendung erhielten diese Ansätze in dem Buch von Günter Bandmann über die »Mittelalterliche Architektur als Bedeutungsträger« (1951), worin das ganze Spektrum politischer Interessen, insbesondere der kaiserlichen, in die Dispositionen und Dekorationen mittelalterlicher Architekturen hineingetragen ist.[13] Das Interesse an der politischen Symbolsprache mittelalterlicher Architektur konnte bald auch mit der Anteilnahme der Historiker rechnen, die mit Percy Ernst Schramms Forschungen zu den mittelalterlichen Herrschaftszeichen den geschichtlichen Quellen- und Aussagewert der künstlerischen Überlieferung entdeckten.[14]

3. Diesen architekturikonographischen Vorstößen blieb immer das Problem gestellt, wie sie ihr Verhältnis zur formalästhetischen Sehweise bestimmten. War die ästhetische Erscheinung und die stilgeschichtliche Entwicklung einer Eigengesetzlichkeit unterworfen, die auch einen entsprechenden methodischen Zugang rechtfertigte, oder war sie ebenfalls noch bedeutungsträchtig und somit den jeweiligen politischen Interessen subsumierbar?

Zunächst hatte man angenommen, daß im Mittelalter die Bedeutungen den Bauten und ihren Elementen nachträglich übergestülpt worden seien. So wie die Allegorese vorgegebene Tatbestände der Natur oder des alltäglichen Lebens mit Bedeutungen belegt, so wären vorhandene Bauformen mit Sinn befrachtet worden. Mit wachsender Kenntnis und Einsicht fühlte sich die Forschung berechtigt, die Sinngebung als eine vorgängige und formbestimmende Komponente des Bauvorhabens wirksam zu sehen. Für Sedlmayr ist die Vorstellung vom Himmlischen Jerusalem anschaulich in die Gestalt der Kathedrale eingegangen. Erwin Panofsky hat die Struktur des gotischen Pfeilers als einen Nachvollzug scholastischer Denkakte gedeutet, und Otto von Simson hat in den Proportionen der Kathedrale die Zahlenspekulation der platonischen Philosophie aus der Schule von Chartres gegenwärtig gesehen.[15] In solchen Versuchen erscheinen Inhalt und Form zusammengezogen; das Sehen hat auch den Sinn mit zu erfassen. Ein wesentlicher Impuls der Stil- und Formanalyse, die ästhetische Erfahrung von der Bedeutungslast zu befreien, war damit rückgängig gemacht; die Form war von den historischen Bedingungen wieder eingeholt.

Trotz der bestechenden Deutungsangebote, welche die Formen an einen historisch einmal gültigen Sinn zurückbinden, darf man doch fragen, ob die ästhetische Erfahrung sich eine solche Rückführung auf geschichtlich erledigte Bedeutungen gefallen lassen muß. Daß die Bauten entfernter Jahrhunderte ganz unabhängig von einem ikonographischen Vorwissen »ansprechen« können, muß nicht nur einer unhistorischen Naivität zugute gehalten werden, sondern kann auch einer historischen Leistung jener Baukunst gerecht werden. Daß Form und Inhalt sich immer bruchlos zu einem geschlossenen Gehalt vereinen müßten, ist ein jüngeres theoretisches Postulat, das auch durch rezeptionsgeschichtliche Tatsachen kaum gestützt wird. Eine ästhetische Form, die sich in der Darstellung eines zeitgenössischen Inhaltes erschöpfte, wäre mit diesem zugleich auch erledigt und vermöchte nicht noch spontan Gefallen zu erregen. Deshalb ist es naheliegender, das Verhältnis zwischen ikonographischer Bedeutung und ästhetischer Vorstellung als ein antinomisches oder kritisches Verhältnis so stehen zu lassen, wie es sich auch methodengeschichtlich ergeben hat, indem Stilanalytiker und Ikonographen Arbeitsziele verfolgen, deren Erträge sich kaum etwas zu sagen haben. Dieser Tatbestand kann eigentlich nur bedeuten, daß die ästhetischen Formen, sofern sie sich nicht von inhaltlichen Zwecken absorbieren ließen, objektiv etwas geleistet haben, was den aktuellen Bedeutungs- und Funktionszusammenhang sprengte; daß in die Formen Bedürfnisse und Vorstellungsziele eingegangen sind, die durch die je gültigen theologischen oder politischen Sinnvorgaben nicht einzuholen waren.[16] Die beiden methodischen Zugänge, die Formanalyse und die Ikonographie, müssen nicht voneinander getrennt und nicht miteinander versöhnt werden; wenn sie kritisch gegeneinander stehen, werden sie der besonderen Leistung ihrer Gegenstände vielleicht am ehesten gerecht. Die Rekonstruktion der Bedeutungsabsichten, die etwa Bauherren mit einer Architektur verfolgten, ist notwendig, nicht damit sich die ästhetische Erfahrung in Einklang, sondern damit sie sich in Differenz zu jenen Absichten bringen kann: Im Bewußtsein dieser Diskrepanz erfährt sie ihre historische Berechtigung und ihren aktuellen Sinn.

4. Die in diesem Band zusammengestellten Aufsätze sollen einige Aspekte des politischen Bedeutungsumfangs, in dem Architektur wirksam werden kann, belegen. Sie sollen nicht einen Forschungsstand repräsentieren, sondern ein Problemfeld bestimmen helfen. Die Auswahl, in der manch wichtiger Beitrag vermißt werden kann,[17] berücksichtigt eine regional gestreute Reihe von Beispielen, die in der Mehrzahl aus der Neuzeit stammen, da es für sie noch nicht, wie für das Mittelalter, größere zusammenfassende Darstellungen und ausgefeilte Kriterien gibt.

Es lassen sich einige allgemeine Gesichtspunkte benennen, die eine Architektur zu einem politischen Faktor werden lassen:

– Bauen hat zu allen Zeiten politisches Gewicht schon dadurch gewonnen, daß es einen wichtigen *wirtschaftlichen Faktor* darstellte. Diese Funktion ist auch heute noch allen politischen Instanzen geläufig. Bauinvestitionen konnten Konjunkturen beleben. So häufig etwa Fürsten vorgehalten wurde, sie vergeudeten durch ihre Bauwut private oder öffentliche Gelder, so klar war doch auch bewußt, daß durch eine rege Bauaktivität den Untertanen Verdienstmöglichkeiten geschaffen wurden: »Denn er war ein friedlicher Fürst«, schreibt Spalatin von Friedrich dem Weisen, »und der es dafür hielt, daß man viel armen Leuten damit dienet, wenn man bauet.« Das Bauen, so erklärt um 1460 Filarete dem Mailänder Herzog, sei ebenso ruhmvoll wie nützlich, da es Gelegenheit biete, »seinen Reichtum vielen zugute kommen zu lassen, die sonst zugrunde gingen.«[18] Die Fürstenstaaten haben ihr Interesse am Bauwesen in großen allzuständigen Hofbauämtern institutionalisiert, und der bürgerliche Staat hat diese Zuständigkeit in entsprechenden Bauministerien oder -behörden ebenfalls wahrgenommen. – Eine elementare politische Aufgabe wächst der Architektur dadurch zu, daß sie faktisch oder scheinbar die *Sicherheit* politischer Machtträger gewährleistet. Sobald die Architektur nicht mehr nur gegen die Unbilden der Natur schützen, sondern Personen oder Institutionen nach innen oder nach außen sichern soll, ist sie von politischer Relevanz. Wehrkirchen, Burgen, Stadtmauern, Wachtürme, Graben, Wälle und Bunker, Geschlechtertürme, Sockelgeschosse mit Buckelquadern, Portale und Eisengitter, dies sind nur einige Stichworte für die vielfältigen Sicherheitsaufgaben, die durch die Architektur wahrgenommen werden. Psychologische Abwehrstrategien und Einschüchterungen haben dabei immer eine Rolle gespielt. Jacob Burckhardt hat das bekannte Räsonnement Papst Nikolaus' V. auf dem Sterbebett so resümiert: »Das monumentale Bedürfnis der Kirche, nicht in betreff der Gelehrten, welche Entwicklung und Notwendigkeit der Kirche auch ohne Bauten verständen, wohl aber gegenüber den ›turbae populorum‹, welche nur durch Größe dessen, was sie sähen, in ihrem schwachen und bedrohten Glauben bestärkt werden könnten. Dazu dienten besonders ewige Denkmäler, die von Gott selbst erbaut schienen. Die Festungen im ganzen Staat habe er errichtet gegen Feinde von außen und gefährliche Neuerer im Innern.«[19] Gegen diese ohne weiteres einleuchtende Einschätzung wendet sich schon früh eine scharfsinnige Kritik, die geltend macht, daß die gebaute Sicherung das Ausmaß der herrscherlichen Unsicherheit offenbare: »Es gibt für einen Herrscher«, so schreibt 1225 Thomas de Gatta an Kaiser Friedrich II., »keine bessere Verteidigung als die Liebe der Untertanen. Wenn die Herzen der Untertanen dem Fürsten aufrichtig zugetan sind, dann übertrifft dies alle Burgen und Heere. Wohltat und Milde taugen besser zur Verteidigung als die Burgen. Denn es gibt nur eine uneinnehmbare Festung: die Liebe der Untertanen.« Alberti und Machiavelli haben diese Argumentation wieder vorgetragen und vielleicht mit dazu beigetragen, daß die Sitze der Herrscher in der Neuzeit sich immer »offener« gaben.[20]

– Architektur kann explizit zu einer politischen Demonstration genutzt werden, indem durch sie *Machtverhältnisse* zum Ausdruck gebracht werden. Die Erscheinungsformen dieser demonstrativen Funktion sind vielfältig. Die geläufigste Art, eine soziale oder politische Überlegenheit geltend zu machen, ist das Imponieren durch quantitative Größe. Personale oder institutionelle Präponderanz tritt am einfachsten in Erscheinung, indem der Bau seine Nachbarbauten, die ganze Stadtsilhouette oder auch eine ganze Landschaft überragt. Öffentlichen Gebäuden wie Rathäusern, Justizgebäuden oder Parlamenten, die oft auch überregional ausstrahlen sollten, scheint eine solche Heraushebung fast natürlicherweise zuzustehen. Empfindlicher jedoch zeigte man sich immer gegenüber entsprechenden Demonstrationen persönlicher Macht. In den Städten, deren Topographie immer auch sozialpolitisch geprägt ist,[21] hat man schon früh durch rechtliche Vorschriften nicht nur die praktischen Belange, sondern darüber hinaus die politischen Demonstrationsformen zu regeln versucht, indem man etwa Geschlechtertürme kappte oder die Anbringung von Wappen verbot oder einschränkte.[22] In fürstlichen Städten und in absolutistischen Hauptstädten gab es Tendenzen, Erker, Balkons oder Arkaden vor Privathäusern zu verbieten, weil man sie sicherheitspolitisch für gefährlich hielt.[23] Daß die Demonstration durch Quantität auch in demokratischen Staaten eine Rolle spielt, kann man nicht nur an kleineren Konkurrenzsituationen in Wohngebieten beobachten, sondern vor allem an dem Wettlauf um das größte Hochhaus etwa in der Frankfurter City, aber ebenso an der robusten Präsenz der Kaufhäuser in den alten Kernen selbst kleiner Städte. Machtpolitische Willensbekundungen können sich auch programmatisch äußern. Dies kann dadurch geschehen, daß der Bau in dem Sinne »Bedeutungsträger« wird, daß er durch seine Gestalt Erinnerungen an signifikante Vorbilder wachruft oder durch fremde Zitate Machtansprüche anmeldet. Man nennt eine solche Architektur, die in ihrer Struktur Bedeutungen kundgibt, auch eine »architecture parlante«. Häufiger teilen sich Aussagen über Rechte, Anspruch und Status durch bildliche Darstellungen mit; dabei können plastischer Schmuck wie Wappen, Säulen, Reliefs oder Fresken behilflich sein.

Historisch haben sich diese politischen Äußerungsformen räumlich und zeitlich unterschiedlich ausgeprägt. Für die Neuzeit ist im Vergleich zum Mittelalter zunächst das Hervortreten einer profanen, meistens antikisch gefärbten politischen Architektursprache bezeichnend. Sie trägt dazu bei, die staatliche Sphäre als einen eigenständigen Wertebereich gegenüber kirchlichen und partikularen Traditionsbeständen aufzubauen und durchzusetzen. Dies geschieht in zwei großen Entwicklungsschüben. In einer ersten Phase repräsentiert sich der Staat in der Person eines Herrschers, auf den alle Sinnaussagen an Architekturen konzentriert sein können. In einer zweiten Phase orientiert sich die Einheit des Staates auf nichtpersonale, abstrakte Werte und Normen hin, auf »Volk«, »Nation« oder »Gerechtigkeit«, wodurch die öffentlichen Gemeinschaftsbauten zu Trägern eines staatlichen Gesamtwillens werden.

Daß diese Entwicklung, die auch der Gliederung des Bandes zugrunde liegt, nur ein grobes Schema ist, wird bei der Lektüre der Beiträge bald deutlich werden. So ist beispielsweise der Herrscherpalast auf den ersten Blick der Inbegriff einer Architekturform, in der die personale Identifikation mit dem Staat Stein geworden ist. Aber schon die ersten neuzeitlichen Architekturtheoretiker wecken Zweifel: Filarete meinte um 1460, ein Fürstenpalast sei »sowohl privat, als auch öffentlich«, das erstere, weil der Fürst darin wohnt, das letztere, weil er überdies darin Staatsgeschäfte abwickelt.[24] Auch im Herrscherpalast können also öffentliche und private, persönliche und staatliche Belange auseinandergehalten werden. Selbst die in Bauten verkörperte bürgerliche Gesamtheit ist in ihrer abstrakten Form nicht etwas ganz Neues; spätmittelalterliche Rathäuser sind repräsentative Gemeinschaftsbauten, in denen sich ein kommunales Bewußtsein nach innen und nach außen manifestiert. In den modernen Staatsbauten ist dieses kommunale Bewußtsein auf eine nationalstaatliche Ebene gehoben – ein Vorgang, für den die fürstliche Verkörperungstechnik hilfreich war: Die ersten Nationaldenkmale sind, wie Nikolaus Pevsner gezeigt hat, zugleich als Königsdenkmale konzipiert worden.[25]

Trotz dieser Überlagerungen können die Abteilungsüberschriften »Herrscherarchitektur« und »Gemeinschaftsarchitektur« einen heuristischen Wert gewinnen, wenn sie dazu dienen, an geschichtlichen Entwicklungen nicht nur das als bemerkenswert zu erachten, was die großen Linien bekräftigt, sondern auch das, was sich ihnen widersetzt. Die Architektur freilich ist gewöhnlich nicht das Feld, in dem Abweichungen oder Verflüssigungen leicht eine Realisierungschance haben. Die oft gewaltigen Zeugnisse politischer Architektur haben ihre stabilisierende Wirkung offensichtlich nicht verfehlt. Das deutlichste Indiz dafür bietet wohl die Sprache an, die zur Beschreibung gesellschaftlicher Verhältnisse gerne auf eine Baumetaphorik zurückgreift, die Bestehendes sichert: Man spricht von der »Basis« oder dem »Fundament« einer gesellschaftlichen Formation, von einem »Überbau« und einem »Mittelbau«, von den »Säulen des Staates«, und die Soziologie redet von einer »Versäulung«, wo sie schichtübergreifende Bewußtseinsphänomene gewahr wird. Immer liefern die architektonischen Metaphern Bilder für den Zustand politischer und sozialer Stabilität. Lediglich das Wort »Fassade« hat, seitdem das Bauhaus dieses Architekturmotiv abgeschafft hat, einen negativen, kritischen Anklang bekommen. Vielleicht vermag manche der hier zusammengetragenen Analysen dem destabilisierenden ironischen Angriff der Umgangssprache zu Hilfe zu kommen und wenigstens Nachdenklichkeit bewirken, bevor überall Wirklichkeit wird, was die Architekturprogramme verkünden: die Rückkehr zur Fassade.

Dezember 1983 — Martin Warnke

Anmerkungen

1 Vgl. die Textsammlung bei G. R. Blomeyer/B. Tietze: *In Opposition zur Moderne. Aktuelle Positionen in der Architektur.* Braunschweig/Wiesbaden 1980.

2 Vgl. Joachim Petsch: *Baukunst und Stadtplanung im Dritten Reich.* München/Wien 1976, und die Sammelbesprechung von Karl Arndt, in der *Kunstchronik*, Jg. 34, 1981, S. 285–297.

3 Vgl. hierzu Ulrich Kuhirt (Hg.): *Bildkunst und Baukunst. Zum Problem der Synthese von Kunst und Architektur in der DDR.* Berlin 1970, S. 116f., sowie den Artikel über Henselmann im *Lexikon der Kunst*, Bd. 2, Leipzig 1976, S. 259.

4 Die programmatische Schrift lieferte Charles Jencks: *The Language of Post-Modern Architecture.* Harmondsworth 1978 (2. Aufl.). Vgl. auch die Beiträge von Heinrich Klotz, Nikolaus Kuhnert und Peter Neitzke im *Jahrbuch für Architektur* 1980/81, S. 7–19.

5 Vgl. zuerst Berthold Hinz: *Die Malerei im deutschen Faschismus.* München 1974, den Ausstellungskatalog *Kunst im 3. Reich,* Kunstverein Frankfurt/M. 1974, sowie Reinhard Müller-Mehlis: *Die Kunst im Dritten Reich.* München 1976.

6 So bei Manfredo Tafuri/Francesco Dal Co: *Architektur der Gegenwart.* Stuttgart/ Mailand 1977, S. 346ff.

7 Heinrich Wölfflin: *Kunstgeschichtliche Grundbegriffe.* München 1915. – Hans Jantzen: *Kunst der Gotik.* Hamburg 1957.

8 Vgl. Werner Hofmann/Georg Syamken/Martin Warnke: *Die Menschenrechte des Auges. Über Aby Warburg.* Frankfurt/M. 1980.

9 Richard Krautheimer: ›Introduction to an 'Iconography of Medieval Architecture'‹, in: *Journal of the Warburg and Courtauld Institutes,* Bd. 5, 1942, S. 1–33.

10 Hans Sedlmayr: ›Architektur als abbildende Kunst‹, in: *Sitzungsberichte der Österreichischen Akademie der Wissenschaften,* Phil.-Hist. Klasse, Bd. 225, 3. Abh., Wien 1948, und ders., *Die Entstehung der Kathedrale.* Zürich 1948. Die Diskussion über die Thesen dieses Buches wurde in mehreren Nummern der *Kunstchronik* 1951 ausgetragen.

11 Hans Gerhard Evers: *Tod, Macht und Raum als Bereiche der Architektur* (1930), ist in zweiter Auflage 1970 erschienen. Hans Sedlmayr: ›Die gotische Kathedrale als Königskathedrale‹, wieder abgedruckt in: Sedlmayr: *Epochen und Werke.* Wien/ München 1959, Bd. 1, S. 182–198.

12 André Grabar: *Martyrium.* Paris 1946; E. Baldwin Smith: *The Dome.* Princeton 1950, und ders.: *Architectural Symbolism of Imperial Rome and the Middle Ages.* Princeton 1956.

13 Günter Bandmann: *Mittelalterliche Architektur als Bedeutungsträger.* Berlin 1951. Über Bandmanns Architekturikonologie vgl. Heinrich Lützeler, in: *Kunst als Bedeutungsträger. Gedenkschrift für Günter Bandmann,* Berlin 1978, S. 551–572.

14 Percy Ernst Schramm hat Sedlmayrs ›Entstehung der Kathedrale‹ in: *Geschichte in Wissenschaft und Unterricht,* Bd. 3, 1952, S. 447, recht positiv besprochen; angeregt zeigt er sich auch in seiner Besprechung des Buches von Bandmann in: *Historische Zeitschrift,* Bd. 174, 1952, S. 568–571. – Es lohnt sich, einige Titel zusammenzustellen, die Historiker in jüngerer Zeit zum Thema dieses Bandes beigetragen haben (unter den Autoren dieses Bandes sind Erich Maschke und Helmut Maurer Historiker): Arnold Esch: ›Spolien‹, in: *Archiv für Kulturgeschichte,* Bd. 51, 1969, S. 1–64; Michelangelo Cagiano de Azevedo: ›Laubia‹, in: *Studi Medievali,* Jg. 10, 1969, S. 431–463; Nicolai Rubinstein: ›Palazzi Pubblici e Palazzi Privati‹, in: *Filippo Brunelleschi. La sua opera e il suo tempo.* Florenz 1980, Bd. 1, S. 27–36; Barent Schwineköper: ›Der Marktbrunnen in Rottenburg am Neckar. Spätmittelalterliche Brunnen südwestdeutscher Städte als staatliche und städtische Hoheitszeichen‹, in: *Landesgeschichte und Geistesgeschichte. Festschrift für Otto Herding.* Stuttgart 1977 (= Veröffentlichungen der Kommission für Geschichtliche Landeskunde in Baden-Württemberg, Reihe 8, Forschungen, Bd. 92), S. 131–167; Henning Eichberg: ›Geometrie als barocke Verhaltensnorm. Fortifikation und Exerzitien‹, in: *Zeitschrift für Historische Forschung,* Bd. 4, 1977, S. 17–50; Thomas Nipperdey: ›Kirche als Nationaldenkmal‹, in: *Festschrift Otto von Simson.* Berlin 1977, S. 412–431, und ders.: ›Der Kölner Dom als Nationaldenkmal‹, in: *Historische Zeitschrift,* Bd. 233, 1981, S. 595–613.

15 Erwin Panofsky: *Gothic Architecture and Scholasticism.* Latrobe 1951; Otto von Simson: *The Gothic Cathedral. Origins of Gothic Architecture and the Medieval Concept of Order.* New York 1956.

16 Vgl. Martin Warnke: *Bau und Überbau.* Frankfurt/M. 1976, S. 147ff..

17 Insbesondere finden Bücher wie etwa Adolf Reinle: *Zeichensprache der Architektur. Symbol, Darstellung und Brauch in der Baukunst des Mittelalters und der Neuzeit.* Zürich/München 1976, oder Stanislaus von Moos: *Turm und Bollwerk. Beiträge zu einer politischen Ikonographie der italienischen Renaissancearchitektur.* Zürich 1974, keine Berücksichtigung.

18 Die Stelle bei Spalatin zitiert nach Robert Bruck: *Friedrich der Weise als Förderer der Kunst.* Straßburg 1903, S. 13f. – Aberlino Antonio Filarete: *Tractat über die Baukunst.* Hg. W. von Oettingen. Wien 1890, S. 18.

19 Jacob Burckhardt: *Die Baukunst der Renaissance in Italien.* Gesammelte Werke, Bd. 2, Darmstadt 1955, S. 11.

20 Die Nachweise bei Warnke a.a.O., S. 91, 172, Anm. 128. Ein Versuch, die Öffnung des Schloßbaus und seine Entfestigung politisch zu deuten, ist der Aufsatz von Michel Melot: ›Politique et Architecture. Essai sur Blois et le Blésois sous Louis XII‹, in: *Gazette des Beaux-Arts,* Bd. 70, 1967, S. 317–328.

21 Vgl. Carlo Guido Mor: Topografia Giuridica: Stato giuridico delle diverse zone urbane, in: *Settimane di Studio del Centro Italiano di Studi sull' Alto Medioevo,* Spoleto 1974, S. 333–350.

22 Vgl. etwa Wolfgang Braunfels: *Mittelalterliche Stadtbaukunst in der Toskana.* Berlin 1953, und Roger Gand: ›De la signification des Initiales, Armes, Effigies et Emblèmes figurés sur les édifices civils et militaires aux XVe et XVIe Siècles‹, in: *Mémoires de la Société Nationale des Antiquaires de France,* N.S., Bd. 3, 1954, S. 263–277.

23 Vgl. dazu Jacob Burckhardt a.a.O., S. 179f., 256.

24 Filarete a.a.O., S. 70f., 73f., 213f.

25 Nikolaus Pevsner: *A History of Building Types.* London 1976, S. 11ff. Vgl. auch Thomas Nipperdey: ›Nationalidee und Nationaldenkmal‹, in: *Historische Zeitschrift,* Bd. 206, 1968, S. 529–585.

I Begriffe und Methoden

Günter Bandmann

Ikonologie der Architektur*

> Je crois que la métaphore seule peut donner une sorte d'éternité au style.
>
> Marcel Proust

Ikonographie und Ikonologie

In der Altertumswissenschaft verstand man ursprünglich unter »Ikonographie« die Porträtkunde, die Bestimmung der auf Münzen, Siegeln und Gemmen erscheinenden Persönlichkeiten.[1] Dagegen bezeichnet die Kunstwissenschaft mit diesem Terminus schon seit dem 19. Jahrhundert allgemein die Kunde vom Inhalt bildlicher Darstellungen. Hier wird die Deutung christlicher, mythischer und allegorischer Handlungen und Gestalten mit unter den Begriff genommen. Die Ikonographie bezieht sich also auf die Kunde und Beschreibung von Personen und Vorgängen, auf den Inhalt, der bildlich dargestellt wird und, vom verwirklichten Kunstwerk her gesehen, präexistent ist. Auch die Deutung von Symbolen, d. h. Formen in dinglicher Gestalt, die auf eine übergeordnete Bedeutung hinweisen, welche nicht mit dem ursprünglichen Inhalt der Darstellung identisch ist, sondern darüber hinausgreift, gehörte im allgemeinen unter den Begriff der Ikonographie. Allerdings wurde im Zeitalter des Manierismus und des Barock für diese spezielle Symbolkunde auch der Ausdruck »Ikonologie« üblich, und es scheint sich zu empfehlen, ihn auf dem Gebiete der Architekturbetrachtung wieder zu beleben.[2]

---

* Günter Bandmann, ›Ikonologie der Architektur‹. In: *Jahrbuch für Ästhetik und allgemeine Kunstwissenschaft,* 1951, S. 67–109.

In der Kunstwissenschaft sind es vornehmlich zwei Quellen, die die Probleme der Ikonographie speisen: die in den Kunstwerken weiterlebende Welt der heidnischen Antike und der Bilderkreis des christlichen Mittelalters.

Als im 19. Jahrhundert im Gefolge romantischer Bestrebungen die Kunst des Mittelalters in das Zentrum des Interesses rückte, aber die in lokaler und epochaler Vielfalt sich gebenden Inhalte nicht mehr allgemein verstanden wurden, sind die ersten Ansätze einer ikonographischen Wissenschaft im modernen Sinne zu beobachten. Es ist bezeichnend, daß zunächst nicht in erster Linie die Kirchengeschichtler und christlichen Archäologen, die durch ihre Kenntnis des Materials und der schriftlichen Quellen zu dieser Aufgabe am meisten berufen gewesen wären, diese Probleme aufgriffen, sondern vielmehr Polyhistoren, noch mit den enzyklopädischen und universalen Neigungen des 18. Jahrhunderts ausgestattet, aber erfaßt von dem Drang der Romantik, die christlichen Symbole und Bilder des Mittelalters wieder zu beleben und zu deuten.[3]

Die zunehmende Erschließung literarischer Quellen aus den verschiedensten Epochen und Kulturzusammenhängen, ihre unkritische Vergleichung und die daran anschließende subjektive Interpretation brachten es mit sich, daß zwar in der Folge von phantastischen Kombinationen disparatester Belege sich weitläufige Perspektiven einstellten, daß so aber keine stichfeste Bestimmung möglich wurde. Vor allem die heranwachsenden vergleichenden Sprach- und Religionswissenschaften trugen, solange das Material noch von Gelehrten in einer Person bewältigt werden konnte, zu dieser Entwicklung bei. Mit der Spezialisierung dieser Wissenschaften aber und der Ausbildung eigener kritischer historischer Methoden, die auch die Leistungen dieser Quellen abgrenzten, hörte dieser Komplex, welcher Ikonographie, Kunstwissenschaft, vergleichende Sprach- und Religionswissenschaft, Volkskunde und vieles andere einschloß, auf zu existieren. Von nun an gab es auch eine exakte Ikonographie, die es sich angelegen sein ließ, unbekannte oder merkwürdige bildnerische Darstellungen durch die Heranziehung zeitgenössischer und kulturgleicher, meist literarischer Quellen zu bestimmen.[4]

Diese Beschränkung auf die christlichen mittelalterlichen Quellen und die Spezialisierung der Wissenschaften gaben der Ikonographie zwar ein eigenes Gesicht und eine feste methodische Basis; aber es ist auch zu beobachten, daß sie an Niveau verlor und ihre Einsichten nicht mehr weiteren Gebieten der Nachbarwissenschaften zugute kamen. Ihre Leistung als positive historische Wissenschaft war abzusehen: mit der Bestimmung aller rätselhaften und merkwürdigen Darstellungen war der Abschluß ihrer Aufgabe gegeben.[5] Sie war zu einer – wenn auch bedeutenden – Hilfswissenschaft der nun selbständigen Kunstgeschichte geworden. Ihre Probleme wurden nun – was die christliche Kunst anbetrifft – vornehmlich von Vertretern der verschiedenen Zweige der Kirchengeschichte aufgegriffen, denen von Haus aus eine Aufklärung der Sachen angelegen war.[6] Von ihnen stammen auch die Kompendien, die die Ergebnisse zusammenfassen.[7]

Bei dem im 18. und 19. Jahrhundert immer mehr zunehmenden Verständnis für das Schöpferische im Kunstwerk, den Stil, überhaupt das Kunstwerk als Organismus, dessen Kern die »innere Form« (Shaftesbury) ist, für das Einmalige, Unverwechselbare, in verschiedenen Gegenständen in gleicher Weise wirkende, sank die Ikonographie immer mehr zu einem Anhängsel ab. Man konnte das Werk eines anonymen Künstlers auch ohne Berücksichtigung seiner gewählten Bildinhalte zusammenstellen, den Charakter der deutschen, französischen und italienischen Kunst auch ohne Kenntnis der Themen umschreiben. Die Inhalte waren sozusagen nur Vokabeln des individuellen künstlerischen Genius, des Volks- oder Zeitgeistes. Nur wo auf besondere Weise diese imaginierten Geister an den Themen teilzuhaben schienen, galt das Sujet als untersuchenswert.[8] Im allgemeinen waren die Sachen in der stilkritisch orientierten autonomen Kunstgeschichte ohne wissenschaftliche Anziehungskraft. Exemplarisch erscheint in der zeitgenössischen Kunst für diese Gesinnung ein Ausspruch Liebermanns: »Es ist gleichgültig, ob man den toten Wallenstein oder einen Apfel malt.«[9]

Es ist hier nicht der Ort, die Bedingtheit dieser Anschauung, ihre Leistung und auch ihre Blindheit aufzuweisen, noch weniger, ihre Herkunft und Vertreter zu benennen;[10] es sei nur für unseren kurzen wissenschaftsgeschichtlichen Überblick festgestellt, daß diese Tendenz die Kunstgeschichte zu einer autonomen Wissenschaft und die Ikonographie zu einer entbehrlichen Hilfswissenschaft gemacht hat. Die zeitgenössische Beurteilung von Form und Inhalt bestimmte auch die Hierarchie der Wissenschaften.

Vom weltanschaulichen Untergrunde des 19. Jahrhunderts war auch die Fragestellung der Ikonographie selbst beeinflußt. Sie begnügte sich nicht mit der Feststellung von Fakten, Glaubenssätzen, Vorschriften und Vorlagen, um die Kunstwerke zu interpretieren, sondern versuchte auch, die Sachen selbst zum Gegenstand eines Schöpfungsaktes zu machen, indem sie etwa annahm, daß ein einzelner denkender Genius die Dinge erwählt und in dauernde feste Verhältnisse gebracht habe.[11] In Einzelfällen lassen sich zwar gelegentlich Nachweise dieser Art erbringen,[12] aber im allgemeinen ist diese Beurteilung des individuellen denkerischen Vorwurfs mit Recht kritisiert worden.[13]

Diese Korrektur war von Vorteil für die Ikonographie. Wenn Springer und Kraus die Schöpfung der Bildinhalte weniger an das programmatische Denken großer mittelalterlicher Theologen gebunden sahen, sondern die Bildinhalte wie die Predigten, Legenden und geistlichen Schauspiele als Konzentrationen und Niederschläge einer gemeinsamen Vorstellungs- und Ideenwelt, der christlich-mittelalterlichen, auffaßten, dann konnte sich die Wissenschaft der Ikonographie mit einer eigenen methodischen Struktur füllen, die über die Kunde der Vokabeln auch zur Erforschung der Syntax ausgreifen konnte. So muß man sagen, daß sich die Ikonographie trotz faktischer Nichtbeachtung von seiten der stilkritischen Kunstgeschichte im Haushalt der Wissenschaften einen festen Platz bereitet hatte.

Neben Stimmen aus der allgemeinen Kunstwissenschaft, die immer wieder und zu jeder Zeit vor einer Vernachlässigung der ikonographischen Studien warnten,[14] hat es auch stets große Wissenschaftsschulen und Sachgebiete innerhalb der Kunstgeschichte – ganz zu schweigen von der christlichen Archäologie – gegeben, in denen ikonographische Studien einen hervorragenden Platz einnehmen.

Zunächst ist Frankreich und auch das geistig abhängige Belgien als ein Hort der Ikonographie zu nennen. Es ist schwer zu sagen, ob die überragenden Gestalten von Cahier, Mâle, Millet, Diehl und Focillon und ihre Nachfolger eine Wendung zur autonomen formalen Kunstgeschichte verhindert haben oder ob die hier immer erhalten gebliebene Abhängigkeit der Kunstgeschichte von der allgemeinen Kultur- und Kirchengeschichte oder der tief begründete positivistische und rationale Charakter des Wissenschaftsbetriebes in Frankreich nur diesen Anschauungen Raum ließ. Immerhin ist es merkwürdig, daß in dem Lande des konsequenten Formalismus in der praktischen Kunstübung wissenschaftlich die Kunde vom Gegenstand so sehr im Vordergrund blieb.

In Deutschland ist vor allem die christliche Archäologie und die Byzantinistik der im 19. Jahrhundert allgemein eingeschlagenen und in Frankreich fortgesetzten Richtung treu geblieben.

Einen hervorragenden Platz nehmen ikonographische Studien in der sog. Wiener Schule ein. Hier war in den Arbeiten Wickhoffs, Dvořaks, v. Schlossers, Tietzes, D. Freys und Sedlmayrs nie der kultur- und geistgeschichtliche Aspekt aufgegeben worden – vor allem durch die enge Verbindung mit dem österreichischen Institut für Geschichtsforschung –, ja man kann sagen, daß die hier von Riegl entwickelten Methoden für eine formale Stilkritik über die Ikonographie gingen und daß heute bei Sedlmayr mit den geschärften Mitteln der Strukturanalyse und Stilkritik wieder zu ikonographischen Problemen vorgestoßen wird.[15] Da in der Wiener Schule die Ikonographie nicht – wie in der christlichen Archäologie – mit einem primären Sachinteresse, sondern immer im Hinblick auf die Kunst betrieben wurde, nimmt hier neben dem christlichen Bilderkreis auch der antike eine hervorragende Stellung ein.

Damit ist die Beziehung – nicht nur personell – zu einem anderen bedeutenden Zentrum ikonographischer Studien gegeben, dem Warburg-Kreis. Hier widmet man sich, angeregt durch Aby Warburg in Deutschland und fortgesetzt heute in London und Princeton, dem Problem des Nachlebens der Antike in der abendländischen Kultur. Während aber in Wien der Blick auf die bildende Kunst nie aufgegeben wird, hat im Warburg-Kreis die Antike als Gesamtheit ein größeres Interesse und andere Künste und Lebensäußerungen, die Religion, die Musik, die Dichtung und die Philosophie haben gleichen Rang in der Darstellung. Man könnte vielleicht sagen, daß der Warburg-Kreis in diesem Punkt der christlichen Archäologie vergleichbar ist, der auch das Speziell-Künstlerische nicht letzte Instanz ist.[16] Abgesehen von den Arbeiten Warburgs und Saxls sind vor allem diejenigen der nach Amerika emigrierten, nun in Princeton wirkenden Mitglieder Panofsky, Wittkower, Kantorowicz, Krautheimer und deren amerikanische Schüler zu nennen, die die Ikonographie in ein ganz neues Stadium getrieben haben.

Auch die christliche Archäologie ist gerade in dem Problem des Nachlebens der Antike mit vielen neuen wichtigen Arbeiten hervorgetreten.[17] Nachdem die bildende Kunst seit der Renaissance sich besonders profanen Themen zugewandt und Humanismus und Aufklärung zahlreiche Bedürfnisse durch die Wiedererweckung des antiken Bildungsgutes vom Christentum abgezogen hatten, hat nun durch den Nachweis der Einheit und der lebendigen Verbindung von Antike und Christentum[18] auch eine Annäherung von christlicher und humanistischer Ikonographie stattgefunden. Inwieweit diese Annäherung auch durch eine Gefährdung des gemeinsamen Gutes bedingt ist, soll hier unerörtert bleiben.

Um die hier schon vereinfachte »Wissenschaftstopographie« noch einmal zu skizzieren: aus einer von der Romantik inspirierten und durch sie auch sich objektivierenden universalen Wissenschaft löst sich die Ikonographie. Sie erhält im Zusammenhang mit der autonom werdenden, stark formalistischen Kunstgeschichte Hilfswissenschaftscharakter, bewahrt sich aber, wo sie sich nicht ausschließlich auf die Kunst bezieht, einen selbständigen Bereich, vor allem in der christlichen Archäologie und im Warburg-Kreis. Einen lebendigen Zusammenhang behält sie mit der formalen Kunstgeschichte in der Wiener Schule, während sie in Frankreich und in der Byzantinistik mehr in dem alten Zustand verharrt, der durch die positivistische Haltung nach der Reinigung von romantischen Tendenzen in der zweiten Hälfte des 19. Jahrhunderts bestimmt ist. Sie ist hier zwar, da es keine dominierende formale Kunstgeschichte gibt, nie zu einer Hilfswissenschaft degradiert worden, bleibt aber, bis auf wenige Ausnahmen (Focillon) von den modernen Problemen distanziert.

Die Ikonographie alten Stiles beschränkte sich auf die Bestimmung der präexistenten, durch das Kunstwerk abgebildeten Inhalte. Aber schon die humanistische Ikonographie und auch die christliche Archäologie mußten das Problem der Bedeutung, d. h. der Beziehung eines in der Darstellung eingeschlossenen Sinnes auf einen übergeordneten Zusammenhang, berücksichtigen. Die Ikonographie als Kunde von den abgebildeten Inhalten wurde damit zu einer Kunde von der Bedeutung der Inhalte erweitert, sie wurde Symbolkunde, Ikonologie. Wenn Christus z. B. als hellenistischer Herrscher dargestellt wurde, so sollte er zweifellos nicht das Abbild eines hellenistischen Herrschers sein, sondern man wollte mit der Fixierung der antiken Attribute einen übergeordneten Rang und Anspruch andeuten, der durch die geschichtliche Verwendung den Zeichen zugewachsen war und den sie anschaulich machten, ja, im mittelalterlichen Sinne sogar mit sich trugen. Oder: wenn im Barock auf einer bildlichen Darstellung ein Herrscher in figura der antiken Apotheose zum Himmel erhoben wurde, so sollte damit keine reale oder geglaubte Himmelfahrt illustriert, sondern symbolisch der sakrale Rang des Herrschertums kundgetan werden. Oder schließlich: wenn in der Amarnazeit in Ägypten auf dem Tempelboden Tiere abgebildet werden, die Säulen als Pflanzen wiedergegeben sind und die Decke Himmelssymbole zeigt, so wird natürlich nicht ein Stück Natur imitiert, sondern das Ganze bedeutet die Welt, vertritt anschaulich den Kosmos.[19]

In der Kunst der Frühzeiten ist häufig der Übergang von inhaltlicher Schilderung zur symbolischen Abkürzung, die ein Allgemeines vertritt, und damit zur Bedeutung zu beobachten. Zum Beispiel wird in Babylon die Darstellung des Tierkampfes zum heraldischen Wappen oder in Ägypten das Bild zur Hieroglyphe. In der altchristlichen Kunst, etwa bei Paulinus von Nola, erscheint nicht, wie noch in der Katakombenmalerei, der gegenständliche Bericht in den Bildern wichtig, sondern die übergeordnete symbolische Bedeutung in Bezug auf den Heilsplan.[20] Nur wer diesen kennt, dem leuchtet der Sinn des Ganzen auf. Überall, wo wie in der platonischen Philosophie die Vorstellung lebendig ist, daß das Dingliche nur ein Abglanz und Gleichnis der übergeordneten, gestaltlosen und stofflosen Idee sei, tritt der symbolische Überbau hervor. In allen diesen Fällen löst die Ikonologie (Bedeutungskunde) die Ikonographie (Inhaltskunde) ab. »Denn bei der ikonographischen« (ikonologischen) »Interpretation handelt es sich nicht nur um die Erkenntnis des im einzelnen Kunstwerk Dargestellten, sondern in noch viel höherem Grade um das Verständnis der ganzen Summe von Gedanken- und Gefühlsverbindungen, in deren Mitte es stand; das bloße Erkennen der Szene würde die Menge des Auszudrückenden nicht erschöpfen, daher auch Bedingungen verkennen, die für die Gestaltung – im weitesten Sinne – bestimmend sein mußten oder konnten. Wenn etwa im typologischen System, einem der grundlegenden Elemente der mittelalterlichen Ikonographie, alttestamentliche Szenen nur im Hinblick auf den neutestamentlichen Antitypus dargestellt werden, so liegt für uns eine völlige Isolierung der betreffenden Darstellung vor, die nur auf intellektuellem Wege an jene Gegenszene erinnert, gewissermaßen literarische Reminiszenzen auslöst. Für moderne Betrachter ist die typologische Zusammenstellung kein Element der Gestaltung, während die starke Durchtränkung der mittelalterlichen Bilderwelt mit diesem mystischen Rationalismus kaum daran zweifeln läßt, daß ursprünglich bei der Betrachtung der alttestamentlichen Szene der tiefere Nebensinn mitschwang, in einer Weise, die wir selbst bei theoretischer Erkenntnis dieses Sachverhaltes nicht präzisieren können, das Gefühlserlebnis mitbestimmte und daher für die Gestaltung als mitwirkender Faktor in Betracht kommen mußte, zumindest konnte... Demnach ist der ikonographischen Interpretation die Aufgabe gestellt, nicht nur das Dunkel zu erhellen, das den Gegenstand des Denkmals unverständlich macht, sondern noch mehr die eigentliche Intention, also den geistigen Zusammenhang, herzustellen.«[21] Dieser Bezüglichkeit besonderer Art ist auch die Architektur unterworfen, auch sie ist Träger von Bedeutungen und Hinweisen, die durch zahlreiche Quellen belegt werden können.[22]

Wenn man Wert auf terminologische Exaktheit entgegen dem allgemeinen Sprachgebrauch legt, müßte man also sagen, daß es keine Architekturikonographie, wohl aber eine Architekturikonologie gibt. Das heißt, die Ikonologie versucht die Frage zu beantworten: Was hat den Menschen damals diese oder jene Form bedeutet und welche Folgen sind für das Kunstwerk damit verbunden? Dagegen fragt die Ikonographie: Was stellt dieses oder jenes dar, was bildet es ab? Schon aus dieser Fragestellung ist ersichtlich, daß erstens für die Ikonographie bei ihrem primären sachlichen Interesse die Kunstwerke nur Belege neben anderen für den Inhalt sind, während für die Ikonologie das Kunstwerk als Ganzes, seine Organisation, in den Mittelpunkt des Interesses rückt; daß zweitens die Ikonographie im wesentlichen auf die darstellenden Künste, Malerei und Plastik, sich bezieht, während die Ikonologie auch die Architektur und das Kunstgewerbe aufnimmt, ja, daß bestimmte Bezirke der Malerei und Plastik ikonologisch uninteressant sind, nämlich da, wo wirklich die realistische Wiedergabe eines Vorgangs oder einer Gestalt allererster Antrieb war und wo die Determination der Sache, der Gestalt und des Vorgangs im Vordergrund steht: beim reinen Historienbild und beim neuzeitlichen Porträt. Diese letzte Feststellung aber erlaubt wiederum den Schluß, daß die Ikonographie für die mittelalterliche Kunst nur insofern von Bedeutung ist, als sie uns die vergessenen Fakten und Sachen wieder bekannt macht, die im Mittelalter selbstverständlich waren, daß sie also für die mittelalterliche Kunst im wesentlichen Hilfswissenschaft ist. Die Ikonologie dagegen ist für die mittelalterliche Kunst zentral, ja schließt, wie man zeigen könnte, die formale Kunsthistorie als Teilbezirk mit ein.

Der moderne Architekturgenuß

Unsere ästhetischen Kategorien bei der Beurteilung von Bauwerken gründen sich auf Empfindungen und Forderungen, die erst seit der Neuzeit, hauptsächlich seit der Renaissance, der Romantik und dem Jugendstil als erstrangige angesehen werden: Kunstwerk als Organismus, Konsequenz der Konstruktion, Materialgerechtigkeit usw.[23] Heute herrscht die Meinung, daß, nach Befriedigung des praktischen Bedürfnisses (als Wohnbau, Kirche, Fabrik) es die höchste Vollkommenheit des Bauwerkes ausmache, wenn es sich selbst darstelle, dem Material gerecht, ohne falsche Ansprüche. Wir genießen, auch an alten Bauten, den Wohlklang der Verhältnisse, die Frische der Raumkomposition, die angemessene Farbigkeit, die Gediegenheit des Materials. Diese Ideale schließen nicht mehr den Anspruch auf irgendeine formulierte Bedeutung ein. Es gibt nichts, das nicht im Bauwerk selbst begründet wäre. Sogar die allgemein erhobene Empfindung beim Verweilen in einem monumentalen Bauwerk wird auf den Selbstgenuß rhythmischer Bewegung zurückgeführt. Diese Kategorien sind vor allem im Kampf gegen den Historismus und den zweiten Barock des 19. Jahrhunderts mit ihren multiplizierten, oft gedankenlosen und aus ganz verschiedenen Stilgebieten gewählten Hinweisen von maskenhafter Bedeutung ausgebildet worden. Es gab ja auch keine Vorstellung einer umfassenden Ordnung, die das Bauwerk gleichnishaft hätte vertreten können.[24] Der Mensch selbst mit seinen Empfindungen war die letzte Instanz, die einst an die Gottheit gebundene Erschütterung Selbstzweck geworden.[25]

So ethisch und künstlerisch sauber diese Ablehnung falscher Ansprüche in der zeitgenössischen Baukunst ist,[26] so falsch ist es, die daraus abgeleiteten Maßstäbe in einer historischen Darstellung der Baukunst der Vergangenheit mit gleichem Gewicht anzuwenden.

In der Architektur sind den künstlerischen Folgerungen dieses konsequent angewandten Organismusgedankens Grenzen gesetzt. Die praktische zweckmäßige Bestimmung des Bauwerks und die statischen Bedingungen schaffen Sperren für eine »freie« künstlerische Bildung der Formen.[27] In der Malerei und in der Plastik kann die Betonung des Eigenen und Unverwechselbaren, von jedem Außerkünstlerischen Gereinigten so weit führen, daß die Abbildungsaufgabe vollkommen zurücktritt und jede vergleichsweise Beziehung, die Bedeutung eben, herausgedrängt wird.[28] Der Organismus des Kunstwerks spricht sich allein in den Farben, Linien und Flächen aus. Die Bezüglichkeit der Bildteile zueinander, sozusagen die künstlerische Kausalität, erzeugt der schöpferische individuelle Genius. Der Betrachter erfährt sie nicht durch die Logik der Vergleichung mit einem Vorbild, sondern durch die unmittelbare Ansprache seiner Tiefenperson, die auf Farben und Formen, nicht auf den rationalen bedeutungsmäßigen Überbau reagiert.[29]

Während wir uns an der Steinhaftigkeit des Materials delektieren und uns von der Naivität und Frische der Raumkomposition beeindrucken lassen, war im Mittelalter gerade die Sublimierung des Stoffes, die Einordnung der Glieder in das spekulative Bedeutungsgefüge, die Transponierung und Zähmung des Urtümlichen erregend. Das waren »der Honig und das Öl, die aus den Steinen gesogen wurden.«[30] Dieses Spekulative und Intellektualistische, das sich auch in den schriftlich überlieferten allegorischen Interpretationen mitteilt, gaben die Anweisung, das Bauwerk zu verstehen.[31] Der Allegorisierungsdrang gab der mittelalterlichen Kirche den sublimen und transzendenten Charakter, wie er in der Gotik des 13. und 14. Jahrhunderts auf unvergleichliche Weise hervortritt. Die natürliche Wucht des Steines, die Harmonie der statischen Verhältnisse, die feste, dingliche Ansprache der Farbe: alles das wird durchtränkt von der sinnbildlichen Bezüglichkeit und von dem Funktionalismus der Bedeutungen, indem die dem Stoff eigentümliche unmittelbare sinnliche Ansprache transponiert und auf eine höhere Ebene gehoben wird.[32] Die vorwärtsschreitende Beherrschung und Bewältigung des ursprünglich von magischen Gewalten erfüllten Stoffes ließ die Bedeutung aufscheinen und machte die Materie vergessen. Dieser Vorgang wurde gewiß als ein Genuß und Reiz empfunden, während wir uns im Gegensatz dazu wieder von dem Elementaren in der Kunst ansprechen lassen, das uns in urtümliche Verhältnisse zurückführt. Uns ist der Kunstgenuß – schon dieser Terminus ist bezeichnend – zunächst Ansprache der Tiefenperson[33] als Bedürfnis in einer allgemein durchrationalisierten Lebenssphäre, dagegen bewirkten im Mittelalter die Kunstwerke vor allem einen Anspruch an den rationalen Überbau, ein Aufblitzen des Geistes in einer im allgemeinen noch magisch durchwirkten Lebenssituation.

In der bildenden Kunst ist es vor allem der Barock, der sich von den allegorischen Verschlüsselungen mittelalterlicher Art abwendet und zu den urtümlichen Schichten hinabsteigt. Während zum Beispiel im frühen Mittelalter alle naiv-sinnlichen Äußerungen –

etwa im Text des Alten Testamentes (Hohes Lied) – ihrer unmittelbaren Wirkung beraubt werden, indem jedes ursprünglich geschaute Bild, jede dichterisch in sich ruhende Erzählung zur Metapher gedanklicher Bezüge und rational überbaut wird, sucht zum Beispiel Rembrandt wieder die unmittelbare Ansprache des Bibeltextes auf und löst die symbolisierenden Verkapselungen.

Die bisherige Forschung zur Ikonologie der Architektur

Die Wurzeln der wissenschaftlich betriebenen Architekturikonologie liegen in den literarischen Zeugnissen des Mittelalters, die heute als Quellen behandelt werden. Sie sind die ersten schriftlichen Anweisungen seit der Antike, die Bauwerke zu sehen und zu verstehen. Wenn sie auch keine lokalen und periodischen, d. h. geschichtlichen Ordnungstendenzen haben, sie formulieren sprachlich den Überbau der Bedeutungen, die Ordnung, die das Bauwerk und seine Teile vertreten. Sie sehen die Kirche als eine Summe typischer, aussagender Formen, die unter dem Begriff der ekklesia[34] durch die göttliche Ordnung, den Heilsplan zusammengefaßt werden. Sie schweigen von der Durchgestaltung im Einzelnen und kennen nicht den Begriff des Stils; dennoch ist das Bauwerk nicht eine reine Addition von symbolischen Aussagen, sondern wird als Ganzes, wohl auch Organisches gesehen, das durch die Hierarchie der Bezüge zusammengehalten wird. Steigerung der bildlichen Durchgestaltung ist also nicht Hinzufügung, sondern Ausklärung eines immanenten Sinngehaltes des ganzen Gebäudes. Epitheta, die sich auf Farbe, Zahl und materielle Beschaffenheit der Glieder beziehen, werden nur dann angeführt, wenn diese Eigenschaften wieder in sich eine symbolische Bedeutung einschließen. Nur die Bedeutung, die sich mit den Gliedern verknüpft, ist mitteilenswert. Die formalen Kategorien, wie sie seit Vitruv und durch ihn auch im Mittelalter geläufig waren, schrumpfen zusammen. Die Kategorien der »Komposition« und »Proportion«, die sich auf die bildmäßige Anordnung der Bauformen, auf eine Schauseite des Gebäudes beziehen, verschwinden. Dafür tritt die »Raumordnung«, die sich im Grundriß ausdrückt, beherrschend hervor.[35]

Die Grundeinstellung der allegorischen Interpretation ist am Anfang des Rationale des Durandus niedergelegt: »Quaecumque in ecclesiasticis officiis ac rebus in ornamentis consistunt, divinis plena sunt, signis atque mysteriis ac singula sunt caelesti dulcedine redundantia: si tamen diligentem abeant inspectorem, qui noverit mel de petra sugere oleumque de durissimo saxo!« (Deut. 32,13)

»Alles was in kirchlichen Diensten und Dingen an Ausstattungen vorkommt, ist von göttlichen Hinweisen und Geheimnissen und jedes einzelne atmet himmlische Süße. Doch nur, wenn sie einen aufmerksamen Betrachter finden, der versteht, ›den Honig aus dem Felsen und das Öl aus dem härtesten Gestein zu saugen‹.«[36]

Die nachträgliche Interpretation des Bauwerkes und seiner Teile, die spekulative Erdenkbarkeit der Bedeutung scheint diese Quellen für eine geschichtliche Darstellung der Baukunst unbrauchbar zu machen;[37] aber abgesehen von dem noch zu untersuchenden Problem, ob nicht diese nachträgliche Interpretation doch folgenreich für die formale Durchbildung ist, ist auch noch zu fragen, ob denn eine moderne ästhetische Kategorisierung der Baukunst etwa nach den Prinzipien des Tragens und Lastens, der Plastizität oder der Tektonik geschichtliche Realitäten trifft. Nicht nur diese allgemeinen theologischen Interpretationen, auch die Zeugnisse vom Bauherren, wie das berühmte des Abtes Suger von St. Denis[38] setzen diesen bedeutungsmäßigen, seit Origines und Clemens v. Alexandria gesicherten Sinn des Bauwerks als Himmelsstadt voraus: »In der Mitte hoben zwölf Säulen, entsprechend der Zahl der Apostel und ebensoviel in den Seitenschiffen, die Zahl der Propheten kennzeichnend, den Oberteil des Gebäudes empor, nach den Worten des Apostels, der im Geiste baut: ›So seid ihr nun nicht mehr Gäste und Fremdlinge, sondern Bürger mit den Heiligen und Gottes Hausgenossen, erbaut auf dem Grunde der Apostel und Propheten, da Jesus Christus der Eckstein ist, welcher die Wände von beiden Seiten eint, in dem jedes Bauwerk, sei es geistig oder materiell, wächst zu einem heiligen Tempel des Herrn.‹«[39]

Eine Exegese dieser Stelle kann hier nicht durchgeführt werden, es sei nur festgehalten, daß in den mittelalterlichen literarischen Zeugnissen sich diese Bedeutung des Bauwerks allerorts nachweisen läßt.

Das Ende dieser Verstehensweise ist mit dem Ende des Mittelalters gegeben und äußert sich z. B. in dem Ausspruch Luthers: »Da ich ein Mönch war, war ich ein Meister auf geistliche Deutung, allegorisierte es alles; darnach aber sahe ich, daß mit Allegorien und geistlichen Deutungen nichts nicht war... S. Hieronymus und Origines haben dazu geholfen, daß man so allegorisiert hat, Gott vergebe es ihnen.«[40]

Hiermit wird auch die Bedeutung vom Bauwerk gelöst; um sie zu wissen, ist für das Verständnis der Architektur nicht mehr notwendig. An die Stelle der Realität der Bedeutung tritt der Kontemplationswert, die Stimmung, die den Gläubigen erhebt.[41] Gleichzeitig erscheint die antike, über Vitruv weitergetragene Architekturtheorie wieder deutlicher und, vornehmlich angewandt auf die profane Baukunst, entwickelt sich die Vorstellung vom Gebäude als künstlerischer Organismus. Das »organische« Verstehen ist bis heute die Anweisung für die Architekturinterpretation, wobei unter Organismus sowohl ein anderes organisches Gebilde, etwa der Mensch,[42] als auch allgemein die lebendige Einheit des Kunstwerks verstanden werden kann. Es ist eigentlich auch eine »Bedeutung«, ein Hinweis auf eine umfassende Ordnung, nur ist diese nicht mehr religiös bestimmt, sondern auf die höchste Instanz der neueren Zeit, die Natur, bezogen. Es ist bezeichnend, daß bis weit in das 19. Jahrhundert, besonders aber in der Renaissance diese organische Ordnung nicht durchgreifend gemeint ist, sondern mehr auf der Außenhaut des Bauwerks, in dem sichtbaren Gliederwerk abgebildet wird. Sowohl Alberti als auch Winckelmann vertreten die Meinung, daß die Materie, der ungeformte Kern des Bauwerks sich nach dem Zweck und dem Bedürfnis richtet und nicht in das Gebiet der »Kunst« gehört, daß aber die sichtbare Außenhaut des Gebäudes die »Kleidung« ist, »welche die Blöße zu decken dienet.«[43] Der Stein ist der tote Stoff, der einen reinen Nützlichkeitswert hat, das organische Leben spielt sich auf seiner Oberfläche ab. Deshalb auch die bis ins 20. Jahrhundert selbstverständliche Kaschierung des Materials, die »Verkleidungssymbolik«.[44] An dieser Verkleidung bewährt sich der Geschmack, der goût, hier lassen sich die nationalen und individuellen, spezifisch künstlerischen Prinzipien erkennen.[45]

Diese Trennung von »bedeutendem«, im Sehen erfahrbarem Sinn des Bauwerks und toter, Zwecken und Bedürfnissen gehorchender Materie ist trotz der klassizistischen Färbung – da ja auf den ästhetisch bedeutenden Kunstorganismus bezogen – noch mittelalterlich und wird wissenschaftlich erst durch Schnaase mit seiner Interpretation nach den Raumqualitäten und seiner Vorstellung vom Eigenstil abgelöst.[46] Jetzt erst waren die Bauwerke aus sich verständlich und brauchten nicht mehr »abgeleitet« zu werden. Ihre Individualität war Wesensart und nicht Modifizierung einer idealen Vorstellung. Obwohl seine Anschauung erst den Weg für eine wissenschaftlich differenzierte Würdigung geebnet und die Grundlage für die folgenden großen Darstellungen von Dehio bis Frankl gegeben hat, läßt sich doch sagen, daß nur bei der Frage nach dem Eigenartigen des Einzelnen diese Vorstellung und Methode einen Fortschritt darstellt; erstrangige Phänomene der Baukunst der Vergangenheit wurden zurückgestellt.

Nun ist aber zu beobachten, daß die mittelalterlich-klassizistische Architekturtheorie zwar seit Schnaase und seinen Nachfolgern aus der autonomen, auf Formprobleme ausgerichteten Kunstgeschichtsschreibung verschwand, aber kurz vor ihm und nach ihm noch einmal in hervorragenden Vertretern erschien.

Der erste ist F. Schlegel, der nach einer Reise von Paris nach Köln 1804–5 seine Anschauungen in den »Grundzügen der gotischen Baukunst« (Leipzig 1846, S. 182ff.) niederlegte. Seine Auffassung von der Bedeutung der mittelalterlichen Baukunst ist zum ersten Mal seit dem Mittelalter – allgemeinen romantischen Tendenzen folgend – wieder christlich bestimmt. In ihm ging wieder die »Idee« des Bauwerks auf, denn »die Bedeutung war das vornehmste Ziel jener alten Künstler«, die »das sichtbare Gebäude der Kirche selbst im geistigen Sinne« darstellen wollten. Das Bauwerk sollte gleichsam »ein Nachbild von der ewigen Struktur des Himmels im Kleinen darbieten«. »Das Wesentliche ist die göttliche Bedeutung, welche allein die Schönheit zur Schönheit und das Ideal zum Ideal macht. Was man ohne diese Beziehung von Schönheit und Ideal redet, ist nur ein Geschwätz ohne Inhalt.«[47]

Diese Worte sind bis in ihre Formulierung hinein von mittelalterlichen literarischen Zeugnissen abhängig und in der neueren Kunstgeschichtsschreibung zur Grundlage von Forminterpretationen gemacht worden.[48] Die Abwandlung dieser immanenten Bedeutung der christlichen Baukunst sieht Schlegel vor allem in der Wirksamkeit der germanischen Phantasie, die, indem sie die Natur abbildet, ihre Vorstellung vom Unendlichen dem Bauwerk eingefügt habe. Auf diese Weise schiebt sich doch die neuzeitliche religiöse Instanz der »Natur« als Gottesoffenbarung wieder in die Interpretation. Gleichzeitig wird aber auch die ideale Forderung der Naturnachahmung der Antike und Renaissance christianisiert. Es ist verständlich, daß Schlegel – wie alle Romantiker – die Gotik wegen ihres größeren Reichtums an Naturformen und der offensichtlichen Wirksamkeit künstlerischer Phantasie der romanischen Baukunst vorziehen muß. Auch hier brachten erst die Bemühungen Schnaases die Möglichkeit positiver Würdigung der Romanik.[49]

Der zweite große Architekturtheoretiker, der auf das Problem der Bedeutung hinwies, ist Gottfried Semper.[50] Während Schlegel in den romantischen Tendenzen der Wiedererweckung und Rettung des Mittelalters verwurzelt ist und seine Einsichten mittelalterlichen christlichen Zeugnissen verdankt, hatte Semper seine Hauptanregungen von den idealistischen und materialistischen Strömungen des 19. Jahrhunderts empfangen. Darwin, Comte, Lotze, Schopenhauer und Th. Vischer sind seine geistigen Nachbarn. Er stützt sich in seiner Theorie weniger auf christliche als auf allgemeine menschheitsgeschichtliche Fakten.[51]

Es ist ein Kuriosum der Geistesgeschichte, daß nicht seine direkten Schüler sein Erbe verwaltet haben, sondern daß Alois Riegl, der sich gegen Semper richtet, seine Gedanken fruchtbar verarbeitet und methodisch gereinigt hat. Er hat die groben materialistisch-technischen Interpretationen, wie sie vor allem Viollet-le-Duc vorgetragen hat,[52] zurückgewiesen und mit seinem Begriff des Kunstwollens zunächst durchaus das Problem der Bedeutung berücksichtigt. Semper war zwar der Ansicht, daß die Kunst sich nach den Gesetzen der Natur entwickele, aber diese »Entwicklung« war ihm nicht ausreichend zum Verstehen der vergangenen Baukunst. Stark gegen die mittelalterliche Architektur aversiert, bezieht er sich hauptsächlich auf Beispiele der altorientalischen, antiken und Renaissancebaukunst. Wie Winckelmann sieht er die Grundlagen der Architektur in der Befriedigung von Bedürfnissen, im Gehorchen gegenüber dem Notwendigen. Die »Urhütte«, die auch in Goethes Hymne »Von deutscher Baukunst«[53] eine Rolle spielt und ihren Ursprung bei den französischen Architekturtheoretikern des 18. Jahrhunderts hat,[54] ist auch für Semper der Ausgangspunkt der Betrachtungen. Wie die Herdersche »Ursprache«, die Darwinsche »Urzelle«, die Goethesche »Urpflanze« entstammte auch die Sempersche »Urhütte« den großen Konzeptionen der Aufklärung zur Ur- und Weltgeschichte des Lebens. Sie war für ihn ein Gebilde, das von der nackten Notwendigkeit mit den von der Natur gegebenen Stoffen geprägt wurde. Diese zu Anfang gesetzten Formulierungen scheinen durch alle späteren Bauten hindurch und machen die unbewußte Symbolik des Bauwerks aus. »So wie die Sprachwurzeln ihre Geltung immer behaupten und bei allen späteren Umgestaltungen und Erweiterungen der Begriffe, die sich an sie knüpfen, der Grundform nach wieder hervortreten, wie es unmöglich ist, für einen neuen Begriff zugleich ein ganz neues Wort zu erfinden, ohne den ersten Zweck zu verfehlen, nämlich verstanden zu werden, ebensowenig darf man diese ältesten Typen und Wurzeln der Kunstsymbolik für andere verwerfen und unberücksichtigt lassen.«[55]

Nicht die nachträgliche gedankliche Interpretation der Bauformen im christlichen Mittelalter ist hier unter »Bedeutung« verstanden, sondern die von Anfang an gegebene, gedanklich nicht formulierbare Bedeutung der Urformen. An Hand eines umfangreichen Materials[56] weist er dieses Weiterleben der Urformen in der vorchristlichen Baukunst nach, wie ursprünglich keramische, textile und Holzbauformen in Stein übertragen werden und so die Verkleidungssymbolik ausmachen. Uns, denen das Maskenhafte des Historismus des 19. Jahrhunderts im Gefolge dieser These vor Augen steht, ist die hervorragende Bedeutung dieser Tatsache, daß das Alte im Neuen weiterlebt, nicht recht gegenwärtig. Um so wichtiger sind die modernen Bemühungen, diese Anschauung weiter auszubauen.[57]

Durch diese Beibehaltung der Form im Wechsel des Materials wird das Bauwerk erst zu einem aussagenden, hinweisenden und in einer rationalen Schicht verstehbaren. Die aussagende, bedeutende Form wird aus der technischen, struktiven Notwendigkeit gelöst. Baukunst ist dann nicht mehr im Wesen »durchgebildete Konstruktion, gleichsam illustrierte und illuminierte Statik und Mechanik, reine Stoffkundgebung«,[58] sondern Abbild von Tektonik, eben Kunst.[59] Die Folge ist eine Sublimierung des Technischen und Materiellen, eine Umwandlung realer Formen in »ideelle« Gebilde. »Das Formmotiv verliert seine Bedeutung, die es im ursprünglichen Stoffzusammenhang hatte und gewinnt durch neue Bindung an ideellem Gehalt.«[60] Das ist das »Kleid« Winckelmanns, mit dem das tote Material sich bedeckt. »Die Form als geistiger Mantel, der über die Materie geworfen wird.«[61] Auch schon Goethe sah als Charakteristikum der Baukunst die »Übertragung der Eigenschaft des einen Materials zum Schein auf das andere«, und im gleichen Sinne ist auch Riegl zu verstehen, wenn er sich gegen die technisch-materielle Interpretation der Kunst wendet und meint, daß die Darstellung dem Material abgetrotzt wird und das ideale Kunstwollen die Materie sozusagen als Reibungskoeffizienten hat.[62]

Die Beibehaltung dieser Formen sieht Semper an die Dauer der Gesellschaftsorganismen gebunden, die diese Formen geschaffen haben. Der Bestand dieser Gesellschaftsorganismen (Adel, König,

Gemeinde, Priesterschaft) ist keineswegs blutsmäßig bedingt, sondern kann von anderen Völkern fortgesetzt werden, wenn sie ihre Rolle beanspruchen, d.h. wenn sie sich durch die Rezeption alter Formen zu legitimieren versuchen. So ist es ohne weiteres möglich, den ägyptischen Tempel mit der christlichen Basilika des Abendlandes zu verbinden, nicht in unmittelbarer Abhängigkeit, sondern als Durchscheinen eines an eine bestimmte Menschengruppe und eine bestimmte Gottesauffassung gebundenen Raumtypus.

Die Loslösung der Formen von ihrer materiellen Gebundenheit, ihr ideelles Weiterleben auf Grund der neuen Bindung läßt Semper mit zwei Phänomenen beginnen. Das eine ist die Anwendung des axialen Prinzips in der Baukunst, d.h. die Ausrichtung des Tempels oder Palastes auf eine Himmelsrichtung und die symmetrische Anordnung der Bauteile. In diesem Prinzip glaubt er den Abdruck des Kosmos zu sehen, die Befriedigung »eines kosmogonischen Instinktes« im Menschen.[63] Und in der Tat läßt sich zeigen, daß die Axialität überall da herrscht, wo die Stadt, der Palast oder die Kirche als Abbild der himmlischen Ordnung, das irdische Geschehen als Reproduktion kosmischer Vorgänge aufgefaßt wird.

Das andere Phänomen in diesem Sinne ist bei Semper das Auftauchen des Quadermauerwerks, d.h. die Bearbeitung des natürlichen Materials für eine Unter- und Einordnung in das Gesamtbauwerk. »In dem hellenischen isodomen Quadergemäuer vollendete sich endlich die Emanzipation der monumentalen Form vom Stofflichen durch das allein untrügliche Mittel der vollständigen technischen Beherrschung des letzteren.«[64] Wenn man hier das Wort monumental im wörtlichen Sinne nimmt – denkmalhaft, zum Denken anregend, auf etwas hinweisend –, dann wird in der Tat die Bedeutung dieses Übergangs zum Quadermauerwerk hervorragend wichtig. Auch hier sind in der neueren Kunstgeschichtsschreibung die Semperschen Gedanken wieder aufgegriffen worden.[65]

Neben diesen beiden Arten der Bedeutung, die vor allem durch Schlegel und Semper betont worden sind: die den Formen immanente, seit Urzeiten eigentümliche Symbolbedeutung, die im Laufe der Geschichte an direkter Aussage, sozusagen an Sakralität und Realität, verliert, indem die Formen mehr und mehr in die Sphäre des Ästhetisch-Künstlerischen rücken und überall verwendet werden können, und die spezifisch christlich-allegorische Bedeutung, die sich zum Teil mit der der Ursymbole deckt, zum Teil aber auch spekulativ nachträglich fixiert worden ist, immer aber dem umfassenden Denkbild der geistigen Gemeinschaft, der ekklesia, der Himmelsstadt, des Heilsplanes untergeordnet ist – neben diese Bedeutungen tritt noch eine dritte, die erst in der Folge der Materialsammlungen der neueren Kunstgeschichte deutlich geworden ist und die wir am besten die geschichtliche nennen können.

Die geschichtliche Bedeutung, die mit den Bauformen verbunden ist, wurde erkannt, als man in historischen Darstellungen auf das Phänomen stieß, daß Bauformen über große räumliche und zeitliche Entfernungen hinweg, zum Teil aus ganz fremden Kulturzusammenhängen rezipiert wurden. Zwar hatte man schon lange Begriffe zur Hand, die mehr vom Ästhetischen her die Erscheinung erklären sollten. Man sprach von Renaissancen, Wiederbelebungen der vergangenen Kunst, indem man Tendenzen der italienischen Renaissance des 15. und 16. Jahrhunderts auf scheinbar ähnliche Vorgänge früherer Zeit übertrug. Man beobachtete schon in der Antike Renaissancen,[66] sprach von karolingischer,[67] ottonischer[68] und staufischer Renaissance.[69] Daß das Modell der italienischen Renaissance nicht ausreicht, diese früheren Erscheinungen zu erklären, ist in letzter Zeit dargelegt worden.[70] Gerade die frühen Rezeptionen und selbst die Anfänge der italienischen Renaissance sind weniger von dem Umstand bestimmt, daß die antiken Formen eine neue ästhetische Bedeutung erhielten und deshalb rezipiert wurden, sondern die geschichtliche Bedeutung, die Verwendung der Formen in der Vergangenheit durch Auftraggeber, in deren Nachfolge man zu treten gedachte, veranlaßte, die Formen aufzunehmen und in neue Zusammenhänge zu stellen. Das beweist die nur teilweise und bruchstückhafte Kopie antiker Formen im Mittelalter, die zum Teil ästhetisch gar nicht wirksam werden.[71] Erst die italienische Renaissance sieht die antike Kunst als Ganzes, das man neu beleben wollte.

Auch ein anderer in der Kunstgeschichtsschreibung benutzter Begriff ist bemüht worden, das Auftauchen von Formen zu erklären, die Ähnlichkeit mit denen vergangener Kulturen haben: der Begriff der Wachstumsparallele. Dieser stellte sich, wie schon der Name sagt, ein, als man die Kunst eines Volkes oder Landes als Organismus auffaßte, der einer Entwicklung vom Knospenhaften zur Blüte und schließlich zum Verwelken unterworfen ist. Dieser allen Kulturen submittierte Vorgang schuf Analogien bei gleichen Stadien. Man war so in der Lage, das »Eigene« jeder Kultur – die höchste Instanz neuzeitlicher Kultur- und Kunstgeschichtsschreibung – zu retten und die Übereinstimmung eben als Wachstumsparallele zu deuten. Durch die geschärften Mittel des vergleichenden Sehens konnte man logische Entwicklungen beobachten, ohne wesentliche Eingriffe von Formen, die nicht zu diesem Kulturkreis gehörten, berücksichtigen zu müssen. Die plötzliche frappante Ähnlichkeit etwa in der Plastik des 13. Jahrhunderts im Vergleich zu römischen oder gar griechischen Skulpturen[72] verstand sich dann als Parallele. Ohne das Faktum der Wachstumsparallele in sich leugnen zu wollen – gerade in der Malerei und Plastik ist sie von großer Bedeutung –, läßt sich doch sagen, daß in der Architekturgeschichte dieses Modell meistens versagt. Weder das karolingische durchlaufende Querhaus läßt sich aus einer zunehmenden Bereicherung der Ostanlage erklären – es steht gleich von Anfang an voll ausgeprägt in Übereinstimmung mit dem konstantinischen da – noch die salisch-staufische Zwerggalerie als zunehmende plastische und räumliche Durchdringung von Blendformen verstehen;[73] sie ist gleich am Speyerer Dom im 11. Jahrhundert vollentwickelt da, und man könnte mit Recht fragen, ob nicht die fast zufällig herausgewählten »Vorstufen« und »Abklänge« in Blendenform, die sich nur in Gebieten außerhalb des Oberrheins finden lassen, etwas anderes sind, eine weiterlebende oder auch rezipierte Schicht einer anderen antiken Bauform, eben der Blendgalerie. Dennoch soll, wie gesagt, die Wirksamkeit der Wachstumsparallele in der Baukunst nicht ausgeschlossen bleiben, doch bedarf es in jedem Einzelfall der genauesten Prüfung, die echte Rezeption wegen des geschichtlichen Anspruchs von der ästhetisch begründbaren Wachstumsparallele zu unterscheiden. Es ist der Unterschied zwischen unbewußtem, sich abwandelndem Brauch und der bewußten Tradition, die die voll ausgeprägten Typen an den Anfang setzt.

Während die Vorstellung von der »Wachstumsparallele« und den »Renaissancen« sich bei der Beobachtung der formalen Beschaffenheit der Quellen eingestellt hat, gibt es ein anderes Phänomen in der Baukunst, das die Anwendung dieser Begriffe verbietet, da es formal gar nicht faßbar ist. In einigen Fällen sind wir durch literarische Zeugnisse unterrichtet, daß ein Bauwerk ein anderes kopieren will, ohne daß formale Übereinstimmung zu beobachten ist. Es handelt sich hier also nicht um eine unbewußte Wachstumsparallele, sondern um eine bewußte Absicht, nicht um eine an den Formen erkennbare Renaissance, sondern um eine nicht durch die ästhetische Wirkung und optische Erscheinung der Form befriedigte

Rezeption. Da man, so dürfen wir annehmen, mit diesen Kopien wirklich den Vorbildbau zu reproduzieren glaubte, muß die Vorstellung von der Kopie eine andere gewesen sein als heute, d. h., da die Kopie nicht in der totalen formalen Übereinstimmung lag, muß die Bedeutung der Formen ablösbar, die Form nur ein Vehikel der angestrebten Bedeutung gewesen sein.

Durch die Untersuchungen von R. Krautheimer[74] wissen wir, daß im Mittelalter die Formen bei der Kopie nur insoweit vom Vorbild übertragen werden, als sie Träger von Assoziationen zur Bedeutung des Vorbildes sind. So ist nach den Urkunden Germigny-des-Près eine Nachbildung der Aachener Pfalzkapelle, Petershausen von St. Peter in Rom und der karolingische Palast in Aachen eine Nachahmung des römischen Lateranpalastes. Es war also nicht die Pracht und Qualität der Gestaltung und die Schönheit der Formen, die zur Rezeption anregten, sondern die Bedeutung, die mit diesen Formen verbunden war und über welche diese aussagen konnten. Ungefähre formale Ähnlichkeit befriedigte, wenn nur das Nacherleben oder die Bannung der an das Vorbild geknüpften Ereignisse und Mächte ermöglicht wurde. Die Übereinstimmung kann sich auf ganz allgemeine Dinge beziehen, z. B. auf die Zahl der Stützen.[75] Die symbolische Zahl kann auch auf die Maße der Stützen angewandt werden und an die Stelle der antiken, durch formale Gesetze bestimmten Proportionen treten.[76] Drei oder vier wiederholte Maße, einige kopierte Glieder genügen, die Identität der Bedeutung zu sichern. Je ungewöhnlicher die Gestalt des Vorbildes, je entlegener der Kulturkreis, dem es entstammt, desto weniger ist man auf totale Kopie angewiesen. Einige Reminiszenzen genügen. Das Vorbild wird in typische Teile aufgelöst und diese werden in der Kopie neu gruppiert. Unter Umständen genügt schon die Dedikation an den gleichen Patron,[77] um das Vorbild im Geiste neu erstehen zu lassen. Der wichtigsten Gemeinsamkeit, der der Namen, werden einige visuelle »Leitlinien« zugefügt. Die Bezeichnung der Bedeutung genügt, die Identität mit dem Vorbild zu charakterisieren.[78] Auf totale formale Kopie stoßen wir erst in historisierenden Epochen, die ein Bewußtsein der zeitlichen Distanz haben und das Bauwerk der Vergangenheit ästhetisch verselbständigen.[79]

Der partielle Charakter der mittelalterlichen Kopie wird uns erst recht verständlich, wenn wir den Realitätscharakter des mittelalterlichen Symbols uns vergegenwärtigen. Zwar können wir nicht im Mittelalter die urtümliche Namens- und Dingmagie der Frühzeiten annehmen, bei der schon der gleiche angeeignete Name oder das Rangabzeichen genügte, um sich die Gestalt oder den Rang anzueignen, weil mit diesen auch das Numen substanziell verbunden war; aber die im Mittelalter wirksame Tradition, d. h. die bewußte Aneignung und Weitergabe bewährter alter Prägungen, ist nur dann zu verstehen, wenn man einen größeren Realitätsgrad der überlieferten Symbole annimmt, die allerdings durch Nachahmung und Vervielfältigung immer mehr an Gewalt und Macht verlieren. In der symbolisch-hinweisenden und stellvertretenden Bedeutung ist das Kunstwerk auch im Mittelalter noch dinglicher Mächtigkeit voll und weit wirksamer als ein nur metaphorisch gemeintes Gebilde. »Dem Symbol haftet nichts von einer bloß mittelbaren Vergleichung, von einer Metapher oder einem ›Sinnbild‹ an: es steht als ein Unmittelbar-Wirkliches vor uns ... Aber in eine andere Bedeutung rückt es alsbald, sobald wir aus der Sphäre des religiösen Seins in die des ästhetischen Sinns hinüberblicken. Seine Wirklichkeit, seine dingliche Realität scheint jetzt mehr und mehr zu verblassen, aber um so bestimmter tritt ein neues, das eigentlich ideelle Moment hervor.«[80]

Das Verhältnis der verschiedenen Bedeutungen zueinander

In welchem Verhältnis stehen nun die verschiedenen Bedeutungen zueinander? Herrschen sie gleichzeitig, oder haben sie eine geschichtliche Abfolge?

Wir können zunächst sagen, daß seit der Renaissance zunehmend und in unserer Zeit vorherrschend die ästhetische Bedeutung der Formen wirksam ist. Wenn Formen der Vergangenheit wieder verwendet werden, dann vornehmlich wegen ihrer ästhetischen Qualitäten. Wir haben keinen Sinn mehr dafür, daß nicht jeder Ort den Rang hat, durch eine Säule oder einen Giebel ausgezeichnet zu werden. Die Bauformen verdanken heute ihre Verwendung der ästhetischen Leistung im Gesamtorganismus des Kunstwerks. Sie sind Elemente des künstlerischen Genius geworden. Diese ästhetische Bedeutung ist allerdings auch nach verschiedenen Richtungen gefärbt und nicht immer eindeutig zu bestimmen. Wenn etwa in unserem zeitgenössischen Kirchenbau auffällig wieder altchristliche und frühromanische Formen aufgegriffen werden, dann nicht nur, weil sie unserem ästhetischen Empfinden – Sinn für Flächen und übersichtliche Raumverhältnisse – entsprechen, sondern auch, weil ihr Kontemplationswert, ihr »Stimmungsgehalt« unsere zeitgenössische Religiosität anspricht. Man könnte sagen, daß die unmystische, seelenhygienische Funktion der Religion am besten durch diese einfachen übersichtlichen Bildungen ausgedrückt zu sein scheint. Dagegen spielt in diesem Beispiel nicht die geschichtliche und kaum die allegorisch-christliche Bedeutung eine Rolle. Höchstens, daß mit diesen Formen auch auf eine ursymbolische Bedeutung im Sinne Sempers angespielt wird,[81] die aber nicht durch die Rezeption geprägter alter Formen gesichert, sondern vom Künstler durch neue Formen, die allerdings ähnlich den alten erscheinen, gesucht wird. Das neue Material – Eisen, Glas, Beton – und die moderne Vorstellung vom echten durch und durch eigenartigen Kunstwerk lassen diese Art Historismus nicht mehr zu.

Das schließt aber nicht aus, daß auf anderen Gebieten der neueren Baukunst gelegentlich noch Unternehmungen im Sinne der alten Bedeutungen geplant sind, eben da, wo das Bauwerk dem durch die besondere Bedeutung charakterisierten Zweck dienen soll. So berichtet der Rheinische Merkur vom 29. 5. 48: »In jeder Hauptstadt der Welt solle ein genaues Abbild des Weißen Hauses für die amerikanische Botschaft errichtet werden, meinte Präsident Truman. Wenn ein amerikanischer Bürger seinen Botschafter besuche, solle er sich in das Haus des Präsidenten versetzt fühlen.« Ein Beispiel für die geschichtliche Bedeutung par excellence: nicht Kunstwerke sollen mit diesen Bauten errichtet, sondern durch Kopie die Bedeutung gesichert und Identität ihres Sinnes erreicht werden. Der Kontemplationswert für den Besucher liegt in dem Aufleuchten der geschichtlichen Bedeutung.

Auch die geschichtliche Bedeutung hat zahlreiche Schattierungen und grenzt sowohl an die ästhetische als an die symbolische. Sie ist vor allem an die offizielle Baukunst der Gesellschaftsgruppen und Völker gebunden, die in die Nachfolge früherer Gemeinschaften treten wollen. Sie kann sich erst in einem Augenblick der Menschheitsgeschichte einstellen, in dem das Bewußtsein der Vergänglichkeit wach ist und damit das Bedürfnis entsteht, sich ihrer zu entheben. Eine Folge wichtiger Abstraktionen und Objektivierungen muß stattgefunden haben: die Bannung der Bedeutung in einige wenige Zeichen, die Ablösung von der symbolischen Bedeutung durch Verdichtung auf ein individuelles Denkmal. Bei einer Rezeption, vornehmlich in andere Kulturzusammenhänge, hat meistens die geschichtliche Bedeutung vor der symbolischen den Vorrang.

Um ein Beispiel zu nennen: Die symbolische stellvertretende Bedeutung des durchlaufenden Querhauses an der Basilika in konstantinischer Zeit ist die des Thronsaales;[82] die Anwendung des gleichen Typs durch Karl den Großen in Fulda oder durch Desiderius in Monte Cassino ist wahrscheinlich bestimmt durch die in der Geschichte hinzugewachsene Bedeutung des Alt-Christlichen, Echt-Römischen und Konstantinischen.[83] Oder ein anderes Beispiel: Der König der Assyrer Sanherib zerstörte 689 v. Chr. das aufständische Babel, die Hauptstadt des älteren Nachbarreiches, das sich immer wieder aus der Herrschaft der Assyrer freizumachen versucht.[84] Er spricht aus, daß er den eigenen Landesgott an die Stelle des babylonischen Hauptgottes Marduk setzen will. Er übernimmt die Kultformen und den Bautyp des Marduk-Heiligtums nach Assyrien, um die Mardukkraft für sich zu gewinnen. Der bei Assurheiligtümern ursprünglich übliche Torherdtempeltyp wird aufgegeben und eine babylonische Zikkurat errichtet. Obwohl nun beide Tempeltypen stammesgebundene vorgeschichtliche Hausbautypen in gesteigerter Form darstellen, muß diese ursprüngliche immanente symbolische Bedeutung – in Pracht gesteigertes Wohnhaus – zurückgetreten sein gegenüber der geschichtlichen individuellen Bedeutung; die Zikkurat ist zu einem Attribut des Marduk geworden, dessen Macht man für sich gewinnen wollte, indem man sich sein »Zeichen« aneignete.

In diesem Beispiel wird deutlich, wie die symbolische Bedeutung gegenüber der geschichtlichen zurücktreten kann. Aber auch diese geschichtliche Bedeutung kann schwinden und die alte Macht- und Gleichnisform zum hochwertigen, aber bedeutungslosen Schmuckelement werden. Diesen Punkt können wir dann fixieren, wenn die ursprünglich das Wohnhaus bildenden, dann das Wohnhaus abbildenden und schließlich etwas Allgemein-Ehrwürdiges bedeutenden, nur dem Kultbau vorbehaltenen Formen nun am inzwischen ganz gewandelten Wohnbau als Schmuckform verwendet werden.

Die allegorische Bedeutung ist oben schon kurz interpretiert worden. Wir wollen darunter die Bedeutungen verstehen, die entweder etwas Unanschauliches bildlich vertreten wollen[85] oder aber nachträglich den überlieferten Formen unterlegt worden sind. Zur ersten gehören also alle die Bedeutungen, die darauf hinzielen, daß im Tempel oder auch im Palast der Kosmos, das Weltgefüge dargestellt sein soll.[86] Unsere Schlüsse auf diese Bedeutung gründen sich auf literarische Quellen und auf bildliche Darstellungen in

Verbindung mit dem Bauwerk: etwa die durch Namensaufschrift oder bildliche Darstellung als Apostel charakterisierten Stützen der Basilika, die das als Himmel gekennzeichnete Gebäude tragen,[87] in dessen Mitte der als Christus symbolisierte Schlußstein liegt. Besonders wichtige formale Folgen stellen sich ein, wenn sich diese unsichtbare göttliche Ordnung auch durch andere Architekturmetaphern ausdrücken läßt, etwa als Himmelsstadt,[88] als Burg[89] oder als Königspalast.[90]

Während sich diese kosmisch-allegorische Bedeutung auf die Organisation des Gesamtbauwerks bezieht, können die Einzelteile – zwar meist von dieser Gesamtvorstellung inspiriert – auch davon abweichende spekulative Bedeutungen aufnehmen: etwa daß ein Turm Maria, die Kreuzarme der Kirche die Himmelsrichtungen oder – außerhalb der christlichen Allegorie – eine Tür einen Mund und ein Fenster ein Auge darstellen können.[91]

Die allegorische Bedeutung läßt sich zu allen Zeiten bis in das 18. Jahrhundert nachweisen.[92] Doch läßt sich sagen, daß sie, vor allem in ihren spekulativen Zügen, eine Rationalisierung und eine auf den Kosmos gerichtete Religiösität voraussetzt, die sich weitgehend von der unmittelbaren dinglichen Magie der Formen freigemacht haben muß. Man schaltet mit diesen in gedanklicher freier Weise, um sie der Gesamtvorstellung dienstbar zu machen. Dennoch folgen die allegorischen Interpretationen meist den immanenten symbolischen Bedeutungen und bilden eine Untergruppe von ihnen. Erst in christlicher Zeit haben diese eine spezielle, mehr und mehr subjektive und intellektuell-allegorische Formulierung erfahren, die sich von der alten Bedeutung entfernen kann, meist sich aber von dieser ableitet. Das Christentum griff seit dem 4. Jahrhundert die mit einer bestimmten, wenn auch schon verblaßten Bedeutung behafteten Bauformen – Säule, Apsis, Bogen, Wölbung – auf und gab ihnen in ihrer Zusammensetzung zum Gesamtbauwerk einen neuen Sinn als Gottesreich, Gottesstadt, der eine Modifizierung der uralten Vorstellung vom Hause Gottes darstellt. Die Kirchenväter Origines und Clemens von Alexandria schließen sich den überlieferten symbolischen Bedeutungen an, nur fügen sie einen speziell christlichen Sinn hinzu, d. h. sie verwandeln das Symbol in ein Vorbild. Man folgt damit einer allgemeinen, in jedem Bereich anzutreffenden mittelalterlichen Gewohnheit der Interpretation und macht das Gegebene für den christlichen Heilsplan dienstbar.[93] So lassen sich die Vorstellungen der Säule als Gestalt, des Himmels als Gewölbe, der Kirche als Gottesstaat durch morphologische Untersuchungen bis in die altorientalischen Kulturen zurückverfolgen.

Das Ende der allegorischen Bedeutung ist mit dem einseitigen Hervortreten ästhetischer Gesichtspunkte und vor allem mit der nicht mehr allgemein verbindlichen oder zerstörten Vorstellung einer umfassenden Ordnung, sei sie christlich oder weltlich universal, gegeben. »Die der Form immanente Tendenz zur Vermannigfaltigung und Auflösung ist also stärker als der Wille zur Prägung und Wahrung religiöser Symbole.«[94]

Während die Beziehung der allegorischen Bedeutung zur symbolischen sehr eng ist, ist sie fast unabhängig von der geschichtlichen; zwar berühren sie sich etwa in dem Beispiel der Nachfolge der heiligen Grabeskirche in Jerusalem in den Taufkirchen,[95] aber im allgemeinen erfolgen Rezeptionen mehr wegen der geschichtlichen Bedeutung als wegen der allegorischen.

Die immanente symbolische Bedeutung beginnt mit den Anfängen der Architektur und stellt sich ein, wenn eine Bauform eine andere abbildend vertritt, mit der sie einst identisch war. Im Gegensatz zur allegorischen Bedeutung, bei der der Sinn nicht ursprünglich mit dem der abgebildeten Form identisch war. Dieses Phänomen, das das Fundament der oben angeführten Semperschen Theorie darstellt, gehört nun wirklich in den Bereich einer Architekturikonographie. Es sei ein Beispiel angeführt, das diese Art von Kopie von der bei der geschichtlichen Bedeutung erwähnten unterscheidet.

Die vorchristliche Architektur ist durch die wechselseitigen Beziehungen von Wohnhaus – Grab – Tempel – Palast gekennzeichnet.[96] Am Anfang steht das Wohnhaus. Es setzt schon eine seßhafte Bevölkerung voraus, d. h. in den nomadisierenden Stämmen manifestieren sich noch urtümlichere menschliche Situationen; aber erst in dieser Zeit sind die Voraussetzungen für monumentale Architektur gegeben. Das Wohnhaus erfüllt in einer ersten Schicht alle später von verschiedenen Architekturtypen übernommenen Bestimmungen. In ihm vollziehen sich die noch von Pneuma erfüllten Ereignisse der einfachsten naturhaften Gemeinschaft im vorindividualistischen Zustand, der Familie und Sippe. Die Vitalgemeinschaft ist auch die Religionsgemeinschaft.[97] Der Pater familias ist der Priester der Gemeinschaft und hält vor allem die Verbindung mit den Ahnen aufrecht.[98] Alle Dinge, die zum Haus gehören, sind »heilig«;[99] vor allem in der Tür,[100] dem Herd,[101] der Schlafstätte und dem Sitzplatz des Familienhauptes verdichtet sich das Pneuma. Auch der Tote wurde zunächst im Hause beigesetzt, mit dem Blick zum Herde gewandt und mit Speise und Trank versehen.[102] Die Vorstellung vom weiterlebenden Toten ist nicht der Ausdruck einer höheren gereinigten Religiosität, sondern hat ihre Wurzeln wohl in dem ganz urtümlichen Verhalten, daß der Lebende den Toten nicht in seinem Zustand als etwas grundsätzlich Anderes erkannte und daß das Phänomen des Todes nur von der Erfahrung der lebendigen Existenz her gedeutet werden konnte. Das Haus war also auch Aufenthalt des Toten.

Die entscheidende Wendung brachte die Trennung des Grabbaus, des Tempels und auch des Palastes vom Wohnhaus. Beim Grabbau erfolgte die Scheidung auf verschiedene Weise. In Assur z. B. kam es vor, daß die Lebenden ihr Haus verließen und es den Toten einräumten[103] und auch heute noch gibt es in Ägypten und Nordafrika Stadtviertel, die sich in der Bauweise nicht von den Wohnvierteln unterscheiden und den Toten vorbehalten sind. An bestimmten Tagen versammeln sich dort die Lebenden zum Totenmahl.[104] Das Wohnhaus war nun nicht mehr Ort des Totenkults, es wurde profanisiert,[105] die religiösen Bedürfnisse konzentrierten sich auf Orte außerhalb des menschlichen Wohnhauses. Aber das Grab bedeutete noch eindeutig Haus und trug seine architektonischen Züge, die allerdings sehr bald typisierten, auf einige wenige sich beschränkten, gesteigert wurden, sich vom profanen Wohnbau absetzten und schließlich die symbolische Bedeutung des Heiligen und Ehrwürdigen annahmen. Besonders in kleineren Verhältnissen tritt der Kopiecharakter, das Hinweisende, Vertretende, Nicht-Identische deutlich hervor. Die Hausurnen und Haussarkophage treffen schon nicht mehr die originalen Verhältnisse und ebenso wird oft ein bestimmtes, für den Hausbau charakteristisches Element, etwa die Tür, in der Nachbildung gesteigert hervorgehoben, dagegen andere fortgelassen.

Im Alten Reich Ägyptens hieß das Grab »Haus der Ewigkeit« und auf einer Grabinschrift des Gaufürsten Chuefhor (9. Dyn.) heißt es: »Ich habe mein Haus gebaut.«[106] Gefördert wurde diese Trennung des Wohnhauses vom Grab durch zwei Momente. Einmal hatten die nomadisierenden Stämme schon immer die Gewohnheit, ihre Toten zurückzulassen. Zwar hielten sie sie auch für weiterlebend und versahen sie mit Speisen und Trank; aber da ihnen das Wohnhaus als architektonisch formuliertes Gebilde nicht geläufig war, legten sie die Toten in Gruben, wie sie ihnen vielleicht selbst als flüchtiger Aufenthalt, für wenige Nächte als Lager dienten. Vielleicht versahen sie das Grubengrab mit einem vergänglichen zelt- oder hüttenartigen Dach, vielleicht genügte ein Mal als Zeichen.

Diese Gewohnheit, die Toten von den Lebenden zu scheiden, wurde dann auch bei der seßhaften Bevölkerung üblich, wenn, wie es sich in der Geschichte häufig ereignete, sich die nomadisierenden, meist kriegerischen Stämme zu den Herren der seßhaften Bauern und Städter machten.[107] Die Gräber blieben dann in einem geschlossenen Bezirk außerhalb der menschlichen Siedlung, oft vor den Toren der Stadt, ahmten aber noch weiterhin den Wohnbau nach.[108]

Ein weiterer, noch wichtigerer Grund für die Scheidung von Grab und Wohnbau ist die zunehmende Säkularisierung des Wohnhauses, die Scheidung zwischen einer profanen und einer mehr und mehr entrückenden sakralen Sphäre, weiter – und das ist wichtig für die Scheidung zwischen Wohnhaus und Herrscherpalast – die Überhöhung der primitiven Vitalgemeinschaft der Familie durch die des Stammes und des Volkes, in der der König als Oberpriester die Verbindung zu den Göttern herstellt. Ihm allein kommt dann noch das Recht zu, sich in seinem Palast, dem gesteigerten Wohnhaus, bestatten zu lassen.[109]

Auch der Palast kann sich in seiner typischen Verfestigung durch die Steigerung der Einzelformen (Tor, Vorhof, Treppe usw.) so weit vom Wohnhaus entfernen, daß, obwohl jede Einzelform auf das Wohnhaus zurückweist, die formale Bezüglichkeit verloren geht und umgekehrt die den König nachahmenden Vornehmen die neuen Palastformen auf ihre Wohnbauten übertragen.[110]

Wird so die Verselbständigung des Gotteshauses, des Palastes und des Grabes deutlich, die Trennung zwischen sakraler und profaner Sphäre, so kann man doch sagen, daß der Hauscharakter des Tempels im Untergrund immer geblieben und oft durch spätere allegorische Interpretationen erneuert worden ist. Wenn auch die unmittelbare Ansprache der auf den Wohnbau weisenden Glieder im Tempel- und Grabbau nachläßt, nicht nur wegen der Steigerung ihrer Pracht und der zunehmenden Unaktualität der Bezüge,[111] so kann man doch sagen, daß diese uralten in einer neuen Technik sich spiegelnden Formen den Sinn des Bauwerks als Kultbau sichern. Es spricht alles dagegen, etwa in dem im babylonischen Ziegelbau weiterlebenden Rillenwerk des Lehm- und Schilfmattenbaus[112] nur unbewußt brauchmäßig weitergeschleppte Formen zu sehen – die nutzlose, den Bauvorgang außerordentlich erschwerende Technik spricht dagegen –, noch unmöglicher ist es, diese straffen vertikalen Bauglieder als Ausdruck eines besonders gearteten Kunstwollens zu sehen, womöglich als Ausdruck einer formal sich äußernden religiösen Vorstellung im Sinne des Emporstrebens. Auch ist es falsch, ästhetische Kategorien anzuwenden, die vom griechischen Tempel, also vom Holz- und Steinbau, abgeleitet sind und sich auf den mehr oder weniger harmonischen Ausdruck des Tragens und Lastens beziehen. Der mesopotamische Bau ist auch in der hohen Form des Ziegelmassenbaus vom ursprünglichen Biegen und Verspannen des alten Schilfmattenbaus bestimmt.

Wenn auch die unmittelbare Bezüglichkeit dieser Relikte uralter Wohnbauweise, die sachbezeichnende Bedeutung, verloren gegangen sein kann, so ist doch an ihre Stelle die symbolische Bedeutung im Sinne des Alt-Ehrwürdigen, Zum-Kultbau-Gehörigen, An-die-Gottheit-Gebundenen getreten. Diese kann wieder zur geschichtlichen Bedeutung individualisiert werden, wenn sie an ein einzelnes bestimmtes Bauwerk gebunden wird, das dann auch in andere Kulturzusammenhänge rezipiert werden kann.

Wenn auch die Hauptformulierungen in diesem Prozeß der Ausbildung einer symbolischen abbildenden Bedeutung in weit zurückliegenden Zeiten erfolgen – ist doch der ganze bis zur Neuzeit übliche Formenapparat der Architektur in seinen Hauptelementen: Säule, Blattkapitell, Doppelturmfassade, Freitreppe, Kombination von Quer- und Langhaus usw. uraltes Traditionsgut –, so gibt es doch auch im Mittelalter Beispiele einer solchen symbolischen Typisierung durch die allmähliche Sonderung einer besonderen Bedeutung aus einer zunächst zweckgebundenen Bestimmung. Das durchlaufende Querhaus war z. B. in seiner ersten Anwendung in konstantinischer Zeit an der Kirche am Platze des Domes von Aquileja[113] und wahrscheinlich auch an der Lateranbasilika[114] und am Dom von Trier[115] zunächst Thronsaal; in Aquileja empfing der thronende Bischof die Täuflinge zur Firmung, der Altar stand in einem anderen Bauwerk, in Rom beanspruchte schon sehr früh der Bischof die legitime Vertretung des nach Konstantinopel übergesiedelten Kaisers. Erst in den Nachfolgebauten traten andere Bedeutungen an die Stelle des Thronsaales: in Alt-St. Peter als Märtyrerkirche vielleicht der Heroongedanke,[116] in den karolingischen und frühottonischen Querhauskirchen die geschichtliche Bedeutung als konstantinische Schöpfung und im allgemeinen die allegorische Bedeutung der Kreuzgestalt Christi. Auch die Einführung antiker Mausoleumsformen[117] in den christlichen Kirchenbau stellt eine solche bedeutungsgebundene Haltung dar, die erst nach und nach in der Gestalt der kreuzförmigen Basilika mit Turm über der ausgeschiedenen Vierung sich zu einer typisch-christlichen Gebilde verdichtete.

Während die Rezeptionen wegen einer symbolischen Bedeutung unbewußt und selbstverständlich erfolgen, die symbolische Bedeutung in dem neuen Zusammenhang auch sich schnell verflüchtigt, sind die Rezeptionen wegen einer geschichtlichen Bedeutung bewußt.

Der kunstgeschichtliche Ertrag zur Architekturikonologie

Hiermit sei die grobe Skizzierung der verschiedenen Bedeutungen und ihres wechselnden Verhältnisses zueinander abgeschlossen. Es soll nun noch auf den kunsthistorischen Ertrag einer solchen Betrachtungsweise hingewiesen werden. Es liegt in der Beantwortung beschlossen: Welche formalen Folgen hatten die verschiedenen Bedeutungen in der Architektur? Auch hier müssen wir nach den verschiedenen Bedeutungen unterscheiden, da sie verschieden wirksam sind. Diese Wirksamkeit ist für uns heute nur an Hand der geschichtlichen Quellen rekonstruierbar; eine Eingrenzung des Formenvorrats wegen einer außerästhetischen Bedeutung ist für den heutigen Künstler schwer denkbar und erst recht nicht als positive Grundlage des Schöpferischen zu begreifen. Das Schöpferische und das Sinnbildliche[118] haben im Laufe der Geschichte einen verschiedenen Anteil am Kunstwerk, ohne daß die Frage der künstlerischen Qualität davon berührt würde. Zum Verständnis der Kunstwerke der Vergangenheit müssen wir aber unbedingt ihre verschiedene Beteiligung berücksichtigen.

Die formalen Folgen der symbolischen Bedeutung im oben definierten und die allegorische Bedeutung ausnehmenden Sinne sind schwierig zu bestimmen. Man könnte sagen, daß sie durch die Aussonderung aus dem Zweckbau und den immanenten Auftrag der Stellvertretung und Hinweisung die Behandlung der Formen erst in die Sphäre des Künstlerischen rücke. Denn von nun an sollten sie etwas anderes sein, als sie von Natur als Materie waren: kein

Wohnhaus mehr, sondern ein wie ein Wohnhaus geformtes Grab, ein mit typischen geheiligten Formen ausgestatteter Palast, ein zum Hause Gottes dienendes, immer mehr individualisiertes Gebilde. Der Quader- und Ziegelbau, die Axialität, die Verbindung von Gemeinde- und Priesterräumen mit dem Allerheiligsten in immer sich wiederholenden Lösungen, das Durchscheinen der alten, verlassenen Materialtechnik in neuen Formen, alles das gehört in den Bereich der symbolischen Bedeutung.

Die allegorische Bedeutung schien zunächst, da meist nachträglich den Formen unterlegt, nicht wichtig. Die Ikonographie alten Stils hat die Frage wohl aufgegriffen[119] und alle mittelalterlichen Quellen, soweit sie kritisch ediert sind und sich auf eine Symbolik des christlichen Kirchenbaus beziehen, zusammengetragen. Das Ergebnis lag von vorneherein fest: Die Kirche hat nicht den Kreuzestod Christi in der kreuzförmigen Gestalt des Grundrisses abgebildet,[120] die Steine, aus denen sich das Gebäude zusammensetzt, bilden nicht die menschliche Gestalt ab, sondern sie bedeuten nur die Einzelchristen, deren Summe die Gottesstadt und das Heilsgebäude ausmacht. Mit anderen Worten: der Architekt – im 19. Jahrhundert als freischaffender Künstler vorgestellt – hat nicht einen gedanklichen Vorwurf illustriert, indem er wie ein Maler oder Bildhauer symbolisch die Metapher abbildete. So kommt Sauer zu dem Schluß: »In sehr vielen Fällen – es gilt dies namentlich von der inneren architektonischen Gliederung der Kirche – hat die Symbolik einfach post factum von der gegebenen Tatsache ihre Gedanken abstrahiert.«[121] Selbst bei den allgemeinsten Erscheinungen im Kirchenbau, der Orientierung und der kreuzförmigen Anordnung, bleibt er, trotz früher altchristlicher Belege skeptisch in der Frage, ob die nachweisbare allegorische Bedeutung diese Anordnungen geschaffen hat.[122] Wenn sie sie nicht geschaffen hat, so schließt das aber nicht aus, daß sie auf sie eingewirkt hat. Und da läßt sich sagen, daß auch die allegorische Bedeutung von formalen Folgen sein kann.

Zunächst kann es sein, daß, wenn dem ganzen Gebäude die Bedeutung des Kosmos, des Weltgefüges unterlegt wird, die Einzelteile sich nach dieser Bedeutung umprägen können. Diese Vorstellung des Gebäudes als Abbreviatur der Gesamtwelt stellt sich ein, wenn der Herr des Hauses, die Gottheit oder der König als Herr der ganzen Welt geglaubt wird und die einzelnen Teile nun auf diese größere Heimat hinweisen. In den altorientalischen Hochkulturen läßt sich diese Vorstellung zuerst nachweisen.[123] Das Dach des

Gebäudes war der Himmel, der Boden die Erde, die Stützen bedeuteten Pflanzen oder antropomorphe, der Gottheit dienende Wesen, die das Ganze tragen. Mit dieser kosmischen Interpretation war der Punkt gegeben, da die aus dem Hausbau abgeleiteten Formen mit einer über ihren struktiven Zweck und ihre immanente Symbolik hinausgehenden allegorischen Bedeutung geladen wurden. Aus zahlreichen Hinweisen können wir erschließen, daß das Gewölbe und selbst das Sparrendach das Himmelszelt bedeutete, daß die Stützen die Pflanzenwelt oder Lebewesen darstellten.[124]

Der Tempel war zunächst Nachbildung des Wohnhauses. Die Formen konnten mit denen des Hausbaus identisch sein, aber auch, in einem späteren Zustand, vor allem nach dem Wechsel des Materials, nur symbolisch auf das Haus hinweisen. Mit der zunehmenden Entrückung des Gottes aus der menschlichen Lebenssphäre, seiner Steigerung zu einem allmächtigen, über allem herrschenden Wesen, trat der ursprüngliche Sinn des Tempels als Haus zurück und die neue allegorische Bedeutung des Alls wurde dem Gesamtbauwerk unterschoben. Sie heftete bildlich diese neuen Hinweise an oder bildete die überkommenen Formen um. So ist die Stütze im mehrschiffigen ägyptischen Tempel zunächst gewiß nicht als Baum oder Pflanze gemeint, sondern hat nachträglich erst die Blattköpfe (Kapitelle) erhalten. So ist die Stütze am griechischen Wohnbau-Megaron zunächst ohne attributive Bereicherung und kann erst später durch Gestalten ersetzt werden, so ist auch das Gewölbe gewiß nicht als Abbild des Himmels erfunden worden, sondern hat erst später die entsprechende Bemalung erhalten.

Auch im christlichen Kirchenbau wurde nach der Herstellung der Verbindung mit der Antike diese Bedeutung wirksam, nur muß gesagt werden, daß, wenn sich auch die Bedeutung der Kirche als Kosmos und als Wohnhaus Gottes nachweisen läßt, die Bedeutung als Himmelsstadt bei weitem überwiegt. Das Hervortreten dieser Allegorie ist begründet im Wesen des christlichen Gotteshauses, zu dem die Gemeinde der Gläubigen konstitutiv gehört, im Gegensatz zum heidnischen Tempel, der in erster Linie dem Gotte vorbehalten ist. Im Mittelalter läßt sich durch Vergleich bildlicher Abbreviaturen von Städten (Rom – Imperium Romanum – Gottesreich) auf Münzen und Siegeln mit zeitgenössischen Westbauten die Übereinstimmung feststellen.[125] Seit der Antike übliche Symbole der Stadt auf bildlichen Darstellungen wie die Doppelturmfassade (-Stadttor) und das Nischenportal tauchen in der Baukunst des nordischen

Mittelalters am Kirchenbau auf. Obwohl auch hier andere, nicht auf den Städtebau hinweisende morphologische Ableitungen möglich sind, ist die Abwandlung des in Italien üblichen Basilikentyps in dieser Richtung unter dem Eindruck der allegorischen Interpretation des Kirchenbaus (ecclesia – civitas Dei – Nova Jerusalem), die im 12. Jahrhundert ihren Höhepunkt hat, überzeugender. Vornehmlich die Dreiturmgruppe, das Castellum genannte Westwerk und die Torburg stimmen vollkommen mit zeitgenössischen bildlichen Stadtdarstellungen überein.

Wir können festhalten, daß die nachträgliche allegorische Interpretation folgende formale Folgen haben kann:

1. Sie kann Formen aus anderen Zusammenhängen rezipieren, die diese Bedeutung seit alters her repräsentieren (Stadt- und Tempelbauformen kommen an den Kirchenbau).

2. Sie läßt Bauglieder und -anordnungen weiterleben, wenn längst die Zweckdienlichkeit aufgehört hat (z. B. die Kreuzförmigkeit des Grundrisses). Insofern wirkt die allegorische Bedeutung auch indirekt auf die Stilbildung ein, als sich oft beobachten läßt, daß sich das Kunstwollen eines Volkes oder einer Landschaft an solchen dauernd bewahrten Typen bildet.

3. Sie kann den tektonischen Gliedern durch Beschriftung, Bemalung oder Anfügung von plastischen Attributen den übergeordneten Sinn hinzufügen, schließlich aber auch die Bauglieder durch metaphorische Gestalten ersetzen. Das zeigt die Geschichte der Säule im christlichen Kirchenbau. Schon vor der Rezeption durch das Christentum hatte die Säule durch ihre Geschichte und durch ihre verschiedenen Verwendungszwecke verschiedene Möglichkeiten zur Interpretation in sich gesammelt.[126] Ihre Deutung als pflanzliches oder figurales Gebilde war schon seit früher Zeit möglich. In der ägyptischen Baukunst erfolgte die Formulierung als Baum- oder Pflanzengebilde, das die den Himmel symbolisierende Decke trägt. Sie erhält einen Blattkranz und wird im Schafte gebündelt, so daß sie dem Palmbaum oder der Papyruspflanze ähnelt. Das korinthische Kapitell Griechenlands, das Blattkapitell, leitet sich davon ab und wurde im Hellenismus und in der römischen Kaiserzeit, vor allem auch in der Ausprägung als Kompositkapitell vorherrschend und stellte, durch die Bevorzugung in augusteischer Zeit,[127] auch im Mittelalter ein Hauptrequisit aller sich auf die römische Kaiserzeit beziehenden Bewegungen dar.[128] So ist die Säule mit Blattkapitell in die mittelalterliche Baukunst eingegangen,

nachdem schon in der Antike die tiefere Bedeutung dieser Formulierung verloren gegangen war, d.h. schon in der Antike hatte die ästhetische Bedeutung die allegorische abgelöst; im Mittelalter wurde die Wiedererweckung durch die geschichtliche Bedeutung, die diesem Gebilde zugewachsen war, veranlaßt.

Wir haben es also mit einer Vorprägung zu tun, die zu jeder anderen Allegorisierung in Widerspruch steht. Nur wenn der alte Sinn ganz vergessen ist, kann eine neue Bedeutung formal wirksam werden. Dieser Vorgang ist nun im Mittelalter zu beobachten, als die einst Baum bedeutende Säule diesen Sinn verloren hatte und ein andere Bedeutung, die nicht weniger alt ist, aber im vorromanischen christlichen Kirchenbau noch keine formalen Folgen hatte, zur vorherrschenden wird. Es ist die Bedeutung der Säule als Gestalt, die ihre letzten Ausläufer in den Proportionsspekulationen des Klassizismus hat. In dieser Bedeutung ist die Morphologie der Säule eine ganz andere; sie führt auf das Mal, das Idol, zurück, das allein steht, von vorneherein Abbild ist und nicht als bedeutungsloses Glied im tektonischen Zusammenhang zu einem bedeutenden geworden ist. Schon in der oben zitierten Sugerstelle sind die Säulen als Apostel, die das hl. Grab umstehen, gedeutet worden. Dieser Gedanke ist in der mittelalterlichen Literatur überall zu finden, bei Hrabanus Maurus, Sicardus und Durandus.[129] Trotz des speziell christlichen Charakters dieser Allegorie, die sich auf neutestamentliche Stellen gründet,[130] läßt sich sagen, daß auch schon in vorchristlichen Verhältnissen die Deutung und Darstellung der Säule als menschliches Wesen geläufig ist. Während noch die Nachricht über die Säulen als Wächter am Tempel Salomos[131] oder die nachweisbare Bedeutung portalflankierender Säulen als bewachende Gestalten in vorchristlicher Zeit[132] oder auch die Karyatiden am Erechtheion die Annahme zulassen, daß die übergeordnete Bedeutung des Gebäudes diese Glieder in einer bestimmten Richtung formuliert habe, so haben Untersuchungen über die Bedeutung alleinstehender Säulen nachgewiesen,[133] daß eine Wurzel der Säule das Kultbild oder besser der Kultgegenstand ist, der nachträglich erst in einen tektonischen Zusammenhang rückt. Dieser Vorgang kann den tieferen religiösen Sinn haben, daß die Bedeutung des Tempels als Haus des größten Gottes oder als Abbild des Kosmos die einst selbständigen, aber schwächeren Gottheiten untergeordnet und dienstbar gemacht hat.

Wann sich diese älteste Bedeutung zuerst mit der Säule im und am Bauwerk verbindet, ist nicht klar zu sagen. Fest steht, daß es erst möglich ist, wenn das Bauwerk über hierarchische Verhältnisse aussagt, die sich metaphorisch ausdrücken lassen. Die tektonische Stütze konnte dann Menschengestalt annehmen und andererseits das alleinstehende Mal seine Gestaltung von der tektonischen Säule übernehmen.[134]

Es ist nicht hier auszumachen, wieviel bei der mittelalterlichen Interpretation der Säule als Gestalt noch von diesem urtümlichen mythischen Sinn lebendig blieb. Ganz und überall kann er nicht erstorben gewesen sein; denn es läßt sich beobachten, daß gerade Bauwerke, die weiter von der antiken Formensprache entfernt sind und ein naiveres Verhältnis zu den Formen besitzen, die eindeutigsten Bildungen in dieser Richtung zeigen: z. B. die merkwürdigen Gestaltsäulen in Jütland.[135]

Im allgemeinen wird es aber so gewesen sein, daß die allegorische Interpretation des Gesamtgebäudes als Himmelsstadt die vorher mehr oder weniger konventionell gewordenen Säulen in ihrer kanonisch gewordenen Zusammensetzung aus Basis, Schaft und Kapitell mit diesem neuen Gestaltsinn unterlegte.

Während man sich im frühen 11. Jahrhundert noch damit begnügte, nur die Namen von Heiligen auf die Säulen zu schreiben und sie durch Einlagen von Reliquien in ihrer Realität zu steigern,[136] drängte das 12. und 13. Jahrhundert auf anschauliche Vergegenwärtigung. Sowohl wegen der nicht zu negierenden statischen Funktionen der Säulen im Innenraum, aber auch wegen der Vorprägung der Säulen in der »Baum«richtung – mag dieser Sinn auch ganz verloren gegangen sein – ergaben sich Schwierigkeiten, formal die Gestaltbedeutung der Säulen zur Anschauung zu bringen. Die einfachste Lösung war die, welche wir am gotischen Innenraumpfeiler finden. Die Säulen selbst werden unverändert gelassen, die auf Konsolen stehenden Figuren werden den Stützen angeheftet (z. B. die Kölner Chorpfeilerfiguren).

Am gotischen Säulenportal, wo die tektonische Funktion der Säulen zurücktreten kann, können wir dagegen eine regelrechte Entwicklung vom Symbol zum Abbild beobachten. Das gotische Figurenportal resumiert sozusagen bildlich die Bedeutung der Kathedrale als Himmelsstadt,[137] es macht wirklich sinnlich anschaulich, was das Gesamtgebäude verschlüsselt bedeutet.[138]

Nun können wir beobachten, daß zunächst die Gewändesäulen Schmuck aufnehmen, mit Mustern überzogen werden, sozusagen noch unbildlich ihren Rang ausdrücken. Dann erfolgt aber in

Frankreich der dramatische Vorgang, daß die Säulen aus sich Gestalten heraustreiben, die zunächst wie im Schlaf befangen erscheinen und in die architektonische Gesetzlichkeit der Säule noch eingespannt sind (Westportal in Chartres z. B.). Die Säule mit Kapitell und Schaft spricht noch überlegen. Aber schon am nördlichen Querhausportal von Chartres bewegen sich die Figuren freier, während die Säule mehr als Folie erscheint. Wichtig ist hier, daß das alte, metaphorisch-hinweisende Glied der Säule, das Blattkapitell, zurücktritt. Der zur Figur gehörige Baldachin bekrönt nun die Säule an der Stelle des Kapitells. Schließlich kann die Säule, die stumme Mutter der Figur, ganz verschwinden und die Figuren stehen, wie in Straßburg-West, gereiht am schrägen Gewände.

Durch den Drang zur Verbildlichung und Zurschaustellung, mit dem das 13. Jahrhundert die Epochen der Plastik und Malerei einleitet, wird die symbolische Aussagekraft der Architekturglieder gemindert und die Säule am Portal zum allgemeinen Repräsentationsrequisit degradiert. Natürlich gewinnt auch die Säule bei dieser Minderung der inhaltlichen Bedeutung: Freizügigkeit in der Verwendung und Kanonisierung ihrer ästhetischen Qualitäten. Damit erlebt sie zum zweitenmal ein Geschick, das ihr schon in der antiken Baukunst beschieden war.

Mit dieser Betrachtung haben wir in einem Teilbezirk die Frage beantwortet, ob die allegorische Interpretation formale Folgen haben kann, indem das als Metapher herangezogene andere Ding oder die Gestalt abgebildet wird. Wir können in bezug auf die Säule sagen, daß die Metapher so stark auf Veranschaulichung dringen kann, daß sie das Architekturglied unterdrückt und schließlich beseitigt, wenn es nicht durch andere Funktionen, die es versieht, unentbehrlich ist.[139]

Die allegorische Bedeutung kann aber auch weit in die stilistische Durchgestaltung eingreifen, wie eine Untersuchung der Symbolik des Schlußsteins zeigen kann. Der Schlußstein, dessen hervorragende statische Bedeutung die Formulierung veranlaßt hat: »Im Schlußstein liegt die Gotik«, verdankt seinen Rang im 13. und 14. Jahrhundert möglicherweise weniger dem struktiven Genie der Bauleute, als der dauernd wirksamen Bedeutung, welche veranlaßte, sich mit diesem Glied zu beschäftigen und zu einer möglichst anschaulichen Durchbildung zu treiben. Suger spricht von Christus als Schlußstein, der die beiden Seiten eint,[140] welche ihrerseits wieder Judentum und Christentum, Laienwelt und Klerus bedeuten können.[141] Es ist nun interessant, daß die Bibelstellen, auf die sich diese Allegorien stützen, natürlich keinen Schlußstein kennen, wohl dagegen den Grund- und Eckstein,[142] daß aber Suger bei seinem Zitat der Stelle aus dem Epheser-Brief (2,20) aus dem Eckstein einen Schlußstein macht, indem er hinzufügt: »welcher die Wände von beiden Seiten eint.«[143]

Und nicht nur die Lage des Schlußsteins wird mit der Heilstatsache in Verbindung gebracht, sondern auch die Leistung des Schlußsteins, seine Anstrengung sozusagen, seine tektonische Funktion mit der Tat Christi verknüpft. So sagt Clemens Romanus: »Ihr habt den Irrlehrern widerstanden als Steine des Tempels des Vaters, bereitet zum Bau Gottes, in die Höhe gehoben durch die Maschine Jesu Christi.«[144] In dem altenglischen Gedicht »Christ« heißt es: »Wohl geziemt es Dir, daß Du das Haupt der Halle seist, daß Du verbindest zu weiten Wänden in festem Gefüge den harten Stein.«[145] Wenn man weiter in dem Bericht Sugers liest, wie durch ein Wunder die Schlußsteine bei einem Sturm die Bögen der noch nicht vollendeten Kathedrale zusammengehalten haben, dann wird der Rang der allegorischen Bedeutung des Schlußsteins besonders klar. Er wird dann auch häufig mit plastischen Darstellungen versehen, der sich die Skulptur der Säulen und Konsolen sinngemäß zuordnet.[146] Man kann wohl sagen, daß ohne diese allegorische Bedeutung der Schlußstein nicht zu einer solchen Formulierung und Leistung getrieben worden wäre, wie sie in der Isle de France, dem Kernland der Gotik, erfolgt ist.

Verfolgt man diesen Gedanken weiter – daß nämlich die im 12. und 13. Jahrhundert auf einem Höhepunkt stehende allegorische Interpretation nach und nach bis zur radikalen Ablehnung bei Luther zurücktritt und daß dafür die unmittelbar die Sinne ansprechenden gemüthaften Züge ohne allegorischen Überbau hervortreten –, dann bekommen auch manche Erscheinungen der späteren Gotik, vor allem der deutschen Sondergotik, ein neues Gesicht. Nicht nur das Schwinden und Verschieben der Schlußsteine beim Netzgewölbe, auch die Entfunktionalisierung des Rippengewölbes überhaupt kann als Nachlassen der metaphorischen Bedeutung dieser Glieder verstanden werden. Dafür werden sie zu Elementen einer mehr gemüthaften Gestaltung, mehr vom »Stil« erfüllt und in die Sphäre des Baukünstlers gerückt. Sie stehen jetzt weniger in der Verpflichtung, etwas auszusagen, als etwas auszudrücken. Das eigentlich Räumliche tritt in den Vordergrund und prägt alle Glieder des Innern, die vorher, abgesehen vom Gewölbe, identisch mit denen des Außenbaus waren. Sie sind vom Raum geprägt und stehen im Dienst einer stimmungshaften Wirkung. Die vom Bauglied ausgehenden plastischen Formen – plastisch, weil sie ansprechen sollen – werden zurückgedrängt oder zum Verschwinden gebracht, die Konkave, das vom Raum »Beeindruckte« herrscht vor. So kann auch eine stilanalytische, formenpsychologische Betrachtungsweise die aus den schriftlichen Nachrichten ablesbare Tendenz bestätigen, daß der rationale Überbau der allegorischen Interpretation in seiner didaktischen, typologischen Bedeutung einer mehr ästhetisch verpflichteten Gestaltungsweise weichen muß.

Die formalen Folgen der geschichtlichen Bedeutung liegen vor allem in dem Dasein und Nichtdasein der Formen. Das Bedürfnis, sich zu konstituieren und zu legitimieren, bewegte alle Gewalten, die in die Tradition eintraten. Jede dieser Rezeptionen in der mittelalterlichen Baukunst, die vornehmlich auf die konstantinische, aber allgemeiner auch auf die hellenistische Antike zurückgriffen, legte in bestimmte geographische Räume eine Schicht von eigenartigen Bauwerken, die sich auf Vorbildbauten bezogen und ihrerseits die Grundlage für landschaftliche Kunstgewohnheiten abgaben. Es ist allerdings dabei sorgfältig zu scheiden, was bewußte Rezeption und was unbewußtes brauchmäßiges Weitertragen ist. Von dem Problem der geschichtlichen Bedeutung her, die den Formen zuwuchs, bekommt man erst einen Schlüssel für das Phänomen, daß die Bauherren an erster Stelle in den Bauurkunden genannt werden; denn sie, die Herrscher, Bischöfe, Städte und Orden sind es, die die Formen aus dem überlieferten Typenvorrat wählen, fördern oder ablehnen. Das andere Phänomen dagegen, daß sich diese Formen innerhalb eines Raumes oder Zeitabschnitts abwandeln und so Gelegenheit zu einer genaueren Beobachtung eines schulmäßigen oder landschaftlichen oder völkischen oder epochalen Zusammenhangs geben, ist bisher Hauptgegenstand kunstgeschichtlicher Untersuchungen gewesen.

Diese zugewachsene geschichtliche Bedeutung mag Karl d. Gr. veranlaßt haben, zum Vorbild seiner Pfalzkapelle eine byzantinische Hofkirche zu wählen, oder Konrad von Hochstaden aufgefordert haben, als Vorbild für seine Königskathedrale in Köln einen Bau der Isle de France total zu rezipieren.

Diese geschichtliche Bedeutung kann durch die symbolische unterstützt werden, kann ihr aber auch entgegenstehen. So ist die

Rezeption des korinthischen Kapitells antikischer Prägung durch Karl, Heinrich IV., Cluny und Florenz gewiß nicht durch die verblaßte, vorchristliche allegorische Bedeutung, sondern durch die geschichtliche Bedeutung veranlaßt worden, die durch die Verwendung in der Vergangenheit herangewachsen ist. Mit dem korinthischen Kapitell verband sich die Vorstellung des Echt-Römischen und Imperialen.

Es lassen sich bei der Wahl bzw. Ablehnung solcher mit einer geschichtlichen Bedeutung belasteter Formen zwei große Gruppen von Vertretern im Christentum immanenter, aber kontrastierender Tendenzen feststellen: eine, die einen Anspruch auf die irdische Welt erhebt, auf Konstitution des Reiches Gottes auf Erden dringt, stellvertretend das Göttliche verwaltet, eine Richtung, die vor allem seit dem 4. Jahrhundert zu beobachten ist, und eine andere, die von der Nichtigkeit allen irdischen Anspruchs, der Vergänglichkeit aller irdischen Prägung überzeugt ist, die Demut über die Macht stellt und die spirituellen Züge des Christentums betont. Die eine, vertreten durch den Kaiser und die Würdenträger der Kirche, ist die eigentlich kunstschaffende, die in Überlieferung des Imperium Romanum mit allen künstlerischen Konsequenzen eintritt, die Geschichte macht, sinnhaft das Reich Gottes auf Erden gestaltet. Von ihr gehen wohl die für das Mittelalter bezeichnenden hierarchischen Prägungen aus, die Legitimationen durch andere auf Erden bewährte Mächte. Ihre Vertreter, zunächst geeint in der gemeinsamen Aufgabe, rivalisieren schon im frühen Mittelalter im Primat und in der echten Legitimität, so daß der abendländische und der byzantinische Kaiser, der Papst, teilweise das Mönchtum und selbst sogar das Kalifat, trotz heftigster wechselseitiger Bekämpfung sich auf eine gemeinsame Tradition beziehen und die gleichen architektonischen Typen erwählen. Dabei ist das Kaisertum bemüht, das erstarkte Papsttum, vertreten durch die antiken römischen Ansprüche der Kurie, auf die geistige, spirituelle Seite zu verweisen, während das Papsttum, unter Hinweis auf die Erwählung und Abhängigkeit des abendländischen Kaisertums von Rom, dem Kaiser die aus der Antike überlieferten Ansprüche abstreitet und ihn zur untergeordneten Verwaltungsmacht bestimmen möchte.

Während diese Tendenz im Christentum die Kontinuität der irdischen Machtordnung erhält und zahlreiche Rezeptionen aus der Antike vornimmt, ist die andere spezifisch christlich und nimmt Rezeptionen erst in einer späteren Stufe vor, wobei die altchristliche

Epoche, also die Zeit bis zum 4. Jahrhundert die eigentliche Quelle der Typen ist. Ihr Vertreter ist das Mönchtum, und zwar das Mönchtum als reformerische Macht gegenüber jeder irdischen Hybris, sei es auf seiten des Kaisers oder auf seiten des Papstes. Hier, vorbereitet zunächst bei den christlichen vorkonstantinischen Gemeinden in ihrer Opposition zur heidnischen Herrschaft, und später bei den Kluniazensern, Zisterziensern, Bettelorden, den zunächst nicht als Häretikern auftretenden Protestanten, und parallel dazu bei den morgenländischen Mönchsorden in ihrem Verhältnis zum byzantinischen Kaisertum, ist eine latente Skepsis gegenüber typischen Bildungen in der Baukunst zu beobachten. Entsprechend der geistigen Überlegenheit gegenüber irdischen Konstitutionen werden auch die typischen Formen, die ja wegen ihrer Bedeutung Ansprüche stellen, abgelehnt. Ob etwa die Ablehnung des reichen korinthischen Kapitells, des Turmes, überhaupt teilweise der hierarchischen Stufung des Kirchenbaus auf ein schwindendes Bewußtsein der symbolischen Bezüge – verständlich aus der auf der Gegenseite mehr und mehr säkularisierten Handhabung dieser Formen – beruht oder ob die spirituelle Haltung grundsätzlich aller formalen Erscheinung skeptisch gegenübersteht, ist hier nicht auszumachen. Fest steht jedenfalls, und das ist ein Hinweis auf die Bedeutung, die den Formen innewohnt und die zu erfassen wir uns bemühen, daß die im Christentum latenten Tendenzen sich den architektonischen Typen gegenüber verschieden verhalten. Abgesehen von dieser Feststellung ist noch wichtig, daß die Reformbewegungen in ihrer Opposition sich auch formieren, Typen schaffen, sich zu legitimieren versuchen und nicht selten selbst in die Situation der grundsätzlich zur Hybris neigenden Macht kommen. So die Kluniazenser.

Auch für das bisher nur angedeutete Problem der Nachwirkung der Typen, ihr Aufgehen in den landschaftlichen Gewohnheiten, ihr Absinken in den Brauch, sind Untersuchungen zur geschichtlichen Bedeutung äußerst wichtig. Geben sie uns doch einen, allerdings kritisch anzuwendenden, Schlüssel für die Erklärung landschaftlicher Eigenarten in ihren kontrastierenden Grundcharakteren. Es handelt sich um den Reflex geschichtlicher Auseinandersetzungen bei den verschiedenen Landschaften.[147] So rückt z. B. die Baukunst Sachsens, ja ganz Niederdeutschlands im Verhältnis zur ober- und niederrheinischen in salischer und staufischer Zeit in ein ganz neues Licht, wenn man berücksichtigt, daß in den kaiserlichen Landschaften am Ober- und Niederrhein die Typen der einen Tendenz gesetzt werden, während die welfischen, mit der Gegentendenz verbündeten Lande – auch Bayern z. B. –, am Reformbau sich bildeten, wobei allerdings vorsichtshalber die Frage offengehalten bleiben soll, inwieweit die autochthonen Kräfte der Landschaft der einen oder andern Tendenz entgegenkamen.

Wenn auch der Anlaß der Ablehnung antiker Formen bei den Reformern strenger Observanz gewiß die Entartung auf der anderen Seite gewesen ist, so spricht doch ein grundsätzlich anderes Verhältnis zum Symbol und zur Magie des Dinges aus den Worten der Reformer.[148] Der Geist steht über der Ansprache durch das Ding; die magische Weltschau wandelt sich in eine vernünftige. In den mittelalterlichen Reformbewegungen äußert sich ein letztlich alle Kunst ablehnendes Prinzip, das seit Plato und Lykurg,[149] den Stoikern,[150] seit Augustin,[151] Hieronymus,[152] Tertullian,[153] seit dem Bilderstreit[154] wirksam war und in den Ansichten der Franziskaner,[155] bei Zwingli,[156] im Naturkult der Französischen Revolution, bei Tolstoi, den Quäkern und vielen anderen wieder hervortritt.

Während Reformbewegungen durch ihre geistige und willentliche Einstellung zum Christentum sich grundsätzlich gegen die dinggebundene Magie stellen, den symbolischen Sinn nicht sehen und deshalb die bildliche Erscheinung nur ausnahmsweise als Anspielung gelten lassen, ist auch innerhalb der traditions- und symbolfreudigen Träger eine gewaltige Macht wirksam, die die ursprüngliche Bedeutung, welche die Form rezipieren ließ, vergessen macht. Die Formen werden von aussagenden Abkürzungen, Sinnträgern, zum Schmuck, der variabel und unabhängig von seiner Bedeutung anwendbar wird. Sie werden säkularisiert. Die rezipierten, zu Bedeutungsträgern erhobenen Formen wurden vervielfältigend nachgeahmt, ohne immer die ursprüngliche Aussage anzustreben. Schon die Verwendung einer bestimmten Form durch einen im Rang niedriger stehenden Bauherrn konnte eine Minderung des Sinns bedeuten, eine nicht mehr als Stellvertretung empfundene Gewohnheit, wenn der Kopie- und Rezeptionswille zurücktrat. So ist gewiß schon sehr früh der Steinbau nicht mehr als Besonderheit empfunden worden und nur bei neuer Steigerung dürfen wir eine betonte Anspielung auf eine bestimmte Bedeutung erschließen.

Wir können beobachten, wie das dem Chorraum und Westbau zuerst vorbehaltene Gewölbe auf das Langhaus übergreift, wie die Blend- und Zwerggalerie vom Westen – als antike Attika – auf die

Apsis übertragen wird und von dort an das Langhaus wandert, wie das Triforium von der Apsisrundung in Querschiff und Langhaus zieht. Man kann sogar sagen, daß eine Innenraumgestaltung wie in Speyer II – Pfeiler mit alternierenden Halbsäulenvorlagen, die ein baldachinartiges Gewölbe tragen – eigentlich eine Aneinanderreihung von gewölbebekrönten Vierungen darstellt, wobei die Stützen das alte Triumphbogenmotiv wiederholen.

Gewiß braucht man diese Vervielfältigung und Loslösung vom ursprünglichen Ort nicht immer nur als Vergessen der Bedeutung und Bestimmung auffassen, als Fortschreiten in dem Prozeß der Trennung von Inhalt und Form, ebensosehr läßt sich nachweisen, daß eine neue Schicht sich in die alte Hierarchie eingedrängt hat, die sich der Hoheitsformen bemächtigt. Gerade bei der Formenwanderung vom West- und Ostbau an das Langhaus kann man argumentieren, daß nun die Laiengemeinde eine zunehmende Erhebung erfahre; aber es steht außer Zweifel, daß die aufkommende künstlerische Freiheit in der Gestaltung nur möglich wurde, wenn eine Lösung der Bindungen an die Bedeutungsvorstellung erfolgt war.

Dieses Phänomen wird oft mit einem Bedauern konstatiert und man scheint sich der Vorstellung hinzugeben, daß unter anderen geschichtlichen Bedingungen eine Erhaltung der archaischen Situation der Gebundenheit und Bedeutung möglich gewesen wäre. Es wird dabei übersehen, daß dann auf die großartigen Leistungen der abendländischen Kunst, auch die bildnerischen der späteren Zeit, verzichtet werden müßte und daß vor allem die Architekturform als Symbol und Bedeutungsträger im Verhältnis zur vorkünstlerischen rein zweckgebundenen Bauweise der vorgeschichtlichen Zeit einen Zustand charakterisiert, der nur transitorisch sein konnte. Mit der Wendung von der Zweckform zur Symbolform, die den ursprünglichen Zustand nur abbildete, war man schon auf das Sehen angewiesen. Das aussagende Glied war entgegengestellt und aufgerichtet (Triumphbogen) und umgekehrt, was ursprünglich entgegengestellt und aufgerichtet war, wurde als Träger von Aussagen bevorzugt (Portal, Apsis, Fassade).

Dieses Sichtbarmachen bedeutet menschheitsgeschichtlich ein Sichbewußtmachen, ein Herausstellen des Geforderten oder Gewünschten als Objekt, ein Vorgang, der immer weitergreift und der in der Figurierung des Säulenportals oben dargestellt worden ist. Das Sichtbarmachen und zusammenfassende Herausstellen hat einen Höhepunkt im 13. Jahrhundert. Seit dieser Zeit ist auch der

Kirchenraum als geschautes Ganzes und nicht nur als »Negativ des plastischen Baukörpers,«[157] als Apparat von symbolischen Hinweisen aufzufassen. So ist die festgestellte, säkularisierende Tendenz, die die Formen von ihrem ursprünglichen Ort löst und nach künstlerischen Prinzipien zum Sichtbarmachen anordnet, unmittelbar aus dem Zustand der Symbolform abzuleiten, ja als Konsequenz anzusehen. Damit kommen wir zu dem Schluß, daß die ästhetische Bedeutung die symbolische und geschichtliche ablöst und für die neuere Zeit wohl die entscheidendere ist.

Die Quellen und Methoden der Architekturikonologie

Welche Quellen und Methoden stehen nun in der Kunstgeschichte für eine Ikonologie der Architektur zur Verfügung?

1. Die literarischen Quellen können die allegorischen Bezüge mitteilen, über Kopieabsichten und vor allem über den Bauherrn aussagen. Die bildlichen Quellen (Buchmalerei, Münzen, Siegel, Elfenbeine) können über die Verwendung von Architekturformen in szenischem Zusammenhang berichten.

2. Die Wahl oder Ablehnungen bestimmter Form durch die Auftraggeber oder Bauherren kann etwas über die geschichtliche Bedeutung der Formen aussagen.

3. Eine dritte Quelle für die Erfassung der Bedeutung, die bestimmten Baugliedern innewohnt, sind die Beobachtungen in Bezug auf den Platz, an dem sie am Bauwerk erscheinen. Diese Quelle ist wichtig für die Erforschung der Einzelglieder. Dabei ist das besondere Augenmerk auf den Ost- und Westbau zu richten. Wir wissen, daß der Osten der Ort des Heiligsten ist, des Chores, der den Altar birgt, und daß sich hier ganz bestimmte Vorstellungen sammeln.[158] Ebenso wissen wir, daß dem Westteil des Bauwerks ganz bestimmte symbolische Bedeutungen verbunden sind.[159] Schon diese Tatsache ist bemerkenswert und nicht ohne weiteres als gegeben hinzunehmen. Auch hier liegt eine Rezeption bestimmten Gedankengutes vor, das eine ganze Anzahl von Formen im Gefolge hat.

4. Die zeitliche und geographische Verbreitung der Formen kann etwas über ihre Bedeutung aussagen, wenn die Verbindung mit geschichtlichen Mächten, die in dieser Zeit und in diesem Raum herrschend waren, nachweisbar ist.

Wenn Quellen dieser Art nicht ausreichend zur Verfügung stehen, können zwei kunsthistorische Methoden angewendet werden: die morphologische und die strukturanalytische.

Die Morphologie verfolgt ein bestimmte Form in ihren verschiedenen Abwandlungen durch die Geschichtsepochen hindurch. Sie stellt die Veränderungen durch vergleichendes Sehen fest. Sie führt auf das Ding zurück, das die Form ursprünglich darstellte, vertrat und abbildete. Sie spürt die vorgeschichtliche Realität auf, die als immanente Bedeutung weiterwirkt. Sie ist angemessen für Probleme, wie sie etwa Semper und Riegl behandelt haben, versagt aber bei allen allegorisch-metaphorischen Bedeutungen, die bei ein und derselben Form oft wechseln. Weiter kann die morphologische Methode den Ort aufspüren, wo sich die Formen aus ihrer Zweckgebundenheit lösen und zu Typen werden, indem sie einige unverlierbare Züge ausprägen, welche die ursprüngliche Bedeutung assoziieren. Wenn sie die Ausgangsform festgestellt hat, die im Zweck verwurzelt war, so kann sie verfolgen, ob mit dem Nachlassen oder der Änderung der technischen Notwendigkeit die Form verschwindet oder sich abwandelt. Bleibt die Form losgelöst vom Zweck bestehen, lebt sie verselbständigt und monumentalisiert weiter und wird sie gar in einen anderen Kulturzusammenhang über eine größere Epoche hinweg rezipiert, dann kann angenommen werden, daß sie nun gleichnishaft etwas vertritt und eine Bedeutung angenommen hat. Natürlich bleibt bei der Beurteilung eines Einzeldenkmals immer wieder die Aufgabe, die Formen auf ihre individuelle Bedeutung für das Bauwerk zu reduzieren, ihren Beitrag zum künstlerischen Gehalt zu bestimmen und die dauernde Wirklichkeit des Kunstwerks zu sichern.

Während die morphologische Betrachtungsweise die Formen in ihren wechselnden Erscheinungsweisen nebeneinanderstellt, gewissermaßen den typischen Charakter voraussetzt, um ihn dann näher zu bestimmen, geht die Strukturanalyse von der individuellen Erscheinung des Einzeldenkmals aus, dessen Struktur festgestellt und erst in einem zweiten Prozeß mit anderen verglichen wird. Auch die Strukturanalyse kann nicht die allegorische Bedeutung, den speziellen metaphorischen Sinn einer Form aufspüren, wenn sie nicht durch literarische Quellen unterstützt wird; sie kann noch nicht einmal wie die Morphologie die symbolisch-mythische Bedeutung, den ersten Inhalt der Form aufdecken, aber sie kann die hinweisende assoziative Leistung der Form im Zusammenhang des

Gesamtkunstwerks klarmachen. Sie kann durch die Erfassung des ästhetischen Sinns die Brücken zum religiösen Sein des Kunstwerks schlagen.[160]

Damit ist dann auch die Leistung einer Ikonologie der Architektur abgegrenzt: das umfassende Verstehen des Bauwerks als Sinnträger. Die Würdigung des Kunstwerks als einmalige Schöpfung gehört in ein anderes Gebiet.

Anmerkungen

Nach der Erstveröffentlichung des Aufsatzes erschien das Buch von E. Baldwin Smith, *The Dome, A study in the history of ideas,* Princeton 1950, das unter den Literaturangaben in den Anmerkungen 22 und 86 aufzuführen wäre. Es behandelt auf breiter Basis die Ikonologie der Kuppel.

1 Z. B.: Bernouilli, *Römische Ikonographie,* 2 Teile, 1882–94.

2 C. Ripa, *Iconologia . . .,* nov. ed., Padova 1611.

3 In Deutschland: Görres, Creuzer; in Frankreich: Didron, Cahier und Martin.

4 Als die ersten grundlegenden Untersuchungen dieser Art sind die Arbeiten von A. Springer zu nennen: ›Ikonographische Studien‹, in: *Mitteilungen der k. u. k. Zentralkommission für Denkmalpflege V,* 1860; ›Über die Quellen der Kunstdarstellungen im Mittelalter‹, in: *Sitzungsberichte der Sächsischen Akademie der Wissenschaften* 1879.

5 Aber auch für diese Art Ikonographie bleiben noch heute weite unerschlossene Arbeitsgebiete: die Kunst des Barock, die im 19. Jahrhundert unberücksichtigt blieb, da man entweder an ihr noch teil hatte oder in ästhetischer Opposition zu ihr stand, und die profanen Bildthemen. Vorläufige zusammenfassende Arbeiten für diese Gebiete: R. Marle, *Iconographie de l'art profane,* 2 Bde., 1931–32; B Knipping, *De Iconografie van de Contra-Reformatie in de Nederlande,* 2 Bde., 1939–40.

6 F. Piper, *Einleitung in die monumentale Theologie,* Gotha 1867. Dort auf S. 693ff. die Darstellung der kirchlichen Vorschriften für Kunstwerke, wie sie auf Konzilien – z. B. in Trient – und durch die Tradition festgelegt wurden. Eine frühe Zusammenfassung bei J. Molanus, *De picturis et imaginibus sacris,* Lovan 1570. Charakteristisch ist, daß viele zeitgenössische Kunstwerke diesen Geboten nicht folgen. Zuletzt über dieses Phänomen: R. Berliner, ›The Freedom of Medieval Art‹, in: *Gazette des Beaux Arts,* Nov. 1945.

7 Um die bedeutendsten zu nennen: F. X. Kraus, *Geschichte der christlichen Kunst,* 2 Teile in 3 Bänden, 1896–1908; E. Mâle, *L'art religieux en France,* 3 Bde., 1918–22; K. Künstle, *Ikonographie der christlichen Kunst,* 2 Bde, 1926–28.

8 So etwa die Bemühungen in der deutschen Kunstgeschichte um die Aufklärung der Geschichte der Andachtsbilder oder der auffallenden Bevorzugung bestimmter Kunstgattungen. W. Pinder, *Sonderleistungen der deutschen Kunst,* München 1944.

9 Mitgeteilt von J. Gantner, *Revision der Kunstgeschichte,* Wien 1932, S. 19.

10 Eine letzte Übersicht über die wissenschaftliche Situation bei F. Antal, ›Remarks on the method of Art History‹, in: *Burlington Magazine* XCI, 1949, S. 49 ff. und 73 ff.; Dag. Frey, ›Zur wissenschaftlichen Lage der Kunstgeschichte‹, in: *Kunstwissenschaftliche Grundfragen,* Wien 1946, S. 23 ff.

11 So wurden auf Grund des beobachteten »Schematismus« und der »Starrheit« der mittelalterlichen Kunstwerke die Biblia Pauperum oder das Speculum universale des Vincent von Beauvais (1190–1264) oder die Schriften des Abtes Suger von St. Denis (1081–1151) an den Anfang des künstlerischen Entstehungsprozesses gestellt. Mâle, *L'art religieux du XIIe siècle en France,* S. 15 ff.

12 Ein Beispiel: das Programm für die Deckenmalereien in Schwarzrheindorf lieferte der christologische Kommentar des Rupert von Deutz zum Buch Ezechiel. W. Neuß, *Das Buch Ezechiel in Theologie und Kunst bis zum Ende des 12. Jahrhunderts,* Münster 1912.

13 Z. B. in bezug auf die Überschätzung von Suger bei Mâle (a. a. O.) durch H. Focillon, *Art d'Occident,* Paris 1938, S. 150.

14 So eindringlich H. Tietze, *Die Methode der Kunstgeschichte,* Leipzig 1913, S. 357 ff. Auch Schmarsow, Wulff u. a.

15 Z. B. in der schönen Arbeit von H. Sedlmayr, ›Über eine mittelalterliche Art des Abbildens‹, in: *La Critica d'Arte 1,* 1935/36, S. 261 ff.

16 Es soll nicht verschwiegen werden, daß gerade aus dem Warburg-Kreis auch grundsätzliche allgemeine Arbeiten über das Symbolproblem hervorgegangen sind. Vgl. E. Winds, ›Warburgs Begriff der Kulturwissenschaft und seine Bedeutung für die Ästhetik‹, in: *Vierter Kongreß für Ästhetik und allgemeine Kunstwissenschaft,* Hamburg 1930, Bericht in der Beilage der *Zeitschrift für Ästhetik und allgemeine Kunstwissenschaft* 25, 1931, S. 170 ff.

17 Dölger, Grabar, Alföldi, Klauser u. a.

18 Auch in den Sprachwissenschaften ist diese Tendenz zu beobachten, z. B. E. R. Curtius, *Europäische Literatur und lateinisches Mittelalter,* Bern 1948.

19 Der Gegensatz Ikonographie-Ikonologie wird auch deutlich in einer neuen Arbeit von W. Braunfels, ›Zur Gestaltikonographie der Kanzeln des Nicola und Giovanni Pisano‹, in: *Das Münster,* 2, 1949, S. 321 ff. Hier wird nicht der dingliche Inhalt der Kanzelreliefs identifiziert, sondern der wechselnde, bedeutungsmäßige Zusammenhang der Szenen und Themen.

20 W. Ellinger, *Die Stellung der alten Christen zu den Bildern in den ersten vier Jahrhunderten,* Leipzig 1930, S. 84.

21 Tietze, a. a. O., S. 360 ff.

22 Darstellungen und Sammlungen in dieser Richtung: I. Sauer, *Symbolik des Kirchengebäudes und seiner Ausstattung in der Auffassung des Mittelalters,* 2. Aufl., Freiburg i. B., 1924; L. Kitschelt, *Die frühchristliche Basilika als Darstellung des himmlischen Jerusalem,* München 1938; G. André, ›Architektur und Kunstgewerbe als Gegenstand der Ikonographie‹, in: *Festschrift für R. Hamann,* 1939, S. 3 ff.; R. Krautheimer, ›Introduction to an Iconography of Mediaeval Architecture‹, in: *Journal of the Warburg and Courtauld Institutes* V, 1942, S. 1 ff.; H. Sedlmayr, Architektur als abbildende Kunst, Österreichische Akademie der Wissenschaften, Phil.-Hist. Klasse, Sitzungsberichte 225. Bd. 3. Abh., Wien 1948.

23 Über die Genesis dieser Kategorien: E. Stockmeyer, *Gottfried Sempers Kunsttheorie,* Zürich/Leipzig 1939; L. Termehr, *Der Begriff der romanischen Baukunst im 19. Jahrhundert,* Bonn, Phil. Diss. 1950, ungedruckt.

24 H. Sedlmayr, *Verlust der Mitte*, Salzburg 1948, S. 15ff.

25 Die Wiederbelebung des Sinns für die mittelalterliche Baukunst im ausgehenden 18. und beginnenden 19. Jahrhundert ist stark durch den entdeckten Kontemplationswert bestimmt, der stimmungsgemäß gemeint und religiös gedeutet wird. Die alten Bauten erfüllten das Gemüt mit Ehrfurcht, Schauder und Melancholie. So betont S. d' Agincourt (*L' histoire de l'art par les monuments*, Paris 1813, S. 68ff.) das Ungewollte der Emotion: » ... un saisissement involontaire surprend les sens, et dispose l'âme à la contemplation et au respect.« Termehr, a.a.O., S. 74.

26 Schinkel und Semper haben schwer mit sich gerungen, diese künstlerische Forderung mit der Einsicht in den »bedeutenden« Charakter der früheren Architektur zu verbinden. Stockmeyer, a.a.O.

27 So könnte die Baukunst niemals wie die Malerei das Schellingsche Schönheitsprinzip erfüllen, das nämlich in dem Durchscheinen des völlig inhaltlosen Absoluten besteht. F. W. J. Schelling, Über das Verhältnis der bildenden Künste zur Natur, Festrede 1807. Entsprechend auch die Kantsche Definition des Kunstschönen, daß es ohne Begriff – also unmittelbar anschaulich – als Objekt eines allgemeinen Wohlgefallens vorgestellt wird, also ohne Begriff allgemein gefällt.

28 Die Ansätze dazu liegen schon in der Romantik. »Es wäre nicht zu verwundern, wenn die allgemeine Nachahmungssucht bei einem Talent, das sich fühlte, gerade den Wunsch unbedingter Originalität hervorbrächte. Hätte nun ein solcher erst den richtigen Begriff von der Kunst wiedergefunden, daß die symbolische Bedeutung und Andeutung göttlicher Geheimnisse ihr eigentlicher Zweck, alles übrige aber nur Mittel, dienendes Glied und Buchstabe sei, so würde er vielleicht merkwürdige Werke ganz neuer Art hervorbringen: Hieroglyphen, wahrhafte Sinnbilder, aber mehr aus Naturgefühlen und Naturansichten oder Ahnungen willkürlich zusammengesetzt, als sich anschließend an die alte Weise der Vorwelt... Die Frage ist aber nur, ob der Mahler seine Allegorie sich selbst schaffen, oder aber sich an die alten Sinnbilder anschließen soll, die durch Tradition gegeben und geheiligt sind... Der erste Weg ist gewiß der gefährlichere..., sicherer aber blieb es, ganz und gar den alten Mahlern zu folgen.« F. v. Schlegel, ›Gemähldebeschreibungen aus Paris und den Niederlanden, in den Jahren 1802–04‹, Vierte Sendung (*Sämtliche Werke*, 6. Bd. Wien 1846, S. 168ff.).

29 E. Rothacker, *Die Schichten der Persönlichkeit*, 4. Aufl., Bonn 1948.

30 S. Anm. 36 und 138.

31 In bezug auf die Münzdarstellungen des Mittelalters meint K. Lange (*Münzkunst des Mittelalters*, Leipzig 1942, S. 6), das Mittelalter »entzündet seine Augenlust am gestaltgewordenen Begriff, an der Ausklärung des hohen Sinnbildes, das vor dem geistigen Auge steht.«

32 So ist nach Sedlmayr (›Die dichterische Wurzel der Kathedrale‹, in: *Mitteilungen des österreichischen Instituts für Geschichtsforschung* 14, 1939) die gotische Baukunst gekennzeichnet durch eine »Versinnlichung« der geistigen Bezüge und Bedeutungen und eine »Vergeistigung« des Stofflichen.

33 Von hier aus versteht sich auch das neuzeitliche Phänomen des Naturgenusses, des Vergnügens an der Landschaft, vor allem des unbewältigten Gebirges und des Meeres, schließlich auch die Wandlung in der Garten- und Brunnengestaltung.

34 Zunächst ist die ekklesia die geistige Ordnung der Gesamtheit der Gläubigen, wird dann auch auf den materiellen Kirchenbau bezogen, der so die geistige Gemeinschaft repräsentiert, und kann schließlich auch durch eine weibliche Gestalt, als Gegenfigur der Synagoge, bildlich dargestellt werden. »Domus, in

qua sacramentum celebratur, ecclesiam significat et ecclesia nominatur« (Thomas von Aquin, *Summa theol.* 3, q 83, a 3 ad 2). Vgl. auch M. Schlesinger, ›Symbolik in der Architektur‹, in: *Zeitschrift für Geschichte der Architektur* IV, 1910, S. 21ff. und 80ff.; Sauer, a.a.O., S. 100; F.J. Dölger, ››Kirche‹ als Name für den christlichen Kultbau‹, in: *Antike und Christentum* 6, 1945, S. 172ff.

35 Z.B. bei Isidor von Sevilla und Hrabanus Maurus. N. Pevsner, ›Terms of architectural planing in the middle-ages‹, in: *Journal of the Warburg and Courtauld Institutes* V, 1942, S. 234ff.

36 Abgedruckt bei Sauer, a.a.O., S. 2ff.

37 Sauer, a.a.O., S. 290.

38 E. Gall, *Die gotische Baukunst in Frankreich und Deutschland,* 1. Bd., Leipzig 1925, S. 99ff.

39 Paulus, *Eph.* 2,19, 20.

40 *Tischgespräche* Nr. 2560 bis 68.

41 D. Frey, ›Der Realitätscharakter des Kunstwerkes‹, in: *Kunstwissenschaftliche Grundfragen,* Wien 1946, S. 107ff.

42 M. Brzoska, *Anthropomorphe Auffassung des Gebäudes und seiner Teile,* Jena 1931. Die extremen Annäherungen an naturwissenschaftliche Analogien finden sich bei J. Wetter (*Geschichte und Beschreibung des Domes von Mainz,* Mainz 1835, S. 48ff.), der den Schritt von der Romanik zur Gotik mit der Entwicklung vom Elefanten zum Rosse und von der Eule zum Schwan vergleicht. Die »unorganische« romanische Massenhaftigkeit ist Vorstufe »organischer« gotischer Durchgliederung.

43 Nach H. Lotze, *Geschichte der Aesthetik,* München 1868, S. 515.

44 Terminus v. G. Semper.

45 Dies ist auch die Ansicht d'Agincourts, der die Kategorien Winckelmanns auf die mittelalterliche Baukunst überträgt.

46 C. Schnaase, *Geschichte der bildenden Künste,* 4. Bd., Düsseldorf 1871, S. 80ff.

47 Schlegel, a.a.O., S. 225.

48 Kitschelt, a.a.O.

49 Termehr, a.a.O., S. 86ff.

50 *Der Stil in den technischen und tektonischen Künsten,* 2. Aufl., 1878.

51 Stockmeyer, a.a.O.

52 *Dictionnaire raisonné de l'architecture française,* Paris 1854.

53 1772. Vgl. E. Beutler, *Von deutscher Baukunst,* München 1943, S. 31ff.

54 Z.B. N.-A. Laugier, *Essays sur l'architecture,* Paris 1755.

55 *Stil,* a.a.O. Einleitung.

56 *Stil,* a.a.O., Bd. 1, S. 200–350.

57 Ganz im Semperschen Sinne W. Andrae, *Das Gotteshaus und die Urformen des Bauens im alten Orient,* Berlin 1930.

58 Stockmeyer, a.a.O., S. 39.

59 H. Kauffmann, ›Über »rinascere«, »Rinascità« und einige Stilmerkmale der Quattrocentobaukunst‹, in: *Concordia decennalis,* Festschrift der Universität Köln aus Anlaß des 10jährigen Bestehens des Deutsch-Italienischen Kulturinstitutes Petrarcahaus in Köln, 1941.

60 Stockmeyer, a.a.O., S. 45.

61 Fr. Th. Vischer, *Das Schöne und die Kunst,* 2. Aufl. (posthum) 1898, S. 54.

62 Die Wurzeln dieser idealistischen Kunstanschauung liegen offensichtlich in der platonischen Philosophie, in der die Idee nur im Stoff erscheinen und anschaulich werden kann, jede Stofflichkeit aber eine Beeinträchtigung der reinen Idee ist.

63 Prolegomena zum *Stil,* a. a. O., S. XXI ff.

64 *Stil* II, a. a. O., S. 374 ff.

65 H. G. Evers, *Tod, Macht und Raum als Bereiche der Architektur,* 1939. G. Kaschnitz-Weinberg. ›Über den Begriff des Mittelmeerischen in der vorchristlichen Kunst‹, in: *Marburger Jahrbuch für Kunstwissenschaft* 13, 1944, S. 23 ff.

66 G. Rodenwaldt, ›Über das Problem der Renaissancen‹, in: *Archäologischer Anzeiger* 1931, Sp. 318–38.

67 E. Patzelt, *Die karolingische Renaissance,* Wien 1924.

68 H. Naumann, ›Karolingische und ottonische Renaissance‹, in: *Wandlung u. Erfüllung,* 1939.

69 J. Hashagen, ›Die staufische Renaissance‹, in: *Geistige Arbeit* 4, 1937, Nr. 16.

70 E. Panofsky, ›Renaissance and renascences‹, in: *Kenyon Review* 1944; W. Paatz, ›Renaissance oder Renovatio‹, in: *Beiträge zur Kunst des Mittelalters,* Berlin 1950, S. 16 ff.

71 So die Aufnahme konstantinischer Querhäuser durch Karl d. Gr. R. Krautheimer, ›The carolingian revival of early christian architecture‹, in: *Art Bulletin* XXIV, 1942, S. 1 ff.

72 H. v. Einem, ›Die Monumentalplastik des Mittelalters und ihr Verhältnis zur Antike‹, in: *Antike und Abendland,* Bd. 3, 1948, S. 120–155.

73 G. Kahl, *Die Zwerggalerie,* Würzburg 1939.

74 R. Krautheimer, ›Introduction to an Iconography of Mediaeval Architecture‹, in: *Journal of the Warburg and Courtauld Institutes* V, 1942, S. 1 ff.

75 Sauer, a. a. O., S. 61 ff., 387 ff.

76 Krautheimer, ›Introduction ...‹ a. a. O., S. V. Mortet, ›La mésure des colonnes à la fin de l' époque romaine d'après un très ancien formulaire‹, in: *Bibliothèque de l'école des Chartres* LVII, 1896, S. 277 ff.

77 Krautheimer, ›Introduction ...‹, a. a. O., S. 15.

78 »The architect of a mediaeval copy did not intend to imitate the prototype as it looked in reality; he intended to reproduce it ›typice‹ and ›figuraliter‹ as a memento of a venerated site and simultaneously as a symbol of promised salvation.« Krautheimer, a. a. O., S. 17.

79 »Das vorgotische Mittelalter hatte die Antike unbegraben gelassen und entweder in Einzelteilen präpariert oder verbannt, die Renaissance stand weinend an ihrem Grabe und versuchte, ihre Seele auferstehen zu lassen.« Panofsky, a. a. O., S. 228.

80 E. Cassirer, ›Das Symbolproblem und seine Stellung im System der Philosophie‹, in: *Zeitschrift für Ästhetik und allgemeine Kunstwissenschaft* XXI, 1927, S. 295. E. Cassirer, *Philosophie der symbolischen Formen,* Berlin 1925. Warburg (vgl. Anm. 16) unterscheidet im Anschluß an Vischer (F. Th. Vischer, ›Das Symbol‹, in: *Philosophische Aufsätze für Zeller,* Leipzig 1878) eine magische, Bild und Bedeutung verknüpfende Stufe, die z. B. die Stärke und Zeugungskraft mit dem Stier gleichsetzt und verwechselt, und eine logisch-sondernde Stufe, in der der Stier die Metapher für die verehrte Urkraft ist. »Das Symbol im Sinne einer unlöslichen Einheit von Ding und Bedeutung hat sich in die Allegorie verwandelt, wo die beiden Seiten des Vergleiches sich klar gesondert gegenüberstehen.« Es ist für das Mittelalter bezeichnend, daß es zwischen beiden Stufen changiert. Einerseits ist die dingliche Mächtigkeit der Formen und Namen noch so groß, daß sie nicht nur Anweisungen für den Menschen sind und nicht etwa didaktischen Absichten ihre Entstehung verdanken, sondern auch ungesehen ihre Daseinsberechtigung haben können – unsichtbare Plastiken im Turm –, andererseits ist es im Mittelalter durchaus möglich, vom Gedanken des Heilsplanes her, fast beliebige

Dinge als Metapher zu erwählen. Die Eigenschaften des Dinges sind dann keine Urerfahrungen, sondern für den Dienst in der Allegorie herausgewählt und potenziert.

81 R. Schwarz, *Vom Bau der Kirche*, Heidelberg 1947.

82 Doppelkirche an der Stelle des alten Domes von Aquileja, Lateranbasilika. G. Bandmann, *Mittelalterliche Architektur als Bedeutungsträger*, S. 169ff. Berlin 1951.

83 Bandmann, a. a. O., S. 218ff.

84 Andrae, a. a. O., S. 28.

85 »Die Bedeutung kann ein transzendenter Inhalt sein, der nur durch das ihn repräsentierende Bildzeichen und nur in ihm vorstellbar gemacht werden kann.« D. Frey, *Kunstwissenschaftliche Grundfragen*, Wien 1946, S. 19.

86 Für den ägyptischen Tempel nachgewiesen: L. Curtius, *Die antike Kunst, Handbuch der Kunstwissenschaft*, Berlin, Neubabelsberg 1913, S. 42; H. Schäfer, *Weltgebäude der alten Ägypter*, Berlin-Leipzig 1928, S. 88ff.; für Palast und Tempel der römischen Antike: K. Lehmann, ›The Dome of Heaven‹, in: *Art Bulletin* XXVII, 1945, S. 1ff., H. Flasche, ›Similitudo Templi‹, in: *Deutsche Vierteljahresschrift für Literaturwissenschaft und Geistesgeschichte* 23, 1949, H. 1, S. 84ff.; für die asiatischen Tempel: A. C. Soper, ›The Dome of Heaven in Asia‹, in: *Art Bulletin* XXIX, 1947, 4, S. 225ff.; für die altchristliche Kirche: K. Lehmann, a. a. O.; für die altchristliche Kirche: K. Lehmann, a. a. O., Kitschelt a. a. O.; für die Gotik; H. Sedlmayr, *Die dichterische Wurzel* usw., a. a. O.; für den byzantinischen Kirchenbau: G. A. Andreades, ›Die Sophienkirche von Konstantinopel‹, in: *Kunstwissenschaftliche Forschungen* I, 1931; für den nachbyzantinischen Kirchenbau: M. Alpatov – N. Brunov, *Geschichte der altrussischen Kunst*, Augsburg o. J. S. 206–207; für den Barockpalast: A. Ilg, *Leben und Werk Joh. Bernh. Fischers v. Erlach des Vaters*, Wien 1895.

87 K. Lehmann, a. a. O.; St. Beissel, ›Der Dom zu Köln‹, in: *Stimmen aus Laach*, Bd. 19, 1880, S. 137.

88 F. Kitschelt, a. a. O.; M. Schlesinger, ›Symbolik in der Architektur‹, in: *Zeitschrift für Geschichte der Architektur* IV, 1910, S. 12ff. und 80ff.; Sauer, a. a. O., S. 4, 103; Sedlmayr, *Architektur als abbildende Kunst*, a. a. O.

89 Bandmann, a. a. O., S. 71ff.

90 H. Lichtenberg, *Die Architekturdarstellungen in der mittelhochdeutschen Dichtung*, Münster 1931, S. 11ff.

91 Brcoska, a. a. O., S. 68ff.

92 Sedlmayr (*Verlust der Mitte*, a. a. O.) hat diese Bedeutung unter dem Begriff des Gesamtkunstwerks bis in das 19. Jahrhundert weitergeführt. Es erscheinen Palast, Landschaftsgarten, Museum, Theater und Ausstellung als Symbole der Weltordnung.

93 Die sogenannte Interpretatio Christiana. Vgl. auch F. Overbeck, *Christentum und Kultur*, Basel 1919, s. 75–93; E. v. Dobschütz, ›Vom vierfachen Schriftsinn‹, in: *Harnack-Ehrung*, Leipzig 1921, S. 1ff.; H. Vollmer, *Vom Lesen und Deuten heiliger Schriften*, Tübingen 1907.

94 H. Weigert, ›Die Bedeutung des germanischen Ornaments‹, in: *Festschrift für W. Pinder zum 60. Geburtstag*, Leipzig 1938, S. 108.

95 Krautheimer, ›Introduction . . .‹, a. a. O.

96 W. Andrae, ›Haus-Grab-Tempel‹, in: *Orientalistische Literaturzeitung* 1927, Sp. 1033ff.

97 Van der Leeuw, *Phänomenologie der Religion*, 1933, S. 224ff.

98 Mensching, *Soziologie der Religionen,* Bonn 1947, S. 31.

99 Mensching, a. a. O., S. 34; Van der Leeuw, a. a. O., S. 230.

100 E. Burck, ›Die altrömische Familie‹, in: *Das neue Bild der Antike* II, Rom, Leipzig 1942, S. 19.

101 F. Saeftel, ›Herd- und Hochsäulen im altnordischen Haus als Träger alter germanischer Glaubensvorstellungen‹, in: *Germanien,* 1935, S. 82ff.

102 A. Scharff, *Das Grab als Wohnhaus in der ägyptischen Frühzeit,* München 1947. – *Sitzungsberichte der Bayerischen Akademie der Wissenschaften,* Phil.-Hist. Klasse 1944/46, H. 6, S. 10, 14.

103 Andrae, *Gotteshaus,* a. a. O.

104 Scharff, a. a. O., S. 47ff.

105 Im vorkaiserlichen Rom blieben noch lange Reste des Totenkults im Hauskult bewahrt, Burck, a. a. O. So wurden die Porträtmasken der verstorbenen Ahnen im Hause aufbewahrt.

106 Scharff, a. a. O., S. 9 und Anm. 2.

107 So war es z. B. in Ägypten. Das Alte Reich ist entstanden durch die Zusammenfassung Unterägyptens mit seiner seßhaften Bevölkerung und Oberägyptens mit seinen nomadisierenden Stämmen. Scharff, a. a. O., S. 44ff.

108 So kamen bei der politischen Zusammenfassung Ägyptens auch Hausformen im Grabbau nach Norden. Ob dieser Einfluß schon im Rechteckigwerden und in der Ausmauerung der Grubengräber zur Zeit der 1. Dyn. nachzuweisen ist, bleibt zweifelhaft. Scharff, a. a. O. Anm. 6.

109 Scharff, a. a. O., S. 10.

110 So folgten schon die Satrapen des persischen Großkönigs in ihren Bauten dem Königspalast. F. W. Frhr. v. Bissing, ›Der persische Palast und die Turmbasilika‹, in: *Studien zur Kunst des Ostens, J. Strzygowski zum 60. Geburtstag,* 1923, S. 49; in Hatra wurde in unmittelbarer Nachbarschaft der »offizielle« Palast durch ein Privathaus kopiert. W. Andrae, *Hatra II,* Leipzig 1912, S. 69, Abb. 75.

111 So ist es zweifelhaft, ob wirklich die ägyptisch-mesopotamische Götteraedikula, die auch in der Hieroglyphe für »Tempel« noch auf ihre Herkunft aus dem aus Mattenwerk angefertigten Windfang hinweist (Andrae, *Gotteshaus,* a. a. O., S. 64ff.) noch so verstanden wurde, während man im Wohnhaus schon längst zum Ziegelbau übergegangen war und das Mattenhaus nur noch in niederen Bereichen weiterlebte, oder ob dem Griechen sich beim Anblick des Steintempels der alte Holzbau imaginierte.

112 Andrae, *Gotteshaus,* a. a. O., S. 8, 31.

113 A. Gnirs, ›Die christliche Kultanlage in konstantinischer Zeit am Platze des Domes in Aquileja‹, in: *Jahrbuch des kunsthistorischen Institutes der K. K. Zentralkommission für Denkmalpflege* IV, 1915.

114 P. Lauer, *Le palais de Lateran,* Paris 1911.

115 Th. K. Kempf, ›Die Deutung des römischen Kerns im Trierer Dom nach den Ausgrabungen von 1945–46‹, in: *Das Münster* 1, 1947, H. 5/6.

116 E. Dyggve, ›Probleme des altchristlichen Kultbaus‹, in: *Zeitschrift für Kirchengeschichte,* 3. Folge, 59 Bd., 1940.

117 H. Paulus, *Der Gesinnungscharakter des merowingisch-westfränkischen Basilikenbaues,* Phil.-Diss. Erlangen, Würzburg 1944, S. 68ff.

118 D. Frey, *Grundbegriffe,* a. a. O., s. 10ff.

119 Sauer, a. a. O.

120 Schon bei Vitruv findet sich die Ansicht, daß das Grundmaß des Tempelumfangs der Ausdehnung eines auf das Kreuz gespannten Menschen entspreche. Flasche,

a. a. O., S. 87. In der christlichen Interpretation findet sich der Hinweis zuerst bei Eusebius.

121 Seite 282, 290. Verstärkt wird seine kritische Beurteilung der allegorischen Bedeutung durch die Beobachtung, daß sie im Laufe der Zeit bei der gleichen Form wechseln kann.

122 Sauer, a. a. O., S. 292, Anm. 2, S. 294.

123 Siehe Anm. 86.

124 Andrae, *Gotteshaus*, a. a. O., S. 31.

125 Bandmann, a. a. O., S. 71 ff.

126 Bandmann, a. a. O., S. 62 ff.

127 G. Rodenwaldt, *Kunst um Augustus*, Berlin 1942, S. 82.

128 Bandmann, a. a. O., S. 223 f.

129 Sauer, a. a. O., S. 134.

130 Gal. 2,9; Offenb. 21,14.

131 Schlesinger, a. a. O., S. 24.

132 A. Kiekebusch, ›Eine germanische Ansiedlung aus der späteren römischen Kaiserzeit bei Paulinaue‹, in: *Praehistorische Zeitschrift* IV, 1912; E. Jung, *Germanische Götter und Helden in christlicher Zeit*, 2. Aufl. München 1939, S. 96; Schlesinger, a. a. O., S. 24; Kaschnitz-Weinberg, a. a. O., S. 35, Anm. 9.

133 W. Haftmann, *Das italienische Säulenmonument*, Leipzig-Berlin 1939.

134 Nach Kaschnitz-Weinberg, a. a. O., S. 37, liegt dieser Vorgang im Megalithikum, als die wandernden Völker seßhaft werden. »An dem Hervorbrechen der Bilder an diesen Bauwerken in einer folgenden Zeit wird uns der sakral-dämonische Charakter des Toten-, wie auch des Gottes- und Königshauses besonders deutlich zum Bewußtsein kommen. Mal und Architektur der megalithischen Kulturen sind, wo auch immer, mit Kräften dämonischer und seelischer Art durchtränkt.«

135 R. Haupt, ›Die Säule bei den nördlichen Germanen‹, in: *Repertorium für Kunstwissenschaft* XLV, 1925, S. 23.

136 Hildesheim. A. Zeller, *Die Kunstdenkmäler der Provinz Hannover*, II, 4; Stadt Hildesheim, Hannover 1911, S. 212; vgl. Frey, *Realitätscharakter*, a. a. O., S. 36.

137 Frey, *Realitätscharakter*, a. a. O., S. 36; Sauer, a. a. O., S. 47, 308 ff.

138 Insofern ist die Bemerkung Dehios, daß das Säulenportal gleichsam »ein Hohlspiegel ist, der das verjüngte Abbild der Innenperspektive nach außen wirft«, doch nicht so formalistisch, wie Evers (a. a. O., S. 169) meint. – Vergl. die Inschrift auf dem Tor der Abtei von St. Denis: Wer du immer verlangst, die Pracht der Tore zu rühmen, nicht bewundere den Stein und den Aufwand, sondern die Arbeit. Herrlich glänzet das Werk, doch das Werk, das herrlich erglänzet, möge erhellen die Geister, damit sie, wahrhaft erleuchtet, kommen zum wahren Licht, wo Christus in Wahrheit die Tür ist. / Was im Innern ist, zeigt hier die steinerne Pforte. / Durch die Materie schwingt sich der Geist, der schwache zur Wahrheit und entwindet dem Irdischen sich, umstrahlt von dem Lichte. (Suger, Lib. de rebus in administratione sua gestis.) Nach: J. Minn, *Das Remagener Klosterhof-Tor der Siegburger Martins-Probstei*, Remagen o. J. S. 1.

139 So bei den Innensäulen, die das Gewölbe tragen und die Schiffe scheiden.

140 Gall, a. a. O., S. 99.

141 Sauer, a. a. O., S. 116.

142 1. Kor. 3,10.11; Is. 28,16; Ps. 117,22; Matth. 21,42.

143 Der Mönch Candidus vergleicht bei der Beschreibung der Krypta von St. Michael in Fulda den Schlußstein mit Christus »Cuius tecturae princeps et conditor est Christus Jesus... Quid vero significet hoc, quod in summo uno lapide istius

aedificii perfectio consummatur idem Doctor insinuat...« (Candidus, *Vita Eigilis*, M. G. SS. XV, S. 230).

144 Sauer, a.a.O., S. 103, Anm. 3.

145 Zitiert bei S. Pfeilstücker, *Spätantikes und germanisches Kunstgut in der frühangelsächsischen Kunst*, Berlin 1936, S. 104.

146 H. Küas, ›Ein unbekannter Zyklus der Naumburger Werkstatt‹, in: *Zeitschrift des Deutschen Vereins für Kunstwissenschaft* 4, 1937, S. 63ff.

147 Etwas zugespitzt durchgeführt bei E. Lehmann, ›Über die Bedeutung des Investiturstreites für die deutsche hochromanische Architektur‹, in: *Zeitschrift des deutschen Vereins für Kunstwissenschaft 7*, 1940, S. 75ff.

148 W. Jüttner, *Ein Beitrag zur Geschichte der Bauhütte und des Bauwesens im Mittelalter*, Phil.-Diss., Bonn 1933, S. 23; J. Sauer, *Der Zisterzienserorden und die deutsche Kunst des Mittelalters*, Phil.-Diss., Bonn 1913, Salzburg 1913; W. Weisbach, *Religiöse Reform und mittelalterliche Kunst*, Einsiedeln-Zürich 1945, S. 71; J. v. Schlosser, *Quellen zur Kunstgeschichte des abendländischen Mittelalters*, Wien 1896, Nr. XXXV, S. 485; R. Krautheimer, *Die Kirchen der Bettelorden in Deutschland*, Köln 1925, Anm. 8.

149 P. Primer, ›Stimmen gegen die Überschätzung der Kunst‹, *Programm des Kgl. Gymnasiums zu Weilburg für das Schuljahr 1886.*

150 Vor allem Seneca. J. v. Schlosser, *Materialien zur Quellenkunde der Kunstgeschichte*, H. 1, Mittelalter, Wien 1914, S. 73.

151 *Confess.* X, 23.

152 Schlosser, *Materialien*, a.a.O., S. 76.

153 *De idolatria*, c. 3.

154 G. Ladner, ›Der Bilderstreit und die Kunstlehren der byzantinischen und abendländischen Theologie‹, in: *Zeitschrift für Kirchengeschichte* 50, 1931, S. 1ff.; H. Bastgen, ›Das Capitulare Karls des Großen über die Bilder und die sg. Libri Carolini‹, in: *Neues Archiv der Gesellschaft für ältere Geschichtskunde* 36, 1911, S. 63ff.; W. Delius, *Die Bilderfrage im Karolingerreich*, Diss., Halle 1920.

155 Krautheimer, Bettelorden a.a.O.; K. Burdach, *Reformation, Renaissance, Humanismus*, Berlin-Leipzig 1926, S. 38.

156 *Corpus Reformatorium*, Zwinglis Werke, Bd. 89, Berlin 1906, II, S. 187; III, S. 180. Vergl. auch P. Graff, *Geschichte der Auflösung der alten gottesdienstlichen Formen in der evangelischen Kirche Deutschlands*, Göttingen 1937–39.

157 A. Feulner, *Kunst und Geschichte*, Leipzig 1942, S. 186.

158 Sauer, a.a.O., S. 87ff.; F.I. Dölger, *Die Sonne der Gerechtigkeit und der Schwarze*, München 1918; H. Nissen, *Orientation*, Bd. 1–3, Berlin 1906–10.

159 Kitschelt, a.a.O., S. 79.

160 Gerade in den letzten Jahrzehnten ist diese Methode besonders entwickelt worden. Die Mittel der Stilkritik werden auf die Frage nach der Bedeutung angewandt. Als Beispiel einer Durchführung vgl. die in Anm. 15 genannte Arbeit von H. Sedlmayr. Als Forderung zum Beispiel vorgetragen bei H. Schrade (in der Einleitung zum 1. Jg. der Zeitschrift *Das Werk des Künstlers*, 1939/40), das Kunstwerk wieder als »sinnerfüllte Gestalt bestimmter Wirklichkeiten« zu erkennen. Auch die Definition von Th. Lipps (*Grundlegung der Ästhetik II*, Hamburg-Leipzig 1906, S. 32): »Künstlerische Form ist nichts anderes als die Daseinsweise des Inhalts«, geht in dieser Richtung. E. Jünger (*Gärten und Straßen*, S. 153) spricht angesichts der Wasserspeier an der Kathedrale von Laon von »Versteinerungen einer ausgestorbenen Erfahrung«. Ziel der Forschung ist weniger die Geschichte des Sehens als die dahinterlebende Geschichte des

Menschen. Vgl. auch H. Lützeler (*Einführung in die Philosophie der Kunst,* Bonn 1939, S. 26): »Einzig der Kunst angemessen ist das möglichst feine und umfassende Verstehen der Form als Sinnträger.« Die Prognose Tietzes (in: *Die Kunstwissenschaft der Gegenwart in Selbstdarstellungen,* hrsg. v. J. Jahn, Leipzig 1924, S. 191), daß die formalistische Methode eine unentbehrliche Durchgangsstufe für eine »von Grund aus neue Ikonographie« sei, scheint sich zu bestätigen.

II Herrscherarchitektur

Der Begriff einer »Politischen Architektur« bezeichnet – wiewohl er gelegentlich benutzt wird – nicht ein eingeführtes Forschungsgebiet, das über bestimmbare Traditionen, Methoden oder Themen verfügte. Deshalb bieten die hier zusammengestellten Aufsätze kein homogenes Bild, und der Leser muß sich eigentlich selbst extrapolieren, was den Begriff einer »Politischen Architektur« ausfüllen könnte.

In den unter der Überschrift »Herrscherarchitektur« versammelten Beiträgen finden sich unterschiedliche Ansätze, die politische Wirkungsabsicht von Architektur zu bestimmen: Die einen analysieren die Architektur im Sinne einer »politischen Ikonographie«, d. h., sie schlüsseln Bedeutungen über applizierte ikonographische Programme auf; andere erkennen einen politischen Willen in der Wahl eines Bautyps, an den bestimmte Funktionen oder Assoziationen geknüpft sein können; wieder andere zeigen, daß auch die Wahl einer Form, die Entscheidung für einen bestimmten Stilhabitus, unter politischen Vorzeichen fallen können. So ergibt sich ein Spektrum von Möglichkeiten, nicht aber eine Systematik zur politischen Architektur.

Auch die Inhalte einer politischen Willenskundgebung durch Architektur erscheinen nicht logisch strukturiert. Der Leser kann sich aber Merkmale zusammenlesen. So kann er in den unterschiedlichen Beispielen Belege für ein Charakteristikum insbesondere der »Herrscherarchitektur« finden: Ihre ursprünglichen Aussageziele und Funktionen sind starken Wandlungen unterworfen, die geradezu ins Gegenteil verkehrt werden können. Neue politische Ströme, Mächte oder Klassen können die Sinnangebote überlieferter Herrschaftsarchitektur usurpieren, auslöschen oder abwandeln.

Das »Kapitol« in Rom ist ein besonders sprechendes Beispiel für dieses Phänomen, das man vielleicht im Anschluß an Warburg als eine politische »Bedeutungsinversion« bezeichnen kann. Fast alle Herrscherarchitekturen vergangener Zeiten sind solchen Inversionen unterworfen gewesen, am radikalsten vielleicht durch den Augenblick, in dem sie zu Museen oder Touristenzielen erklärt wurden. Jeder Leser wird in seiner näheren Umgebung Beispiele für solche Erscheinungen finden können. Überhaupt wird er die hier versammelten Beispiele am besten genutzt haben, wenn er ihre Ergebnisse verallgemeinert und auf die Erfahrung seiner Umwelt überträgt.

Fritz Saxl

Das Kapitol im Zeitalter der Renaissance – Ein Symbol der Idee des Imperiums*

Über die früheste Geschichte des Kapitols ist im letzten Jahrzehnt viel spekuliert worden. Schon die Forschung des 19. Jahrhunderts hatte den Nachweis erbracht, daß die Nachrichten der antiken Historiker über die ersten römischen Siedler der Legende angehören, aber erst in jüngster Zeit haben Ausgrabungen in anderen Teilen Italiens eine neue Grundlage für unser Verständnis der Stadtentwicklung von Rom erbracht. Der kapitolinische Hügel unterscheidet sich heute kaum von den anderen römischen Hügeln. Aber zu einer Zeit, da die anderen Hügel bereits geschäftige Siedlungszentren waren, ragte er noch als nackter Fels aus einem unbewohnbaren Sumpfgebiet empor. Ein gewöhnlicher Siedlungsplatz ist das Kapitol nie gewesen. Als der Sumpf trockengelegt war und das Forum erbaut wurde, betrachtete man den Kapitolshügel als heiligen Ort, an dem sich Menschen aus den verschiedenen Teilen des Landes zur Verehrung der Götter und zu Opferhandlungen versammelten, und der auf diese Weise ein Stück gemeinschaftlichen Bodens für die verschiedenen Siedlerstämme darstellte. Die entscheidende Periode war das 6. Jahrhundert, als Griechenland schon seine Tempel und seine anthropomorphe Skulptur hervorgebracht hatte. Wahrscheinlich haben die Etrusker griechische Ideen nach Rom gebracht, und das Kapitol, wo man die drei ursprünglich etruskischen Gottheiten unter ihren lateinischen Namen Jupiter, Juno und Minerva in *einem* Tempel verehrte und auf griechische Art in Statuen dargestellt hat, ist möglicherweise eine frühe Ausprägung der neuen Form von Götterverehrung in Italien – und gewiß die wichtigste.

---

* Fritz Saxl, ›The Capitol during the Renaissance – A Symbol of the Imperial Idea‹. Vortrag am Institute of Education, Italian Conference, Jan. 1938. Erschienen in: F. Saxl, *Lectures,* Bd. I., S. 200–214, The Warburg Institute, University of London, London 1957. Aus dem Englischen von Reinhard Kaiser.

Die weinende »Roma«. Illustration zu einem Gedicht von Convenevole da Prato. Neapolitanisch, um 1340. London, British Museum, Ms. Royal 6 E. IX, fol. 11^{v}.

Sum deus alatusq cruribus ethera carpo.
Quem peperit summo candida Maja Iovi
Maia
ЄΡΜΗϹ

So begann die Geschichte des Kapitols als des religiösen Symbols eines neuen politischen Verbandes vor 2500 Jahren, und im folgenden möchte ich versuchen, die Geschichte dieses Symbols in ihren Hauptlinien bis in die heutige Zeit nachzuzeichnen. In der republikanischen Zeit blieb das Kapitol Mittelpunkt des römischen Staates. Hier wurden alljährlich Opfer dargebracht, im Triumphzug wurden die siegreichen Feldherren, mit dem Gewand Jupiters angetan, zum Kapitol geleitet. Feldherren und Sieger galten als Verkörperungen der kapitolinischen Gottheit; und obgleich die Kaiser den Palatin zu ihrer Residenz machten, büßte das Kapitol nichts von seiner Bedeutung als heiligster Mittelpunkt des Imperiums ein. Dem entspricht die Tatsache, daß das Christentum wohl nirgendwo mehr Zerstörungen angerichtet hat als auf dem Kapitol. Wenn irgendwo, dann lag hier das Bollwerk des Feindes, das innerste Zentrum des Heidentums, und es ist von symbolischer Bedeutung, daß die neuen Stätten der Christenheit – der Lateran, St. Peter und St. Paul – vom Kapitol so weit wie möglich entfernt liegen. Aber trotz der gründlichen Christianisierung Roms ist die Erinnerung an die alte politische Bedeutung des Kapitols in Sagen und Legenden lebendig geblieben. Eine der bekanntesten berichtet von einer Anzahl Statuen, die die verschiedenen, von Noah abstammenden und angeblich alle dem Imperium angehörenden Nationen verkörperten und in einem Halbkreis um die Statue Roms standen. Jede Statue trug eine Glocke um den Hals, und wenn eine der Nationen irgendwo im Reich einen Aufstand anzuzetteln versuchte, dann begann die Glocke an der Statue zu läuten, und die Priester konnten den Senat warnen, auf daß er die nötigen Maßnahmen ergriff.[1] Diese Legende zeigt, daß auch lange nach dem Verschwinden des römischen Reiches eine bestimmte Vorstellung im Denken der Menschen lebendig geblieben war – die Vorstellung vom Kapitol als dem magischen Mittelpunkt des heidnischen Imperiums. Wie tief diese Idee verwurzelt war, erkennt man auch daran, daß die Sage im Kapitol den Sitz des Senats sieht, obgleich es diese Funktion nie gehabt hat. Die Idee der Weltregierung und das Symbol des Kapitols gingen in der Vorstellung der Menschen eine unlösbare Verbindung ein.

◁ 2 Ciriaco d'Ancona (?), Merkur. Oxford, Bodleian Library, Ms. Can. Misc. 280, fol. 69ʳ.

Zu einer wirklichen Wiederbelebung des Kapitols kam es im Mittelalter nicht. Erst Michelangelo verlieh ihm seine endgültige Gestalt. Aber schon zweihundert Jahre vor ihm wurde das Kapitol zeitweilig von neuem Leben erfüllt, doch bezog dieses Leben seine Kraft nicht aus der Sphäre der Aktualität. Die erste humanistische Zeremonie, die auf dem Kapitol abgehalten wurde, war die berühmte Krönung Petrarcas zum Poeta laureatus. Petrarca selbst erzählt uns, wie er in seiner Klausur im südfranzösischen Vaucluse am gleichen Tag zwei Einladungen zur Krönung erhält, eine von der Pariser Universität, dem unumstrittenen geistigen Zentrum der damaligen Zeit, und eine aus Rom, wo man ihn auf dem Kapitol ehren wollte.[2] Ob er je wirklich geschwankt hat, welcher Einladung er folgen sollte? Auf seinem Weg nach Rom suchte er zunächst König Robert von Neapel auf, dem die Geschichte den Beinamen »der Weise« gegeben hat. Von Robert erhielt Petrarca dessen Mantel zum Geschenk – am Tage seiner Krönung sollte er ihn tragen. Schließlich zog Petrarca am 6. April 1341 feierlich in Rom ein. Wir besitzen eine lebendige Schilderung dieses Festzuges.[3] Während der Zeremonie selbst wurden mehrere Gedichte Petrarcas zu Ehren des römischen Volkes rezitiert; sechs römische Edelleute, mit Blumenkränzen von verschiedenen Farben geschmückt, begleiteten den Dichter. An der Spitze ging der Conte d'Anguilara, der den Lorbeerkranz trug, mit dem der Dichter geehrt werden sollte. Unter den Klängen von Trompeten und Flöten trat Petrarca im Mantel des Königs Robert auf und rief dreimal: »Lang lebe das Volk, lang leben die Senatoren, möge Gott Ihnen ihre Freiheit bewahren!« Hierauf hielt er eine Ansprache über die Verse Vergils (*Georgica* 3.291–92): »Sed me Parnasi deserta per ardua dulcis raptat amor.« (»Mich aber treibt süßes Verlangen durch die tiefe Einsamkeit des Parnaß.«) Dann kniete er vor dem Senator nieder, der ihm mit den Worten: »Diese Krone ist der Lohn des Genies« den Kranz auf den Kopf setzte. Petrarca rezitierte ein Sonett zum Ruhme der alten Römer, und die ganze Versammlung brach in den Ruf aus: »Lang lebe das Kapitol und der Dichter!«

Sechs Jahre später – und gewiß nicht unbeeinflußt von Petrarca – wurde das Kapitol Schauplatz einer bedeutenden politischen Erhebung, des Aufstands von Cola di Rienzo. Rienzo war kein großer Politiker, und sein Unterfangen war zum Scheitern verurteilt. Es war kein langsamer, staatsmännischer Versuch, nur ein kurzes Aufflackern revolutionärer Aktivität. Er träumte davon, die Größe

Roms wiederherzustellen und an der Seite des Papstes die Macht des Adels zu brechen, dessen Selbstsucht nach seiner Meinung einer Erneuerung von Roms altem Glanz im Wege stand. Das Kapitol war das natürliche Zentrum einer derartigen Bewegung, und hier ließ er die weinende »Roma« und andere Allegorien, mit denen er seine politischen Ziele unterstreichen wollte, an die Wände malen[4] (Abb. 1). Mit diesen großen Ereignissen, an deren Ende Rienzos gewaltsamer Tod auf dem Kapitol stand, waren jedoch die heroischen Tage des 14. Jahrhunderts endgültig vorüber.

Rienzo ließ den alten Palast auf dem Kapitol ausschmücken, und wäre er länger an der Herrschaft geblieben, so hätte er das Kapitol wahrscheinlich zum architektonischen Mittelpunkt Roms im 14. Jahrhundert gemacht, aber nach seiner Niederlage erlangten die alten Zentren der päpstlichen Verwaltung, der Lateran und der Vatikan, ihre frühere Bedeutung zurück. Nur für zwei Gruppen blieb das Kapitol auch weiterhin wichtig: für die rein städtischen Verwaltungsbeamten, die hier den Wünschen der päpstlichen Verwaltung willfahrten, und – was für uns von größerem Interesse ist – für die neu aufkommende Gruppe der Intellektuellen, die »Antiquare« oder Altertumsforscher. Ohne das Werk dieser Antiquare kann man, wie ich meine, die Bedeutung der Wiedereinsetzung des Kapitols in seine alte Größe durch Michelangelo nicht verstehen. Es ist ein auffallendes Zusammentreffen, daß die erste antiquarische Sammlung römischer Inschriften seit Karl dem Großen von eben jenem Rienzo angelegt worden war.

Für Rienzo kündeten diese Inschriften von der Vollkommenheit des alten römischen Regierungssystems, das er nachzuahmen bestrebt war. Als er entdeckte, daß der Stein mit dem Text der sogenannten Lex Regia, eines der großen römischen Gesetze, durch das der Senat Vespasian die Kaiserwürde verliehen hatte, als Altarschmuck im Lateran Verwendung gefunden hatte, ließ er die Platte herausnehmen und eine hohe Kanzel mitten in der Kirche errichten, von der aus er über die Lehren sprach, die die tugendhaften Vorväter für das römische Volk seiner Zeit bereithielten.[5] Aber dieses politisch motivierte Interesse an der Altertumsforschung schwand mit Rienzos Tod ebenso dahin wie die Bedeutung des Kapitols. In der Frührenaissance galt die heidnische Antike nicht als Muster der politischen Verwaltung und gewiß nicht als Hebel, um ein großes Wiederaufblühen Roms oder gar der italienischen Nation zu bewirken. Wir dürfen nicht vergessen, daß die humanistische Bewegung zu einer Zeit einsetzte, da Italien politisch in sich zerrissener war als je zuvor. Der neue Humanismus ging die Seele des Einzelnen an, nicht den Staat.

Der hervorragendste Altertumsforscher des 15. Jahrhunderts war Cyriacus d'Ancona, der schon als Knabe das Mittelmeergebiet bereist hatte, der als Kaufmann, genauer gesagt, als eine Art Wirtschaftsprüfer, begann und als Orakel für alle Fragen der Einordnung griechischer und römischer Bildwerke und Tempel endete. Cyriacus gehört der frühen Humanistengeneration an. Seine erste Reise unternahm er im Jahre 1400, der dann bis zu seinem Tode um das Jahr 1455 noch viele weitere folgten. Im mittleren Alter scheint er im Orient gelebt zu haben. Im Zusammenhang mit der Belagerung Konstantinopels durch Mohammed II. im Jahre 1452 berichten uns die Chronisten, der türkische Sultan habe dem Ruhm Alexanders des Großen nachgestrebt und sich täglich aus der römischen Geschichte vorlesen lassen; und der Mann, der den großen Sultan mit diesen Geschichten bekannt machte, um ihn im Geiste Alexanders des Großen und der römischen Kaiser zu unterweisen, war kein anderer als Cyriacus von Ancona.[6]

Das allein zeigt schon, wie sehr er sich von Cola di Rienzo unterschied. Was die heidnische Antike für ihn bedeutete, kann man der Geschichte über die Merkurdarstellung, auf die er in Griechenland zufällig stieß, entnehmen. Es handelt sich um einen Merkurtypus, eine Statue aus archaischer Zeit, für den sich in Rom niemand sonderlich interessiert hätte. In einer Oxforder Handschrift finden wir eine Kopie von Cyriacus' Zeichnung (Abb. 2), und daneben ein an den heidnischen Gott gerichtetes Gebet: »Heil dir, edler Merkur, dem Vater aller geistigen Künste und Talente wie auch der Beredsamkeit, dem besten Führer auf allen Wegen; der du mit deinem heiligen Sinn schon vor langer Zeit Herz und Geist mir genährt und meine glücklichen Reisen zu Land und zu Meer über alle Straßen Latiums, Illyriens, Griechenlands, Asiens und Ägyptens beschützt und begünstigt hast, leihe, verehrter Beschützer, auch heute meinem Geist und Verstand wie auch meiner Beredsamkeit deine kraftvolle Hilfe. Führe Cyriacus an diesem Freudentag, voll des Glückes für ihn, von der einstmals geheiligten Insel Delos, Wiege des Phoebus, nach der Insel Mykano und Tinos, die schon in Sicht... Gib, daß wir unsere weitere Reise sicher, glücklich und erfolgreich beschließen, unter deinem Schutz, deiner Leitung und mit deinem Beistand.« Hier kommt eine Haltung zum Ausdruck, der die Archäolo-

3, 4 Rekonstruktion des Kapitols (links). Standbild des Marc Aurel (rechts). Marcanova-Manuskript, Modena, Bibl. Estense, Ms. L. 5, 15 (XI. G. 2), fol. 28r, 29v.

gie persönliches, inneres Anliegen ist. Dieser Merkur hat alles Marmorne verloren und ist erneut zu einer lebendigen Kraft im Leben des Individuums geworden; ein solches Interesse am Altertum unterscheidet sich sehr deutlich von dem Rienzos, das vor allem auf das Regierungs- und Staatswesen gerichtet war. Für Cyriacus' geistige Existenz war die heidnische Antike so unentbehrlich wie der Platonismus für Marsilio Ficino und seinen Kreis, und es ist gewiß kein bloßer Zufall, daß dieser Merkur, der für Cyriacus' Leben und Wohlergehen eine solche Bedeutung erlangte, zu einem klassischen Vorbild wurde, das in ganz Europa Verbreitung fand und uns in einer großen Zahl italienischer Werke, aber auch bei Dürer, wiederbegegnet.[7]

Der Geist jener Generation, der Cyriacus angehörte, lebte nicht nur in der zweiten Hälfte des 15. Jahrhunderts fort, sondern entfaltete sich weiter. Während es zu Cyriacus' Lebzeiten nur eine kleine Gruppe Gleichgesinnter gegeben hatte, interessierten sich nun viele für die Erforschung der Antike. In ihrer Mehrzahl befaßten sie sich allerdings nicht mit dem griechischen Element; ihre Bemühungen beschränkten sich weitgehend auf das lateinische Erbe, besonders nach dem Fall Konstantinopels.

Die Summe aus diesen archäologischen Forschungen zieht ein 1465 von einem Manne namens Marcanova zusammengestelltes Bilderbuch, das seine Vorstellungen vom klassischen Rom in einer Anzahl schöner Miniaturen wiedergibt.[8] Solche Rekonstruktionen sind eine beliebte Beschäftigung der Amateur- und Berufsarchäologen aller Zeiten.[9] Alle, die sich für die Antike interessieren, verspüren den natürlichen Wunsch, sich ein greifbares Bild von ihr zu machen, gleichgültig, ob sie über ausreichendes Belegmaterial verfügen oder nicht. Diese Rekonstruktionen sind meist ziemlich kurzlebig, und schon die nächste Generation blickt verächtlich auf sie herab. Für den Historiker sind sie jedoch äußerst aufschlußreich; denn sie liefern ihm die besten Hinweise darauf, welches Bild sich eine bestimmte Generation von der Antike gemacht hat. Gerade

5 Il Cronaca, Rekonstruktion des Kapitols. Florenz, Uffizien (nach Bartoli, *Monumenti di Roma,* 1914–22, I, Taf. 36).

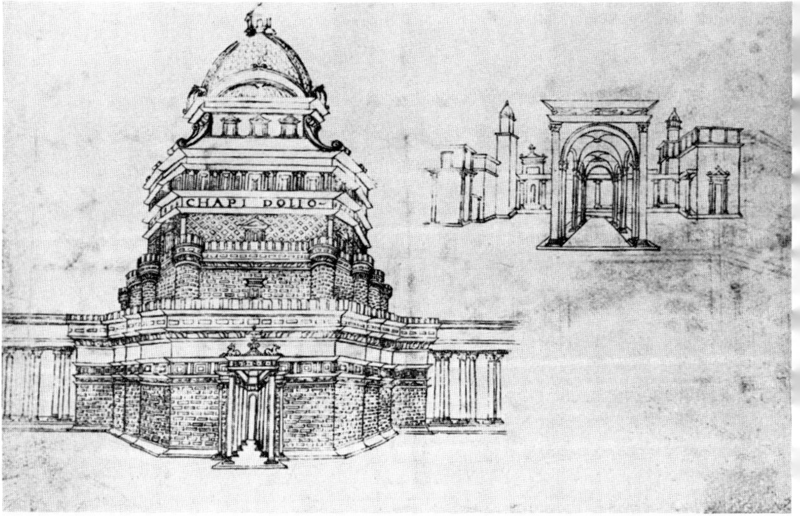

6 Luciano Laurana (?), Architektonische Phantasie. Urbino, Galleria Nazionale delle Marche (Photo: Alinari).

weil die historische Grundlage dieser Rekonstruktionen meist unzureichend ist, vermögen sie Aufschluß über das in der Phantasie ihrer Urheber lebendige Bild der Antike zu geben.

Marcanova stützte seine Zeichnungen weitgehend auf die von Cyriacus hinterlassenen Tagebücher und Skizzen, deren Originale im 16. Jahrhundert verbrannt sind. In Marcanovas Buch nun finden wir – und damit komme ich langsam zum eigentlichen Thema dieses Vortrags – das Bild des Kapitols, so wie es sich die Generation nach Cyriacus dachte (Abb. 3). Man sieht einen heidnischen Gott auf einer Säule sitzend; Paläste in pseudoklassischem Stil, d. h. in einem Stil, der bestimmte Details von antiken Bauten übernimmt, ohne über ein Verständnis für die klassische Architektur als ganze zu verfügen; und im Hintergrund eine Stadtmauer. Etwa in der Mitte des Bildes liegt ein elender Mann am Boden, der gerade enthauptet werden soll, ein Hinweis darauf, daß im Mittelalter auf dem Kapitol Todesurteile vollstreckt wurden. Auf einem zweiten Blatt sieht man die Statue Marc Aurels (Abb. 4); oben auf einem Gebäude, das, wie der Sockel des Standbilds, klassisch wirken soll, erkennt man einen Riesenkopf und eine Riesenhand, die eine Kugel hält. Hunderte solcher antiquarischer Zeichnungen haben sich erhalten und geben uns eine Vorstellung davon, wieviel verloren gegangen sein muß; sie sind ideale Rekonstruktionen des klassischen Rom, so wie es in der Vorstellung der Zeit lebendig war. Eine andere Rekonstruktion des Kapitols von Cronaca zeigt z. B. an den Seiten des Gebäudes zwei klassische Kolonnaden, in der Mitte ein Portal, das immerhin einige klassische Merkmale aufweist, während das erste Stockwerk aus einer mittelalterlichen oder vielmehr in die frühe Renaissance zu datierenden Stadtmauer besteht (Abb. 5), eine merkwürdige Mischung aus Altem und Neuem, mit einigen korrekten klassischen Details. Gleichfalls interessant für unseren Zweck ist die Skizze rechts auf dem Blatt mit einem Portikus in der Mitte, die uns an Marcanovas Kapitol erinnert; der Säulengang dahinter und die von ihm nach beiden Seiten ausgehenden Gebäudeflügel bilden einen monumentalen Hof.

Zu dieser Gruppe von architektonischen Phantasiestücken gehört auch ein schönes Bild, das so vielen verschiedenen Künstlern zugeschrieben worden ist, daß ich hier nicht wagen möchte, einen Namen zu nennen (Abb. 6). In der Mitte sieht man ein kreisförmiges antikes Gebäude, und wir wissen, daß sämtliche Künstler der zweiten Hälfte des 15. Jahrhunderts das runde Bauwerk für die vollkommenste antike Schöpfung hielten. Die Flügel werden von Palästen mit offenen Kolonnaden im Erdgeschoß gebildet. Das Pflaster besteht aus Steinen von unterschiedlicher Farbe, so daß sich die zum Zentrum des Hauptgebäudes führende Achse deutlich abzeichnet.

Ein Theaterprospekt von Peruzzi gehört zu einer anderen Gruppe von Zeichnungen (Abb. 7).[10] Es ist schwer zu sagen, ob Peruzzi hier eine antike oder eine moderne Straße darstellen wollte, denn er stellt klassische und moderne Gebäude nebeneinander. Deutlich erkennen wir die Kuppel des Pantheons, den sogenannten Bogen des Janus Quadrifrons, die drei Säulen des Forums, das Hadriansgrab, das Kolosseum und andere antike römische Bauwerke. Da sie zum Teil als Ruinen gezeigt sind, liegt es wohl nahe, von einer modernen römischen Straße zu sprechen, aber sie ist gesehen mit den Augen eines archäologisch interessierten Architekten. Im Gegensatz zu den anderen Zeichnungen beruht Peruzzis Ansicht offensichtlich auf einem gründlichen Studium der wirklichen Ruinen. Zwischen der Zeit Cyriacus' von Ancona und der Peruzzis – also zwischen dem späten 15. und dem frühen 16. Jahrhundert – ist die Leidenschaft für die Antike nicht zurückgegangen, wohl aber hat sie dank der Meßlatte des Architekten einen neuen Ausdruck gefunden.

Das wichtigste Dokument für diese Bewegung ist der berühmte anonyme, früher fälschlich Raffael zugeschriebene Brief über die Bewahrung der römischen Denkmäler, über die beste Art, sie zu messen, über die dabei zu verwendenden Instrumente usw.[11] In dem Brief heißt es, der Verfasser habe von Seiner Heiligkeit den Auftrag erhalten, ausgehend von dem, was noch sichtbar sei, Zeichnungen

7 Peruzzi, Theaterprospekt. Florenz, Uffizien (nach Bartoli, *Monumenti di Roma,* 1914–22, II, Taf. 327).

des alten Rom anzufertigen; die Gebäude festzuhalten, von denen genug erhalten geblieben sei, um sie mit guten Gründen in ihrer alten Gestalt zu restaurieren, und die völlig zerstörten Teile, von denen nichts mehr sichtbar sei, so anzulegen, daß sie zu den erhalten gebliebenen, noch sichtbaren Bauten paßten. Der Briefschreiber erfüllte, wie er sagt, diesen Auftrag, indem er zahlreiche lateinische Autoren als Quelle benutzte. Wir ersehen daraus, daß die oben besprochenen Rekonstruktionen des alten Rom nicht, wie es heute vielleicht der Fall wäre, der Laune irgendwelcher arbeitsloser Architekten entsprangen, daß mit solchen Aufgaben vielmehr die besten päpstlichen Architekten betraut wurden. Aber während die Rekonstruktion der Vergangenheit auf dem Papier gute Fortschritte machte, wurden in der Wirklichkeit keine Anstrengungen zu ihrer

Wiederbelebung unternommen. In einem langwierigen, schmerzlichen Prozeß erkannten die Italiener des 16. Jahrhunderts, daß ihre eigene Vergangenheit, die Zeit der römischen Größe, nicht nur für immer vorüber, sondern auch gänzlich anders beschaffen war als ihr eigenes christliches Zeitalter. Diese Erkenntnisanstrengung der italienischen Denker ist eine der größten Leistungen der Menschheit. Durch sorgfältiges Studium der klassischen Autoren entwikkelten sie ein dem Mittelalter durchaus fremdes Verständnis für die Zeit ihrer heidnischen Vorfahren. So wurden diese Humanisten zu Vätern des modernen historischen Denkens. Wer mit der mittelalterlichen Vorstellung aufgewachsen war, Julius Caesar müsse etwa so gelebt haben wie ein Fürst in einer kleinen mittelalterlichen Stadt, für den muß die Entdeckung des Unterschieds zwischen der antiken Welt und seiner eigenen etwas Überwältigendes gehabt haben.

In der ersten Hälfte des 16. Jahrhunderts hatte sich diese Erkenntnis allgemein durchgesetzt. Politisch befand sich Italien in einer

8 Stadtplan von Rom, 1562. London, Royal Institute of British Architects (Burlington-Devonshire Collection, Bd. 7).

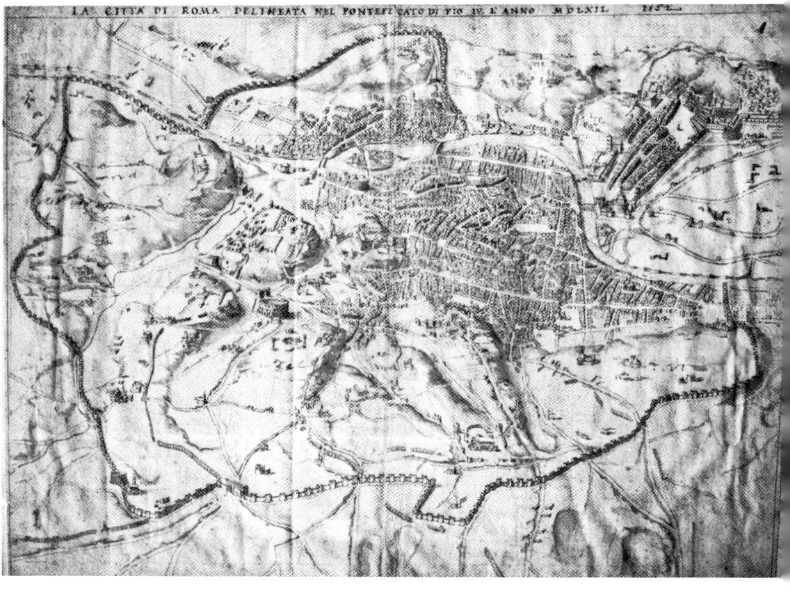

9 Marten van Heemskerck, Blick vom Monte Caprino (Ausschnitt). Berlin, Kupferstichkabinett (nach H. Egger, *Römische Veduten,* 1911–31, II, Taf. 106).

trostlosen Lage, der größte Teil des Landes war in den Händen ausländischer Mächte. Infolge der neuen historischen Einsichten und als Reaktion auf die Fremdherrschaft entstand das Ideal eines neuen Italien, dessen glühendster Verfechter Machiavelli war. Er haßte die Kirche und verehrte die Größe des heidnischen Rom, in dem er etwas seiner eigenen Gegenwart völlig Unvergleichliches sah. Machiavelli starb 1527. Die Zeit war reif, das Kapitol nicht nur in Phantasiezeichnungen, sondern auch in der Wirklichkeit zu rekonstruieren. Die endgültige Entscheidung fiel 1536. Das Ergebnis war in gewissem Sinne das säkulare Gegenstück zur Errichtung des Petersdoms und nicht weniger bedeutsam als diese. Obwohl das Projekt schon in den dreißiger und vierziger Jahren des 16. Jahrhunderts erörtert wurde, dauerte es noch viele Jahrzehnte, bis es tatsächlich ausgeführt wurde. Um dies zu verstehen, müssen wir einen Blick auf den Stadtplan Roms vor der endgültigen Erneuerung des Kapitols werfen.

Auf einem Plan aus dem Jahre 1562 erkennt man, wie merkwürdig sich die Stadt im Mittelalter ganz in der Ebene zwischen Fluß und Kapitol ausgedehnt hatte und sich nur in Richtung auf St. Peter und nach dem alten Trastevere hin über den Fluß hinaus erstreckte (Abb. 8). An der Stelle des Forums – also im eigentlichen Herzen Roms – dehnte sich eine Wildnis, aus der nur einige wenige Ruinen aufragten. Im Altertum hatten sich die Tempel auf dem Kapitol naturgemäß zum Forum hin orientiert. Im Mittelalter dann war auf den Ruinen des alten Kapitols die Kirche Santa Maria in Aracoeli errichtet worden, und seit der Mitte des 14. Jahrhunderts war diese

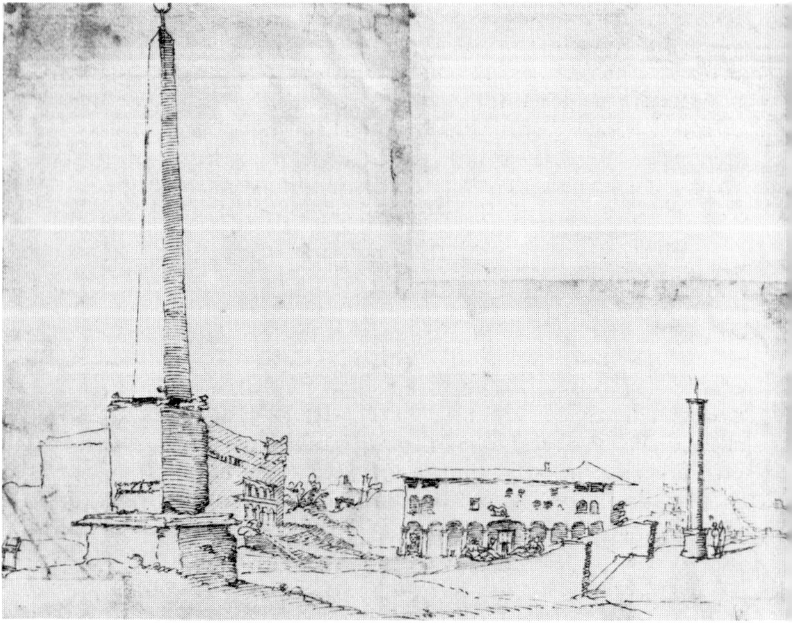

10 Marten van Heemskerck, Ansicht der Platea Capitolina von der Kirche Aracoeli aus. Berlin, Kupferstichkabinett (nach Egger, *Römische Veduten,* 1911–31, II, Taf. 1).

Kirche durch eine monumentale Treppe mit der Stadt verbunden. Einen monumentalen Aufgang zu dem mittelalterlichen Palast neben der Kirche (Abb. 9), in dem die Stadtväter ihrer Verwaltungstätigkeit nachgingen und vor dem das römische Volk seine Märkte abhielt, gab es indessen nicht. Dieser Zustand währte lange Zeit, und noch zu Beginn des 16. Jahrhunderts hatte sich daran nichts geändert. Im Laufe des 15. Jahrhunderts hatte man es für nötig befunden, rechts neben dem alten Palast ein neues Gebäude für Verwaltungszwecke zu errichten, aber bei allem Humanismus der Zeit war niemand auf den Gedanken gekommen, hier etwas besonders ins Auge Springendes oder Monumentales zu bauen. Dieses Gebäude hätte überall stehen können. Das einzige Bemerkenswerte waren einige vor ihm aufgestellte oder liegende antike Skulpturen und die berühmte Wölfin über dem Eingang (Abb. 10). Aber man führe sich diesen Platz vor Augen: an der Stirnseite der alte Palast mit seinem mittelalterlichen Turm, rechts daneben ein ziemlich modernes Gebäude und links die altehrwürdige Kirche Santa Maria in Aracoeli, zu der jene lange Treppe hinaufführte. Von einer architektonischen Einheit konnte hier nicht die Rede sein, und leicht kann man sich vorstellen, daß Leute, die im Geiste der päpstlichen Architekten, die an den Plänen für den Petersdom arbeiteten, erzogen waren, es als große Enttäuschung empfanden, daß dieser Platz, der einmal das *caput mundi* symbolisiert hatte, jetzt von einer Reihe zusammengewürfelter Bauten geprägt wurde, was bis zu Michelangelo der Fall war.

Flavio Biondo, der Bewunderer und Erneuerer des alten Rom, beklagt sich bitter über diesen Zustand: »Betrachten wir zunächst die alten und neuen Dinge, die man auf jedem der acht Hügel findet... aber ich schäme mich, um gleich mit dem Kapitol zu beginnen, einen so schönen Ort in einem derart formlosen, heruntergekommenen Zustand zeigen zu müssen. An mehreren Stellen hat Marcus Tullius diesen Hügel als die Wohnung aller Götter bezeichnet, und Vergil nannte ihn den goldenen; ... doch nun steht

11 Anonymus Escurialensis, Der Forum Nervae. Um 1491. Escorial, Cod. 28-II-12, fol. 57v (nach Egger, *Codex Escurialensis,* 1905).

dort ein von Bonifatius IX. auf den alten Ruinen erbautes Mörtelhaus zum Nutzen der Senatoren und Richter, wie es selbst ein Privatmann als Wohnung verschmähen würde; dann befindet sich dort, an der Stelle, wo der alte Tempel des Jupiter Feretrius stand, die Kirche von Aracoeli, darin die Franziskaner sind; sonst gibt es nichts auf dem kapitolinischen Hügel, der in alten Zeiten von so zahlreichen und schönen Gebäuden geziert war.«[12] In einer Beschreibung seiner Streifzüge durch die römischen Ruinen gibt auch Poggio seiner Enttäuschung über den Zustand des Kapitols beredten Ausdruck. Eine auf den sogenannten Anonymus Escurialensis zurückgehende Zeichnung des Forum Nervae führt uns in die melancholische Stimmung von Poggios Schilderung ein (Abb. 11). Dieser schreibt: »An einem Tag, da wir unserer öffentlichen Pflichten ledig waren, wanderten der vorzügliche Antonius Luscus und ich durch die verwüstete Stadt und stellten Betrachtungen über die Großartigkeit der zerfallenden Gebäude und gewaltigen Ruinen der alten Stadt an, wie auch über den Niedergang eines so großen Imperiums und die bejammernswerte Unbeständigkeit des Schicksals. Als wir den kapitolinischen Hügel erklommen hatten, wollte Antonius, des Reitens müde, etwas rasten; so stiegen wir ab und ließen uns zwischen den Ruinen des tarpejischen Schlosses nieder. Man stelle sich die riesige Vorhalle eines, wie ich glaube, Marmortempels vor, dazu zahlreiche zerbrochene Säulen überall verstreut und die Aussicht auf den größeren Teil der Stadt. Antonius sah sich um und sagte dann mit einem Seufzer der Bedrückung: Poggio, wie weit ist dieses Kapitol von dem entfernt, das unser Lehrer Maro pries: ›Aurea nunc, olim silvestribus horrida dumis.‹ Oh, daß sein ursprünglicher Zustand bald wiederhergestellt sein möge! Einstmals golden, jetzt aber bedeckt mit kümmerlichem Buschwerk.«[13]

Im Jahre 1546 war es dann so weit. Michelangelos Plan hat sich nicht in seiner ursprünglichen Gestalt, sondern nur in Form von Kupferstichen erhalten, die aber von kompetenten Fachleuten, auch wenn deren Ansichten im einzelnen etwas auseinandergehen, für echt gehalten werden. (Ich selbst bin in Michelangelo betreffenden Fragen kein Fachmann.) Als erste und wichtigste Tatsache müssen wir uns vor Augen führen, daß sich das Kapitol nun endgültig nach einer anderen Richtung als vorher orientiert – daß es sich nun dem neuen Rom zuwendet. Zum alten Forum führen nur schmale Treppen hinab, die jetzt nicht mehr von Bedeutung sind. Michelangelos Kapitol, das Rom überragt, bildet das einzige säkulare

12 Michelangelos Entwurf für das Kapitol. Kupferstich von Dupérac, 1569.

Gegengewicht zum Borgo Nuovo mit dem Petersdom (Abb. 12). In der Mitte befindet sich die neue Treppe, die zum Kapitol hinaufführt und den alten Aufgang zur Kirche Santa Maria in Aracoeli überflüssig macht. Zum erstenmal wird der Platz auf dem Kapitol zu einer selbständigen Einheit, die von der Aracoeli-Kirche ebenso getrennt ist wie von den kleinen mittelalterlichen Kirchen an seinem Fuß. Erinnern wir uns noch einmal an die oben besprochene phantastische Studie aus dem 15. Jahrhundert mit dem Zentralbau, den Flügeln und dem gemusterten Pflaster (Abb. 6); oder betrachten wir Sangallos Rekonstruktion des Trajanforums mit dem kreisförmigen Platz in der Mitte und dem Turm im Hintergrund, einer antiken Verkleidung der mittelalterlichen *Torre delle milizie,* die tatsächlich an dieser Stelle steht (Abb. 13). Meiner Ansicht nach zeigen diese Arbeiten von Vorgängern Michelangelos eines sehr deutlich, und das erscheint mir hier wesentlich: Das, was Michelangelo – ich weiß nicht, ob beabsichtigte, aber jedenfalls erreichte, war ein klassisches Kapitol ganz im Geiste der Humanisten. Zweifellos hat er damit das in die Tat umgesetzt, wovon seine Zeitgenossen träumten. Die

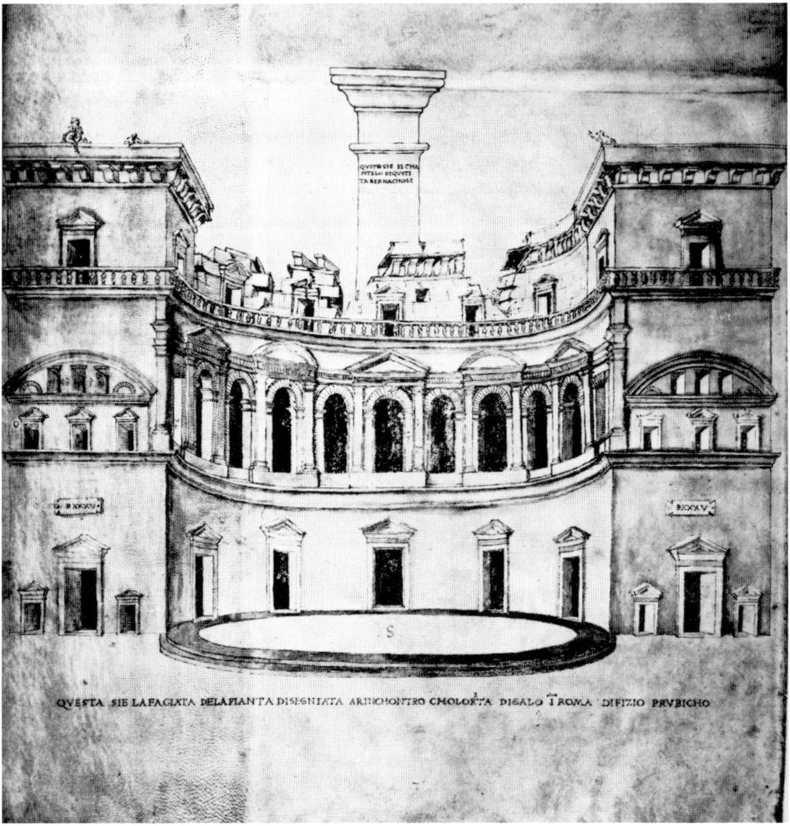

13 Giuliano da Sangallo, Rekonstruktion des Trajanforums. Bibl. Vaticana, Cod. Barb. lat. 4424, fol. 5v (nach Sangallo, *Il Libro* . . ., hg. v. Hülsen, 1910).

Schenkung der ersten klassischen Skulpturen durch Sixtus IV. (es handelte sich um die Figuren, die man unter den Arkaden des armseligen Renaissancegebäudes erkennt, das in der Zeit vor Michelangelo auf dem Kapitol stand) erfolgte, wie es in seiner Widmung heißt, in der Absicht, die Statuen dem römischen Volk, aus dem sie hervorgegangen waren, zum Zeugnis seiner Vortrefflichkeit und Tugend zurückzugeben.[14]

Die ersten klassischen Skulpturen, die das Kapitol zurückerhielt, waren Reliquien, die während des ganzen Mittelalters große Verehrung genossen hatten. Darunter befanden sich der Riesenkopf und die große Hand mit der Kugel, die das Mittelalter »Samsons Ball« genannt und als ein Symbol für die römische Weltherrschaft betrachtet hatte, sowie die als »Mutter der Römer« bezeichnete Bronzewölfin, deren symbolische Bedeutung durch die nachträgliche Hinzufügung der beiden Zwillingsknaben, die Rom begründet hatten, noch unterstrichen wurde. Daß solche Skulpturen, die schon im Mittelalter als mythisch bedeutsame Überreste der großen römischen Vergangenheit galten, von den Päpsten der Frührenaissance auf das Kapitol gebracht wurden, ist aufschlußreich, aber doch nicht überraschend. Erstaunlich jedoch ist, daß Leo X. im Jahre 1515 dafür sorgte, daß drei Reliefs, die Marc Aurel auf dem Schlachtfeld, auf einem Triumphwagen und bei einem Opfer vor dem kapitolinischen Tempel darstellten, aus einer nahegelegenen Kirche auf das Kapitol gebracht wurden, das auf diese Weise Überreste aus seiner eigenen Vergangenheit zurückerhielt (Abb. 14a–c). An den häßlichen Wänden des Palastes aus dem 15. Jahrhundert konnte man sich nun ein Bild davon machen, wie das Kapitol im Altertum tatsächlich ausgesehen haben muß, und Leo X. fügte seiner Schenkung eine Inschrift hinzu, die den Betrachter daran erinnerte, daß er Marcus Aurelius Severus *triumphator Romanorum Imperator* vor sich habe.[15]

Zweifellos bestand die Absicht darin, dem Kapitol seine einstige architektonische Großartigkeit zurückzugeben, deren Verlust Biondo und Poggio so sehr beklagt hatten. Vor dem Hintergrund der ausgiebigen architekturkundlichen und archäologischen Studien, die man seit den Tagen der frühen Humanisten betrieben hatte, schuf Michelangelo ein Kapitol, das sich in seinen Grundstrukturen mit der Anlage der griechischen *agora* vergleichen läßt (Abb. 15). Das Zentrum der griechischen Städte bestand sehr häufig aus einem Platz, der nur an drei Seiten von Gebäuden gesäumt wurde, während die vierte Seite offenblieb, genau wie es bei Michelangelos Entwurf der Fall ist. In griechischer Zeit war dieses Zentrum nicht eigentlich für Passanten gedacht, und auch Michelangelo machte das Zentrum seines Platzes in ähnlicher Weise »unwegsam«. Viele moderne Fachleute sind sich darin einig, daß der Kapitolsplatz für den Fußgänger nicht eben einladend ist. Man gelangt über Stufen zu ihm hinauf, und er fällt von der leicht erhöhten Mitte, wo das

a

b

c

14 Reliefs mit Darstellungen Marc Aurels. Rom, Palazzo dei Conservatori. (a) In einem Triumphwagen. (b) Auf dem Schlachtfeld. (c) Bei einem Opfer vor dem Kapitolinischen Tempel (Photos: Alinari).

15 Michelangelos Grundriß für das Kapitol. Kupferstich von Lafreri, 1567 (nach Le Tarouilly, *Edifices de Rome moderne,* 1868–74, III, Taf. 353).

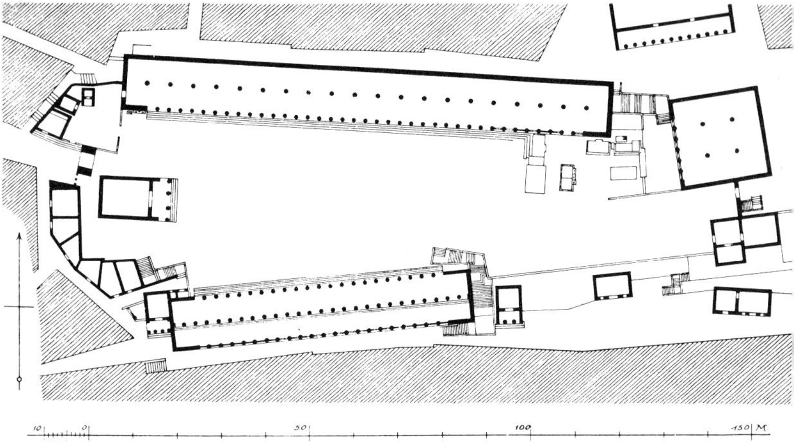

16 Die Agora von Assos (nach A. von Gerkan, *Griechische Städteanlagen,* 1924, Taf. 13).

17 Der Kapitolspalast, Fassade (Photo: Alinari).

Reiterstandbild steht, zu den Seiten hin ab und ist mit einem gemusterten Pflaster bedeckt. Den Hintergrund der *agora*, etwa der in Assos (Abb. 16), bildet ein erhöhter, über mehrere Stufen zu erreichender Tempel, und auch hier erkennen wir, daß sich die Seitenflügel zur Stirnseite hin einander nähern, wenn auch aus anderen Gründen als bei Michelangelo. Die beiden Gebäude, die den Platz flankieren, sind ebenfalls klassisch. Auf den Grundgedanken der monumentalen Pilaster, die die beiden Geschosse in einem starken Kontrast zwischen Horizontalen und Vertikalen miteinander verbinden, wäre Michelangelo ohne Kenntnis seiner Vorgänger wohl kaum verfallen (Abb. 17). Tatsächlich finden wir fern von Rom, in Baalbek im vorderen Orient eine monumentale Wand, die ganz ähnlich gegliedert ist. Und obwohl mir in Rom keine genaue Parallele bekannt ist, läßt sich doch zeigen, daß einige der damals berühmtesten antiken Ruinen von anderen Künstlern der Zeit so gedeutet wurden, daß ihre Zeichnungen dem Entwurf Michelangelos ähneln. In den *thermae* gab es Reihen von riesigen Säulen, die bis in das zweite Geschoß hinaufreichten. Mehrere Architekten

18 Baalbek, Vestibülhof. Ansicht von Nordwesten (nach *Baalbek, Ergebnisse der Ausgrabungen* . . . , 1921–25, I, Taf. 38).

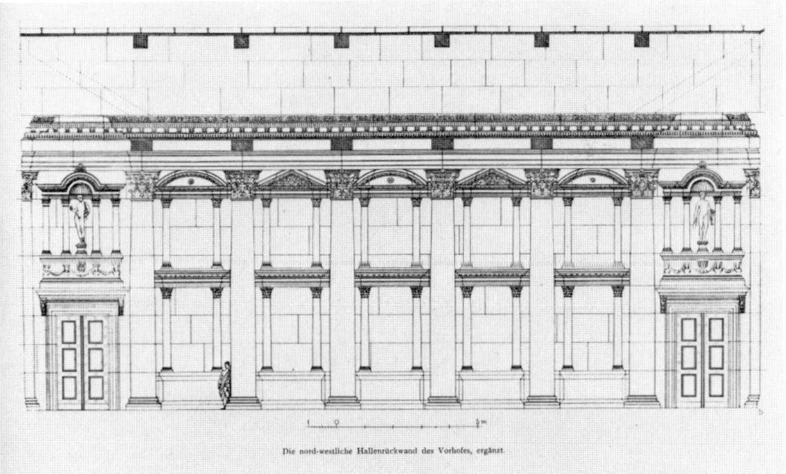

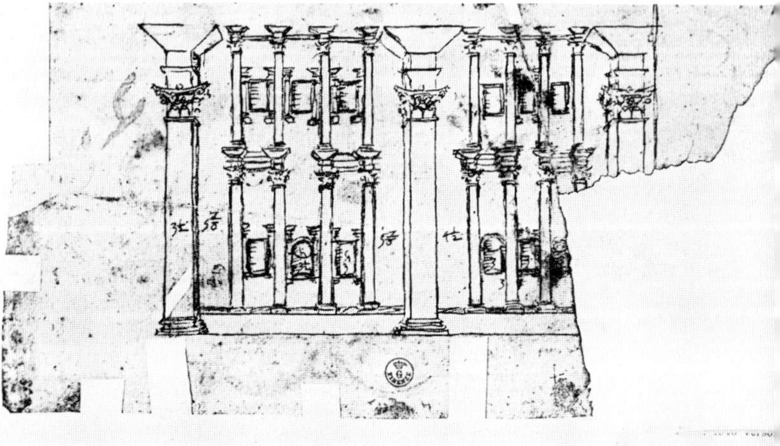

19 Antonio da Sangallo, Skizze einer Wand in den Thermen des Diokletian. Florenz, Uffizien (nach Bartoli, *Monumenti di Roma,* 1914–22, I, Taf. 177, Ausschnitt).

zeichneten diese Anlage wirklichkeitsgetreu ab; andere aber ergänzten die Anordnung der Säulenreihen und Fenster merkwürdigerweise so, daß ihre Zeichnungen der Wand von Baalbek wie auch dem Palast Michelangelos nicht unähnlich sind (Abb. 18, 19).

Zugegeben, es wäre keineswegs schwierig zu beweisen, daß Michelangelos Werk durchaus modern und sogar das Gegenteil von klassisch ist. Allein schon der Gedanke, das Kapitol endgültig von den klassischen Überresten des Forum Romanum abzukehren und es, wie Santa Maria in Aracoeli, auf die christliche Stadt mit dem Petersdom hin zu orientieren, zeigt die moderne Gesinnung. Eine letzte Tatsache jedoch beweist, daß wir berechtigt sind, Michelangelos Intention (und die seines Auftraggebers) so zu deuten, wie wir es getan haben, die Tatsache nämlich, daß die für das Zentrum des Platzes ausgewählte Statue zu den Reliefs gehört, die schon 1515 auf das Kapitol als ihren angestammten Platz zurückgebracht worden waren. Es handelt sich nämlich um das Reiterstandbild Marc Aurels (Abb. 20), und die Widmung von 1538 besagt: »Ut memoriae optimi principis consuleret, patriaeque decora atque ornamenta restitueret, ex humiliori loco in aream Capitolinam transtulit.« Das

20 Reiterstandbild Marc Aurels. Rom, Kapitol (Photo: Alinari).

heißt: »Der Papst brachte diese Statue von einem geringeren Ort auf das Kapitol, um das Andenken des besten aller Fürsten zu ehren und dem Vaterland seine Schönheiten und seinen Schmuck zurückzugeben.« Diese Inschrift gibt dem Gedanken Ausdruck, daß man das neue Kapitol wieder als *caput mundi,* als Haupt der Welt, begreifen sollte. Denn man stellte in seine Mitte den Herrscher, der gleichzeitig »Kaiser und Philosoph« gewesen war: »filosofo e imperatore«, so formuliert es ein Renaissance-Autor und fügt hinzu: »sta in habito e gesto di pacificatore« – »man sieht ihn in der Haltung eines Friedensstifters.«[16] Es gibt, wenn überhaupt, nur wenige römische Kaiser, die dem modernen Denken und Empfinden näher stehen als er. Marc Aurel zu lesen, zu beobachten, wie dieser offene Geist inmitten der Wirren des Krieges gelassen die großen Fragen des menschlichen Lebens abwägt und seine eigenen Kaiserpflichten aufgehen läßt in dem größeren Strom menschlicher Pflichterfüllung; mit ihm die Einheit zu erkennen, die das Kleinste mit dem Größten verbindet – dies gehört zu den bleibenden Eindrücken, die man aus der klassischen Literatur gewinnen kann. Marc Aurel und sein Stoizismus sind durch und durch heidnisch, und doch bilden sie ein angemessenes Gegenstück zu den Idealen christlichen Lebens und christlicher Moral. Der heidnisch-antike Geist, in dem das neue Kapitol entworfen wurde, scheint mir gerade darin zum Ausdruck zu kommen, daß in seiner Mitte das Standbild dieses edlen, mächtigen Mannes errichtet wurde.

Natürlich ist ein Symbol, so groß seine historische Kraft auch sein mag, als solches nicht imstande, politische Wandlungen zu bewerkstelligen; aber man kann sich doch fragen, ob Rienzo sich das Kapitol zu Recht zum Symbol für seinen Kampf erwählt hat – einen Kampf, den er an der Seite der Kirche gegen die Aristokratie ausfocht. Die Antwort hierauf fällt nicht leicht. Das Kapitol kann legitim nur dort als Symbol beansprucht werden, wo es um universale Fragen geht, nicht also, wo nur innere Reformen angestrebt werden, sondern da, wo man auch auf eine imperiale Außenpolitik zielt. Eine solche Situation konnte innerhalb der mittelalterlichen Gesellschaft gar nicht entstehen. Und es ist charakteristisch, daß es mehr als hundert Jahre dauerte, bis Michelangelos Pläne ausgeführt waren. Europa erlebte den Kampf zwischen Spanien und Frankreich um die Vormachtstellung, und das politische Handeln der Päpste war aufs engste mit diesem Kampf verbunden. Unterdessen blieb aber das Kapitol ein Ort von untergeordneter Bedeutung, wo die städtische Verwaltung ihrer Tätigkeit nachging und an dem eine zusehends größer werdende Sammlung von Altertümern zusammengetragen wurde. Statt zum politischen Mittelpunkt wurde Michelangelos Werk einerseits zu einem Magazin historischer Erinnerungsstücke und andererseits zu einem lokalen Verwaltungszentrum. Diese Tendenzen wurden gegen Ende des 18. und im Laufe des 19. Jahrhunderts noch gestärkt; und bis in die Anfänge dieses Jahrhunderts änderte sich daran kaum etwas. Weiterhin war der Hügel von kleinen Kirchen und Häuschen umgeben, und wer noch das Rom der Zeit vor 1914 kennengelernt hat, wird das Kapitol als einen äußerst stillen, melancholischen Ort in Erinnerung haben, den die Italiener nur aufsuchten, wenn sie mit den städtischen Behörden zu tun hatten, und der hauptsächlich von Fremden besucht wurde, die die Paläste bestaunten. An Festtagen hängte man Teppiche aus den Fenstern, und Diener in Livree standen zum Empfang der Gäste an den Eingängen – ein faszinierendes, der Wirklichkeit jedoch weit entrücktes Bild. Für den Italiener hatte das Kapitol seine Bedeutung verloren, und für den Fremden war es ein Ort, an dem er den Atem Michelangelos spürte und das Mißverhältnis zwischen der Großartigkeit der Linien und der tatsächlichen historischen Situation erkannte. Man hatte den Eindruck, als betrete man ein leeres Heiligtum, und tatsächlich hatte das Kapitol in der Phantasie der Menschen seinen geheiligten Charakter bewahrt; aber diese Heiligkeit war nicht mehr von Leben erfüllt.

1884 bekam Giuseppe Sacconi den ersten Preis für ein Denkmal zu Ehren des Königs Vittorio Emanuele, unter dem Italien im 19. Jahrhundert geeint worden war. Sein gewaltiger Entwurf wurde am Ende des Corso, d. h. in unmittelbarer Nachbarschaft des Kapitols, ausgeführt. Von nun an verlor das Kapitol natürlich jede architektonische Bedeutung. Das neue, demokratische Italien war am Kapitol genausowenig interessiert wie an einer Wiederbelebung des Imperialismus seiner römischen Vorfahren. Es war ihm weitaus wichtiger, ein modernes, demokratisches und vereintes Italien aufzubauen, als Rom wieder zum *caput mundi* zu machen. Ein Artikel aus den Anfängen dieses Jahrhunderts umreißt diese Haltung: »Der Umstand, daß Rom naturgemäß die Hauptstadt des vereinten Italiens ist, bedeutet keineswegs, daß es zwischen Rom und dem neuen Italien auch eine direkte Verbindung hinsichtlich ihrer Eigenart, ihrer äußeren Erscheinung und ihrer Mission gibt. Rom, das Symbol der Macht, die das Wesen der Antike ausmacht; Italien, das

21 Italienische Briefmarke aus Anlaß des 2000jährigen Geburtstags (1935) des Dichters Horaz.

Symbol des Rechts, welches die Formel der modernen Zeit ist. Stets ungerecht, kam ersteres durch Gewalt, wenn auch eine zivilisierende, zur Macht; letzteres hingegen erstand eben wegen seiner tiefen Abscheu gegenüber jeder Gewalt. Die Habgier Roms strebte nach dem Besitz der ganzen bekannten Welt; Italien tritt auf, um zu zeigen, daß sich in der ganzen Welt jeder der Herrschaft über sich selbst erfreuen soll. Die Mission Roms war zu ihrer Zeit nicht weniger schicksalsträchtig als die Mission Italiens in der jetzigen Zeit, aber sie sind einander so entgegengesetzt, wie es die beiden Epochen und die beiden Kulturen in ihrer jeweiligen Beschaffenheit sind.«[17]

Es gab keinen Grund, das Kapitol zu verherrlichen oder auch nur vor der architektonischen Vernichtung zu bewahren. Das Denkmal für Vittorio Emanuele wurde aus einem ähnlichen Geist entworfen wie der Londoner Kristallpalast. Als gewaltige Kulisse bildet es den Abschluß des Corso, einer Straße, die ihre Bedeutung erst in der Barockzeit erlangt hatte und weder zum alten Rom noch zum Rom der Renaissance-Päpste in irgendeiner Beziehung steht. Durch dieses Monument wurde der Corso zur natürlichen Achse, und wenn man das Kapitol aufsuchen wollte, stieg man durch Nebenstraßen zu einem abgelegenen Ort historischer Verehrung.

Alle Regierungssitze des 19. Jahrhunderts waren vom Kapitol weit entfernt – einerseits der Vatikan, andererseits der Quirinalspalast und das Parlament im Palazzo di Monte Citorio, der in keinerlei Beziehung zur alten Größe Roms stand. Mussolini, der sich den Palazzo Venezia als Regierungssitz ausgesucht hatte, begann sehr bald mit der Umgestaltung des Kapitols und seiner Umgebung. Der Plan, die römischen Foren auszugraben, war natürlich sehr viel älter, aber an seine Ausführung ging man jetzt heran, weil die Rückbesinnung auf die römischen Kaiser für die neue Generation nicht bloß von archäologischem, sondern von hohem politischen Interesse war. Die Arbeiten wurden, wie man weiß, sehr energisch und schnell durchgeführt. Was durch Zerstörung des Unwürdigen und Unansehnlichen zur Mehrung der Würde des Kapitols getan werden konnte, wurde getan.

Es scheint zweifelhaft, ob das auf diese Weise erreichte Ergebnis zufriedenstellend ausgefallen ist. Die Beseitigung der malerichen Umgebung im Ganzen und der kleinen Häuser, die das Kapitol von dem Denkmal für Vittorio Emanuele trennten, und die Anlage einer breiten Autostraße am Fuß des Hügels lassen das Werk Michelangelos in falschem Maßstab, und man könnte sogar sagen: ästhetisch unbedeutend erscheinen. Aber hier geht es uns weniger um die ästhetische Wirkung als um die politische Absicht. Unter diesem letzteren Blickwinkel treten zwei Tatsachen besonders hervor: zum einen die Absicht, dem Kapitol eine gleichsam überdimensionierte römische Größe zu verleihen; zum anderen die Tendenz, das Kapitol, das geheiligte Zentrum römischer Größe, aufs neue mit dem städtischen Leben und dem Regierungssitz zu verbinden. Dieser Tendenz entspricht auch, daß auf einer der zur Zweitausendjahrfeier der Geburt des Dichters Horaz herausgegebenen Serie von

22 Mussolini bei der Vereidigung junger Faschisten, 3. November 1930 (Photo: Gabinetto Fotografico Nazionale).

Briefmarken das Kapitol wiedergegeben ist und darüber die Prophezeiung der Juno aus den *Carmina* des Horaz steht: »Stet Capitolium fulgens« (Abb. 21). Die Verwendung dieses Zitats ist keine bloße humanistische Spielerei. Ich glaube, niemand wird die politische Bedeutung dieser Erneuerung der horazischen Prophezeiung anzweifeln, wenn er sieht, daß Mussolini das Symbol der römischen *lupa* in Verbindung mit der Inschrift »Stet Capitolium fulgens« als Hintergrund für seine eigene Person bei einer Ansprache auf dem Kapitol verwendete (Abb. 22).

Damit bin ich an das Ende meiner Ausführungen gelangt. Die Geschichte des Kapitols ist eines der interessantesten Kapitel aus der Geschichte der religiösen und politischen Symbole. Wir haben gesehen, daß jedes Italien sein eigenes Kapitol hatte. Aber trotz dieser Schwankungen in seiner Deutung hat dieses Symbol seine eigentliche Bedeutung von den Anfängen bis zum heutigen Tag bewahrt. Man kann, wenn ich hier eine allgemeine Schlußfolgerung aus unseren Überlegungen ableiten darf, die europäische Geschichte auch als eine Geschichte von Symbolen schreiben. Sie entstehen und entfalten sich in der Welt der Antike; sie verblassen mit dem Aufstieg des Christentums, aber häufig nur, um in christlicher Zeit später wieder aufzutreten, bereichert – im Guten oder Bösen – mit neuen Ideen und neuen Kräften. Entstehung, Wachstum und Absterben von Symbolen, ihre Wiederbelebung und Kombination mit modernen Ideen bilden die Geschichte Europas.

Anmerkungen

1 A. Graf, *Roma nella memoria e nelle imaginazioni del Medio Evo,* Turin, Bd. 1, 1882, S. 188ff.

2 Petrarca, *Lettere familiari,* hg. v. G. Fracassetti, Bd. 1, Florenz 1892, Buch IV, Briefe IV, V, VI, S. 504–512; vgl. auch: Petrarca, *Dichtungen, Briefe, Schriften,* hg. v. H. W. Eppelsheimer, Frankfurt 1980, S. 99f.

3 F. Petrarca, *Scritti inediti,* hg. u. illustr. v. Attilio Hortis, Triest 1874, S. 20; Petrarcas Ansprache, ebd., S. 311ff.; F. Gregorovius, *Geschichte der Stadt Rom im Mittelalter,* Dresden 1927, Buch 11, Kap. 5, S. 297.

4 Gregorovius, a. a. O., S. 310; P. Piur, *Cola di Rienzo,* Wien 1931, S. 32f. Zum Bild der weinenden Roma: *La vita di Cola di Rienzo,* a cura di A. M. Ghisalberti, Florenz 1928, S. 6ff.; Petrarca, *Epistole metriche,* I,2 I,5 II,5 in: Rossetti: *Poesie minori del Petrarca,* Bd. 3, Mailand 1834, S. 4ff., 110ff., 134ff. G. Giano, *Ser Convenevole da Prato, maestro del Petrarca,* Prato 1913, S. 96ff., 114ff., 125ff.; zu

einem Manuskript im Britischen Museum, siehe F. Saxl, *Catalogue of Astrological and Mythological Illuminated Manuscripts of the Latin Middle Ages. III: Manuscripts in English Libraries* (mit Hans Meier), hg. v. Harry Bober, London 1953, S. 195.

5 *Vita di Cola di Rienzo,* a. a. O., S. 9f.; Piur, a. a. O., S. 34ff.

6 E. Jacobs, »Cyriacus von Ancona und Mehemmed II.«, in: *Byzantinische Zeitschrift,* Bd. 30, 1929 (Festschrift für Heisenberg); ders., ›Mehemmed II. der Eroberer, seine Beziehungen zur Renaissance und seine Büchersammlung‹, in *Oriens,* Bd. 2, Leiden 1949, S. 12ff.

7 E. Ziebarth, ›Cyriacus von Ancona‹, in: *Neue Jahrbücher für das klassische Altertum,* 1902, 1. Abt., Bd. 9, S. 214ff.; F. Saxl, ›Rinascimento dell'antichità. Studien zu den Arbeiten A. Warburgs‹, *Repertorium für Kunstwissenschaft,* Bd. 43, 1922, S. 252ff.; ›Classical Mythology in Mediaeval Art‹ (mit E. Panofsky), *Metropolitan Museum Studies,* Bd. 4, 1932/3, S. 258, 265; ›The Classical Inscription in Renaissance Art and Politics. Bartholomaeus Fontius: Liber monumentorum Romae urbis et aliorum locorum‹, *Journal of the Warburg and Courtauld Institutes,* Bd. 4, 1941, S. 19–46; *Catalogue of Astrological and Mythological Illuminated Manuscripts of the Latin Middle Ages. III: Manuscripts in English Libraries* (mit Hans Meier) hg. v. Harry Bober, London 1953, S. 340f.

8 C. Hülsen, *La Roma di Ciriaco d'Ancona,* Rom 1907, S. 6ff.; L. Dorez, ›La bibliothèque de Giovanni Marcanova‹, in: *Mélanges G.B. de Rossi, supl. aux Mélanges de l'Ecole Française de Rome,* Bd. 12, 1892, S. 122ff.; zur zeichnerichen Qualität der Abbildungen: E. B. Laurence, ›The Illustrations of the Garret and Modena Manuscripts of Marcanova‹, in: *Memoirs of the American Academy at Rome,* Bd. 6, 1927, S. 127ff.

9 Dazu jetzt E. Mandowsky – C. Mitchell: *Pirro Ligorio's Roman Antiquities* (Einleitung), *Studies of the Warburg Institute,* Bd. 28, London 1963.

10 R. Krautheimer, ›The Tragic and Comic Scene of the Renaissance‹, in: *Gazette des Beaux-Arts,* Bd. 33, 1948.

11 Vincenzo Golzio, *Raffaello nei documenti,* Città del Vaticano 1936, S. 78ff., 84.

12 Flavio Biondo, *Roma Ristaurata,* tradotta in buona lingua volgare per Luzio Fauno, Venedig 1543, S. 15ᵛ–16ʳ.

13 Poggio Bracciolini, ... *Historiae de Varietate Fortunae,* lib. I, Paris 1723, S. 5f.

14 V. Forcella, *Iscrizioni delle chiese e d'altri edificii di Roma,* Rom 1869, Bd. 1, Nr. 16, S. 28; E. Rodocanachi, *Le Capitole romain,* Paris 1905, S. 194f.

15 A. Michaelis, ›Storia della Collezione Capitolina‹, in: *Mitteilungen des Kaiserlich deutschen archäologischen Institutes,* römische Abteilung, Bd. 6, Rom 1891, S. 24f.

16 Ulisse Aldrovandi, ›Le Statue antiche che per tutta Roma ... si veggono‹, in: Lucio Mauro, *Le antichità della Città di Roma,* Venedig 1556, S. 268.

17 Primo Levi, l'Italico, ›Il Monumento dell'Unità Italiana‹, in: *La Lettura,* Rivista mensile del Corriere della Sera, Mailand, 4. April 1904, S. 313.

Stanislaus von Moos

Der Palast als Festung: Rom und Bologna unter Papst Julius II.*

Dieser Aufsatz beschäftigt sich mit der politischen Symbolik der Renaissancearchitektur – genauer gesagt, mit der Frage, wie politische Ideen und politische Interessen zu einem bestimmten Zeitpunkt die Entscheidung für gewisse architektonische Formen beeinflußt oder gar determiniert haben. Dieses Problem ist natürlich weder aus dem Blickwinkel der Stilgeschichte noch aus dem der traditionellen Ikonographie von Interesse. Ein Zitat aus Heinrich Wölfflins Buch *Renaissance und Barock,* das sich genau auf die hier behandelte Periode bezieht, vermag das Dilemma zu veranschaulichen. Tatsächlich gilt die Beschreibung, die Wölfflin vom römischen Palasttypus des Cinquecento gibt, aus guten Gründen immer noch als maßgeblich für die Architektur der Hochrenaissance in Rom:

»Die Breite der Fassade ist im Verhältnis zur Höhe meist eine sehr bedeutende. Man liebt die prächtige, bequeme Ausdehnung. Aber auch bei größter Breite ... wird der Körper weder durch vortretende Eckflügel, wie etwa die Cancelleria, noch von einem Mittelrisalit gegliedert, sondern als einheitliche Masse zusammengehalten.[1]

Gleichwohl läßt sich eine größere Anzahl von Palästen namhaft machen, wo Risalite verwendet sind. Eckrisalite in schwächlicher Anlehnung an die von Bramante projektierten Ecktürme von S. Peter am Pal. Sora. Bramante selbst hatte die Absicht, den Pal. di S. Biagio mit Eckrisaliten und Mittelturm zu versehen. Im Barock scheint das Motiv aus rhythmischen Gründen geduldet worden zu sein, obwohl es der Einheitlichkeit des Blocks natürlich Abtrag tut.«[2]

---

* Stanislaus von Moos, ›The Palace as a Fortress: Rome and Bologna under Pope Julius II.‹. In: Henry A. Millon and Linda Nochlin (ed.), *Art and Architecture in the Service of Politics,* Cambridge, Mass./London 1978, S. 46–79. © The MIT Press, Cambridge, Mass./London. Aus dem Englischen von Reinhard Kaiser.

1 Rom. Der Senatorenpalast auf dem Kapitol. Italienische Briefmarke, 1936 (nach Saxl, »Das Kapitol im Zeitalter der Renaissance«, in diesem Band, S. 102).

Und er nennt zwei weitere Beispiele: Michelangelos Senatorenpalast auf dem Kapitol und Martino Lunghis Palazzo Borghese.

Wie lassen sich diese scheinbar ausgefallenen Formeigentümlichkeiten bei einer »größeren Anzahl von Palästen« erklären? Wölfflin gibt keine Erklärung, er konstatiert nur das Faktum. Das Problem läßt sich auf der Ebene einer stilistischen Deutung und unter Verweis auf ein vermeintlich »inneres Wesen« des Zeitstils auch gar nicht klären. Eine sehr direkte, naheliegende Erklärung ergibt sich jedoch, wenn man berücksichtigt, welche Funktion und Bedeutung die fraglichen Gebäude innerhalb ihres politischen und institutionellen Kontextes haben.

Zumindest zweien der oben genannten Paläste kommt große öffentliche Bedeutung zu. Bauherr und Zweck des Palazzo S. Biagio sprechen für sich: Bramantes Palazzo S. Biagio ist das wichtigste Bauvorhaben Julius' II. außerhalb des Vatikans. Er soll der neue Justizpalast werden, ein Symbol für die päpstliche Autorität über Recht und Ordnung im weltlichen Bereich (Abb. 2–5). Andererseits war das Kapitol und besonders der Senatorenpalast seit dem Mittel-

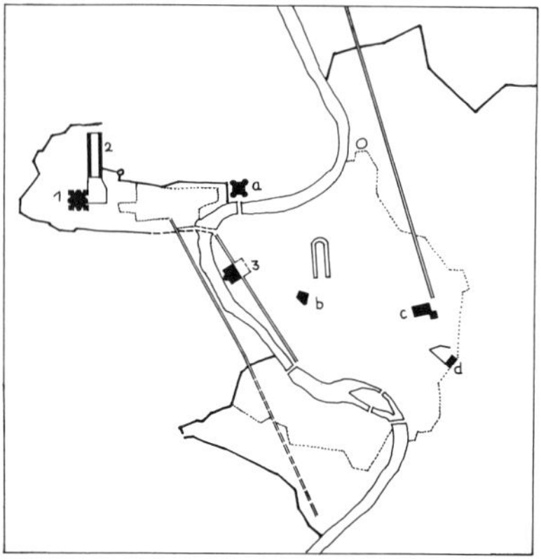

2 Rom. Die Bauvorhaben unter Julius II. (1–3) und ältere Monumente staatlicher Autorität (a–d). 1: Bramantes Projekt für den Neubau von St. Peter. 2: Belvedere. 3: Palazzo dei Tribunali mit Piazza (nicht ausgeführt). a: Castel Sant'Angelo. b: Cancelleria. c: Palazzo Venezia. d: Senatorenpalast auf dem Kapitol (Zeichnung von Martin Steinmann).

alter die bedeutendste architektonische Veranschaulichung der politischen Macht von Kommune und Papsttum. Sein Ausbau im 16. Jahrhundert ist das einzige säkulare Gegenstück zum Borgo Nuovo und zur Peterskirche (Abb. 1, 15–19, 32, 33).[3]

Beide genannten Gebäude besitzen deutlich hervortretende Eckrisalite *(torri)* und ebenso *campanili* (Zentraltürme). Außerdem standen beide Gebäude im Mittelpunkt wichtiger Stadterneuerungsmaßnahmen, was ihre öffentliche Funktion als weithin sichtbare

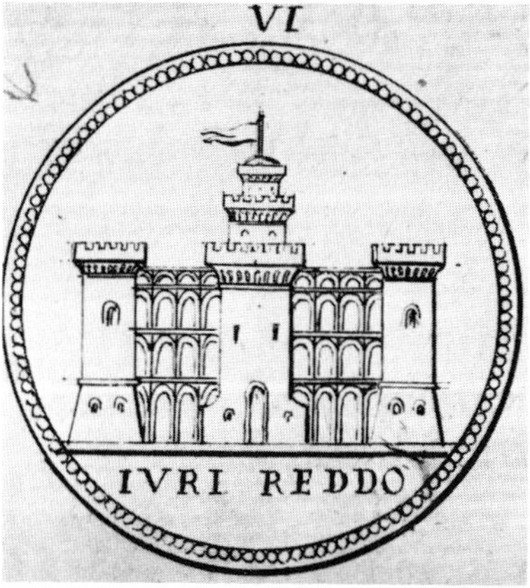

3 Gedenkmünze zur Grundsteinlegung des Palazzo dei Tribunali in Rom (aus Bonanni, *Numismata*).

4 Rom. Via Giulia. Detail des Palazzo dei Tribunali und seines Rustikasockels (Photo: Verfasser).

Machtsymbole noch unterstreicht. So hat es den Anschein, als vermittele ihre stilistische Eigenart eine Botschaft, die allerdings in erster Linie nicht ästhetischer Natur ist.

Julius II., Bramante und der Bau eines Justizpalastes in Rom: Kontext und Hintergrund

Als Giuliano della Rovere 1503 zum Papst gewählt wurde und den Namen Julius II. wählte, geschah dies in einem schwierigen Augenblick der Geschichte Roms. Die Quellen berichten von ausländischen Truppen und häufigen Unruhen, die die Sicherheit der Straßen gefährdeten; die päpstlichen Finanzen, die öffentliche Verwaltung und die Rechtsprechung befanden sich in einem Zustand äußerster Korruption und Unordnung; die Versorgung der Stadt mit Wasser und Getreide war nicht immer gesichert.[4] Es gab keine autonome Kommunalverwaltung, die imstande gewesen wäre, die öffentliche Ordnung aufrechtzuerhalten und für alle Bewohner annehmbare Lebensbedingungen zu sichern. Die Adelsfamilien lebten in der Abgeschlossenheit ihrer befestigten Paläste und Türme; der Vatikan selbst war eine gut abgeschirmte Festung, die eine feste Position an der strategisch wichtigen Nordflanke der Stadt einnahm.

Die wirtschaftliche Krise, die Dekadenz des Adels und die wachsende ökonomische und politische Macht des Papsttums bildeten die Ausgangssituation für eine päpstliche Diktatur, die weit über die Ideale und Träume von imperialer Größe hinauszielte, die ein halbes Jahrhundert zuvor Papst Nikolaus V. und in Mailand Herzog Francesco Sforza gehegt hatten. Das politische Ziel des Papstes war jetzt die Schaffung eines nationalen Königtums, das sich politisch und militärisch mit den großen Königreichen Spanien und Frankreich messen konnte. Vorbild war das Imperium Romanum, und um das Jahr 1506 brachte der Papst eine Münze in Umlauf, die die Inschrift trug: »IVILIV(S) CAESAR PONT II«.[5]

Das Bauprogramm, das diese neue Politik des Papstes sichtbar machen sollte, konzentrierte sich in Rom vor allem auf zwei Punkte (Abb. 2): einerseits auf den Neubau der Peterskirche und eine gewaltige Erweiterung der päpstlichen Residenz, den Cortile del Belvedere; andererseits auf die Erneuerung der Stadt selbst. Im Unterschied zu den ehrgeizigen Plänen für den Umbau des Vatikan, die auf eine »renovatio« antiker Herrlichkeit zielten, verfolgte Julius II. mit seinen städtebaulichen Plänen eher praktische Absichten. Einige Jahrzehnte zuvor hatte Sixtus IV. begonnen, das der Engelsburg auf dem anderen Ufer unmittelbar gegenüberliegende Gebiet zu einem neuen Geschäftsviertel auszubauen; er hatte die Via dei Coronari und den »Dreizack« der vom Ponte S. Angelo ausgehenden Straßen in die meist ärmlichen und sozial instabilen Wohnquartiere schlagen lassen.[6] Aber neben vielem anderen war auch die Verkehrssituation durchaus problematisch geblieben; ein Straßensystem, das großen Pilgermassen wie auch den im Porto della Ripa entladenen Gütern den Zugang zum Vatikan erleichtern würde, war dringend erforderlich.

Sobald sich die wirtschaftliche Lage genügend stabilisiert hatte, wahrscheinlich im Jahre 1507[7], wurde der Plan, direkte Verbindungen zwischen den dicht besiedelten Stadtteilen – Trastevere, Porto della Ripa, Ghetto, Campo di Fiori – und dem Borgo Vaticano herzustellen, in Angriff genommen. Man legte zwei lange Straßen

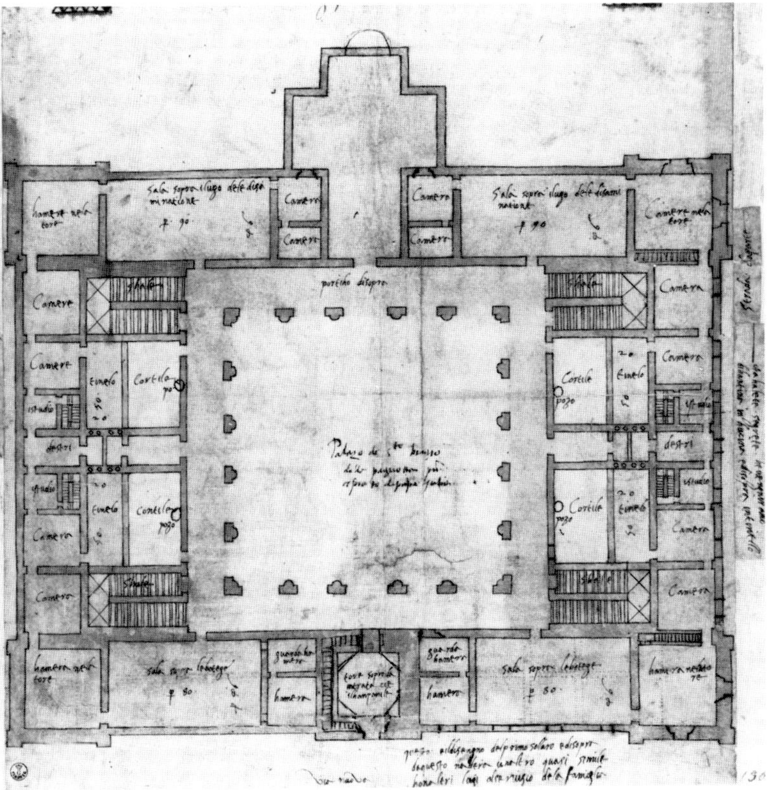

5 Antonio di Pellegrino, Grundriß des Palazzo dei Tribunali in Rom nach dem Entwurf Bramantes. Piano Nobile (UA 136).

an: die Via della Lungara am rechten Tiberufer und die Via Giulia am linken Ufer, die einen Kilometer weit durch das dichte Häusergewirr des mittelalterlichen Stadtzentrums geschlagen wurde. Diese städtebauliche Umstrukturierung sollte durch die Errichtung einer Anzahl neuer Gebäude ergänzt und durch die Anlage großer Plätze akzentuiert werden. Der spektakulärste dieser Plätze sollte sich nach der Via Giulia hin öffnen. Vasari erinnert sich um das Jahr 1550 an die päpstlichen Pläne, an der Via Giulia ein großes Verwaltungszentrum zu errichten: »Der Papst beschloß, an der Via Giulia, die von

Bramante angelegt worden war, alle Gebäude und Ämter Roms an einem Ort zu vereinen, da dies den Kaufleuten bei ihrem Geschäftsverkehr, der sich bis dahin immer sehr umständlich gestaltet hatte, von Nutzen gewesen wäre.«[8] Nicht weit von der Stelle, wo einer einigermaßen utopischen Idee Bramantes zufolge die Via Giulia mit dem Borgo durch eine (allerdings niemals realisierte) Brücke[9] verbunden werden sollte, war ein Palast für die wichtigste weltliche Institution des Papsttums, die Justiz, vorgesehen. Dieser Palast, der Palazzo S. Biagio, sollte mit vier massiven Ecktürmen und einem Mittelturm über der nach der Via Giulia gewandten Hauptfassade ausgestattet werden. Außerdem sollte zwischen dieser Fassade und dem älteren Palazzo Sforza Cesarini eine große Piazza von fünfzig mal hundert Metern angelegt werden.[10] Tatsächlich bestand die Idee darin, mitten im Geschäftsbezirk der Innenstadt ein monumentales Verwaltungszentrum, ein »Forum Julium«, zu schaffen. Dieses Vorhaben nimmt nicht nur ähnliche Projekte, etwa die Piazza Farnese, vorweg, sondern auch – und dies ist besonders bedeutsam – die Schaffung der Piazza del Campidoglio einige Jahrzehnte später.

Obwohl weder der Palast noch die Piazza tatsächlich vollendet wurden, priesen die Chronisten des frühen 16. Jahrhunderts den Palazzo dei Tribunali als das größte und wichtigste päpstliche Bauvorhaben außerhalb der vatikanischen Mauern. Egidio da Viterbo, ein Zeitgenosse von Bramante und Julius II., nennt zwei Gebäude des Papstes, die »cum Romanorum splendore contendant«: den Belvedere und den Justizpalast.[11] Ein anderer Zeitgenosse, Francesco Albertini, vermittelt uns nicht nur eine genaue Vorstellung von den besonderen Merkmalen des Vorhabens, er

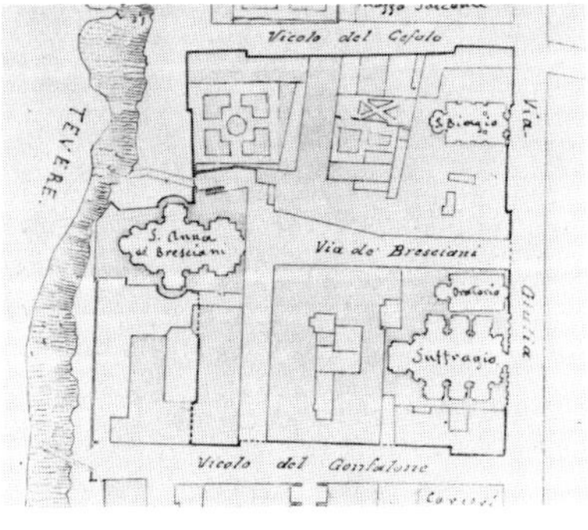

6 Rom. Die Gebäude zwischen dem Vicolo del Gonfalone, der Via Giulia und dem Vicolo del Cefalo (teilweise über den Fundamenten des Palazzo dei Tribunali). Katasterplan Pius' VII. aus dem 19. Jahrhundert.

nimmt auch seine Vollendung vorweg, wenn er schon 1510 schreibt: »Der neue Palast von Julius mit seiner Kirche S. Biagio ... besitzt Türme und äußerst sichere Räumlichkeiten zum Wohle und Nutzen der Öffentlichkeit; so ist das berühmte Werk beschaffen, das von seiner Heiligkeit auf neuen Fundamenten zusammen mit der breiten, geraden Via Nova errichtet wird.«[12] Heute indessen sind an der Via Giulia zwischen den Carceri Nuovi und dem Palazzo Sacchetti nur noch wenige Überreste des Gebäudesockels mit seinen Eckrisaliten und der massiven Rustikaquaderung zu sehen (Abb. 4). Die Ausmaße des geplanten Gebäudes lassen sich aber genau bestimmen: die Hauptfassade ist mit 78 Metern noch 6 Meter länger als die Hauptfassade der Cancelleria.[13] Tatsächlich war die Grundfläche des Palastes groß genug, um später einer großen Zahl kleinerer Palazzi und nicht weniger als drei Kirchen Platz zu bieten (Abb. 6).

Der Kampf um eine neue Rechtsordnung

Die Reform des Justizwesens gehörte zu den dringendsten politischen Zielen, die Julius II. anstrebte. Zur Zeit seiner Thronbesteigung gab es in Rom ungefähr sechs verschiedene Rechtsprechungnen[14], die teilweise von der Kommune und teilweise von der Kirche kontrolliert wurden. Schon Sixtus IV. hatte 1473 versucht, die Rechtsprechung zu reorganisieren, war aber gescheitert. Julius unternahm nun neue, noch entschiedenere Anstrengungen zur Zentralisierung der Gewalten. 1505 schuf er das Amt der *baroncello,* einer Art von Polizeichef, der überall, wo er auftrat, von einer berittenen Eskorte begleitet wurde.

Etwa um die gleiche Zeit muß der Papst die Notwendigkeit erkannt haben, der kirchlichen Justiz eine neue Bleibe zu schaffen. Deren Amtsräume und Gerichtssäle waren zum Teil in mehreren Gebäuden des vatikanischen Palastes – zwischen dem Atrium der alten Peterskirche und der Sala Regia – untergebracht (insbesondere das »Palatium Innocentianum«), zum Teil waren sie auf die Residenzen der Prälaten in Rom, darunter auch der Palazzo Sforza Cesarini, verteilt.[15] Um das Jahr 1506, als der Neubau von St. Peter begann, sollten diese vatikanischen Räumlichkeiten abgerissen werden: Die Errichtung eines neuen Sitzes der kirchlichen Gerichtsbarkeit außerhalb des Vatikans wurde damit zu einer dringenden Notwendigkeit. Im August 1508 wurde an der Stelle des zukünftigen

Justizpalastes ein Gebäude abgerissen, und bald darauf wurden nach Bramantes Plänen die Fundamente errichtet.

Wie Frommel in seinem monumentalen Werk über die römische Palastarchitektur gezeigt hat, sollte der neue Palazzo dei Tribunali die folgenden Organe der päpstlichen Kurie beherbergen: die »Penitenziaria«, die »Dateria«, die »Sacra Romana Rota«, die »Segnatura di Grazia e Giustizia« und die »Camera Apostolica«.[16] Abgesehen von der »Camera Apostolica« waren diese Institutionen keine Gerichtshöfe im engeren Sinne; aber allein die Camera kontrollierte drei Gerichtshöfe, unter denen das Tribunal des Governatore di Roma die größte politische Bedeutung besaß. Es war beabsichtigt, die Kontrolle dieses Gerichtshofes über das öffentliche Leben in der Urbs zu stärken, was natürlich eine ernste Bedrohung für die Kompetenzen des älteren Gerichtshofes der römischen Kommune bedeutete, der dem Senator unterstand. Ursprünglich hatte die kommunale Gerichtsbarkeit ihren Sitz im Senatorenpalast; aber wegen des schlechten Zustands des Gebäudes auf dem Kapitol wurde damals im Kloster von Aracoeli oder – trotz wiederholter Verbote durch die Päpste – sogar in der Kirche S. Maria in Aracoeli selbst Recht gesprochen.

Schon in den vorausgegangenen Jahrzehnten war die Autorität der kapitolinischen Kurie durch das Papsttum beschränkt worden: 1473 hatte Sixtus IV. erklärt, das Gericht auf dem Kapitol sei allein für jene Römer zuständig, die in keinerlei Verbindung mit dem Vatikan stünden. Die Errichtung eines neuen Palazzo dei Tribunali kann daher als weiterer Schritt im Zuge der von Julius II. betriebenen Zentralisierung des Rechtswesens verstanden werden. Anscheinend ging es ihm nicht nur darum, neue Räumlichkeiten für die päpstlichen Institutionen zu schaffen und die Kompetenzen des Governatore di Roma auszuweiten, sondern auch darum, die Curia Capitolina ebenfalls unter das Dach des neuen Palastes und damit unter die direkte Kontrolle des Papstes zu bringen.[17]

Dieser Versuch, in Rom eine neue, zentralisierte Justizbehörde einzurichten, bildet die Voraussetzung und den Hintergrund für die Errichtung des Palazzo dei Tribunali, und die Schwierigkeiten, auf die dieser Versuch stieß, spiegeln sich drastisch im Kollaps der Bauarbeiten an der Via Giulia. Um das Jahr 1511 war die finanzielle und politische Position des Papstes durch glücklose Feldzüge und unter anderem den Verlust von Bologna als des nördlichen Vorpostens der Kirche geschwächt. Jetzt war er bereit, der Kommune und ihren Ansprüchen auf Gerichtssouveränität Zugeständnisse zu machen. So beklagt er zwar in einem Breve vom 15. April 1512 den bejammernswerten Zustand von Recht und Ordnung in Rom: »Es scheint, als gäbe es nicht eine Rechtsprechung, sondern eine Vielzahl von Gesetzen und Gerichten, ein Umstand, der zahlreiche Morde und Verbrechen nach sich zieht«[18]; aber im gleichen Breve erklärt er die kapitolinische Kurie wieder zum obersten Gericht für sämtliche Angelegenheiten der in der Urbs geborenen Bürger von Rom, mit Ausnahme der Großhändler, der Diplomaten, der Mitglieder der päpstlichen Kurie und der Kardinäle. Zu dieser Zeit waren die Bauarbeiten am Palazzo dei Tribunali schon zum Stillstand gekommen, und wahrscheinlich haben die Römer diese Tatsache als eine Bestätigung ihrer Privilegien aufgefaßt.

Einige Jahrzehnte später, um das Jahr 1588, spielte Sixtus V. mit dem Gedanken, Julius' Projekt zu vollenden, aber nichts geschah, und so entstanden auf dem Gelände nach und nach die vielfältig verschachtelten Gebäude, die man heute dort findet (Abb. 4, 6).[19]

Der »military look« des Palazzo dei Tribunali

Genaue Informationen über Bramantes Bauvorhaben liefert uns nur ein von Antonio di Pellegrino sorgfältig gezeichneter Plan des Piano Nobile (Abb. 5).[20] Er zeigt ein leicht quergestrecktes, rechteckiges Gebäude mit großem Innenhof, vier Ecktürmen und in der Mitte der Hauptfassade einem »torre sopra la entrata col champanile«. Auf der dem Tiber zugewandten Rückseite treten der Chor und das Querschiff der Kirche S. Biagio aus dem rechteckigen Baukörper hervor.[21]

Der Plan deutet eine Gliederung der Ecktürme durch Pilaster an, eine Lösung, die an den etwas späteren Palazzo Sora Fieschi erinnert. Allerdings zeigt eine päpstliche Gedenkmünze, deren Inschrift (IVRI REDD)[22] auf ihre Verbindung mit dem Justizpalast hindeutet, einen strengeren Aufriß: massive Türme mit mächtigen Zinnenkränzen über stark geböschten Sockelgeschossen und im Erdgeschoß »botteghe« (Abb. 3). Diese schematische Darstellung scheint sich auf einen älteren Plan Bramantes für den Palazzo dei Tribunali zu beziehen. Wie Pellegrinos Zeichnung zeigt, wurde dieser frühe Plan später abgewandelt. Die massiven Türme erhielten eine Reihe kolossaler Pilaster, der Sockel wurde durch starke

7 Antonio Averlino Filarete, Ansicht des Hospitals von Sforzinda (*Trattato,* Buch 11).

Rustikaquaderung statt durch ausgeprägte Abschrägung akzentuiert, und an die Stelle der breiten Rundbogenfenster, die auf der Münze angedeutet sind, traten zahlreichere, kleinere Fensteröffnungen. Aber trotz dieser (und anderer) Abänderungen blieben die wesentlichen Züge des frühen Entwurfs erhalten: die Regelmäßigkeit des Grundrisses und die kastellartige Gliederung des Aufrisses und der Silhouette.

Dieses Bauprogramm hat offensichtlich Vorläufer: die Idee einer komplexen Verschmelzung von Amtsräumen, Wohnräumen, Ehrenhof und Kirche begegnet uns bereits in den großen Kardinalsresidenzen des 15. Jahrhunderts, etwa im Palazzo Venezia (Abb. 7) und insbesondere in der Cancelleria. Der Entwurf für den Justizpalast jedoch verleiht der funktionalen Komplexität einer Kardinalsresidenz eine strenge, regelmäßige Form, die an Bramantes ursprüngliche Pläne für St. Peter, wenn nicht gar an die Grundrisse antiker Thermen erinnert.[23] Auch für die Ecktürme gibt es Vorbilder in Rom: Sie waren charakteristische Merkmale der römischen Quattrocento-Paläste, etwa des Palazzo Venezia oder – um in der unmittelbaren Nachbarschaft des Palazzo dei Tribunali zu bleiben – des Palazzo Sforza Cesarini.[24] Während aber die *torri* dieser Quattrocento-Paläste gewöhnlich aus den Fassaden emporwachsen, ohne deren Gliederung zu beeinflussen, hat Bramante sie durch stark vorspringende Vertikalgliederungen hervorgehoben. Damit variierte er eine Idee, die in Rom erstmals an der Cancelleria Gestalt angenommen hatte.

Insgesamt jedoch hat der Entwurf für den Palazzo dei Tribunali etwas Archaisches und Heraldisches, das merkwürdigerweise stärker an die lombardische Architektur erinnert als an irgend etwas Römisches.[25] Es ist dies vielleicht kein Zufall, wenn man bedenkt, daß Bramante fast zwanzig Jahre als Architekt in der Lombardei tätig gewesen war. Und im übrigen fiel die Planung des Palastes in eine Zeit, in der aufgrund der verstärkten Kontakte zu Frankreich Bilder von befestigten Schlössern einen gewissen Einfluß auf die italienische Palastarchitektur auszuüben begannen, und zwar besonders in Norditalien. Leonardo etwa war fasziniert von der Idee des mit Türmen versehenen Palastes. Seine häufige Verwendung achteckiger oder zylindrischer Ecktürme bei einer Reihe von Palastentwürfen aus der Zeit zwischen 1506 und 1516 läßt vermuten, daß er französische Schloßbauten wie Le Verger und Gaillon kannte (Abb. 10).[26] Überdies scheint seine Sympathie für die Formenwelt der französischen Châteaux nicht nur einer ästhetischen, sondern auch einer politischen Vorliebe Ausdruck zu geben – gleichsam eine Huldigung an die französische Herrschaft in der Lombardei. Ich glaube jedoch nicht, daß der Entwurf des Palazzo dei Tribunali viel mit Leonardo oder mit Frankreich zu tun hat. Seine Wurzeln reichen tiefer. Die Gliederung der Türme scheint auf die idealisierte Darstellung des mailändischen Ospedale Maggiore zu verweisen, die Filarete in seinen Trattato aufgenommen hat, wenn nicht sogar auf die Türme der Stadt Jerusalem, wie sie Giovanni da Montorfano auf seinem Kreuzigungs-Fresko im Refektorium von S. Maria delle Grazie in Mailand konzipiert hat (Abb. 7, 9).[27]

8 Caradosso, Münze mit der Ansicht von Bramantes erstem Projekt für den Neubau von St. Peter (1506).

9 Giovanni da Montorfano, Kreuzigungs-Fresko im Refektorium von S. Maria delle Grazie, um 1495 (Photo: Alinari).

Das auffälligste lombardische Merkmal von Bramantes Tribunali-Entwurf ist der Mittelturm, der die Hauptfassade des Palazzo dominiert. Auch hier scheint Mailand der Bezugspunkt gewesen zu sein. An dem berühmten Castello Sforzesco hat die Idee eines Zentralturmes, der den Haupteingang eines großen, symmetrischen Gebäudes schützt und akzentuiert, ihre eindrucksvollste Ausprägung gefunden (Abb. 11, 12). Die Idee stammte von Francesco Sforza und seinen Architekten. Das ältere Castello Visconteo, das nach seiner fast vollständigen Zerstörung während des kurzen Intermezzos der Ambrosianischen Republik von Francesco Sforza sorgfältig wiederhergestellt wurde, besaß keinen solchen Turm.[28] Aber nachdem dieser monumentale *torre dell'orologio* (Uhrturm) um das Jahr 1460 in Mailand errichtet worden war, entwickelte er sich sehr rasch zu einem Symbol herzoglicher Macht in ganz Norditalien. Die Türme der Sforza-Residenz in Cusago und des

Castello Sforzesco in Vigevano sind direkte Kopien ihres Mailänder Vorgängers; und der Eingangsturm vor dem Palast Alberto Pios in Carpi zeigt, daß dieses Bauelement sehr bald auch außerhalb des Herrschaftsbereichs der Sforza als Symbol und Instrument herzoglicher Souveränität übernommen wurde.[29] Aber die Idee des Mailänder Eingangsturms reicht noch weiter zurück: Seit Beginn des 15. Jahrhunderts errichtete Venedig Uhrtürme an den strategisch wichtigen Punkten der Städte in der Terraferma, die unter seine Herrschaft gefallen waren. Man denke an Padua – der dortige Uhrturm von 1428 wurde im 16. Jahrhundert restauriert und in die Westfront der Piazza de Signori eingegliedert (Abb. 14) – oder an Udine und Brescia. Auch der *torre dell'orologio* in Venedig selbst, 1496–99 als Portal von der Piazza S. Marco zum Geschäftsviertel der Stadt und besonders zur Merceria dell'orologio erbaut, veranschaulicht die Grundidee und die zeremonielle Funktion dieses wichtigen Herrschaftsinstruments (Abb. 13).[30] Demnach gab es zahlreiche Bauwerke in Norditalien, von denen Bramante ausgehen konnte. Aber auch in Rom gab es Beispiele für die Verquickung eines zeremoniellen Tors mit einem Uhr- und Glockenturm, der eine Palastfassade

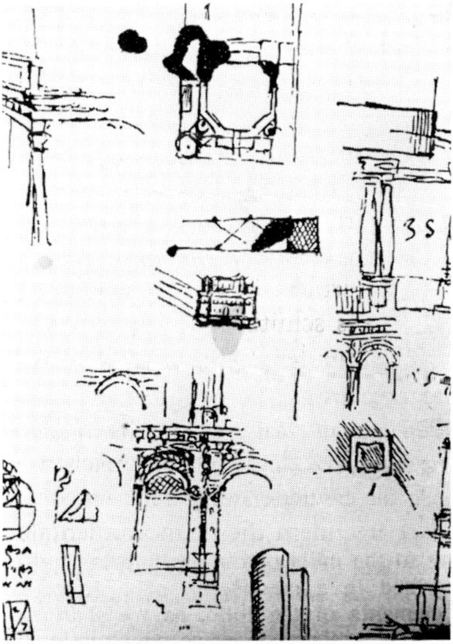

10 Leonardo da Vinci, Skizzen zu einem Palast für Lorenzo di Piero de' Medici, der gegenüber dem bestehenden Palazzo Medici in Florenz gebaut werden sollte. Oben: Grundriß; Mitte: Ansicht der Hauptfassade (Codex Atlanticus).

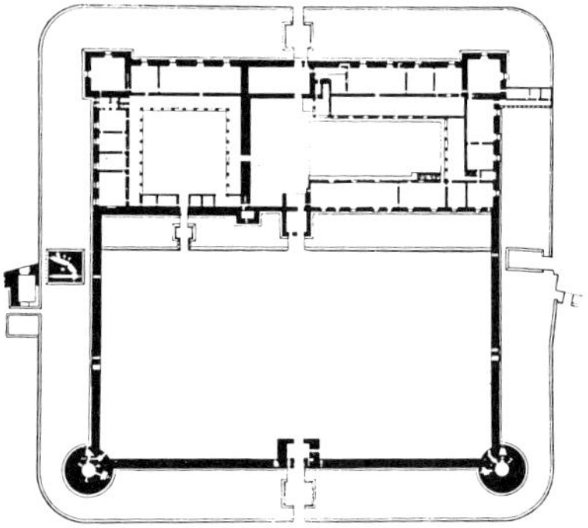

11 Mailand. Grundriß des Castello Sforzesco nach dem Wiederaufbau unter Francesco Sforza (nach Beltrami, *Il castello di Milano*).

krönt. Das unter Innozenz VIII. erbaute Portal zu den Vatikanischen Palästen veranschaulicht diese Idee, wenn auch – ähnlich den früheren Kardinalsresidenzen, aber anders als die lombardischen Beispiele – noch ohne Rücksicht auf die symmetrische Integration des Turmes in die Palastfassade.[31]

Eine einfache Aufzählung formaler und stilistischer Vorläufer erklärt allerdings noch nicht die Entscheidung für einen bestimmten architektonischen Typus. Die Frage lautet nicht nur: Welches sind die formalen Vorgänger?, sondern auch: Warum wurden sie als Bezugspunkt für dieses wichtige Bauvorhaben gewählt? Der oben beschriebene Zweck des Baus erweist sich bei der Bestimmung der Bedeutung seiner Formtypologie als äußerst hilfreich. Er erlaubt uns, weiter zu gehen als Bruschi, der lakonisch feststellt, die Abgeschlossenheit des mit Türmen versehenen Baukomplexes sei auf die Ideologie einer sozial und kulturell isolierten Elite zurückzuführen[32], und auch weiter als Tafuri, der den politischen Nebensinn der im Entwurf enthaltenen Anspielungen auf die älteren, mit Türmen versehenen Palastkomplexe der römischen Nobilität und der Kardinäle hervorhebt.[33]

Das römische Kapitol und die architektonische Bildersprache der päpstlichen Justiz

Einer der umstrittensten Aspekte des neuen Justizpalastes muß der mit ihm verbundene Anspruch gewesen sein, den traditionellen Sitz der Curia Capitolina, den Senatorenpalast auf dem Kapitol, zu

12 Mailand. Castello Sforzesco, die der Stadt zugewandte Fassade mit dem sog. *torre del Filarete* (nach Beltrami, *Il castello di Milano*).

ersetzen. Denn wahrscheinlich wollte der Papst, wie wir gesehen haben, in dem neuen Palast nicht nur die Rechtsinstitutionen des Papsttums vereinen, sondern auch die Justizorgane der Kommune unter das gleiche Dach und damit unter päpstliche Kontrolle bringen. Was lag da näher, als diesen Vorgang durch die Wahl bestimmter Bauformen zu veranschaulichen und zu erläutern?

Seit Jahrzehnten, wenn nicht seit Jahrhunderten, war der Palazzo del Senatore auf das engste mit der Idee der weltlichen Macht des Papsttums und ihrer Propagierung verknüpft gewesen. Im ersten Jahrzehnt des 16. Jahrhunderts, als man mit dem Bau des Palazzo dei Tribunali begann, muß der Senatorenpalast auf dem Kapitolshügel ungefähr so ausgesehen haben, wie ihn Marten van Heemskerck auf seiner berühmten, etwas später, nämlich 1536, entstandenen Zeichnung festgehalten hat.[34] Die Fassade wird von zwei mächtigen Türmen flankiert, und den gesamten Komplex beherrscht ein mit Zinnen versehener Campanile. Abgesehen von der Loggia, die

13 Venedig. Ansicht der Piazza S. Marco und des *torre dell'orologio*, der die Piazza von den *mercerie nuove* trennt. Ausschnitt aus dem Plan von Jacopo de Barbari (1500).

14 Padua. *Torre dell'orologio* (Photo: Alinari).

später, unter Leo X. angebaut wurde, haben wir den Palast hier in der Gestalt vor uns, die ihm Papst Nikolaus V. in den fünfziger Jahren des 15. Jahrhunderts gegeben hatte (Abb. 19). Angesichts der historischen Bedeutung dieses Gebäudes ist es nicht unwahrscheinlich, daß seine Baugestalt eine gewisse Rolle bei der Plaung des Palazzo dei Tribunali gespielt hat.

Auf die komplexe Baugeschichte des Palazzo del Senatore brauchen wir hier nicht näher einzugehen.[35] Es ist allerdings von Interesse, daß schon der erste, um die Mitte des 12. Jahrhunderts nach der *renovatio Senatus* (1144) über dem Tabularium errichtete Palast zwei Türme besaß, die einen einfachen Saalbau flankierten. Papst Bonifatius VIII., der den Palast um das Jahr 1300 umgestaltete und befestigte, änderte hieran nichts. Die Goldbulle Ludwigs des Bayern, der 1328 auf dem Kapitol zum Kaiser gekrönt wurde, zeigt diese Fassade in heraldischer Vereinfachung (Abb. 15). Man erkennt sie auch auf dem Rom-Plan von Taddeo di Bartolo im Palazzo Pubblico von Siena (1414; Abb. 16) und auf einem ähnlichen Plan in den *Très Riches Heures du Duc de Berry*.

In der ersten Hälfte des 15. Jahrhunderts war das Kapitol – »tantis olim aedificiis exornatus« (einst so reich mit Bauwerken geziert, Flavio Biondo) – ein verwahrlostes Gelände, wenn nicht gar eine Müllkippe[36], ausgenommen die Kirche S. Maria in Aracoeli und das architektonische Flickwerk des Senatorenpalastes selbst. Erst Eugen IV. und vor allem Nikolaus V. gaben ihm den alten Glanz und die alte Würde zurück. Nikolaus V. erbaute den ersten Palazzo dei

15 Goldbulle Ludwigs des Bayern mit einer symbolischen Darstellung Roms. 1. Hälfte des 14. Jahrhunderts.

16 Taddeo di Bartolo, Plan von Rom (Kopie nach Cimabue). Fresko im Palazzo Pubblico, Siena (Photo: Gabinetto Fotografico Nazionale).

Conservatori und gab dem Senatorenpalast seine moderne Gestalt: vier Flügel, in der Mitte ein Hof und vier Ecktürme (Abb. 19).

Die Erweiterung des Senatorenpalastes war eines der wichtigsten Vorhaben von Nikolaus V. im Zuge der architektonischen Erneuerung Roms. Hier gelang dem Papst die Verwirklichung jener Art

17 Etienne Dupérac, Plan von Rom. Ausschnitt: Das Kapitol mit dem Senatorenpalast (links) und dem Palazzo Venezia (rechts), (Photo: Bibliotheca Hertziana).

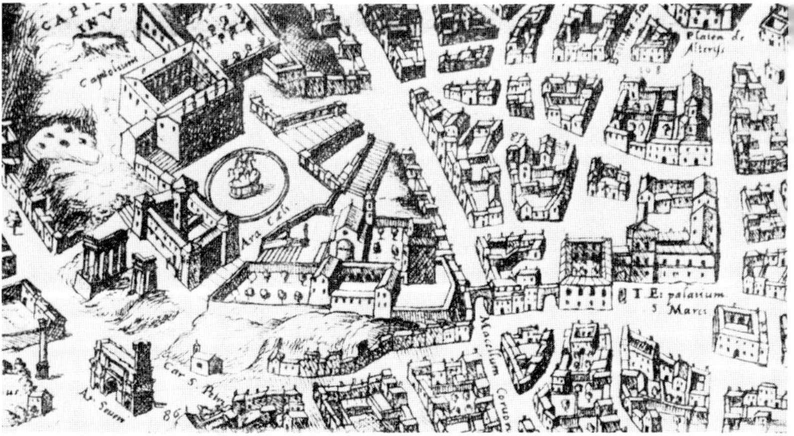

18 Anonym, Ansicht des Senatorenpalastes auf dem Kapitol, um 1554–60 (Louvre).

von befestigtem Palast, der ihm anscheinend auch vorschwebte, als er die Modernisierung des Vatikanpalastes selbst in Angriff nahm – ein Vorhaben, das nur teilweise verwirklicht wurde und dessen Absicht heute nur im Nordflügel des Palazzo Vaticano, der auf den Cortile del Belvedere hinausgeht, sichtbar ist (Abb. 20).[37] Die Analogie zwischen dem Vatikan und dem Senatorenpalast unterstreicht die Bedeutung des letzteren: Er sollte die päpstliche Autorität über die Verwaltungs- und Rechtsinstitutionen der Urbs sichtbar machen. Kein Gebäude in Rom eignete sich besser hierfür. Das Kapitol bildete das geographische und das symbolische Zentrum der Stadt, wie es auf dem Plan von Taddeo di Bartolo deutlich wird[38]; seine Gebäude spiegelten während des ganzen Mittelalters die komplexe Wechselbeziehung zwischen kommunaler Autonomie und päpstlicher Autorität – zwei Kräfte, die in ihrem Kampf gegen die Übermacht der lokalen Nobilität aufeinander angewiesen waren.[39] Daraus erwuchs die komplexe politische Bedeutung des Kapitols: traditioneller Sitz der Behörden des *populus romanus* und

19 Rekonstruktion des Senatorenpalastes nach den Umbauten unter Nikolaus V. (nach *Capitolium,* 1965).

zugleich Schauplatz einer glanzvollen Demonstration der säkularen Autorität der Kirche. Tatsächlich verdankte die komplexe architektonische Typologie des Senatorenpalastes der Tradition der mittelalterlichen Kommunalpaläste ebensoviel wie den befestigten Schlössern der norditalienischen Herzöge, der neapolitanischen Könige und des Papstes selbst.

Eine der wichtigsten Institutionen, die der Senatorenpalast traditionell beherbergte, war die Rechtsprechung. »Seit der Mitte des 10. Jahrhunderts vollstreckte man vom Tarpejischen Felsen aus, wie ehedem im Altertum, wieder Todesurteile an Staatsverbrechern.«[40] Zu Beginn des 14. Jahrhunderts wurde der Palast mit einer großen,

20 Rom. Vatikanischer Palast, Ansicht des unter Nikolaus V. gebauten Flügels mit späteren Anbauten (Photo: Archivio Fotografico Vaticano).

21 Gedenkmünze aus Anlaß der Wiederherstellung der Fortezza di Porta Galliera in Bologna [?], 1507 (nach Bonanni, *Numismata*).

17 Meter langen Freitreppe ausgestattet, auf der Gerichtsurteile verkündet und vollstreckt wurden, wobei eine Löwengruppe, bezeichnenderweise eine Spolie, Stärke und Tradition der Rechtskraft symbolisierte. Unweit der Treppe befand sich überdies eine Gerichtssäule; noch 1536 war sie zu sehen, wie ein Blatt Heemskercks zeigt.[41] Ein anderes, anonymes Blatt, das noch später, 1553, entstanden ist und sich heute in Braunschweig befindet, führt uns den Charakter und die Funktion dieser Richtstätte noch direkter vor Augen: Am linken Turm ist ein Galgen angebracht, an dem ein Opfer der Justiz hängt – als drohendes Mahnzeichen für die Strenge des päpstlichen Gesetzes.[42]

Päpstlicher Kolonialismus und seine Architektur unter Julius II. und vorher: Bologna

Ein kurzer Blick auf die Situation in Bologna während des ersten Jahrzehnts im 16. Jahrhundert mag verdeutlichen, welche Funktion und welcher Sinn dem Typus des befestigten Palastes unter Julius II. zukam. Denn der Palazzo dei Tribunali war nicht das erste Bauvorhaben, mit dem Julius eine Stärkung von Recht und Ordnung im päpstlichen Herrschaftsbereich anstrebte. Im frühen 16. Jahrhundert war Bologna nach Rom die größte und wichtigste Stadt des Kirchenstaates. Bologna stand im Vordergrund der politischen und militärischen Bestrebungen, die Julius zur Stärkung der Autorität des Papsttums in den Territorien der Kirche unternahm. Von 1483 bis 1502 war er Bischof von Bologna gewesen, was zu seinem Interesse an dieser Stadt gewiß beigetragen hat. So machte sich der neugewählte Papst gleich daran, die Tyrannei Giovanni Bentivoglios zu brechen und die kirchliche Kontrolle über diesen wichtigsten Außenposten des Kirchenstaates im Norden wiederherzustellen.

Das gelang im Spätherbst 1506: Nach einem mühsamen Feldzug betrat Julius II. selbst die Stadt – von der Bevölkerung triumphal begrüßt (wie die offiziellen Chronisten bemerken) –, kurz nachdem Giovanni Bentivoglio geflohen war.[43] Die Reform der politischen Strukturen und des Rechtswesens wurde nun in Angriff genommen: Der frühere Rat der Sechzehn wurde durch einen Rat der Vierzig ersetzt und dem päpstlichen Legaten gleichgestellt. Wiederherstellung der Privilegien, welche die Bologneser unter Nikolaus V.

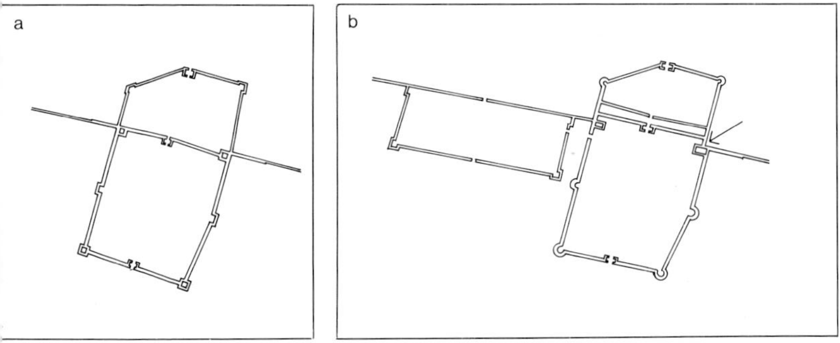

22 (a) Grundriß der Fortezza di Porta Galliera, Zustand um 1330 (nach Marinelli, »La Fortezza alla Porta di Galliera«, in: *Il Commune di Bologna;* Zeichnung von Martin Steinmann); (b) Bologna, Grundriß der Fortezza di Porta Galliera nach der Wiedererrichtung unter Julius II., 1507. Links die neue »Citadella«. Der Pfeil weist auf die heute noch erhaltenen Teile hin (nach Marinelli, »La Fortezza«, in: *Il Commune di Bologna;* Zeichnung von Martin Steinmann).

genossen hatten, war das erklärte Leitmotiv der neuen päpstlichen Jurisdiktion und Steuerpolitik.[44] Eine Reihe von Münzprägungen besiegelte die päpstliche Inbesitznahme von Bologna. Eine der damals entstandenen Münzen zeigt eine mit starken Böschungsmauern und drei Fronttürmen ausgerüstete Festung, davor die Gestalt der Justitia und einen kauernden Hammerschmied (Abb. 21).[45] Wie ist diese Darstellung zu verstehen? Als abstraktes architektonisches Symbol der »justitia papalis«? Oder als Abbild der Zwingburg, die Julius II. an der Porta di Galliera errichten ließ und an deren Grundsteinlegung er am 20. Februar 1507 persönlich teilnahm?[46]

Es ist unbekannt, wie diese *arx* ausgesehen hat; sie wurde wenig später vom Volk gestürmt und nach der Rückkehr von Giovanni Bentivoglios Erben im Jahre 1511 eingerissen.[47] Heute sind nur noch wenige Reste und ein Teil der sich anschließenden Stadtmauer zu sehen. Infolgedessen hat sich die Forschung bisher kaum für dieses Gebäude interessiert. Aber auf die Wichtigkeit der Fortezza di Porta Galliera für die Geschichte des Kirchenstaates unter Julius II. deuten sowohl ihre frühe Entstehungszeit wie auch ihre außerordentliche Größe hin. Von ihren Ausmaßen her stellt sie eines von Julius' größten Bauvorhaben dieser Art dar, vergleichbar nur dem Bau der

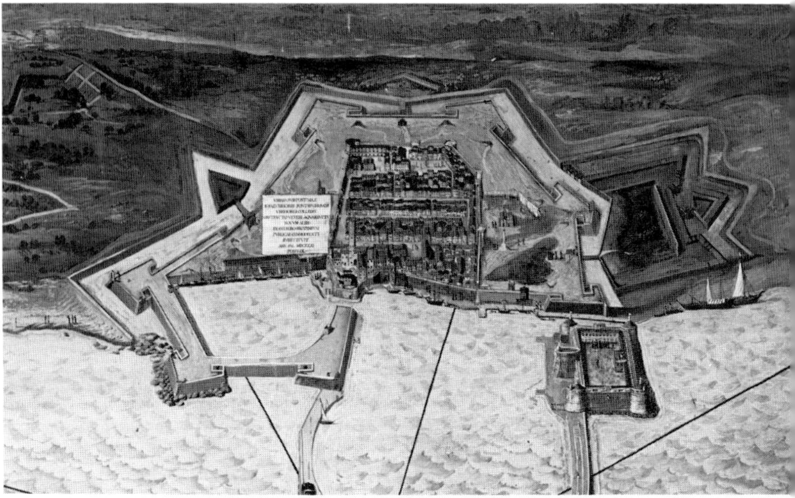

23 Ignazio Danti [?], Ansicht von Civitavecchia und seinen Befestigungsanlagen. Rechts unten die Seefestung Julius' II. Ausschnitt aus einem Fresko in der Galleria delle Carte Geografiche, Vatikan (Photo: Gabinetto Fotografico Nazionale).

Rocca in Civitavecchia (Abb. 23), deren Grundstein der Papst am 14. Dezember 1508, also fast zwei Jahre nach der Gründung der Bologneser *arx*, legte.[48]

An der gleichen Stelle, neben der Porta di Galliera, waren vorher schon vier andere Festungen gebaut worden. Die erste um das Jahr 1330 (zerstört 1334); die zweite im Jahre 1404 (zerstört 1411); die dritte im Jahre 1414 (zerstört 1416) und die vierte im Jahre 1435 (zerstört 1441). Die Grundmauern der *arx* Julius' II. stimmen weitgehend mit denen der ersten Rocca überein, die Kardinal Bertrando del Poggetto um 1330 errichtet hatte[49] – ausgenommen die sogenannte Cittadella, die nach 1508 links von der Rocca entlang der Stadtmauer entstand (Abb. 22a, 22b). Guidicini erinnert sich, daß die neue Festung »größer und stärker war als alle, die ihr vorangingen«, mit zwölf *braccia* (Ellen) dicken Mauern und acht starken Türmen. Außerdem vermerkt er, daß die Südflanke der *arx*, ihre der Stadt zugewandte Fassade (die etwa 200 Meter lang gewesen sein muß), eine besondere Behandlung erfahren hatte: Die Mauern waren geböscht und der Graben mit Wasser gefüllt.[50] Novacula, ein zeitgenössischer Chronist, nennt weitere Einzelheiten. In der Mitte der nach der Stadt gekehrten Fassade befand sich ein Turm mit dem päpstlichen Wappen; ein ähnlicher Turm stand an der dem offenen Land zugewandten Nordflanke, auch er mit dem Wappen des Papstes und dem des Kardinals von Pavia versehen.[51] Man kann annehmen, daß die neue Rocca mit zylindrischen Ecktürmen und sowohl an der Süd- wie auch an der Nordflanke mit Eingangstürmen versehen war, die dem sogenannten Torre del Filarete am mailändischen Castello Sforzesco vielleicht nicht unähnlich waren.[52] Wenn diese Vermutung zutrifft, dann entspricht die Gedenkmünze zur Grundsteinlegung der Bologneser Festung tatsächlich der wirklichen Situation, und der Mittelturm des Palazzo dei Tribunali hat sein plausibelstes Vorbild gefunden.

Aber wie dem auch sei – der Typus des Eingangsturms, wie er auf der Münze angedeutet ist, war im frühen 16. Jahrhundert in Bologna gewiß nicht unbekannt. Wie eine Sammlung architektonischer *vedute* aus der zweiten Hälfte des Cinquecento zeigt, war die um das

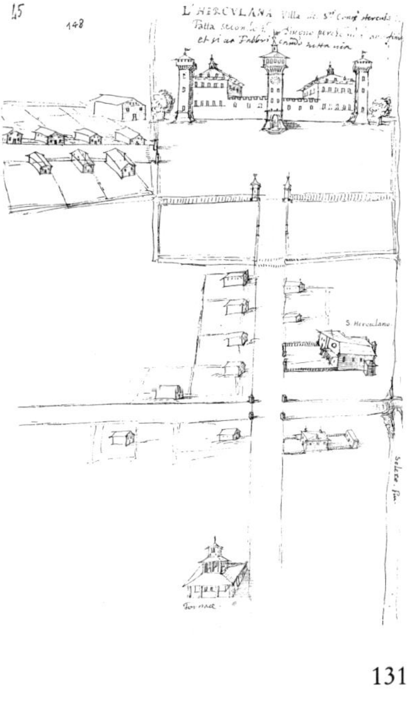

24 Ignazio Danti [?], Ansicht der Villa Hercolani in Bologna (nach Fanti, *Ville, castelli e chiese bolognesi*).

Jahr 1490 in unmittelbarer Nähe Bolognas von Giovanni II. Bentivoglio gebaute Villa Hercolani ursprünglich mit einem ähnlichen Turm ausgestattet, von dem aus man die umliegenden Gärten und *fattorie* überblicken konnte (Abb. 24).[53] Wie im Bereich der Sforza-Dynastie scheinen diese gewöhnlich mit *orologi* ausgerüsteten Türme auch hier anerkannte Symbole feudaler Souveränität gewesen zu sein.

Bramante muß dies alles deutlich vor Augen gestanden haben. Er hat Julius II. auf dessen Reise nach Bologna begleitet und war dort, wie Vasari bemerkt, eifrig beschäftigt, »molte cose ingegnose e di grandissima importanza« (viele sinnreiche und äußerst wichtige Dinge) zu entwerfen.[54] Man sollte annehmen, daß er am Bau der Fortezza di Porta Galliera beteiligt war, jedoch gibt es dafür keinerlei Zeugnisse.[55] Aber Julius hatte – ob mit oder ohne Bramantes direkte Unterstützung – Bologna als Schauplatz einer architektonischen Demonstration päpstlicher Macht und Stärke genutzt. Wie man Guidicinis Schilderung entnehmen kann, galt die Wiedererrichtung der *arx* nicht bloß der militärischen Sicherheit; mit seiner imposanten Südflanke machte dieser Bau einen politischen Anspruch sinnfällig, der dann fast zwei Jahre später mit der neuen

25 Bologna. Das Zentrum mit S. Petronio und dem Palazzo Comunale. Ausschnitt aus dem Plan Filippo de Gnudis, 1702 (Fotofast, Bologna).

26 Bologna, Palazzo Comunale. Links der Palazzo d'Accursio, wie er im 19. Jahrhundert mit seinen ursprünglichen Arkaden rekonstruiert wurde. Rechts der Palazzo del Podestà (Photo: Alinari).

Rocca von Civitavecchia und dem Palazzo dei Tribunali in Rom erneut bekräftigt werden sollte.

So war Bologna noch einmal, wenn auch nur für kurze Zeit, zum wichtigsten Außenposten des päpstlichen Herrschaftsbereichs geworden. Schon früher hatte es diese Rolle gespielt. Und in seinem Zentrum bewahrte es – bis auf den heutigen Tag – die Monumente, die an die früheren Bemühungen der Kirche erinnerten, in diesem Teil Italiens eine dauerhafte Herrschaft zu etablieren. Tatsächlich ist der Wiederaufbau der *arx* durch Julius II. nichts anderes als die Fortsetzung einer militärischen und politischen Strategie der Kirche, die zumindest bis in das 14. Jahrhundert zurückreicht. Interessanterweise streute Kardinal Bertrando del Poggetto, als er um 1327 den Entschluß faßte, die erste Festung an der Porta di Galliera zu bauen, das Gerücht aus, der Papst habe beschlossen, nach seiner

27 Bologna. Piazza Maggiore mit den Fassaden von S. Petronio (links), des Palazzo Comunale (Mitte) und des Palazzo del Podestà (rechts), Zustand im 17. Jahrhundert (*Insignia,* Bd. 9, c. 7).

Rückkehr aus Avignon Bologna statt Rom zu seiner ständigen Residenz zu wählen.[56] Einige Jahrzehnte später jedoch befand sich der Heilige Stuhl immer noch in Avignon, und es wurden neue Anstrengungen unternommen, die politische und militärische Souveränität der Kirche in Italien wiederherzustellen. Der Mann, der dieses Programm in die Tat umsetzte, war Kardinal d'Albornoz. Auch er maß Bologna eine entscheidende Rolle bei seinem Feldzug zu, mit dem es ihm schließlich gelang, Italien der militärischen, politischen und juristischen Kontrolle des Papstes zu unterwerfen.[57] Anders als Julius II. fühlte er sich in Bologna jedoch so sicher, daß er nach der Einnahme der Stadt im Jahre 1360 auf den Bau eines befestigten Palastes oder einer Festung zur Sicherung der neu errichteten Herrschaft verzichtete. Ein solcher Bau wurde erst einige Jahre später in Angriff genommen.

Ein militärischer Traktat von Giovanni da Legnano, *De bello,* den der Autor dem Kardinal übersandte, als dieser noch in Bologna residierte, liefert Hinweise auf das ideologische Klima, in dem der Kardinal seinen Feldzug führte. Diese Abhandlung verherrlicht nicht nur die Kirche als Reinkarnation der altrömischen Reichsidee, sie rechtfertigt auch im Namen der *virtus romana* den Bau von Festungen: Es sei mutiger, so schreibt der Verfasser, eine Bestürmung zu erwarten, als selbst zu stürmen. Überdies preist Giovanni da Legnano das vom Kardinal erneuerte Bologna als den politischen und religiösen Mittelpunkt der Christenheit.[58] Es ist kein Zufall, daß Kardinal d'Albornoz im 16. Jahrhundert als Verfechter des Anspruchs der Kirche, Treuhänderin des Reichsgedankens zu sein, wiederentdeckt wurde, spielte doch eben dieser Anspruch in der politischen Ideologie von Julius II. eine wesentliche Rolle. Tatsäch-

28 Bologna. Ansicht des Palazzo Comunale mit der dem Palazzo di Re Enzo zugewandten Fassade, erbaut um 1565 (*Insignia,* Bd. 13, c. 9).

lich zögerte Genesio di Sepulveda, der Biograph von Albornoz im 16. Jahrhundert, nicht, seinen Helden mit Trajan, Hadrian und Theodosius zu vergleichen.[59]

Albornoz, der überall in Italien viele Festungen baute (Spoleto, Narni, Assisi und andere)[60], hielt es anscheinend nicht für nötig, den Sitz der päpstlichen Verwaltung in Bologna zu befestigen. Das änderte sich jedoch unter Androino di Grimoard, dem Bruder Papst Urbans V., der 1364 päpstlicher Legat wurde, nachdem Albornoz die Stadt wegen anderer diplomatischer und militärischer Unternehmungen verlassen hatte. Unter dem neuen Legaten wurden die Paläste an der Westseite der Piazza Maggiore, wo die päpstliche Verwaltung untergebracht war – der Palazzo d'Accursio und die Häuser der Tebaldi, der Uberti und der Caccianemici – zu einem großen wehrhaften Palastkomplex vereinigt, der später Palazzo Pubblico oder Palazzo Apostolico hieß und heute den Namen Palazzo Comunale trägt (Abb. 25).[61] Es war das Musterbeispiel eine *palazzo fortificato* – jedenfalls bis ins späte 19. Jahrhundert, als man daran ging, einen Teil des geböschten Sockels der Hauptfassade zu entfernen, um die ursprünglichen Dugento-Arkaden im Erdgeschoß des Palazzo d'Accursio wieder freizulegen (Abb. 26). Als Julius 1506 in Bologna eintraf, residierte er in dieser päpstlichen Festung. Anscheinend bestand eine seiner ersten Maßnahmen darin, den Palast von seiner unmittelbaren Umgebung zu isolieren, indem er eine Reihe benachbarter Häuser und insbesondere 33 »botteghe«, die direkt an die Palastmauern gelehnt waren, abreißen ließ; außerdem modernisierte er die Verteidigungsmöglichkeiten durch Aufstellung von 24 *bombardiere.*[62] Für diesen Palast hat Bramante einen neuen *scalone cordonato* sowie verschiedene Ausschmückungen entworfen.[63]

Zur Zeit von Julius muß der Palazzo Apostolico annähernd den Status eines zweiten Vatikan gehabt haben, und in den folgenden Jahrzehnten erhielt er alle denkbaren Insignien, die ihn zur Hauptfiliale des Heiligen Stuhls erhoben, darunter auch eine Schweizer Garde. Alle Verbesserungen und Veränderungen, die Julius' Legat, der Kardinal von Pavia und sein Nachfolger Francesco Alidosi, am Äußeren des Palastes vornahmen, tasteten die festungsähnliche Strenge seines Erscheinungsbildes nicht an. Unter anderem wurden der nordöstliche und der nordwestliche Eckturm um das Jahr 1509 modernisiert, ebenso die Westflanke, die heute der Piazza Roosevelt zugewandt ist.[64] Aber erst im Jahre 1565 erhielt die Fassade gegen-

29 Sebastiano Serlio, Aufrißzeichnungen des Palazzo del Podestà, VI. Buch (Staatsbibliothek München).

über dem Palazzo di Re Enzo ihre heutige Gestalt (Abb. 28), zur gleichen Zeit, da die *fontana vecchia* in der Mitte der Nordflanke des Palastes hinzugefügt wurde. Und schließlich wurde im Jahre 1580 die der Piazza Maggiore zugewandte Hauptfassade durch das großartige, von der Statue Gregors XIII. beherrschte Portal erweitert.[65] So war die Fassade des Palazzo Apostolico beschaffen, die, wie es viele Darstellungen in den *Insignia* zeigen, bis ins 18. Jahrhundert als Hintergrund städtischer Feierlichkeiten und verschiedener Volksbelustigungen diente (Abb. 27, 28). All dies ist für unseren Zusammenhang nicht direkt relevant. Wichtig aber ist die Tatsache, daß mit der Einnahme Bolognas durch den Papst in den Jahren 1506–07 ältere architektonische Instrumente und Symbole militärischer Herrschaft in spektakulärer Weise wiederbelebt wurden; diese Symbole, die auch in die vielleicht abstrakte, idealisierte Darstellung der *arx* auf der Bologneser Münze eingeflossen sind, blieben ein wichtiger Bezugspunkt für eine ganze Reihe von Bauvorhaben, die der Papst in den folgenden Jahren in Angriff nahm. Mit dem Forum Julium und dem neuen Justizpalast sollte in Rom ein ähnliches kommunales Zentrum entstehen, wie es die Piazza Maggiore in Bologna bildete.

Eine Anmerkung zu Serlio

Die Piazza Maggiore in Bologna darf man also vielleicht als einen nicht unwichtigen Vorläufer von Bramantes Tribunali-Projekt betrachten. Der neue Palazzo dei Tribunali verbindet die Merkmale des Palazzo Pubblico gegenüber von S. Petronio mit denen des angrenzenden Palazzo Apostolico. Und während des gesamten 16. Jahrhunderts galt offenbar die dem Palazzo dei Tribunali zugrundeliegende Typologie als geeignet, die für Recht und Ordnung bürgende Institutionen des Staats anschaulich zu machen. Serlio weiß das. Im Buch VI seines Werkes liefert er zwei Versionen eines idealen Justizpalastes. Die erste Version, ein »Palazzo del pretore, cioè del podestà«, besitzt in der Hauptfassade Arkaden, im Innenhof eine zeremonielle Treppe und einen hohen Turm, »sopra la quale vi sarà la campana della giustizia« (in dessen Spitze die Glocke der Gerechtigkeit hängen wird) (Abb. 29).[66] Die zweite Version fügt diesen typischen Merkmalen der mittelalterlichen *palazzi pubblici* vier Ecktürme hinzu. Diese stehen in einem Zusammenhang mit dem spezifischen Charakter der politischen Autorität, die sich in diesem Palast verkörpert: Nicht der örtliche *podestà* lebt hier, sondern der Statthalter einer fremden Macht. In Serlios Worten: »Nach dem Palast des Podestà muß ich noch den Palast des Statthalters oder Lieutenants erwähnen, der in manchen Gegenden Kapitän, in anderen Präsident genannt wird. Diese wenden das Recht strenger an, als es der Podestà tut, vor allem in der Gegend, in der ich geboren wurde ...« Die Strenge dieser Justiz wird in den Türmen sinnfällig, die den Statthalter vor den *strani scherzi* des Volkes schützen sollen.[67]

Serlio hätte sich kaum deutlicher über den Hintergrund dieser architektonischen Konzeptionen äußern können. Er wurde in Bologna geboren; sein Palazzo del Podestà ist eine modernisierte, gleichmäßigere Version des Gebäudes gleichen Namens gegenüber der Kirche S. Petronio (Abb. 26, 27). Daß andererseits der Statthalter einer fremden Macht eine stark befestigte Residenz benötigt, wurde mehr als irgendwo sonst in dem benachbarten Palazzo Apostolico deutlich; und Serlios lange Aufzählung von Würdenträgern, die eines solchen Palastes bedürfen (governatore, luogotenente, capitano, presidente), ist eine höfliche, diplomatische Umschreibung für die drückende Anwesenheit des päpstlichen Legats in seiner Heimatstadt.

Die Erneuerung des römischen Senatorenpalastes im 16. Jahrhundert

Wenn wir die auffälligen Merkmale der beiden Konzeptionen Serlios zusammenfassen – Campanile, Arkaden, Ecktürme und Freitreppe, die in zwei symmetrisch angeordneten, einmal unterbrochenen Flügeln vom Piano Nobile herabführt –, dann erinnert uns das sogleich an den Senatorenpalast in Rom, wo Michelangelo eben eine ähnliche Treppe vollendete, als Serlio sein sechstes Buch zusammenstellte. Tatsächlich war nach dem Abbruch der Arbeiten für das von Julius geplante kommunale Zentrum an der Via Giulia einige Jahre lang nichts geschehen, bis die Farnese in der Nähe mit dem Bau ihres Palastes und der Piazza begannen – in vieler Hinsicht eine private, neureiche Version des sehr viel größeren, aber nie verwirklichten Palazzo S. Biagio. Schließlich hatte Papst Paul III. beschlossen, alle Anstrengungen wieder auf das Kapitol zu konzentrieren, den traditionellen Schauplatz päpstlicher Autorität, den Julius kühnerweise durch sein umstrittenes neues »Forum« in der Innenstadt hatte ersetzen wollen. Die verschiedenen Stadien der Erneuerung, aus denen schließlich der Senatorenpalast in seiner heutigen Gestalt hervorging, brauchen hier nicht rekapituliert werden.[68] Es sei nur daran erinnert, daß die Fassade erst zwischen 1593 und 1612 fertiggestellt wurde (zunächst von Giacomo della Porta und nach dessen Tod im Jahre 1602 von Girolamo Rainaldi), und daß die Arbeiten an Michelangelos Treppe, die in den vierziger Jahren begonnen und dann viele Jahre geruht hatten, Anfang der fünfziger Jahre abgeschlossen wurden. Weder Michelangelo noch einer der anderen beteiligten Architekten scheint je daran gedacht zu haben, die Ecktürme zu beseitigen, obwohl sie im Vergleich mit den römischen Palastfassaden der Hochrenaissance, etwa der des Palazzo Farnese, antiquiert wirkten.

Als der alte Campanile 1577 vom Blitz getroffen wurde und einstürzte, arbeitete Martino Lunghi, der Architekt von Gregor XIII., einen Plan aus, der, wie es scheint, die Einfügung eines Mittelrisalits in die Fassade vorsah.[69] Der Plan fußte auf einem Vorschlag von Michelangelo. Dieser hatte an eine überdachte Loggia über dem Scheitel der Treppe vor dem Piano Nobile gedacht; sie zielte auf eine wirkungsvolle Integration des Campanile in die Gestaltung der Fassade. Wäre Martino Lunghis Plan ausgeführt worden, so hätte er den Senatorenpalast der Typologie des Palazzo

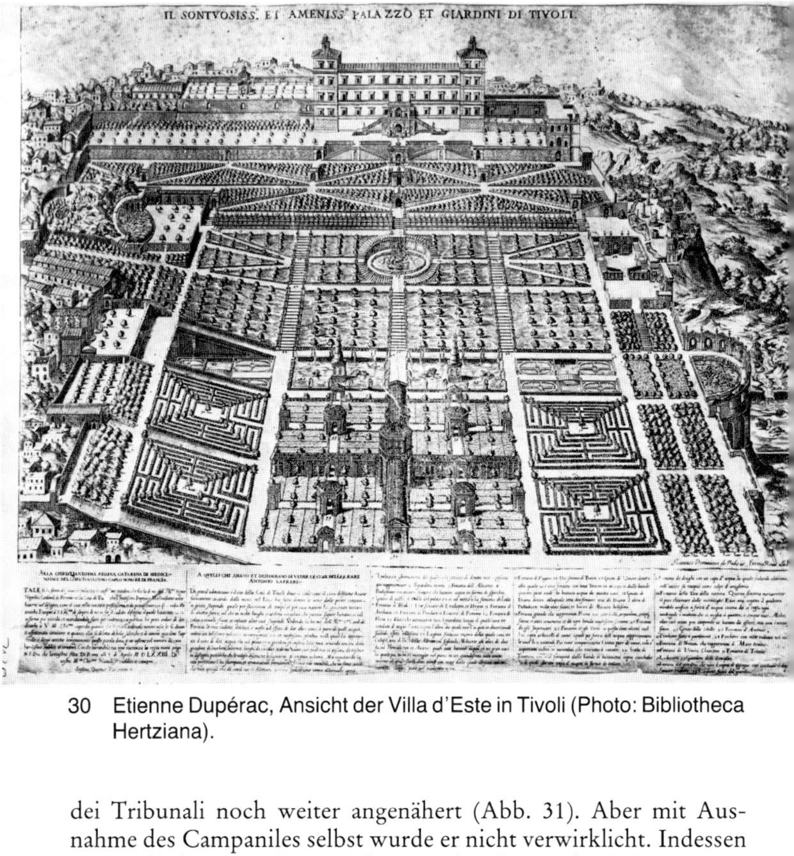

30 Etienne Dupérac, Ansicht der Villa d'Este in Tivoli (Photo: Bibliotheca Hertziana).

dei Tribunali noch weiter angenähert (Abb. 31). Aber mit Ausnahme des Campaniles selbst wurde er nicht verwirklicht. Indessen neige ich dazu, in einem anderen Gebäude aus der Zeit um 1570 nicht nur eine Vorwegnahme von Lunghis Vorschlag für den Senatorenpalast, sondern auch ein deutliches Echo auf Typologie und Bedeutung der Kapitolsbauten zu sehen: ich meine die Villa d'Este in Tivoli. Von Pirro Ligorio in den Jahren 1566–67 begonnen, wurde die Gartenfassade der Villa kurz nach 1569 durch zwei, deutlich als *torri* gegliederte Anbauten erweitert. Auf Dupéracs Stich erkennt man auf der Spitze dieser *torri* sogar zwei *belvederi*, die allerdings nie gebaut wurden (Abb. 30). Die Ähnlichkeit zwischen dieser Anlage und dem Senatorenpalast liegt auf der Hand, zumal wenn wir Michelangelos Loggia über dem Scheitelpunkt der Treppe in der Mitte der Fassade mit in Betracht ziehen. Handelt es sich hier um eine bloß zufällige Übereinstimmung? Ich glaube nicht, und auch die spezifische Funktion dieser Verschönerungsarbeiten scheint dagegen zu sprechen. Die Villa wurde von ihrem Besitzer, dem Kardinal Ippolito d'Este, im Hinblick auf den Besuch Gregors XIII. erweitert, der im September 1572 stattfand. Vor allem wegen dieses Ereignisses bekam die Villa ihre neue Form, die so deutlich an die traditionellen Architektursymbole der weltlichen Macht des Papstes anknüpft.[70]

Was den Senatorenpalast angeht, so wurde die von Martino Lunghi vorgeschlagene Modernisierung nicht ausgeführt, und die endgültige Form entsprach mehr oder weniger dem früheren Entwurf Michelangelos.[71] Dieser beruhte im wesentlichen auf einer Erhaltung des überkommenen Fassadentypus mit seinen flankierenden Türmen. Gewiß gab es auch ökonomische Gründe für eine solche konservative Haltung gegenüber einer Modernisierung des Senatorenpalastes.[72] Aber man kann sich doch nur schwer vorstellen, daß die Erhaltung der traditionellen Fassade allein das Resultat finanzieller Beschränkungen gewesen sein soll. Michelangelo mag mit den beschränkten Geldmitteln äußerst gewissenhaft umgegangen sein, aber das hinderte ihn doch nicht daran, die Errichtung eines großen Palastes gegenüber dem Palazzo dei Conservatori ins

31 Münze mit Martino Lunghis Entwurf für den Umbau des Senatorenpalastes in Rom (nach Bonanni, *Numismata*).

32 Rom. Ansicht der Piazza del Campidoglio mit dem Senatorenpalast. 10000-Lire-Note der Italienischen Staatsbank.

Auge zu fassen, dessen einzige Funktion darin bestand, die Piazza symmetrisch einzurahmen.

Das Gesicht des Senatorenpalastes blieb vor allem deshalb unverändert, weil dieser Bau auch am Ende des 16. Jahrhunderts eine komplexe Verbindung von Ideen repräsentierte, die im politischen Charakter und der politischen Funktion des Kapitols tief verankert waren. Gewiß wurde dieser Traditionalismus durch künstlerische Erwägungen bestärkt. Die beiden Eckrisalite und die Unterbrechung der Treppen, die durch sie notwendig wurde, sind wichtige Faktoren für die räumliche Einheit der Piazza. Aber es hätte wenig Sinn, den Senatorenpalast in seiner heutigen, auf Giacomo della Porta zurückgehenden Gestalt als ein architektonisches Meisterwerk des Cinquecento zu bezeichnen. Die Behauptung allerdings, der Senatorenpalast sei das einzige Bauwerk auf dem Kapitolshügel, dem nie seine »volle monumentale Würde« zuteil geworden sei[73], geht ebenfalls zu weit. Ein solches Urteil übersieht die Komplexität dessen, was in der Architektur zum Ausdruck gebracht wird. Wir haben es hier mit einer monumentalen Würde zu tun, die nicht in erster Linie künstlerischer Natur ist, sondern in politischer Symbolik wurzelt.

Im Falle des Senatorenpalastes ist diese mit dem *genius loci* eng verknüpfte Symbolik von den Italienern stets unmittelbar verstanden worden. Mussolini wußte um die Würde des Gebäudes und des

33 Vettor Pisani, »La stella«, 1970, Katalog der Ausstellung im Palazzo delle Esposizioni 1973.

34 Rom, Collegio della Sapienza, Straßenfassade (nach Le Tarouilly).

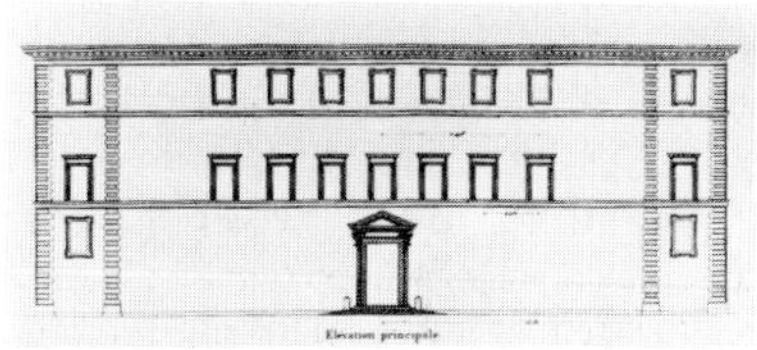

35 Granada, Hauptfassade der Chancilliera, vollendet 1587 (nach Kubler, *Art and Architecture in Spain*).

Platzes, an dem es steht, und bediente sich seiner als Hintergrund für zahllose offizielle Auftritte (vgl. Abb. 22 auf S. 103 in diesem Band). Und in neuerer Zeit erscheint die Fassade des Senatorenpalastes als Symbol der *romanità* auf der 10000-Lire-Banknote der Italienischen Staatsbank; auf ihr findet sich – in unbeabsichtigter Ironie – sogar eine Anspielung auf die Rechtsautorität dieses Ortes. »Das Gesetz [symbolisiert von der Piazza del Campidoglio, die diese feierliche Inschrift krönt?] bestraft die Herstellung und Verbreitung von Banknoten.« (Abb. 32) Schließlich zeigte ein junger Künstler, Vettor Pisani, kürzlich auf einer Ausstellung zeitgenössischer italienischer Kunst (Palazzo delle Esposizioni, Sommer 1973) ein Farbphoto, auf dem ein roter Stern zwischen den Streifen von Michelangelos Pflasterung auf der Piazza del Campidoglio zu sehen war. Was sonst vielleicht bloß ein politischer Witz gewesen wäre, wurde durch den Marc Aurel und den Senatorenpalast im Hintergrund zu einem einigermaßen explosiven Beispiel radikaler *art engagé* (Abb. 33).

Aber die dreigeteilte Palastfassade, deren Nichtübereinstimmung mit den künstlerischen Idealen der römischen Renaissance Wölfflin so irritierte, verweist nicht nur beim Senatorenpalast auf dessen politische Aura. Eine ähnliche Rolle scheint ihr auch bei Gebäuden wie dem Collegio della Sapienza (der päpstlichen Universität, die übrigens von Giacomo della Porta entworfen wurde, Abb. 34) und dem Palazzo Borghese (von Martino Lunghi) zugefallen zu sein. Später wandelt Bernini dieses Motiv ab, vor allem am Palazzo di Montecitorio und bei seinem Entwurf der Südfassade des Louvre. Es finden sich noch weitere Beispiele außerhalb Italiens: die Chancilliera in Granada (1587; Abb. 35) und unzählige Rathäuser im nördlichen Europa. Ohne den Hintergrund, den wir soeben untersucht haben, wäre auch die dem Bürgerstolz so beredten Ausdruck verleihende Symbolsprache der meisten Rathäuser, die seit 1850 in den Vereinigten Staaten erbaut wurden (Philadelphia; Newport, Rhode Island; Worcester, Massachusetts und viele andere) ohne jede Grundlage.

Postskript

Vielleicht gestatten die vorstehenden Überlegungen einige behutsame Verallgemeinerungen hinsichtlich der Wechselbeziehung zwischen Politik und Architektur in der Renaissance, genauer gesagt: zwischen Politik und architektonischer Form; denn man muß sich klar machen, daß Architekturformen innerhalb der komplexen ökonomischen, sozialen und politischen Funktionen, die das Bauen innerhalb einer Gesellschaft besitzt, nur eine untergeordnete Rolle spielen. (Eine direkte politische oder Sozialgeschichte der Architektur wird sich daher den Bauvorgängen selbst zuwenden und untersuchen, was sich an ihnen über die Arbeitsorganisation innerhalb einer Gesellschaft und über die Art und Weise, wie die herrschenden Mächte das vorhandene Produktionssystem zur Sicherung der ökonomischen und politischen Stabilität einsetzen, ablesen läßt; aber darum geht es hier nicht.)[74]

Wir haben hier die These vertreten, daß das Vorhandensein von Türmen und turmähnlichen Elementen bei einer Reihe von italienischen Renaissancepalästen – unabhängig von einer möglicherweise militärischen Motivierung – etwas mit der institutionellen Funktion dieser Bauten zu tun hat. Als architektonische Symbole repräsentieren die *torri* des Palazzo dei Tribunali die Idee der päpstlichen Souveränität über das öffentliche Leben in ähnlicher Weise, wie z. B. die drei Terrassen des Belvedere-Hofes die Idee einer römischen Kaiservilla, etwa der Domus Aurea, repräsentieren.[75] Sowohl beim Belvedere-Hof als auch beim Palazzo dei Tribunali liefern die Architekturformen einen kulturellen Bezugspunkt, der auf den jeweiligen Zweck der beiden Bauwerke verweist, und deren unterschiedliche Bauprogramme machen unterschiedliche kulturelle Bezugspunkte und damit auch unterschiedliche Architekturformen notwendig. In der idealistischen Sprache einer Architekturikonologie bestünde der Bedeutungsunterschied zwischen den beiden Bauten vor allem darin, daß der eine einem humanistischen, antiquarischen Ideal huldigt, während der andere die traditionelle Symbolsprache staatlicher Repräsentation variiert.

Aber das ist nicht alles, es gibt noch einen grundsätzlicheren Unterschied zwischen den beiden Projekten, und dieser Unterschied steht in einem Zusammenhang mit der Frage, in welcher Weise die Kunst überhaupt in den Dienst der Politik treten kann. Es ist dies ein Unterschied, der von den herkömmlichen Verfahren der Formanalyse, der Ikonographie und der aseptischen Zergliederung von »architectural principles« leicht übersehen wird. Was die beiden genannten Bauvorhaben voneinander trennt, ist nämlich nicht nur ihr Stil und ihre Bedeutung an sich, sondern auch die soziale

Reichweite der Formen und Bedeutungen, die in ihnen verkörpert sind. Der Belvedere ist in seinen symbolischen Bezügen humanistisch, antiquarisch, hermetisch – hermetisch ist er aber auch im buchstäblichen Sinne: durch seine Abgeschlossenheit und ein Perspektivenschauspiel, das im Grunde nur von einem einzigen Punkt aus wahrgenommen werden kann, nämlich von der Camera della Segnatura des Papstes. Der Palazzo dei Tribunali (und auch der Palazzo dei Senatori) dagegen ist in seiner Symbolsprache öffentlichkeitsorientiert, einfach und unmißverständlich. Er steht nicht, von der Stadt getrennt, in einem päpstlichen Garten; ganz im Gegenteil: Er richtet seine Botschaft an die Stadt, und dadurch daß er dank eines spezifischen städtebaulichen Arrangements weite öffentliche Räume dominiert, wird diese Botschaft um so wirkungsvoller. Außerdem ist seine Symbolsprache konservativ und populär zugleich – populär insofern, als er keine (oder nur wenige) Anzeichen einer elitären humanistischen Kreativität aufweist, die seine politische Botschaft verwischen könnten. Kurzum, die Formentscheidung ist in beiden Fällen nicht allein durch den (angeblich inneren) Gehalt des Bauprogramms motiviert, sondern auch durch pragmatische Erwägungen, etwa den Wunsch, innerhalb der Gesellschaft bestimmte Zielgruppen zu erreichen, denen die Idee der Größe und der tiefwurzelnden Legitimität des Papsttums vermittelt werden soll.

Man darf nicht übersehen, daß in der Architektur sogar die Struktur der Beziehungen zwischen Form und Idee abhängig ist von pragmatischen Erwägungen hinsichtlich der Frage, welchem Publikum die Autorität einer bestimmten Institution vor Augen geführt werden soll. Demgegenüber gehen die meisten Untersuchungen zur Ikonologie der mittelalterlichen Architektur von einer starren Kontinuität zwischen Symbolgehalten und Bautypen aus.[76] Ob nun eine solche Kontinuität je bestanden hat oder nicht – für den hier untersuchten Zeitraum läßt sich jedenfalls feststellen, daß gewisse architektonische Aufgaben nach fest in der Vergangenheit wurzelnden ikonographischen Regeln gelöst werden, andere dagegen nicht. Das Tribunali-Projekt und einige andere mit ihm in direkter Verbindung stehende Bauten lassen sich als Beispiele einer traditionellen Ikonographie päpstlicher Herrschaft begreifen; beim Belvedere aber mußte die Symbolsprache, die dem Gebäude eine Bedeutung verleiht, zusammen mit den Formen erst erfunden werden – sie existierte nicht vorher. Insofern ist dieser Baukomplex typischer für die Art und Weise, wie in der Renaissance und bis heute architektonische Bedeutung hervorgebracht wird[77]: Im Belvedere kommt eine offene Struktur von Idee-Form-Beziehungen zur Geltung, die flexibel und schöpferischem Improvisieren zugänglich ist.

Das bedeutet nicht, daß auf der anderen Seite Türme und anderes archaisierendes Militärbeiwerk an Renaissancepalästen immer für Recht und Ordnung stehen (wie es beim Palazzo dei Tribunali tatsächlich der Fall ist). Auch an diesem Punkt ist es nicht möglich, Bauformen und Bautypen unabhängig davon, wann und wo sie in Erscheinung treten, wie eine Art von Lackmuspapier zur Identifizierung bestimmter politischer Ideen oder ideologischer Verhältnisse zu verwenden.[78] Falls es eine generalisierende Interpretation der Bedeutung von Türmen an Palästen des 16. Jahrhunderts überhaupt geben kann, dann entspricht, wie ich vermute, diese Bedeutung jedenfalls nicht irgendwelchen klar umrissenen politischen Programmen und Ideen. Sie steht eher in einem Zusammenhang mit einem auf die Stabilisierung bestimmter politischer Institutionen gerichteten Pragmatismus und mit dem Wunsch, politische Ideen und Ansprüche sinnfällig zu machen – und nicht in erster Linie mit diesen Ideen und Institutionen selbst. Traditionelle Symbole der Militärarchitektur können im 16. Jahrhundert überall dort auftreten, wo ein Bedürfnis nach tatsächlicher Befestigung eines Gebäudes besteht, aber auch immer dann, wenn der Wunsch auftritt, Alter und Tradition einer altehrwürdigen Institution ins Bild zu setzen. Zu diesen pragmatischen Aspekten gehört auch die Frage, an welches Publikum sich eine Demonstration politischer Macht und Legitimation richten soll.

Es ist demnach eher die Rhetorik als die Ikonographie, von der die Kunst im Dienste der Politik mit Bedeutung befrachtet wird, vor allem wenn die beteiligten Interessen die eines Staatsoberhauptes sind, das ein Reich aufzubauen versucht. Es ist in diesem Zusammenhang von Interesse, daß der erste Papst, der eine städtebauliche Erneuerung Roms ins Auge faßte, sehr genau um die Möglichkeiten wußte, die die Architektur als Massenmedium im Dienste der Kirche und ihrer Ideologie bot. Nikolaus V., dessen Erneuerung des Kapitols (Abb. 18, 19) den Bezugspunkt für Julius' Projekt eines Kommunalzentrums bildete, faßte seine Intentionen sehr prägnant zusammen, als er auf dem Sterbebett erklärte, der Glaube der Ungebildeten, der »Leute, die der Schrift unkundig und gänzlich unberührt von ihr« seien, würde »mit der Zeit immer mehr nachlassen ... sofern sie nicht durch außergewöhnliche Anblicke gerührt werden. Wenn aber dieser auf den Doktrinen der Gelehrten fußende Volksglaube durch großartige Bauwerke ständig bestätigt und täglich bekräftigt wird ..., dann wird er sich jetzt und in Zukunft jenen auf immer einprägen, die diese bewundernswerten Bauten betrachten.«[79] In seinen eigenen Bauten (Abb. 19, 20) machte dieser Papst deutlich, daß der Glaube der Ungebildeten durch eine Architektur gestärkt wird, die mit traditionellen und vertrauten Konzeptionen arbeitet – wie etwa dem befestigten Palast des Herrschers.

Anmerkungen

Der vorliegende Aufsatz ist die überarbeitete und wesentlich erweiterte Fassung eines Kapitels aus meinem Buch *Turm und Bollwerk. Beiträge zu einer politischen Ikonographie der italienischen Renaissancearchitektur*, Zürich 1974. Er wurde in englischer Sprache redigiert, und zwar im Zusammenhang eines Kolloquiums, das 1972 an der Architekturschule des Massachusetts Institute of Technology (MIT) in Cambridge, MA. zum Thema »Art and Architecture in the Service of Politics« durchgeführt wurde. Danken möchte ich Prof. Henry A. Millon, der mich zu dem Kolloquium eingeladen hat und mir dadurch die Gelegenheit gab, einige Probleme, die ich in dem Buch eher oberflächlich behandelt hatte, erneut zu diskutieren und zu klären.

Mein besonderer Dank gilt ferner James S. Ackerman und Naomi Miller, deren Kritik am ersten Entwurf dieses Aufsatzes für mich von unschätzbarem Wert gewesen ist. Bei meinem Versuch, die Situation in Bologna unter Julius II. und vorher zu erhellen, standen mir viele Freunde mit ihrem Rat zur Seite: Richard J. Tuttle, Franco Berganzoni, Lorenzo Bianconi, Oscar Mischiati und Giancarlo Roversi waren besonders hilfreich. Erwähnen möchte ich hier das seither erschienene Buch von Adolf Reinle, *Zeichensprache der Architektur. Symbol, Darstellung und Brauch in der Baukunst des Mittelalters und der Neuzeit*, Zürich 1976. Daß es einen Bezug von den in diesem Buch meines Zürcher »Doktorvaters« dokumentierten Zusammenhängen und den Problemen gibt, die mich bei der Arbeit an dem vorliegenden Aufsatz interessiert haben, liegt auf der Hand.

Die hier angeschnittenen Probleme der Baugeschichte von Bologna sind entscheidend präzisiert worden von Richard J. Tuttle in ›Against Fortifications: The Defense of Renaissance Bologna‹, in *Journal of the Society of Architectural Historians*, XLI, Okt. 1982, Nr. 3, S. 189–201.

1 Heinrich Wölfflin, *Renaissance und Barock. Eine Untersuchung über Wesen und Entstehung des Barockstils in Italien*, bearb. v. Hans Rose, München 1926, S. 128.

2 Ebd., S. 128ff.

3 Fritz Saxl, ›Das Kapitol im Zeitalter der Renaissance. Ein Symbol der Idee des Imperiums‹, in diesem Band, S. 74ff.

4 Siehe Ludwig von Pastor, *Geschichte der Päpste*, 25 Bde., Freiburg i. Br. 1891–1933, Bd. 3, S. 4–8.

5 G.F. Hill, *A Corpus of Italian Renaissance Medals,* London 1931, Nr. 874, Abb. 139.

6 Zu Sixtus IV. und seinen Bauvorhaben siehe G. Simoncini, *Città e società nel rinascimento,* Turin 1974, Bd. 2, S. 228–233. Zum Hintergrund der Projekte von Julius II., etwa der Katastrophe von 1450, als mehrere hundert Pilger auf dem Ponte Sant'Angelo durch nachdrängende Pilgermassen erdrückt wurden, vgl. E. Rodocanachi, *Histoire de Rome de 1354 à 1471,* Paris 1922, S. 465ff.

7 Arnaldo Bruschi, *Bramante architetto,* Bari 1969, S. 625–647. Zur Stadtplanung in Rom unter Julius II. und seinen Nachfolgern vgl. Christoph Luitpold Frommel, *Der römische Palastbau der Hochrenaissance,* Tübingen 1973, Bd. 1, S. 11–24, und Arnaldo Bruschi, *Bramante,* Bari 1973, S. 197–217, bes. 210ff.

8 »Si risolvé il Papa di mettere in strada Giulia, da Bramante indirizzata, tutti gli edifici e le ragioni di Roma in un luogo, per la comodità ch'ai negoziatori avria recato nelle faccende, essendo continuamente fino allora stato molto scomode.« Vasari, *Le vite de' più excellenti pittori, scultori ed architetti,* hg. v. Milanesi, Florenz 1878–85, Bd. 4, S. 159. Die Quellen und die neuere Literatur zum Palazzo dei Tribunali verzeichnen Luigi Salerno, Luigi Spezzaferro und Manfredo Tafuri in ihrem Buch *Via Giulia. Una utopia urbanistica del '500,* Rom 1973, S. 314–322, sowie Frommel, *Der römische Palastbau,* Bd. 1, S. 96; Bd. 2, S. 327–335.

9 Siehe Frommel, *Der römische Palastbau,* Bd. 1, S. 16.

10 Hauptquelle für die geplante Piazza ist eine – möglicherweise von Bramante selbst stammende – Skizze auf der Rückseite des bekannten Plans des Palazzo dei Tribunali, UA, 136. Siehe Frommel (der diese Skizze entdeckt und identifiziert hat), *Der römische Palastbau,* Bd. 2, S. 330; Bd. 3, Abb. 146b.

11 Zit. n. Bruschi, *Bramante architetto,* S. 946.

12 »Palatium novum Julianum, cum ecclesia S. Blasii de panetta ibidem inclusa, habet turres et loca fortissima pro comoditate et utilitate publica quod quidem praeclarum opus a fundamentis ipsis tua Sanctitas extruvit cum ampla et recta, via nova.« *Francisci Albertini Opusculum de Mirabilibus Novae Urbis Romae* 1510, hg. v. August Schmarsow, Heilbronn 1886, S. 22; siehe auch S. 11.

13 Siehe Frommel, *Der römische Palastbau,* Bd. 1, S. 96.

14 E. Rodocanachi, *Rome au temps de Jules II,* Paris 1912, S. 269ff.

15 Siehe Frommel, *Der römische Palastbau,* Bd. 2, S. 331.

16 Ebd.; eine genauere Darstellung der päpstlichen Jurisdiktion unter Julius II. findet sich bei N. Del Re, *La curia romana,* Rom 1952, S. 205–275.

17 Frommel, *Der römische Palastbau,* Bd. 2, S. 332.

18 Bullarium, Bd. 5, S. 533; siehe Pastor, *Geschichte der Päpste,* Bd. 3, 2, S. 697.

19 Diese Information zu Sixtus V. verdanke ich René Schiffmann. Er war auch so freundlich, mir die einschlägigen Quellen zu nennen: Cod. Urb. Lat.1055, fol. 260r; ebd. 1056, fol. 278r, wo das »Tribunali«-Projekt als »Zecca« (Münze) bezeichnet wird; ebd. 1057, fol. 412r (alle in der Vatikanischen Bibliothek).

20 Der Plan befindet sich in der Sammlung der Uffizien, UA, 136. Die Zuschreibung an Antonio de Pellegrino stammt von Frommel; siehe *Der römische Palastbau,* Bd. 2, S. 329ff. Zu Bramantes Skizze auf der Rückseite dieses Plans vgl. Anm. 10. Vgl. auch Peruzzis Plan eines Teils des Gebäudes, UA, 109v.

21 Die Kirche wurde tatsächlich gebaut, allerdings nicht ganz nach den Vorstellungen Bramantes.

22 IVRI REDD = juri reddendo; siehe Domenico Gnoli, ›Il Palazzo di Giustizia di Bramante‹, in: *Nuova antologia,* 16. April 1914, S. 3–15, besonders S. 7, Anm. 2.

23 Ich möchte wenigstens einen knappen Hinweis auf eine andere mögliche Quelle für

Bramantes Entwurf des Palazzo dei Tribunali geben: Giulio da Sangallos Entwurf eines Palastes für Ferdinand von Aragon in Neapel (1488; der Plan befindet sich im Vatikan, Cod.Barb. Lat. 4424, fol. 41v.). G. L. Hersey hat diesen Plan, der nie verwirklicht wurde, kürzlich als Entwurf für einen Justizpalast gedeutet; siehe *Alfonso II and the Artistic Renewal of Naples, 1485–1495,* New Haven, London 1969, S. 79ff. Wenn seine Deutung zutrifft, dann wirft dieser Plan zusätzliches Licht auf die Vorgeschichte von Bramantes Projekt.

Bramantes Verbindung eines komplexen Amalgams von Wohn- und Zeremonialfunktionen mit einer streng geometrischen Form erwies sich bald in ganz Italien als sehr erfolgreich. Sie tritt in Antonio da Sangallos teilweise ausgeführtem Entwurf für den apostolischen Palast in Loreto zutage (Bruschi interpretiert Sangallos Zeichnung als die Kopie einer von Bramante selbst stammenden Zeichnung; siehe *Bramante architetto,* S. 652–667, hier S. 652). Hier bekommen die Türme angesichts der drohenden Gefahr türkischer Invasionen tatsächlich eine militärische Bedeutung, während an die Stelle der kleinen S. Biagio-Kirche das große »Santuario« von Loreto getreten ist. Palladio brachte dieses Schema nach Norditalien; vgl. seinen Palazzo Thiene in Vicenza (Renato Cevese, *I palazzi dei Thiene,* Vicenza 1952, S. 47, 77). Und Serlio führte es mit seinem Château in Ancy-le-Franc in Frankreich ein. (Siehe Marco Rosci, *Il trattato di architettura di Sebastiano Serlio,* Mailand 1966, Bd. 2, S. 68.) Weitere Aspekte des Einflusses, den der Typus des Palazzo dei Tribunali im Ausland ausübte, sollen weiter unten zur Sprache kommen.

24 In meinem Buch *Turm und Bollwerk,* S. 74–78, gebe ich einen kurzen Überblick über die römischen Kardinals- und Adelspaläste des Quattrocento, unter besonderer Berücksichtigung ihrer häufigen Verwendung von Türmen – ein Aspekt, der sie mit dem Vatikanischen Palast selbst verbindet, dessen Hauptfassade zur Zeit Nikolaus' V. und schon früher ebenfalls von Türmen beherrscht wurde. Ausführlicher hierzu die grundlegenden Untersuchungen von Piero Tomei, *L'architettura a Roma nel quattrocento,* Rom 1942, und Torgil Magnuson, *Studies in Roman Quattrocento Architecture,* Stockholm 1958. Während Magnuson die politische Bedeutung dieser Türme – etwa der am Palazzo Venezia – hervorhebt, versuche ich zu zeigen, daß sie oft auch eine militärische Funktion besaßen. Vieles von dem, was ich in meinem Buch zu umreißen versucht habe, ist nun sehr ausführlich von Carroll William Westfall untersucht worden: ›Alberti and the Vatican Palace Type‹, in: *Journal of the Society of Architectural Historians,* Mai 1974, S. 101–121.

25 Darauf weist schon D. Gnoli in ›Il Palazzo di Giustizia‹ hin.

26 Siehe bes. die Skizzen in Ms. K., Bd. 3, fol. 116v. und Windsor, 12591r (um 1506) und den Entwurf von Michelozzo für einen neuen Medici-Palast in Florenz gegenüber dem alten in Cod. Atl., fol. 315r–b und fol. 315r–a (um 1515–1516). In meinem Buch gehe ich genauer auf diese Skizzen ein, wobei ich mich stütze auf: Carlo Pedretti, *A Chronology of Leonardo da Vinci's Architectural Studies after 1500,* Genf 1962 und ders., *Leonardo da Vinci. The Royal Palace at Romorantin,* Cambridge, Mass. 1972.

27 Geymüller hat darauf hingewiesen, daß diese Architekturphantasie in Zusammenhang mit Bramantes ursprünglichem Entwurf für St. Peter stehen könnte. Siehe S. von Moos, *Die Kastelltyp-Variationen des Filarete,* Zürich 1971, S. 35ff.

28 Der Wiederaufbau des Castello di Porta Giovra begann 1450; der heutige Eingangsturm ist zum Teil eine konjizierte Rekonstruktion von Luca Beltrami (1893). Siehe Luca Beltrami, *Il castello di Milano sotto il dominio dei Visconti e dei Sforza, 1368–1535,* Mailand 1894.

29 Zum *torre* des Sforza-Kastells in Vigevano vgl. F. Malaguzzi Valeri, *La corte di Ludovico il Moro,* Mailand 1913–23, Bd. 1, S. 659ff., und Vittorio Ramella, ›Il Castello Sforzesco di Vigevano‹, in: *Castellum* 7 (1968), S. 69–74. Zu Carpi vgl. H. Semper, F. O. Schulze, W. Barth, *Carpi, ein Fürstensitz der Renaissance,* Dresden 1882 (wo allerdings der *torre* fälschlich als barocke Erweiterung des Palastes gedeutet wird).

30 Siehe *Turm und Bollwerk,* S. 61–63.

31 Bramantes Lösung, den Eingangsturm zu einem Teil des Palastkomplexes zu machen, hatte wiederum weitreichende Folgen in der italienischen Architektur des Cinquecento; siehe z. B. Vignolas Entwurf für den Farnese-Palast in Piacenza, in: Maria Walcher Casotti, *Il Vignola,* Triest 1960, Bd. 2, Abb. 156.

32 Bruschi, *Bramante architetto,* S. 645; siehe auch ders., *Bramante,* S. 215ff., wo die »immagine turriforme« des Entwurfs eingehender interpretiert werden.

33 Siehe Manfredo Tafuri, *Via Giulia,* S. 319. Frommel dagegen scheint in seinem Beitrag zum Bramante-Kongreß von 1970 die Abhängigkeit des Entwurfs von der Typologie der mittelalterlichen *palazzi comunali* und *brolleti* hervorzuheben; in seinem neueren Buch allerdings verfolgt er diesen Gedanken nicht weiter und erörtert den Entwurf mehr im Stilkontext seiner eng verwandten römischen Vorläufer, etwa der Cancelleria. Siehe *Der römische Palastbau,* Bd. 1, S. 93, 96; Bd. 2, S. 327–335. Die »Atti« des Bramante-Kongresses von 1970 standen mir während der Arbeit an diesem Aufsatz nicht zur Verfügung; siehe Werner Oechslin, ›Congresso Internazionale di Studi Bramanteschi. Zum Bramantekongreß in Mailand, Urbino und Rom‹, in: *Bibliothèque d'Humanisme et de Renaissance,* 33 (1971), S. 191.

34 Siehe C. Hülsen, H. Egger, *Die römischen Skizzenbücher von Marten Heemskerck,* 1913, fol. 32r; 92r.

35 Eine genaue Darstellung liefert Jürgen Paul, *Die mittelalterlichen Kommunalpaläste in Italien,* Freiburg i. Br. 1963, S. 253–260, mit vielen bibliographischen Angaben. Es gibt jedoch auch einige neuere Beiträge, insbesondere: Carlo Pietrangeli, ›I palazzi capitolini nel medioevo‹ und ›I palazzi capitolini nel rinascimento‹, im Sonderheft der Zeitschrift *Capitolium: Il Campidoglio,* Rom 1965, S. 21–28; siehe auch: ders., ›I palazzi capitolini prima di Michelangelo‹, in: *Il Campidoglio di Michelangelo* (mehrere Verfasser), Mailand 1965, S. 1–20. Wenngleich in einigen Details überholt, ist Herbert Siebenhüners Monographie nach wie vor grundlegend: *Das Kapitol in Rom. Idee und Gestalt,* München 1959, insbes. S. 24–36. Siehe auch Fritz Saxl, ›Das Kapitol im Zeitalter der Renaissance‹, in diesem Band, S. 74ff.

36 Flavio Biondo, *Roma Instaurata* (1443), Kap. 2, hg. v. Valentini-Zucchetti, IV, S. 275. Siehe Poggio Bracciolini: ›Stercorum ac purgamentorum receptacutrium‹, in: *De Varietate Fortunae,* zit. n. L. Rodocanachi, *Le Capitole Romain antique et moderne,* Paris 1904, S. 30.

37 Der regelmäßige »Kastelltypus«, der für die architektonischen Ideen Nikolaus' V. eine so wichtige Rolle spielte, geht in mancher Hinsicht auf die traditionelle Typologie der römischen Kardinalsresidenzen zurück, wurde möglicherweise aber auch durch die norditalienischen Herzogspaläste angeregt (Pavia, Mailand, Mantua, Ferrara u. a.), die übrigens auch den Hintergrund von Albertis Bestimmung des Tyrannenschlosses bilden, wie er sie in seiner Abhandlung *De re aedificatoria* liefert. Ein Exemplar dieses Buches widmete er Nikolaus V. Zur Bedeutung von Nikolaus' Projekt für die Erneuerung des Vatikan siehe C. W. Westfall, ›Alberti and the Vatican Palace Type‹, und besonders Westfalls neue Monographie, *In This*

Most Perfect Paradise. Alberti, Nicholas V., and the Invention of Conscious Urban Planning in Rome, 1447–55, University Park, London 1974.

38 Naturgemäß wählte Alberti das Kapitol als Mittelpunkt seiner topographischen Darstellung des antiken Rom, die er um 1450 kompilierte: *Descriptio urbis Romae;* siehe Luigi Vagnetti, ›La ›Descriptio urbis Romae‹‹, in: *Quaderno dell' Università degli Studi de Genova,* 1 (1968), S. 25–80.

39 Siehe Gaetania Scano, ›Storia e istituzioni capitoline dal medioevo all' età moderna‹, in: *Il Campidoglio,* S. 13–20.

40 Siebenhüner, *Das Kapitol,* S. 22 ff.

41 Hülsen, Egger, *Die römischen Skizzenbücher,* fol. 16r.

42 Das alles beweist allerdings nicht, daß der Senatorenpalast tatsächlich Bramantes Vorbild für den Palazzo dei Tribunali gewesen ist: es scheint z. B. zweifelhaft, ob es nötig ist, die »botteghe« des Tribunali-Entwurfs auf die Arkaden des römischen Tabulariums (unterhalb des Senatorenpalastes, dem Forum zugekehrt) zurückzuführen; ein sehr viel wahrscheinlicheres Vorbild ist der Palazzo del Podestà in Bologna (dazu weiter unten mehr), aber auch viele Häuser im Geschäftsviertel Roms besaßen Arkaden. Zur Rolle der Treppe in mittelalterlichen Palazzi Comunali siehe J. Paul, *Die mittelalterlichen Kommunalpaläste,* passim. Interessanterweise hat Filarete für sein *prigione* ein Bauwerk mit vier Ecktürmen gewählt; siehe Antonio Averlino Filarete, *Treatise on Architecture. Being the Treatise by Antonio di Piero Averlino, Known as Filarete,* hg. v. Spencer, New Haven, London 1965, Bd. 2, fol. 70v ff.

43 Von Pastor, *Geschichte der Päpste,* Bd. 3, S. 734 ff. Er starb 1508 in Mailand.

44 Paris de Grassis, *Le due spedizioni militari di Giulio II* (hg. v. Luigi Frati), Bologna 1886, S. 140 ff.

45 Siehe Filippo Bonanni, *Numismata pontificum romanorum, Rom 1706,* Abb. neben S. 138; Kommentar S. 159; G. F. Hill, *A Corpus of Italian Renaissance Medals,* Nr. 227; Roberto Weiss, ›The Medals of Pope Julius II (1503–1513)‹, in: *Journal of the Warburg and Courtauld Institutes* (1965), S. 163–182, Abb. 32.

46 Sowohl G. F. Hill als auch R. Weiss bringen die Münze mit dem römischen Palazzo dei Tribunali in Zusammenhang. Weiss fügt hinzu, die Inschrift auf der Rückseite »ARCIS FVNDATOR« sei von einer anderen Münze zur Erinnerung an die Grundsteinlegung für die Rocca in Civitavecchia (1508) übernommen. Siehe R. Weiss, ›The Medals‹, S. 177 ff. Frommel übernimmt diese Informationen: *Der römische Palastbau,* Bd. 2, S. 329. Alle Forscher scheinen die Aussage Bonannis übersehen zu haben, derzufolge die Münze im Zusammenhang mit der Bologneser *arx* geprägt worden ist; siehe *Numismata,* S. 159.

47 Siehe Niccolò Machiavelli, *Discorsi sopra la prima deca di Tito Livio,* Mailand 1960, Bd. 2, S. 24; Domenico Zanelli, *I papi a Bologna,* Rom 1857, S. 32; von Pastor, *Geschichte der Päpste,* Bd. 3,2, S. 743.

48 Zu Civitavecchia siehe Bruschi, *Bramante,* S. 204 ff. Vgl. in diesem Zusammenhang auch Bramantes Pläne für den Umbau der päpstlichen Rocca in Viterbo, um 1506; A. Bruschi, ›Un intervento di Bramante nella rocca di Viterbo‹, in: *L'Arte* (1971), S. 75–109.

49 Siehe Lodovico Marinelli, ›La fortezza alla Porta di Galliera‹, in: *Il Comune di Bologna* (Januar 1926). Franco Bergonzoni, Chefarchitekt der Comune di Bologna, teilt mir mit, daß zur Zeit neue Versuche zur Rekonstruktion der Ausmaße und der Gestalt der von Julius gebauten *arx* unternommen werden. Dies ist um so begrüßenswerter, als Marinellis Rekonstruktion großenteils auf bloßen Konjekturen beruht.

50 Giuseppe Guidicini, *Cose notabili della città di Bologna,* 3 Bde., Bologna 1869/70, Bd. 3, S. 274. Siehe auch ebd., Bd. 2, S. 159, und Ghirardacci, *Historia di Bologna (Rer. ital. script.,* Bd. 33), der behauptet, die Festung sei »meravigliosa e tale, da essere reputata una delle prime d'Italia« (S. 363).

51 Andrea Bernardi (Novacula), *Cronache dei monumenti istorici pertinenti alle province della Romagna,* 3 Bde., Bologna 1895ff.. Bd. 2, S. 206ff.

52 Marinelli geht allerdings nur von kleinen halbzylindrischen »rivellini« sowohl vor dem Süd- als auch vor dem Nordportal aus; vgl. ›La fortezza‹, S. 15ff. Sein Plan aber weist sehr deutlich auf das Vorhandensein eines Turms hin, der dem des Castello Sforzesco ähnelt.

53 Mario Fanti, *Ville, castelli e chiese bolognesi da un libro di disegni del cinquecento,* Bologna 1967. Abb. 148. Wie ich in Bologna erfahren habe, wurde diese Sammlung kürzlich Ignazio Danti zugeschrieben. Fanti zufolge wurde die Villa Hercolani 1530 begonnen (S. 56). Typologie und Stil der Villa deuten jedoch auf ein sehr viel früheres Datum hin; siehe Giampiero Cuppini und Anna Maria Matteucci, *Ville del bolognese,* Bologna 1967, S. 345. Ebenso merkwürdig ist die übliche Datierung der Villa Palata Pepoli, die über einen ähnlichen Eingangsturm verfügt (1541); Cuppini, Matteucci, ebd., S. 18ff., und Fanti, *Ville, castelli e chiese,* Abb. 39.

54 Vasari, *Le vite,* hg. v. Milanesi, Bd. 4, S. 159. Zu Bramantes Aktivität in Bologna vgl. die wenigen Hinweise bei Francesco Malaguzzi Valeri, *L'architettura a Bologna nel rinascimento,* Rocca S. Casciano 1899. Bramante spielte eine wichtige Rolle bei der Belagerung einer Festung mit Namen Mirandola und entwarf den *scalone cordonato* und einige dekorative Details am Palazzo Comunale; siehe S. 100ff., 111, 125, 168. Bruschi gibt noch weniger Informationen; siehe *Bramanti architetto,* S. XXXVIII.

55 Novacula berichtet, Julius habe den Bauplatz der *arx* besucht »come le multi inzigneri et architaturi«, in: *Cronache,* Bd. 2, S. 206. Bei einer Durchsicht der die Fortezza di Porta Galliera betreffenden Dokumente im Archivio di Stato von Bologna, bei der mich Dr. Oscar Mischiati unterstützt hat, habe ich nicht einmal eine Erwähnung von Bramantes Namen finden können.

56 Guidicini, *Cose notabili,* Bd. 3, S. 273.

57 Zu Kardinal d'Albornoz und seiner Rolle in Bologna, speziell als Begründer des Spanischen Kollegiums, siehe: Francesco Filippini, *Il Cardinale Egidio Albornoz,* Bologna 1933, bes. S. 244ff.; Juan Beneyto Perez, *Il Cardenal Albornoz, Canciller de Castilla y Caudillo de Italia,* Madrid 1950; Berthe M. Marti, *The Spanish College at Bologna in the Fourteenth Century,* Philadelphia 1966; Cecil H. Clough, ›Cardinal Gil Albornoz, the Spanish College in Bologna and the Italian Renaissance‹, in: *Studia Albornotiana,* Bd. 12, o. J., S. 225–238.

58 Siehe Filippini, *Il Cardenal,* S. 249ff.

59 Genesio di Sepulveda, *Vita del cardinale d'Albornoz,* Bologna 1521; siehe Berthe M. Marti, *The Spanish College,* S. 16.

60 Siehe John White, *Art and Architecture in Italy, 1250–1400,* Harmondsworth 1966, S. 330; allerdings hätten Albornoz' Aktivitäten als Bauherr eine eigene Untersuchung verdient.

61 Siehe Giuseppe Guidicini, *Cose notabili,* Bd. 3, S. 345–359, bes. S. 350; Hieronymus De Bursellis, *Cronica gestorum ac factorum memorabilium civitatis Bononiae (Rer. Ital. Script.)* Bd. 33, Tl. 2, S. 51; F. Malaguzzi Valeri, *L'architettura a Bologna,* passim; Guido Zucchini, *Edifici di Bologna,* Rom 1931, S. 112–115; Umberto Beseghi, *Palazzi di Bologna,* Bologna 1956, S. 53–70; Jürgen Paul, *Die mittelalterlichen Kommunalpaläste,* S. 130; Giuseppe Rivani, *Le torri di Bologna,*

Bologna 1966, S. 187–192; Francesco Bergonzoni, ›Note sul restauro dei prospetti del Palazzo Comunale di Bologna‹, in: *Strenna storica bolognese,* 19, 1969, S. 9–34.

62 Guidicini, *Cose notabili,* Bd. 3, S. 351 ff.

63 Insbesondere neben dem *scalone* eine dritte Loggia zum Hof hin; vgl. Guidicini, *Cose notabili,* Bd. 3, S. 352. Vgl. auch Malaguzzi Valeri, *L'architettura a Bologna,* S. 100 und passim.

64 Eine ziemlich genaue Beschreibung der Modernisierungsarbeiten am Palast unter dem Kardinal von Pavia und seinen Nachfolgern findet sich bei Novacula, *Cronache dei monumenti,* S. 225 ff. Siehe auch Bergonzoni, ›Note sul restauro‹. Hierbei handelte es sich allerdings um Verbesserungen an einem bereits befestigten Palast; Malaguzzi Valeri ist irreführend, wenn er feststellt, der Palast sei erst 1509 befestigt worden: *L'architettura a Bologna,* S. 100.

65 Siehe Richard J. Tuttle, ›Le opere di Galeazzo Alessi nel Palazzo Comunale di Bologna‹, in: *Galeazzo Alessi e l'architettura del cinquecento (Atti del convegno),* Genua 1975, S. 229–237.

66 Das sechste Buch von Serlios Kompendium, verfaßt zwischen 1540 und 1553 in Frankreich, ist nie im Druck erschienen. Es ist in zwei Handschriften überliefert: eine befindet sich in der Münchner Staatsbibliothek, die andere in der Avery Library der Columbia University in New York. Es gibt eine Faksimile-Ausgabe der wahrscheinlich von Serlio persönlich für den Druck vorbereiteten Münchner Fassung: Marco Rosci, *Il trattato di architettura di Sebastiano Serlio,* Mailand 1966, Bd. 1. Der Text über den Justizpalast findet sich auf fol. 59v. Zur Bedeutung des sechsten Buches siehe auch William B. Dinsmoor, ›The Literary Remains of Sebastiano Serlio‹, in: *Art Bulletin* 24 (1942), S. 130–141, und in neuerer Zeit Myra N. Rosenfeld, ›Sebastiano Serlio's Late Style in the Avery Library Version of his Sixth Book on Domestic Architecture‹, in: *Journal of the Society of Architectural Historians* 28 (Oktober 1969), S. 155–172. Myra N. Rosenfeld bereitet zur Zeit eine kritische Ausgabe der Handschrift in der Avery Library vor.

Was Serlios funktionale Erklärung des Campanile angeht, so läßt sich feststellen, daß die frühere Fassung des Sechsten Buches in der Avery Library genauer ist als die spätere Version: »questa torre sarà per la campana della giustizia ed anche per dare allarmi secondo gli bisogni e per gli incendi ancora«, siehe die Handschrift der Avery Library, fol. 63 (die Übertragung in modernes Italienisch stammt von mir). Dieses Detail enthält eine interessante Vorwegnahme späterer Entwicklungen, etwa der Typologie der Spritzenhäuser in Neuengland seit dem 18. Jahrhundert. Ich möchte mich an dieser Stelle bei Mr. Adolf K. Placek für die freundliche Erlaubnis bedanken, das Avery-Manuskript einzusehen.

67 »Dipoi lo palazzo del podestà, è necessario ancora quello del governatore, o luogotenente, altri lo dicono capitano, altri presidente, secondo li luoghi. Questi tali amministrano la giustizia più rigorosamente del podestà, e massimamente nelle contrade, dove io sono nato.« Serlio, *Il sesto libro,* hg. v. Rosci, fol. 61v.

68 Vgl. Siebenhüner, *Das Kapitol,* S. 107–114, und James S. Ackerman, *The Architecture of Michelangelo,* London 1961, Bd. 1, S. 54–74 und Bd. 2, S. 49–66, sowie Tilmann Buddensieg, ›Zum Statuenprogramm im Kapitolsplan Pauls III.‹, in: *Zeitschrift für Kunstgeschichte* (1969), S. 177–228.

69 Siebenhüner, *Das Kapitol,* S. 99, 109 ff.; zur Gedenkmünze anläßlich der Grundsteinlegung des Campanile vgl. Bonanni,. *Numismata,* Abb. neben S. 322, Kommentar S. 348.

70 Eine wichtige Grundlage für die Unterscheidung zweier unterschiedlicher Etappen im Bau der Villa d'Este ist ein Fresko im Pianterreno der Villa, auf dem die Fassade

ohne die *torri* an den Eckflügeln zu sehen ist. (Das Fresko datiert aus der Zeit um 1568.) Siehe David R. Coffin, *The Villa d'Este at Tivoli,* Princeton, N.J. 1960, S. 11 ff.

71 Michelangelos Entwurf ist in einer Kupferstichserie von Dupérac dokumentiert (1568 und 1569), vgl. Siebenhüner, *Das Kapitol,* Abb. 47, 48, 70, sowie Saxl, ›Das Kapitol im Zeitalter der Renaissance‹, in diesem Band, S. 74 ff., Abb. 12.

72 Siehe Ackerman, *The Architecture of Michelangelo,* S. 59 ff. Zu den Finanzierungsproblemen, insbesondere zum Konflikt zwischen Senator und den »Conservatori« siehe auch Guglielmo de Angelis d'Ossat, ›L'opera michelangiolesca‹, in: *Il Campidoglio di Michelangelo,* Rom 1965, S. 47.

73 De Angelis d'Ossat, ›L'opera michelangiolesca‹, S. 47.

74 Weitere Hinweise in *Turm und Bollwerk,* S. 216, 221.

75 Siehe James S. Ackerman, ›The Belvedere as a Classical Villa‹, in: *Journal of the Warburg and Courtauld Institutes* 14 (1951), S. 70–91.

76 Ohne Zweifel sind die Untersuchungen auf dem Gebiet der mittelalterlichen Architektur grundlegend für jede Erörterung der architektonischen Symbolik. Zu den klassischen Arbeiten zählen: Richard Krautheimer, ›Introduction to an Iconography of Early Medieval Architecture‹, in: *Journal of the Warburg and Courtauld Institutes* (1942), S. 1–33; Hans Sedlmayr, *Die Entstehung der Kathedrale,* Zürich 1950; Günter Bandmann, *Mittelalterliche Architektur als Bedeutungsträger,* Berlin 1951; Louis Hautecœur, *Mystique et architecture. Symbolisme du cercle et de la coupole,* Paris 1954; und I. Baldwin Smith, *Architectural Symbolism of Imperial Rome and the Middle Ages,* Princeton, N.J. 1956.

77 Siehe z.B. Martin Gosebruch, ››Varietas‹ bei Leon Battista Alberti und der wissenschaftliche Renaissancebegriff‹, in: *Zeitschrift für Kunstgeschichte* (1957), S. 229–238. Die Autonomie der Kunst gegenüber den ihr zugrundeliegenden gesellschaftlichen und kulturellen Kräften und deren traditioneller Bildlichkeit wird erörtert in: Michael Müller, Horst Bredekamp, Berthold Hinz, Franz-Joachim Verspohl, Jürgen Bredel und Ursula Apitzsch, *Autonomie der Kunst. Zur Genese und Kritik einer bürgerlichen Kategorie,* Frankfurt 1972. Ältere, immer noch nützliche Überlegungen zu diesen Problemen finden sich bei Arnold Hauser, *Sozialgeschichte der Kunst und Literatur,* München 1967, S. 331–361; Paolo Rossi, ›Arte e scienza‹, in: *Enciclopedia universale dell'arte,* Bd. 12, Sp. 300–309, oder bei Erwin Panofsky, *Idea,* Berlin 1924, wo die Autonomie der Kunst im Zusammenhang der philosophischen Rationalisierungen der Renaissance selbst erörtert wird.

78 An diesem Punkt stimme ich mit Reinhart Bentmann und Michael Müller nicht überein, denen immer noch das Verdienst zukommt, zumindest in Deutschland eine politische Sicht der Renaissancearchitektur vorgeschlagen zu haben. In ihrer interessanten Studie, *Die Villa als Herrschaftsarchitektur. Versuch einer kunst- und sozial-geschichtlichen Untersuchung,* Frankfurt 1968, verwenden sie den höchst allgemeinen Begriff »Herrschaftsideologie«, der es ihnen nicht nur gestattet, eine umfassende Erklärung für die gesamte komplexe Phänomenologie der italienischen Villenarchitektur des Jahrhunderts zu liefern, sondern auch eine Vielzahl architektonischer Ideen und Realisierungen vom 15. bis zum 20. Jahrhundert auf einen gemeinsamen ideologischen Nenner zu bringen. Aus einer solchen eher philosophischen als historischen Perspektive werden die unterschiedlichenFormen und die unterschiedlichen historischen Zusammenhänge, aus denen Bauwerke hervorgehen, sowie die unterschiedlichen Bedeutungen, die sie innerhalb solcher Zusammenhänge besitzen, praktisch irrelevant.

79 Giannozzo Manetti, ›Vita Nicolai V. Summi pontificis ex manuscripto codice

Florentino‹, in: Muratori, *Rer. Ital. Script.* Bd. 3, 2, Mailand 1734, Sp. 932 ff.; zit. n. William C. Westfalls Übersetzung in seinem Buch *In This Most Perfect Paradise. Alberti, Nicholas V. and the Invention of Conscious Urban Planning in Rome, 1447–55,* University Park, London 1974, S. 33 ff. Leider wurde mir Westfalls wichtige Monographie erst nach Abschluß des Manuskripts zugänglich.

Hans Sedlmayr

Allegorie und Architektur*

I

In unseren Tagen ist zweifellos eine Rehabilitierung der Allegorie in Gang gekommen, und auch der Kongreß, der sich das Thema »Retorica e Barocco« gestellt hat, wird an dem Thema der Allegorie nicht vorübergehen. Es ist jedenfalls schon heute nicht mehr möglich, die Allegorie – wie es vor nicht zu langer Zeit noch ein bedeutender Gelehrter getan hat – als eine hybride Mißbildung aus Infantilismus und Rationalismus zu verurteilen.

Ich möchte davor warnen, das schwierige Thema der Allegorie nur theoretisch-spekulativ, unhistorisch zu behandeln und allzu rasch mit dem Versuch zu beginnen, das Wesen der Allegorie gegen das Symbol begrifflich abzugrenzen. Wobei die Allegorie meistens schon im vorhinein verurteilt ist. Diejenigen, die solche Versuche unternehmen, haben meistens viel zuwenig Erfahrung über die unendlich vielfältigen und komplexen Formen, welche der Allegorismus zum Beispiel auf der Höhe des Barock entwickelt hat. Es ist notwendig, nicht möglichst viele, wohl aber möglichst charakteristische, möglichst reiche und möglichst verschiedenartige Formen des Allegorismus ins Auge zu fassen, bevor man eine schärfere begriffliche Bestimmung versucht. Jedenfalls führt oft schon eine einzige eindringende Analyse des komplexen allegorischen Gehaltes eines barocken Werkes tiefer in die Möglichkeiten der Allegorie ein als manche spekulativen Erörterungen. Ich denke zum Beispiel an Heckschers Analyse von Berninis Elefanten mit dem Obelisken vor Santa Maria sopra Minerva.[1] In den Arbeiten des Warburg-Instituts liegt schon reiches Material an Einzeluntersuchungen vor; hier wird der Name Erwin Panofsky immer an erster Stelle genannt werden.

---

* Hans Sedlmayr, ›Allegorie und Architektur‹. In: H. Sedlmayr, *Epochen und Werke,* II, Wien 1959, S. 235–248. © Mäander Kunstverlag, München.

Wenn man so historisch-kasuistisch verfährt, stellt es sich bald heraus, daß es notwendig ist, die eigentliche Allegorie nicht zu isolieren, sondern zugleich mit der Allegorie im engeren Sinne (der personifizierenden Allegorie) auch die Embleme, Impresen, Devisen, Hieroglyphen, Zahlen usw. mit in den Kreis der Betrachtung zu ziehen und dabei auch die allegorische Architektur nicht zu vergessen.

Es erweist sich ferner als notwendig, die theoretischen Traktate der Zeit – auch diejenigen, die scheinbar viel Abstruses und Ungereimtes enthalten – zu berücksichtigen, wie das Wilhelm Mrazek mit Erfolg getan hat.[2] Insbesondere auch ihre Terminologie. Es ist zum Beispiel sehr förderlich, für eine richtige Vorstellung vom Allegorisieren zu bemerken, daß die zeitgenössische Theorie den Terminus »Allegorie« als Gattungsnamen so gut wie nicht verwendet (wo sie es doch tut, nennt sie so die Personifikation von »Dingen, die es nicht gibt«), sondern fast immer nur von einem »sensus allegoricus« spricht. Nicht nur kann jede Bildgattung einen »sensus allegoricus« tragen: das Historienbild, das sogenannte Genrebild (zum Beispiel eine Allegorie der fünf Sinne), die Landschaft, das Stilleben (zum Beispiel Vanitas-Stilleben), sondern auch – wie noch zu zeigen sein wird – die Architektur.

Weitere wichtige Termini technici der barocken Kunsttheorie sind die »allegatio« und die »allusio«. Wir werden sie weiter unten in praxi erläutern und als sehr nützlich und zutreffend erkennen, obwohl sie der Kunstgeschichte unserer Tage ganz fremd geworden waren, bevor Mrazek sie wieder zum Leben erweckt hat.

Wenn man so, wie wir es vorgeschlagen haben, vorsichtig mit der Analyse einzelner charakteristischer Fälle beginnt, kann man doch gewisse regulative Vorstellungen von dem Wesen der Allegorie bei der Interpretation nicht entbehren. Mrazek hat sie am Schluß seiner Abhandlung in einigen Punkten zusammengefaßt, die meines Erachtens von grundlegender Wichtigkeit sind. Da seine Abhandlung noch wenig bekannt ist, wiederhole ich die Hauptpunkte hier mit einigen leichten Änderungen:

1. Für die barocken Kunstäußerungen ist das religiös-weltanschauliche Grundverhalten nach dem modus einer universalen Analogie eine bestimmende Grundlage. Solche Analogien entdeckt der Künstler durch sein Gestalten, macht sie sichtbar. – Wo die Analogia entis nicht mehr wahr-genommen (nämlich geglaubt und *gesehen*) wird, ist dem Allegorismus der Boden entzogen; er stirbt.

2. Die daraus entstehende Kunstform der Allegorie im weitesten Sinne ist kein bloßes Kuriosum, sondern die konsequente Ausschöpfung und Weiterbildung dieser Analogien mit Hilfe einer exakten sinnlichen Phantasie. Die Allegorie ist Wesensausdruck der barocken Künste, und auch darin ist der Barock Fortsetzer der Klassischen Kunst.

3. Deshalb ist jedes barocke Werk nach den Bestimmungspunkten des sensus allegoricus, der Allegation und der Allusion – und, füge ich hinzu, der Kongruenz – zu analysieren. Die dem sensus allegoricus eigene Polyvalenz kann durch Allegation und Allusion zu einer eindeutigen und gültigen Aussage präzisiert werden.[3]

Ich habe diesen ausgezeichneten Richtlinien zunächst nur eines hinzuzufügen:

4. Bei der Deutung eines allegorischen Elementes wird es oft notwendig sein, das allegorische Feld zu ermitteln, dem dieses Element zugehört. Ich gebrauche das Wort »Feld« dabei in einem ähnlichen Sinne, wie die Linguisten von einem Wortfeld sprechen.

Soviel von den ersten Problemen, welche die Allegorie dem Kunsthistoriker stellt. Nun zum Problem »Allegorie und Architektur«. Ich möchte zuerst an dem »plastischen« Beispiel des Obelisken auf der Piazza di San Pietro in Rom den polyvalenten sensus allegoricus einer sehr einfachen und konstanten architektonischen Form zeigen. Das Beispiel führt in den Zentralbereich des Barock auch im geistigen Sinne ein. Dann zeige ich am Beispiel von Schloß Versailles, wie – umgekehrt – der das ganze Gesamtkunstwerk bestimmende sensus allegoricus sich in verschiedenen künstlerischen Gestalten darstellen kann. Schließlich möchte ich am Beispiel der Wiener Karlskirche andeuten, auf welche Weise ein sehr komplexes architektonisches Kunstwerk mehrfache allegorische Signifikation tragen kann. Je ein Werk des Cinquecento, des Seicento, des Settecento; je ein italienisches, französisches, deutsches.

II

Die dramatische Geschichte der Transferierung des Obelisken von seiner alten Stelle vor die Hauptfassade von San Pietro in Vaticano unter der Regierung Sixtus' V. durch Domenico Fontana im Jahre 1585 ist bekannt. Dem Obelisk wurde das Kreuz aufgesetzt, nachdem er exorzisiert worden war.

Was sieht nun der moderne Betrachter in dem Vorgang? Er sieht darin zunächst nur die Absicht, das Kreuz zu erhöhen, zu erhöhen über ein »Denkmal« des heidnischen Altertums. Erhöhung, im räumlichen Sinne, ist aber auch ihm noch kongruent mit »Sieg«, »Triumph«. In dieser seiner Auffassung mag ihn dann die Inschrift an der der Kirche zugewendeten Seite des Obelisken bestätigen: »Christus vincit, Christus regnat, Christus imperat, Christus ab omni malo plebem suam defendat.« Aber die Erhöhung allein könnte auch durch eine hohe Säule geleistet werden. Der Obelisk ist aber in allegorischer Hinsicht mehr oder jedenfalls etwas anderes als eine Säule. Worin besteht dies Mehr? Was hat der Obelisk dem späten Cinquecento und dem Seicento bedeutet?

Wir ziehen – wie es schon Heckscher getan hat – dafür heran die Stelle in Torquato Tassos »Il Conte o vero de l'imprese« (1594): »Ma questa figura« (nämlich der Obelisk) »fu giudicata misteriosa da gli Egizi, e simile a quella de' raggi del sole; anzi, con questo nome stesso, cioè raggi del sole, solevano da questa nazione esser nominati, e dal rè de l'Egitto al sole furone consacrati, o al figliuol del sole (cosi fur chiamati ne l'età seguente gli uomini illustri). Ora sono consecrati alla Croce, ne la quale il Sole intelligibile parve ecclissarsi per interposizione de la sua umanità . . .«

Diese Sätze beziehen sich zwar auf den 1588 neben San Giovanni in Laterano aufgestellten Obelisken, haben aber ebenso für den vor St. Peter Geltung.

Also: Die Gestalt des Obelisken trägt für die Zeitgenossen seiner Errichtung den sensus allegoricus »Sonne«; dabei ist es ganz gleichgültig, ob dieser Sinn schon im alten Ägypten mit der Gestalt des Obelisken verbunden war. Durch das hinzugefügte Kreuz wird dieser Sonnen-Sinn nun bezogen auf die intelligible Sonne, Christus. Auf ihn, den Löwen aus dem Hause Juda, verweisen auch die vier bronzenen Löwen, die den Sockel tragen.

Wir kennen ganz gleiche Obelisken von Löwen getragen und von einer Sonnenscheibe gekrönt, die auf den Monarchen verweisen, gemäß der dem barocken Menschen durchaus geläufigen Devise: »quod sol in coelis id rex in terra«. Einen solchen Obelisken errichtete zum Beispiel die Stadt Rouen zur »joyeuse et triomphante entrée« Heinrichs IV. im Jahre 1596, also in zeitlicher Nachbarschaft zu dem sixtinischen Obelisken.[4]

Es beginnt sich also schon nach diesen ersten Erkenntnissen ein allegorisches »Feld« abzuzeichnen, in welchem folgende allegorische Bedeutungen, Analogien oder Kongruenzen ineinanderspielen: Sonne, Christus, König, Löwe. (Denn vom Löwen gilt wieder: was der König unter den Fürsten, ist der Löwe unter den Tieren.) Oder in hierarchischer Anordnung: Christus, Sonne, König, Löwe.

Dieses Feld erweitert sich noch, wenn wir Deutungen des Obelisken dazunehmen, die vom Höhepunkt des Barock stammen, wie etwa die des von Athanasius Kircher gegebene Deutung des kleinen Obelisken vor Santa Maria sopra Minerva, der Alexander VII. zu Ehren gesetzt wurde. Wie Kircher 1666 an den Papst berichtet, sei dieser Obelisk von den Ägyptern ursprünglich »supremo genio« geweiht gewesen, den sie Weltgeist oder Weltseele nannten und von dem sie glaubten, daß sein Sitz in der Sonne fixiert sei:

»Ut itaque hunc Genium apto symbolo exprimerent, Obelisci figuram maxime congruam eligebant« und zwar »(obeliscum) quaternis lateribus in ultimum punctum fastigiatum, quas figuras Aegyptiace digitos Solis dicebant, ut proinde apte per hujus modi Obeliscorum fastigiatas moles significarent spiritus Mundi, sive Genij Solaris in quadripartitas mundi partes influxum; quo cuncta animari, cuncta conservari, praeterea abundantiam et ubertatem rerum omnium ad vitam necessariarum concedi credebant.«

Die Gleichung heißt nun: Obelisk kongruent mit dem alles belebenden, erhaltenden und Fruchtbarkeit spendenden Sonnen- oder Weltgeist. Die Sonnenbedeutung ist nicht verändert, nur sublimiert oder spiritualisiert.[5] Nun wird aber nicht nur in der Gestalt des Obelisken (Sonnenstrahl, Finger der Sonne), sondern auch in der Vierzahl seiner Seiten ein sensus allegoricus entdeckt, nämlich der Bezug zur Welt, welcher von alters her die Zahl Vier zugeordnet ist. Unter das Zeichen des Kreuzes gestellt, wird nun der Obelisk zur Allegorie der über alle vier Richtungen und Teile der Welt hin segenspendenden Kraft der »intelligiblen Sonne«, das ist Christi.

Aus der gleichen Grundgestalt des Obelisken kann, indem man sie dreiseitig gestaltet, der Bezug zur göttlichen Sphäre hervorgeholt werden und noch konkreter der zur Trinität, so etwa an der Dreifaltigkeitssäule in Wien, die in Wirklichkeit ein von Wolken umringter dreiseitiger Obelisk ist. Die allgemeine Beziehung des Obelisken zum »genio supremo« wird also, durch die Zahl seiner Seiten auf Irdisches oder auf Himmlisches bezogen, spezialisiert.

Dagegen tritt an diesem Obelisken und besonders auch an dem vor San Pietro in Vaticano ein sensus allegoricus zurück, der in

1 Sonnenscheibe des Kultwagens von Trundholm (nach Nordisk Fortidsminder, I, 1890–1903, Tafel XXXVII).

anderen Zusammenhängen aktiviert oder sogar der dominierende werden kann, etwa an einem Grabmal, für welches ja der Obelisk ein obligates Emblem oder Symbol ist. In solchem Zusammenhang tritt dann die Gleichung: Obelisk – Ewigkeit – Tod hervor. Dieser Sinn geht aber nicht unmittelbar aus der anderen Kongruenz Obelisk – Sonne hervor, sondern verlangt nach einer eigenen Motivierung, auf die ich hier nicht mehr eingehe.

Schon eine so einfache, »isolierte« architektonische Form wie der Obelisk läßt also je nach dem übergreifenden Zusammenhang, in welchen er eingesetzt wird, ganz verschiedene Bedeutungsfelder seiner möglichen allegorischen Entsprechungen sozusagen aufleuchten. So wie – man verzeihe die Banalität des Beispiels – jene Leuchtreklamen unserer Nächte, die in seitlicher Beleuchtung einen ganz anderen »Text« und andere Farben aufleuchten lassen als in frontaler.

III

Das ganze riesige Gesamtkunstwerk von Versailles: Gartenkunst, Architektur, Plastik, Malerei, Dekor, Embleme usw. ist einem einzigen übergreifenden sensus allegoricus unterstellt. Versailles ist der Ruhort der Sonne, des Helios, der hier in den hesperischen Gärten des Westens von seinen Taten ausruht. Helios ist aber nach der schon oben herangezogenen Devise: »quod sol in coelis id rex in terra« allegorisches Sinnbild des Königs, hier in Versailles ganz konkret eine Allusion auf Ludwig XIV., den »roi-soleil«.

Schon die zuerst erbaute und dann wieder abgerissene Grotte der Thetis war durchaus, bis in die kleinsten Einzelheiten hinab, von diesem übergreifenden allegorischen Sinn her bestimmt: die plastische Gruppe Girardons mit den Tritonen, welche die Rosse des Sonnengottes abschirren und tränken, und die Nymphen, die ihn in der Grotte der Thetis laben, das Bild der strahlenden Sonne auf dem Gitterwerk, welches die Tore der Grotte verschloß, die in das Grottenwerk der Fontäne eingelassenen Spiegel und lichtmehrenden Fontänen. Diese Deutung wird uns von Charles Perrault ganz ausdrücklich gegeben. In wirklich überwältigender Weise hat dann der gleiche sensus allegoricus das große Schloß und den Park und alle Künste, die an seiner Gestaltung teilhaben, bestimmt.

Hier wenden wir nun unsere erste Frage um und fragen nicht mehr: welche verschiedenen allegorischen Bedeutungen kann eine bestimmte Form (Obelisk) annehmen?, sondern: durch welche verschiedenartigen Formen und Motive kann eine bestimmte allegorische Bedeutung (Sonne) sich darstellen? Es sind ihrer eine ganze Anzahl und darunter nicht wenige architektonische.

Die allegorische Intention »Sonne« wird »imaginiert« durch:

eine plastische oder gemalte Sonnenscheibe mit Strahlen und allenfalls einem Gesicht (emblematisch) (Abb. 1);

durch die Gestalt des Apoll-Helios als gemalter oder plastischer Figur für sich allein oder verbunden mit »fatti« aus dem Apoll-Helios-Mythos: Apoll sein Viergespann lenkend, die der Weltordnung feindlichen Mächte der Finsternis überwindend, von seinen Taten ausruhend usw.;

durch das Motiv der strahlenförmig von der Mitte des Schlosses – wo der König-Sonne, das Licht der Welt, sein Lager hat – ausgehenden Alleen;

durch die lichtverwandten, lichtbringenden und lichtverwandelnden Materien: durch Spiegel, spiegelnde Wasserflächen, lichtreflektierende Fontänen und Kaskaden, durch die Lichtfülle schaffenden Fenstertüren, durch die lichtdurchlässigen Hecken, welche lichtere, verklärtere Schatten werfen, als wir es gewohnt sind; vor allem immer wieder durch Spiegel. Im Park wollte Nikodemus Tessin der Jüngere einen riesigen Tempel der Sonne errichten, dessen Hauptsaal ganz mit Spiegeln ausgekleidet gewesen wäre;

durch die Goldmaterie, die Verwendung von purem Gold, sei es massiv, sei es als Vergoldung; so besonders eindeutig an dem ganz vergoldeten Bett des »roi-soleil«;

durch die Ostung (Orientierung) des Gebäudes: das Schlafzimmer des Königs liegt – allen Vorschriften der Baulehre widersprechend – nicht an der stilleren Parkseite, sondern an der Hofseite; es muß wie die Apsis einer christlichen Kirche geostet (orientiert) sein, um die Beziehung zur aufgehenden Sonne architektonisch darzustellen;

auch das Zeremoniell des »Lever« und »Coucher« ist in seinem tieferen Sinne nur zu verstehen als allegorische Allusion auf den täglichen Aufgang und Untergang des »Lichtes der Welt« – eine Art säkularer mythischer Liturgie;

durch die Lage des Gebäudes »im Westen« (der Welt) – das heißt in diesem konkreten Fall im Westen von Paris; weil eben die

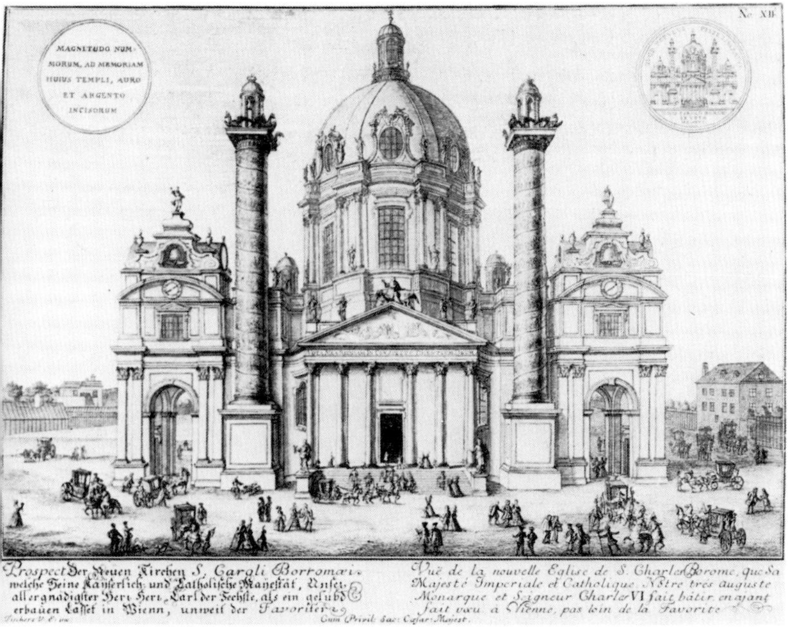

2 Karlskirche in Wien, Schauseite des ersten Entwurfs von J. B. Fischer von Erlach (nach dem Stich im *Entwurf einer Historischen Architektur*).

hesperischen Paradiesesgärten, wo Apoll-Helios von seinen Taten ausruht, gegen Sonnenuntergang liegen.

Mit dieser zerstückelnden Aufzählung sind eben nur die gröbsten Vehikel für die Verkörperung der Intention »Sonne« an diesem konkreten Beispiel Versailles genannt. Es gibt noch sublimere Bezüge. Und erst in ihrem Ineinanderspielen entfaltet sich der ganze Reichtum der Darstellungsmöglichkeiten zu einer polyphonen allegorischen Symphonie. Die Allusionen wurden von den gebildeten Zeitgenossen ohne weiteres verstanden, ja genossen. »Man lebt in einer wahren Gedankenpolyphonie. In jeder Vorstellung erklingt ein harmonischer Akkord von Symbolen« (Huizinga).

Gewiß haben die meisten dieser Formen und Motive neben der allegorischen auch noch eine formale, stilistische raison d'être. Doch ist das eine von dem anderen kaum zu trennen. Falsch wäre

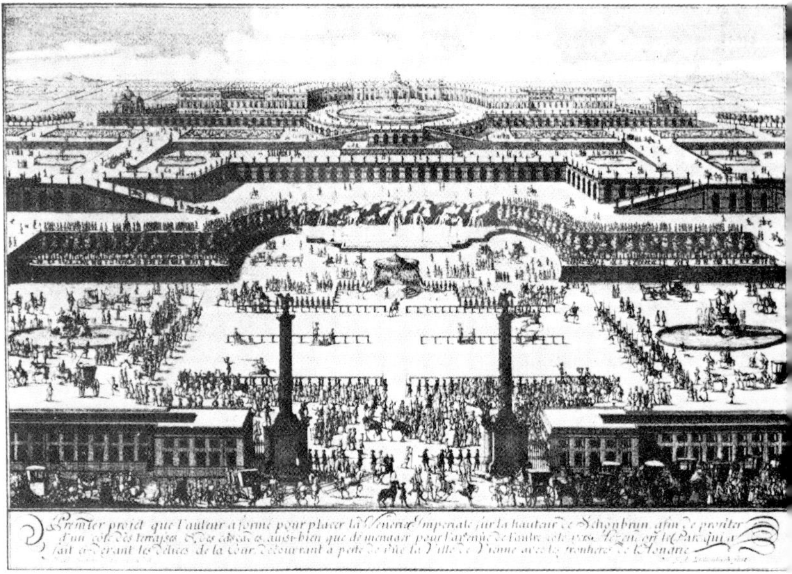

3 J. B. Fischer von Erlach, Erstes Projekt für Schloß Schönbrunn (nach dem Stich im *Entwurf einer Historischen Architektur*).

jedenfalls die Annahme, daß aller sensus allegoricus erst nachträglich zu den aus anderen Voraussetzungen entstandenen Formen hinzugebracht worden sei. Und auch geprägte Formen werden durch das Eintreten in ein allegorisches »Feld« mit allegorischer Bedeutung gleichsam aufgeladen.

IV

Nach dieser rohen Skizze zweier analytischer Betrachtungsweisen allegorischer Verhältnisse ändern wir die Fragestellung noch einmal und fragen nun nicht mehr nach den allegorischen Relationen einzelner architektonischer Formen oder Motive, sondern nach dem polyphonen sensus allegoricus eines ganzen architektonischen Komplexes. Und zwar nehmen wir als Beispiel ein Hauptwerk des österreichischen und zugleich des deutschen Spätbarock: die Fassade der 1713 gestifteten und 1716 begonnenen Kirche des heiligen Karl Borromäus, ein Meisterwerk Johann Bernhard Fischer von Erlachs (Abb. 2). Zwar hat das italienische Wort Fassade etwas Irreführendes; der »Prospekt« der Karlskirche ist eine reiche räumliche Komposition aus sechs oder sieben architektonischen Körpern, die sich auf einer Tiefenachse entfalten.

Wir gehen bei der Interpretation aus von dem so auffallenden, eindrucksvollen und einzigartigen Motiv der beiden kolossalen Spiralsäulen nach dem Vorbild der Trajanssäule.

Historisch gesehen geht der Gedanke, zwei Trajanssäulen aufzustellen, auf Berninis Platzentwürfe zurück, dessen Schüler der junge Fischer in Rom gewesen war. Als Flankierung des Eingangs zu einem Schloß hat das Motiv zuerst Jean Marot in seinem Entwurf für Schloß Mannheim verwendet, von dort hat es Fischer in seinem grandiosen ersten Projekt für Schloß Schönbrunn (zwischen 1690 und 1694; Abb. 3) übernommen. Schon vorher läßt er in der Triumphpforte, die 1690 zum Einzug des neugekrönten deutschen Königs Joseph I. in Wien errichtet wurde, das eigentliche Triumphtor von zwei kolossalen Spiralsäulen flankieren, zwischen denen, als Krönung des Ganzen, Joseph I. in der Sonnenscheibe als der wahre, der deutsche Sonnenkönig thront (Abb. 4). Aber mit allen diesen historischen Ableitungen, mit denen sich der Historismus begnügt, ist für das Verständnis des Motivs noch nichts gewonnen.

Was bedeuten nun die beiden Säulen allegorisch?

Darüber sind wir aus erster Hand informiert von dem Mann, der mit Fischer zusammen das »Programm« der Fassade entworfen hat, dem Direktor des kaiserlichen Münzkabinetts Carl Gustav Heraeus. Wir können feststellen, daß sich drei allegorische Bedeutungen überlagern:

1. Die beiden Säulen bedeuten allegorisch zuerst die Constantia et Fortitudo des heiligen Karl Borromäus »in utraque fortuna«, welchem die Kirche als dem Pestheiligen vom Kaiser gelobt worden war. Worin besteht nun die »Kongruenz« zwischen den beiden Säulen und der »Constantia et Fortitudo«? Die Constantia hat als normales Attribut eine Säule; die Kongruenz zwischen Säule und Constantia war also für den Barock ohne weiteres gegeben. Daß zwei Säulen aber die Constantia et Fortitudo darstellen können, ist nicht so ohne weiteres klar und wird erst durch die dritte Bedeutung verständlich werden.

Auf Karl Borromäus wird der Constantia et Fortitudo-Sinn der beiden Säulen bezogen und durch die Reliefs. Sie stellen auf der einen Säule die Taten des Heiligen während seines Lebens, auf der anderen die Wunder nach seinem Tode dar. Als die monumentale Verkörperung der beiden Kardinaltugenden Constantia et Fortitudo sind die beiden Columnae Colossicae eingegliedert in ein Karl Borromäus-Programm von Bildern, welches über die ganze Fassade ausgebreitet ist. In diesem Karl Borromäus-Programm steckt eine Allusion auf den kaiserlichen Stifter insofern, als Karl Borromäus der Namenspatron des Kaisers ist.

2. Weshalb aber tragen die beiden Säulen Kronen und Adler? Zum Karl Borromäus-Programm gehören diese Embleme jedenfalls nicht. Sie weisen darauf hin, daß ihnen noch ein anderer, und zwar ein imperialer sensus allegoricus zukommt. Heraeus spricht sich darüber sehr deutlich aus, wenn er sagt: »muta et secundaria tantum significatione symbolum fundatoris loquantur.«

Wieso sind die beiden Säulen das Symbol Karls VI.? Sie stellen jene beiden Säulen dar, die nach der Sage Herkules an der Pforte des Mittelmeers bei Gibraltar aufgerichtet hatte; sie bedeuten die Grenzen der Welt und in engerem Sinne Spanien, das bis zur Entdeckung Amerikas eben den äußersten Rand der Welt darstellte. Diese beiden Säulen, verbunden mit der Devise »Non plus ultra« waren schon das Emblem Karls V. gewesen und verkündigten den Anspruch, daß Karls V. auf römischem Recht und christlichem Glauben begründetes Reich die ganze Welt umfassen soll.[6] Karl VI. führt dieses Emblem auf Münzen und Medaillen und in vielen anderen Zusammenhängen. Durch das Säulensymbol der Karlskirche wird also Karl VI. zum »spanischen Herkules« erhoben, und der Anspruch auf die Krone Spaniens, um die er im Erbfolgekrieg erfolglos gestritten hatte, in monumentaler Sprache proklamiert.

Wie Heraeus zu berichten weiß, sollte diese Kaiser-Allegorik ursprünglich sogar die dominante sein, bevor die Bescheidenheit des Monarchen darauf bestand, sie der Constantia et Fortitudo des Heiligen unterzuordnen.[7]

4 Sonnenglorie an der Ehrenpforte der Fremden Niederleger zum Einzug Josephs I. in Wien, 1690 (nach der Zeichnung J. B. Fischer von Erlachs in der Albertina in Wien). ▷

5 Jerusalem, Tempel Salomos (Stich von Philipp Galle nach Marten van Heemskerck).

3. Die beiden Säulen tragen aber noch einen dritten sensus allegoricus. Im 16. und 17. Jahrhundert wird die Fassade des Tempels von Jerusalem oft vorgestellt als eine klassische Säulenhalle, welche von zwei Riesensäulen flankiert wird. So erscheint sie zum Beispiel auf einem Stich des Philippe Galle nach Martin Heemskerck (Abb. 5). Diese Vorstellung gründet auf der Stelle im ersten Buch der Könige 7,13–21: »Und (Hiram) machte zwei Säulen und errichtete die Säulen vor der Halle des Tempels.«

Diese beiden Säulen hießen hebräisch Jachin und Boas, gewöhnlich übersetzt mit »er stellte fest« und »in ihm ist Stärke«. Das ist aber im Grunde nichts anderes als: Constantia et Fortitudo! Und nun versteht man erst ganz, wieso dieses Tugenden-Paar durch die beiden Riesensäulen dargestellt werden konnte.

Für den gebildeten barocken Betrachter bestand also in der antiken Baugruppe der von zwei Riesensäulen flankierten Vorhalle eine Kongruenz mit der Fassade des Tempels von Jerusalem. Was hat es nun zu bedeuten, daß dem barocken Kirchengebäude der Karlskirche, welches einigermaßen an die römische Peterskirche gemahnt, die Eingangshalle des Tempels von Jerusalem vorgelegt wird? Die Kirche wird durch dieses architektonische Motiv als der neue Salomonische Tempel erklärt und Karl VI. – uralten Vorbildern folgend – als der neue Salomon. Worin aber besteht diese Kongruenz?

Die Karlskirche ist der neue Salomonische Tempel, weil sie der erste Bau der durch Karl VI. im Frieden von Utrecht begründeten Friedensära ist. Karl VI. ist der neue Salomon, wie er vorher der neue David gewesen war – weil er diese Friedensära heraufführt. Diese Allusion könnte als allzuweit herangeholt erscheinen, wenn wir nicht in der Vorrede des Heraeus zu dem berühmten Stichwerk Fischers von Erlach, dem »Entwurf einer Historischen Architectur...«, deren Manuskript Fischer 1712 dem neuen Monarchen überreicht hatte, die ausdrückliche Bestätigung dieser Deutung finden würden. Dort heißt es: »Euerer kaiserlichen Majestät weise Regierung lässet den Waffen von den Künsten und diesen von jenen kein Hindernis machen. So daß alle Anstalten (ihrer kaiserlichen Majestät) bei den Streitbarkeiten Davids und Caesars auch mitten im Kriege die Zeiten Salomonis und Augusti sehen lassen.« Wozu man noch wissen muß, daß die Zeitgenossen in der antiken Vorhalle der Karlskirche ein Abbild des »Templum Pacis et Jovis« in Rom sahen. Was Heraeus im Kriege noch als Hoffnung ausspricht, ist am ersten Friedensbau des Kaisers durch Fischer von Erlach monumental proklamiert worden.

Zusammenfassend. Die Fassade hat dreifachen sensus allegoricus:

1. Constantia et Fortitudo des hl. Karl Borromäus; Allegation anderer Tugenden und »fatti storici«; Allusion auf den Wahlspruch des Kaisers.

2. Säulen des Herkules, dazu ursprünglich geplant allegierte Bilder aus der Reichsgeschichte; Allusion auf Karl VI. als »spanischer Herkules« und auf den Herrschaftsanspruch auf Spanien.

3. Säulen des Salomonischen Tempels: Jachin und Boas (Constantia et Fortitudo); Allusion auf Karl VI. als den »neuen Salomon«, die Karlskirche als der Tempel der neuen »salomonischen« Friedensära, als Templum Pacis.

Übrigens werden die drei allegorischen Signifikationen alle im Innern der Kirche bildlich noch einmal aufgenommen: In der Kuppel die gemalte Apotheose des Karl Borromäus, auf der Orgelempore der Reichsgedanke durch die deutsche Kaiserkrone und über dem Altar der unaussprechbare Name Gottes im Strahlenkranz, wie im Salomonischen Tempel.

Man muß und kann diese polyphone Allegorik, sobald man um sie weiß, am Bau nicht nur denken, sondern man kann sie sehen. Das Formale und die allegorische Bedeutung hängen eng zusammen. In und hinter der Schönheit der formalen Erscheinung – die heute isoliert und leer vor uns steht, wie ein leerer Sarkophag – öffnen sich, ineinanderspielend, ungeahnt weite Horizonte des Bildlichen und Gedanklichen, aber keineswegs Unanschaulichen.

V

Dieses Beispiel muß hier genug sein. Es steht hier, um darauf hinzuweisen, daß es bei der Erforschung des Allegorismus notwendig sein wird:

1. nicht nur eine breitere empirische Basis sorgfältig untersuchter Einzelfälle zu sichern;
2. nicht nur hermeneutische Kategorien bereitzustellen, wie dies durch Mrazek zum erstenmal geschehen ist, sondern auch
3. für klassifikatorische Kategorien zu sorgen und
4. für Kategorien der Bewertung.

Zu 3. Wenn nicht alles täuscht, wird dabei zuallererst der Unterschied der »rhetorischen« und der »poetischen« Allegorie relevant werden. Diese Begriffe muß man wertfrei verwenden. Nach André Chastel würde die rhetorische Allegorie in dem aristotelischen Ideal des Redners, die poetische in dem platonischen Ideal des Dichters begründet sein.[8] Daß diese für sich den höheren Rang beansprucht, darf den Historiker des Allegorismus nicht dazu verleiten, sich diese Wertung zu eigen zu machen: »über den Fähigkeiten der Rhetorik steht die Inspiration, über den Symbolen der Natur stehen die Symbole der Seele und die Arcana der Poesie« (Chastel). Wir sehen vielmehr bis auf weiteres in der Unterscheidung rhetorischer und poetischer Allegorik nur zwei grundverschiedene Weisen (Modi) des Allegorisierens.

Um das Gemeinte an einem Beispiel klarzumachen: Die Glorificatio der Malkunst auf dem Titelblatt von Bagliones »Vite dei Pittori...« von 1642 ist ein rhetorisch-allegorischer Topos, die verhüllte Glorificatio der Malkunst in Vermeers berühmten Gemälde »de schilderconst« ist eine in der neuplatonischen Lichtmystik wurzelnde, bis auf Leonardo zurückführbare poetische

Allegorie. Natürlich besteht aber zwischen diesen beiden Allegorien nicht nur ein Unterschied der Art, sondern auch einer des Ranges.

Auch wird man sehr bald lernen, innerhalb der Blütezeit des Allegorismus historische Zeitstile des Allegorisierens zu unterscheiden, ja individuelle Stile.

Die architektonischen Allegorien dürften zum überwiegenden Teil dem ersten Typus nahestehen. Ganz deutlich ist das bei der Karlskirche. Ihre monumentalen Gedanken wurden zum Beispiel bei der Erbhuldigung für Karl VI. zum Teil verbal, unter Einhaltung bestimmter rhetorischer Topoi, vorgetragen.

Dies alles sind selbstverständlich nur einige flüchtige Hinweise.

Zu 4. In beiden Modi des Allegorisierens gibt es künstlerisches und unkünstlerisches Allegorisieren, und für eine Kunstgeschichte, die mehr sein will als eine bloße Formen- oder Stilgeschichte, ist dies natürlich die wichtigste Unterscheidung. Doch geht es für einen Historiker nicht an, dabei seinen Geschmack oder den seiner Zeit zum Richter zu machen. Die Kriterien solcher Unterscheidung müssen erst noch präzisiert werden. Und sie erst werden die Rehabilitierung der Allegorie – von der anfangs die Rede war – zu einer dauernden machen, wofern sie nämlich künstlerische Allegorie ist und nicht ein allegorisches Machwerk.

Anmerkungen

1 William S. Heckscher, ›Bernini's elephant and obelisk‹. In: *Art Bulletin* 29 (1947), S. 155–182.

2 W. Mrazek, ›Ikonologie der barocken Deckenmalerei‹. In: *Sitzungsberichte der Österreichischen Akademie der Wissenschaften*, philosophisch-historische Klasse, 228. Band, 3. Abhandlung. 1953.

3 Die anderen drei Punkte bei Mrazek beziehen sich schon speziell auf die Deckenmalerei, nämlich: A. Die Deckenmalerei hat in dem allegorischen Apparat die Führung. – B. Die Interpretation der Deckengemälde hat bei den konzentrischen Themen von der Mitte, bei vertikal angeordneten vom obersten Punkt auszugehen. – C. Die exakte Interpretation erfolgt mit Hilfe der Ikonologie (das Wort in seinem alten Sinn verstanden).

4 Vgl. Heckscher, ›Bernini's elephant . . .‹, Anm. 125.

5 In dem Obelisk vor Sta. Maria Sopra Minerva steckt außerdem noch eine – erst aus diesen Kongruenzen verständliche – Allusion auf Alexander VII., der, wie Ludwig XIV., mit der Sonne (und mit Alexander dem Großen) verglichen wurde. Siehe Heckscher, ›Bernini's elephant . . .‹: S. 177.

6 Bernini hat dann dieses Symbolum in seinen Plänen für die Place de Carrousel auf Ludwig XIV. übertragen, durch dessen Devise »Non plus ultra« die Karls V. übertrumpft werden sollte.

7 Daß ein Leibniz das allegorische Bildprogramm entwirft, zeigt, welche Bedeutung der monumentalen Allegorie damals zukam.

8 André Chastel, ›Les formules humanistes comme cadre de l'histoire et de la théorie de l'art‹. *Kunstchronik*, 1954, Heft 5, S. 120.

Wolfgang Lotz

Die Spanische Treppe
Architektur als Mittel der Diplomatie*

Beschreibung, Planung und Bau

Die Spanische Treppe, *la Scalinata di Spagna,* gehört zu den Kunstwerken, die unter falscher Flagge segeln. Dürers Bild stellt nicht die vier Apostel dar, und die römische Treppe hat nichts mit Spanien zu schaffen. Ihr heutiger Name tritt erst im 19. Jahrhundert auf; er rührt daher, daß die Treppe von dem Platze aufsteigt, an dem seit dem 17. Jahrhundert die Spanische Botschaft beim Heiligen Stuhl liegt. Dieser Platz hieß seit dem 16. Jahrhundert nach der auf dem Hügel über der Treppe liegenden Kirche Piazza della SS. Trinità. Seine südliche Hälfte, für die die Spanier gewisse exterritoriale und steuerliche Privilegien erhielten, wurde schon bald nach dem Einzug der Botschaft zur Piazza di Spagna, während auf der nördlichen der alte Name erst im 18. Jahrhundert ganz verdrängt wurde. Schließlich dehnte sich Spanien – allerdings nur dem Namen nach – auch auf die *Scalinata* aus, obschon diese weder in spanischem Besitz war noch von den Spaniern unterhalten wurde. Die Treppe ist vielmehr aus der Stiftung eines französischen Diplomaten von den Mönchen des französischen Klosters SS. Trinità dei Monti errichtet worden, und es ist noch heute ungeklärt, ob für ihre Pflege und Erhaltung die Stadt Rom oder die Pii Stabilimenti Francesi, die jetzigen Besitzer des Klosters, verantwortlich sind.

---

* Wolfgang Lotz, ›Die Spanische Treppe. Architektur als Mittel der Diplomatie‹. Für Richard Krautheimer zum 70. Geburtstag. In: *Römisches Jahrbuch für Kunstgeschichte,* Bd. 12, 1969, S. 41–74 (die Anhänge zu diesem Aufsatz, S. 75–94, sind hier nicht abgedruckt).

I

MAGNIFICAM HANC SPECTATOR QUAM MIRARIS SCALAM UT COMMODUM AC ORNAMENTUM NON EXIGUUM REGIO COENOBIO IPSISQ. URBI ALLATURAM ...

Über den Zweck der Treppe unterrichtet eine ihrer beiden lateinischen Inschriften: Sie soll der Zierde der Stadt und der Kirche SS. Trinità dienen und den Aufstieg zur Kirche erleichtern. Alle Besucher der Ewigen Stadt wissen, daß die Treppe diesen Zweck heute noch aufs schönste erfüllt (Abb. 1–3). Ihre Stufen, Absätze und Läufe machen den Aufstieg leicht und bequem. Darüber hinaus wird an mehreren Stellen Gelegenheit zum Ausruhen und Verweilen geboten, und im unteren Teil ist sogar für Sitze gesorgt. Diese Sitzgelegenheiten, die übrigens schon ein vor Errichtung der Treppe verfaßtes Memorandum als *sedie* bezeichnet, findet man in jüngster Zeit bisweilen von Besuchern belegt, deren äußere Erscheinung einen gewissen Widerspruch zur Eleganz und Würde des Rokoko bildet – die *Scalinata di Spagna* gehört ja zu den wenigen bedeutenden Zeugnissen des Rokoko in Rom. Freilich ist es nicht zum erstenmal, daß das Verhalten des treppenbenutzenden Publikums Anstoß erregt; im Winter 1871 ist die Rede von einer unsteten *(oisive)* Schicht der Bevölkerung, die sich auf der Treppe herumtrieb und nachts an kleinen Feuern wärmte, unter deren Hitze die Steinplatten der Stufen barsten. Nach einer Zeitungsmeldung von 1908 rutschten damals die Straßenjungen auf Brettern die Treppen hinunter.

Die Touristen, die heute die Mehrzahl der Benutzer der Treppe ausmachen, sind für die Römer ein lang gewohnter Anblick. Seit der Stadtteil unterhalb des Pincio im späten 16. und frühen 17. Jahrhundert bebaut wurde, haben die Ausländer ihn bevorzugt; so haben etwa Rubens, Poussin, Winckelmann, Goethe, Lamartine, Keats und Liszt hier gewohnt. An der Piazza di Spagna findet man heute noch zahlreiche Banken, das englische Generalkonsulat und einen Tea-Room, Speditionsfirmen, Buchhandlungen und die Niederlassung des American Express. Der Charakter der Piazza di Spagna hat sich also in den zweieinhalb Jahrhunderten seit Errichtung der Treppe kaum gewandelt.

An die Fremden – und nicht nur an die frommen Besucher der Kirche – haben auch die französischen Staatsmänner gedacht, die die

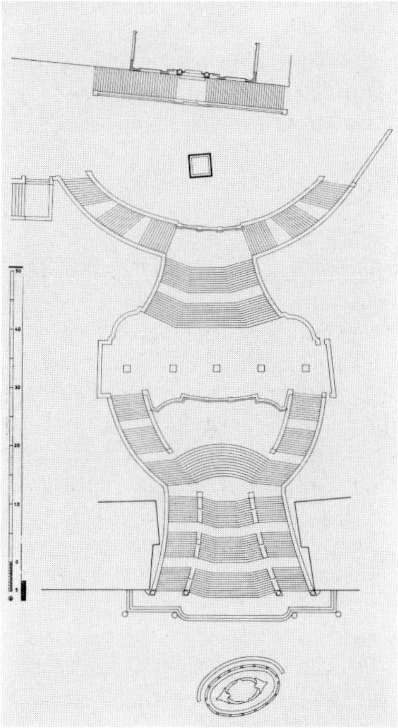

1 Rom, Spanische Treppe, Grundriß (Zeichnung: Kaster). Bibliotheca Hertziana, Rom.

Treppe errichten ließen. Die *Scalinata* sollte als weithin sichtbares Monument im Herzen von Rom den Ruhm des französischen Königs verkünden und zugleich das Andenken ihres Stifters, des 1661 verstorbenen Chargé d'Affaires Etienne Gueffier, verewigen. Der Anspruch der Treppe als französisches Monument auf päpstlichem Boden läßt sich an den Bourbonen-Lilien der Pfeiler ablesen, die seitlich am Fuße der Treppe stehen und wie Grenzpfähle den Bereich der Treppe gegen die Stadt abstecken (Abb. 4). Nicht zufällig schmücken diese Lilien die beiden *äußeren* Pfeiler; die inneren zeigen das Wappen des Conti-Papstes Innocenz XIII., unter dessen Regierung die Treppe begonnen wurde. Die Anordnung von Lilien und Adlern wiederholt sich auf den vier großen Kugeln am Beginn des ersten Treppenlaufes (Abb. 5).

2 Spanische Treppe und Trinità dei Monti, Luftaufnahme (Photo: Alinari).
3 Spanische Treppe mit Barcaccia (Photo: Alinari).

4 Eckpfosten mit Bourbonen-Lilie am Fuß der Treppe (Photo: Bibliotheca Hertziana).

5 Kugel mit Wappen Innocenz' XII. am Fuß der Treppe (Photo: Bibliotheca Hertziana).

II

Die wappengeschmückten Pfeiler und Kugeln bezeichnen die politische wie die ästhetische Grenze zwischen Treppe und Piazza. Der langgestreckte, etwas amorphe Platz wird etwa in der Mitte durchschnitten von einer Querachse, die von der Via Condotti gegen den Hügel führt. Im Schnittpunkt beider Achsen liegt die *Barcaccia,* nach der überzeugenden These von Howard Hibbard der früheste von Berninis großen Brunnen in Rom (Abb. 3). Um die Treppe zu erreichen, müssen wir die *Barcaccia* umschreiten; aber für den Blick aus der Via Condotti verschmilzt sie mit der Treppe zu einem Ganzen. Das bedeutet, daß die etwa ein Jahrhundert ältere *Barcaccia* in die künstlerische Planung der Treppe einbezogen wurde.

Den untersten Teil der *Scalinata* flankieren die beiden zur Treppe gehörenden, zusammen mit ihr errichteten und gleichfalls mit den fleur-de-lys geschmückten Palazzetti (Abb. 3); doch bemerkt man schon von der Piazza aus, daß die oberen Läufe hinter diesen Häusern verschwinden. Die Treppe wird also beim Hinaufsteigen breiter, doch erst, nachdem sie sich vorher verengt hat. Die Verbreiterung des mittleren Abschnitts wird ganz unten gleichsam vorweggenommen, indem die ersten drei Stufen auch *vor* den Palazzetti liegen. Hier, an der äußersten und breitesten Stelle der Anlage, stehen die Grenzpfosten mit den französischen Lilien.

Dai novelli fochi accesa
tutta a'l sol, la Trinità
su la tripla scala ride
ne la pia serenità.
(Gabriele d'Annunzio)

Die Dreizahl der untersten Stufengruppe hat nicht nur ästhetische Bedeutung. Sie deutet auf eine Eigentümlichkeit der Gesamtanlage: diese besteht aus drei Hauptteilen und hat drei große Absätze (Abb. 1). Soweit die Treppenläufe vereint sind, bilden sie drei parallel laufende Einheiten; wo sie sich trennen, bilden die getrennten Zweige mit den kleinen Fassaden in ihrer Mitte eine dreigeteilte Einheit. Offenbar macht die Zahl Drei ein bestimmendes Element der Gesamtkomposition aus. Daß diese Beobachtung nicht etwa das Resultat moderner kunsthistorischer Spekulation darstellt, erfährt man aus dem Memorandum eines Architekten, der an der Planung der Treppe beteiligt war. Er schreibt, die Treppe solle mit einer

6 Absatz vor der unteren Inschrift (Photo: Ilse Peters).

7 Die ›Piazza‹ (Photo: Bibliotheca Hertziana).

8 Die Kirche, von der Piazza gesehen (Photo: Bibliotheca Hertziana).

9 Kirche, Palazzo Zuccari und oberster Treppenlauf (Photo: Anderson).

Gruppe von drei Stufen beginnen: diese drei Stufen seien das Symbol der Heiligen Dreifaltigkeit, der die Kirche zu Häupten der Treppe geweiht sei. So ist die vertikale und horizontale Dreiteilung der Treppe mit einem genauen Sinn befrachtet.

Die untersten drei Stufen sind auch insofern dreigeteilt, als ihre konvexe Mitte beiderseits von geraden Stufen flankiert wird (Abb. 1, 3). Der nächste, 36 Stufen umfassende Abschnitt variiert diese Anordnung. Hier sind die mittleren Stufen nicht konvex, sondern beiderseits stumpfwinklig gebrochen, die von der Mitte durch die *sedie* getrennten seitlichen Stufen sind dagegen gerade. Die vortretenden Stufen des Mittelteils laden zum Aufstieg und Aufblicken zur Balustrade ein, die diesen Abschnitt bekrönt. Beim weiteren Anstieg werden wir indessen nicht, wie zunächst erwartet, unmittelbar zu den getrennten seitlichen Läufen geführt; vielmehr erscheint dort, wo die *sedie* aufhören, ein bis dahin kaum sichtbarer weiterer Lauf von 12 Stufen mit einer Kurvatur, die gerade-konkav-gerade verläuft, d. h. in der Mitte zurückspringt (Abb. 6). So wie die konvexen unteren Stufen zum Aufstieg in der *Mitte* einluden, so lenkt jetzt der konkave Rücksprung von der Mitte zur *Seite.* Und was dem Blick von unten als breiter Absatz erschien, enthüllt sich nun als eine Art Sackgasse; beim weiteren Aufstieg bleibt die Inschrift unter der Balustrade fast unbemerkt.

Die beiden seitlichen Läufe führen zum großen Absatz in der Mitte der Anlage, der die wichtigste Zäsur des Aufstiegs bildet. Die *Piazza* – so heißt der Absatz in den Quellen – ist wesentlich breiter als jeder andere Teil der Treppe. Hier sollen wir verweilen, um hinab zur Stadt und hinauf zur Kirche zu blicken, deren Fassade von hier aus unmittelbar hinter der oberen Balustrade aufzusteigen scheint (Abb. 7, 8).

Im folgenden Abschnitt sind die Stufen wieder vereinigt – es ist daran zu erinnern, daß man die *Piazza* auf getrennten Treppenarmen erreicht hat –; wie ein Podium liegt der Stufenblock vor der Böschungsmauer und der Balustrade unter der Kirche (Abb. 7). Die Stufen dieses Blocks erweisen sich wiederum als dreigeteilt: die Seiten sind gegen die Mitte im stumpfen Winkel gebrochen. Wir erreichen nun den dritten und letzten Absatz (Abb. 9), den Podest vor der großen Inschrift mit den Namen des Papstes Benedikt XIII. und König Ludwigs XV., d. h. der Monarchen, unter denen die Anlage vollendet wurde. Vor der Inschrift wenden wir uns in rechtem Winkel zur Seite und beschließen auf einem der nun wieder getrennten Läufe den Anstieg. Die Breite der Stufen entspricht der Tiefe des Podests, von dem sie ausgehen; gegen den Hügel sind sie von der gerundeten Böschungsmauer, gegen die Stadt von niedrigen Brüstungen begrenzt. Diese obersten 36 Stufen werden durch zwei Absätze in drei Gruppen von jeweils 12 Stufen unterteilt.

III

Wir sind nunmehr 135 Stufen hinaufgestiegen; doch gab es nirgends mehr als 12 Stufen ohne einen unterbrechenden Absatz. Jeder Absatz führt zu neuen, einige zu überraschenden Bildern. Die Form der Stufen ändert sich; ihre Mitte ist bald konvex, bald konkav, bald gerade; die Läufe trennen und vereinigen sich; ging man zunächst auf die Kirche zu, so hat man sich im obersten Lauf scheinbar von ihr zu entfernen. Es ist wohl mehr der kontinuierliche Wechsel von Formen und Ansichten als die bequeme Form der Stufen, der den Anstieg so mühelos macht. Die Aufmerksamkeit wird so sehr von dem, was das Auge erlebt, in Anspruch genommen, daß die physische Anstrengung kaum empfunden wird. Die Balustrade, die man von unten als Bekrönung des ersten Abschnitts auffaßt, erscheint als eine andere, wenn sie, von oben gesehen, zum Repoussoir für die Ansicht der Via Condotti wird. Aber auch das Ausweiten und die Verengung der seitlichen Grenzen, der verschiedenen Absätze und selbst der einzelnen Treppenläufe halten das Auge wach; die Füße finden gleichsam keine Zeit, sich zu beklagen.

Die so geweckte Lust an stets neuen Aussichten, an von rechts nach links und links nach rechts wechselnder Bewegung, aber auch die mühelose Leichtigkeit unserer Bewegung erinnert nicht zufällig an Watteaus Bilder, auf denen sich die Damen des königlichen Hofes am Schaukelspiel vergnügen. Die Treppe wurde zwischen 1723 und 1726 erbaut; wie bereits erwähnt, gehört sie zu den wenigen großen Bauten, die das Rokoko in Rom hervorbrachte. Das Rokoko war mit dem römischen Sinn für Würde und Monumentalität nicht ohne weiteres zu vereinbaren. Aber man empfindet den Anstieg zur Trinità dei Monti wohl gerade deshalb als so leicht und heiter, weil die Treppe nicht im eigentlich römischen Sinne monumental ist. Sie ist ein Mittel zum Zweck, nicht monumentaler Selbstzweck; sie soll mehr in unserer Bewegung, im Auf- und Abstieg, denn als unverrückbar monumentales Denkmal erlebt werden.

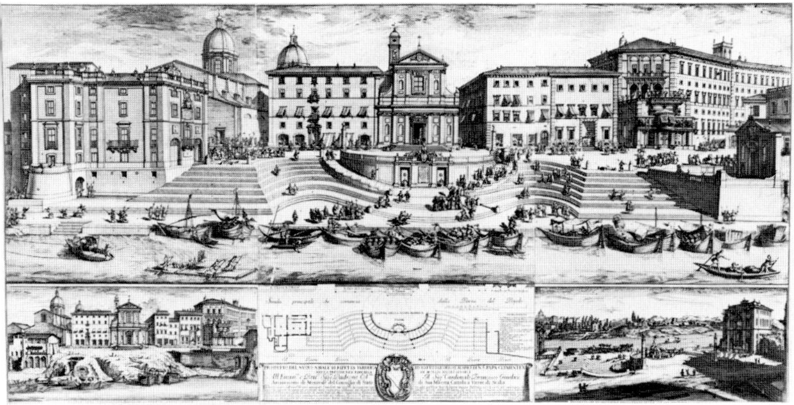

10 Rom, Ripetta. Stich von Alessandro Specchi (Photo: Bibliotheca Hertziana).

IV

Der Kunsthistoriker ist oft versucht, zu behaupten, daß sich bestimmte Dinge zu einer bestimmten Zeit ereignen mußten. Doch mag hier anstelle eines Ausflugs in das Gebiet der Geschichtsphilosophie die einfache Feststellung genügen, daß die lange und verwickelte Planungsgeschichte der Spanischen Treppe im Rokoko ein *happy end* fand. Diese Geschichte begann im Jahre 1494: damals erwarb König Karl VIII. von Frankreich von den venezianischen Patriziern Daniele und Alvise Barbaro eine Villa auf dem Pincio, um ein Kloster für die Minimes, den kurz vorher vom Hl. Franz von Paula in Frankreich gegründeten Orden, zu errichten. Kirche und Kloster sind stets in französischem Besitz geblieben; seit 1828 sind die Nonnen vom Sacré Cœur hier ansässig. Die Fassade der Kirche trägt das Datum 1570; in der Inschrift des Frieses hat die königliche Munifizenz den Vorrang vor den frommen Almosen. Nicht zufällig wird kein bestimmter König genannt: bis zum Auszug des Minimes war das Kloster ein *Couvent Royal* oder *Regium Coenobium;* seine Stellung entsprach wie die von St. Denis der der großen Reichsklöster der Karolinger und Ottonen.

Von den großartigen antiken Villen auf dem *Collis horticulorum* waren im 16. Jahrhundert nur geringe Reste übrig geblieben. Die neuzeitliche Besiedlung des Pincio beginnt mit der Klosteranlage der Minimes und der etwa 50 Jahre späteren Villa des Kardinals Ricci, der heutigen Villa Medici. Die Promenade vor Kirche und Villa, die jetzige *Passeggiata di Villa Medici*, wurde 1564 auf Befehl Pius' IV. angelegt (Abb. 12,16); für die zum Bau der Straße enteigneten Weingärten wurden die Mönche entschädigt. Die Verbesserung und Verbreiterung der Straße mag den Anstoß zum Bau der Kirchenfassade (Abb. 8) gegeben haben, an deren Fries das Datum 1570 steht; die kuppelähnlichen Turmhauben wurden 1585 aufgesetzt.

Mit der wenig später unter der Regierung Gregors XIII. angelegten Via Gregoriana wurde die Kirche in das Weichbild der Stadt einbezogen (Abb. 13), das bis dahin bei der heutigen Via Capo le Case – dem »Anfang der Häuser« – aufhörte. Der kühne Plan von Gregors Nachfolger Sixtus V., S. Maria Maggiore und die Porta del Popolo durch einen vor der Kirche vorbeiführenden Straßenzug zu verbinden, erwies sich als utopisch; die Via Sistina strandet gleichsam heute noch auf der Piazza Trinità dei Monti. Der Hügel vor der

11 Rom, Monumento Vittorio Emmanuele II (Photo: Bibliotheca Hertziana).

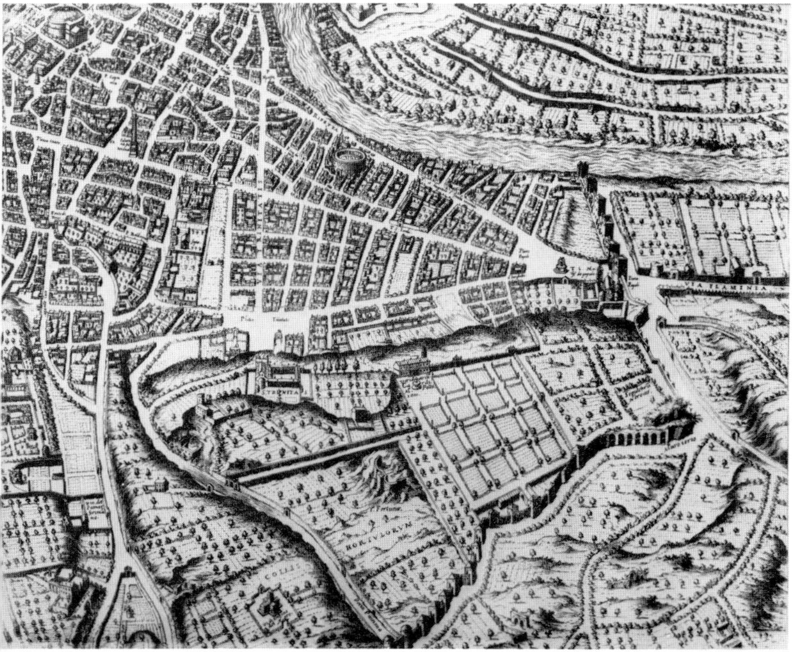

12 Ausschnitt aus dem Romplan von Dupérac, 1577 (Photo: Bibliotheca Hertziana).

Kirche blieb zunächst unverändert; eine Zeichnung des frühen 17. Jahrhunderts zeigt den Pfad, der sich zwischen Unkraut und Sträuchern zur Kirche und dem noch unfertigen Palazzo Zuccari hinaufschlängelt (Abb. 14).

Sixtus V. ließ jedoch 1587 die bequeme zum Portal der Kirche führende Doppeltreppe anlegen. Wie der mantuanische Gesandte seinem Herzog schrieb, gefiel dem Papst die kurz vorher errichtete erste Treppe nicht. Derselbe Gesandte hatte zwei Jahre vorher über das Projekt einer *scala da farsi al Monte della Trinità* berichtet, das er *ingegnosissimo e di bella architettura* nennt. Wie die Formulierung *al Monte della Trinità* zeigt, kann es sich hier nicht um die verhältnismäßig bescheidene Rampentreppe vor der Kirche handeln; Sixtus muß vielmehr an eine große Anlage gedacht haben, die

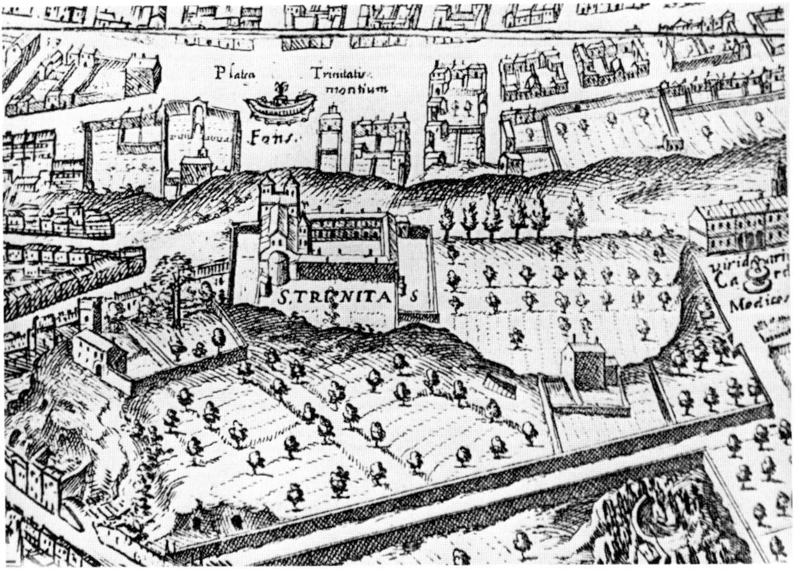

13 Ausschnitt aus Dupéracs Romplan von 1577 (spätere Auflage, mit Darstellung der Barcaccia; Photo: Biblioteca Apostolica Vaticana).

die Piazza unter dem Hügel mit der Kirche verbinden sollte, und für die er im Juli 1586 die beträchtliche Summe von 12000 Scudi auswerfen wollte; im September 1586 wird das Projekt noch einmal erwähnt. Schon Gregor XIII. hatte sich mit ähnlichen Plänen getragen. Der Gesandte von Urbino meldet 1577, der Papst wolle zur Verschönerung der Stadt vor der Kirche eine Treppe erbauen, die der von Aracoeli gleichen und 20000 Scudi kosten solle. 1582 ritt Gregor, wiederum nach einem urbinatischen Gesandtschaftsbericht, in Begleitung von sieben Kardinälen und vielen Ingenieuren nach Trinità dei Monti, um »das Projekt für jene große Treppe festzulegen, die er auf jeden Fall anlegen will«.

Es muß offenbleiben, ob es sich beidesmal um das gleiche Projekt handelte, oder ob Sixtus neue Entwürfe anfertigen ließ. In einem Sammelband der Vaticana findet sich eine – wie das Fehlen der *Barcaccia* zeigt – spätestens um 1600 entstandene Zeichnung, die die Pläne Gregors oder Sixtus' darstellen dürfte (Abb. 17). Das Blatt

14 Der Hügel vor Trinità dei Monti mit dem Palazzo Zuccari. Um 1600. Wien, Albertina (Photo: Bibliotheca Hertziana).

15 Lieven Cruyl, 1673. Piazza di Spagna gegen Süden. Florenz, Poggio Imperiale.

zeigt die große Wasserleitung, den Kondukt, der vom Pincio zur Piazza Navona führt und nach dem die Via Condotti ihren Namen trägt. An der heutigen Piazza di Spagna skizziert der Zeichner Zwillingsbauten zu beiden Seiten einer zur Kirche hinaufführenden, verhältnismäßig steilen Zickzack-Treppe, die die Stilmerkmale des späten 16. Jahrhunderts aufweist; sie erinnert etwa an die Rampen vor dem Palazzo der Este-Villa in Tivoli. Der Aufstieg beginnt an den Seiten; wie in Tivoli treffen die Läufe in der Mitte auf Podesten zusammen; auch die Rundnischen hinter den Podesten findet man in Tivoli wieder. Mit der späteren Scalinata hat das Projekt außer der Lage nur die beiden flankierenden und offenbar *ad hoc* geplanten Palazzetti gemeinsam. Die Zwillingsbauten sind hier aber gegen die Piazza hin vorgerückt, so daß die Stiege ungleich steiler als die heutige ausgefallen wäre.

Vielleicht war neben der Steilheit noch ein praktischer Grund dafür verantwortlich, daß dieses Projekt nicht verwirklicht wurde.

16 William Pars, Passeggiata di Villa Medici, Konvent und Kirche Trinità dei Monti und Salita S. Sebastianello. London, Slg. Girtin.

Aus dem bereits erwähnten Vertrag von 1564, mit dem die Minimes für ihre Weingärten entschädigt wurden, geht hervor, daß damals der Abhang vor der Kirche von Fußgängern, Reitern und sogar Wagen benutzt wurde. Die auf der Zeichnung wiedergegebene Treppe kann nur begangen, aber nicht befahren werden.

Im frühen 17. Jahrhundert wurde der Wagen mehr und mehr zum Verkehrsmittel der Aristokratie. Hiermit mag es zusammenhängen, daß damals die *maestri della strada,* die für Stadtplanung und Verkehr verantwortliche Behörde, den Hang befestigen und mit Ulmen bepflanzen ließen. Mehrere Veduten stellen die zur Kirche hinaufführende Ulmenallee dar (Abb. 15). Für die Pflege von Bäumen und Fahrbahn waren die *maestri della strada* zuständig: 1664 erließen sie eine Verordnung, nach der zwischen den Ulmen keine Wäsche aufgehängt, keine Schafe angebunden oder geweidet und kein Müll abgeladen werden durfte.

V

ANIMO CONCEPIT LEGATAQ. SVPREMIS IN TABVLIS PECVNIA VNDE SVMPTVS SVPPEDITARENTVR CONSTRVI MANDAVIT NOBILIS GALLVS STEPHANVS GVEFFIER QVI REGIO IN MINISTERIO DIV PLVRES APVD PONTIFICES ALIOSQVE SVBLIMES PRINCIPES EGREGIE VERSATVS ROMAE VIVERE DESIIT XXX IVNII M. DC. LXI

Die Verordnung der *maestri della strada* steht in Zusammenhang mit einer langwierigen Staatsaffäre, deren Gegenstand das Kloster auf dem Pincio in diesen Jahrzehnten war. 1655 und 1658 hatten die Minimes neue Generalvikare erhalten, die spanische Staatsangehörige waren. Unter Berufung auf die alten Privilegien des *Couvent Royal* bestritten die französische Krone und ihre römischen Vertreter die Anordnungsbefugnisse der neuen Oberen und vor allem deren Wohnrecht im Kloster. Hieraus entwickelte sich eine jahrelange, heftige Kontroverse zwischen dem Pariser Hof und der Kurie. In Rom wurden die französischen Interessen vom Kardinal Antonio Barberini und dem Geschäftsträger der Botschaft, Etienne Gueffier, wahrgenommen, für die Kurie waren vor allem die Kardinäle Spada und Chigi, der Neffe Alexanders VII., in der Sache tätig.

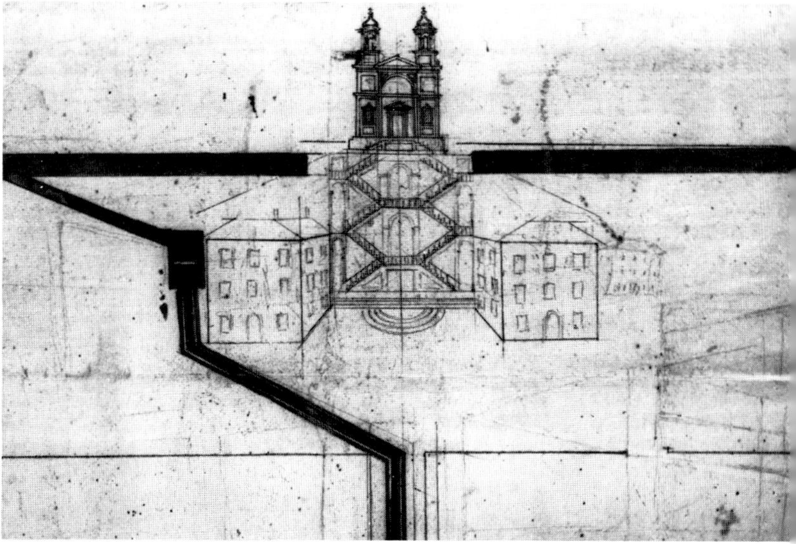

17 Projekt für die Scalinata. Um 1600. Ausschnitt aus Cod. Vat. lat. 11257, fol. 149 (Biblioteca Apostolica Vaticana).

Welche Bedeutung man in Paris der Affäre gab, geht daraus hervor, daß der Erste Minister des Königs, Mazarin, im Dezember 1660 seinen Vertreter Colbert als Sonderbotschafter nach Rom entsandte. Colbert hielt sich ein halbes Jahr in Rom auf, ohne jedoch den Konflikt beilegen zu können.

Diese Staatsaffäre wirft nun ein eigenartiges Licht auf das Testament des Diplomaten, der in Rom die französische Sache vertrat. Etienne Gueffier war seit der Zeit Urbans VIII. an der Botschaft tätig; seit 1626 hatte er an der Piazza di Spagna gewohnt. In der letztwilligen Verfügung, die er als 81jähriger im Jahre 1655 traf, bestimmte er 20000 Scudi dafür, daß »sobald als möglich die Treppe vor der Kirche SS. Trinità nach dem Entwurf, der diesem Testament beiliegt oder aber nach einem anderen, geeigneteren Plan, errichtet wird; derjenige, der die Zeichnung angefertigt hat, ist der Meinung, daß die Kosten für die Ausführung nicht mehr als 17–18000 Scudi betragen, so daß 2000 Scudi für weitere Verschönerung übrig sind.«

Dem Testament lag auch der Text einer Inschrift bei, die »in Marmor zu hauen und an der Fassade der Treppe anzubringen ist; für die zusätzlichen Kosten können die 2000 Scudi verwandt werden, die über den Kostenanschlag des Architekten hinaus verfügbar sind«. Das Legat Gueffiers ist wohl nicht nur als fromme Stiftung zu verstehen. Die vom französischen Gesandten gestiftete Treppe, die zur französischen Kirche hinaufführte, sollte gewiß auch den Souveränitätsanspruch der französischen Krone auf den ganzen Hügel demonstrieren.

In Wirklichkeit war das Testament von 1655 nicht Gueffiers letztwillige Verfügung. 1660, kurz vor seinem Tode, halbierte er in einem Kodizill die für den Bau der Treppe ausgesetzte Summe und bestimmte die andere Hälfte für einen Großneffen, den offenbar die Nachricht von der Hinfälligkeit des Erbonkels nach Rom gebracht hatte. Nach dem Kodizill Gueffiers sollten die nunmehr für die Treppe ausgesetzten 10000 Scudi in einem *moltiplico* – einer Art Sperrkonto – angelegt werden, »bis sie sich auf 20000 Scudi vermehrt haben und damit für den Bau ausreichen«.

Der Entwurf für die Treppe, dessen Autor der Testator auf so eigentümliche Weise verschweigt, wurde nach der Testamentseröffnung dem Prior des Klosters ausgehändigt; ebenso erhielt der Prior vom Neffen die 10000 Scudi ausgezahlt. Damit war das Kloster für die Finanzierung und den Bau der Treppe verantwortlich. Auf Anlage und Verwendung der 10000 Scudi wird noch einzugehen sein.

VI

OPUS AUTEM VARIO RERUM INTERVENTO . . .

Gueffier war nicht der einzige Franzose, der an der Verschönerung des Hügels interessiert war. Kein geringerer als der Erste Minister Ludwigs XIV., Kardinal Mazarin, instruierte im Januar 1660, also acht Monate vor der Eröffnung von Gueffiers Testament, seinen römischen Agenten, den Abbate Elpidio Benedetti, einen Wettbewerb der besten römischen Architekten zu veranstalten für einen Entwurf für – wie es in dem Schreiben heißt – »die Treppe, die von der Piazza zur Kirche hinaufgeht, einschließlich einer Fassade«. Mazarin bestimmte ausdrücklich, daß auch Bernini um einen Ent-

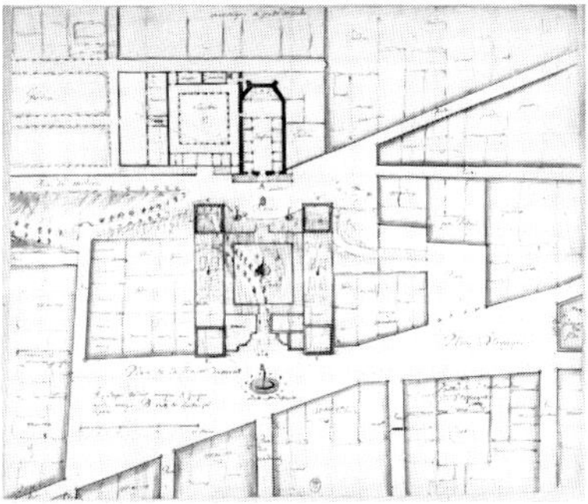

18, 19 François d'Orbay, 1660. Projekt für die Scalinata und Grundriß. Paris, Bibliothèque Nationale.

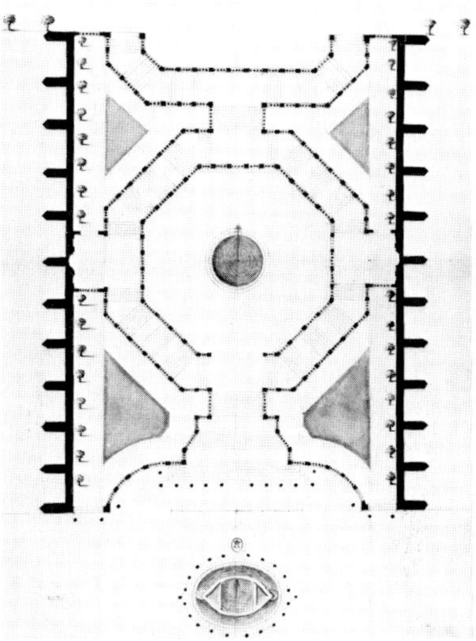

20, 21 François d'Orbay, Projekt für die Scalinata und Grundriß. Paris, Bibliothèque Nationale.

wurf zu bitten sei. Der Abbé schrieb im Juli, er habe vier Architekten mit Entwürfen beauftragt. Diese Zeichnungen waren im August noch nicht fertig. Im Herbst bestätigte Mazarin den Eingang einer Reihe von Zeichnungen und erinnerte Benedetti noch einmal daran, daß auch Bernini heranzuziehen sei. Wie aus dem Brief des Kardinals hervorgeht, stammte einer der Entwürfe von Carlo Rainaldi; Mazarin hielt ihn für akzeptabel. Mittlerweile hatte auch ein junger französischer Architekt, François d'Orbais, ein Schüler Le Vaus, der sich studienhalber in Rom aufhielt, einen Entwurf angefertigt, den der Abbé prompt nach Paris schickte. Im November 1660 schreibt Mazarin, er habe zwei weitere Zeichnungen erhalten; eines dieser Projekte, dessen Autor nicht genannt wird, gefalle ihm *per la commodità, e por lo sparmio, l'altro per la maestà e decoro;* er überließ aber die Entscheidung dem Papst und den in Rom heranzuziehenden Sachverständigen. Aus dieser Korrespondenz geht hervor, daß Mazarin mindestens sieben Entwürfe erhielt. Möglicherweise befand sich darunter auch die Zeichnung aus Gueffiers Testament. Alle diese Bemühungen führten indessen zu nichts. Im Februar 1661, einen Monat vor seinem Tod, schreibt Mazarin dem Abbé, daß man nicht mehr von der Sache reden solle.

1960 fand sich in der Pariser Bibliothèque Nationale das Projekt des d'Orbais, dessen Beschriftung genau mit dem Briefe des Abbé Benedetti vom August 1660 übereinstimmt (Abb. 18–21): »Dies ist der Entwurf für die Treppe der Trinità dei Monti, den Monsieur Le Vau zum Studium nach hier geschickt hat.« Der Abbé hielt den Entwurf für *assai bello, nobile e magnifico,* aber auch für sehr teuer und unpraktisch. Man kann diesem Urteil nur zustimmen. Der Gedanke, am Fuß und Kopf der Treppe je zwei Palazzi – man sollte diese Bauten wohl *Hôtels* nennen – zu errichten, hätte in der Tat enorme Ausgaben erfordert. Die strengen französischen Fassaden hätten auf römischem Boden als Fremdlinge gewirkt. Die Stufen sind ganz hinter den Fassaden versteckt; für den Franzosen waren sie offenbar mit städtischem Dekorum unvereinbar, während der Römer sie seit alters sichtbar macht: es sei nur an das Belverede Bramantes oder an Michelangelos Kapitoltreppen erinnert; in der schon erwähnten Nachricht über das Projekt Gregors XIII. wird nicht zufällig die Aracoeli-Treppe als Vorbild genannt.

D'Orbais' Entwurf von 1660 hatte wohl nie Aussicht auf Verwirklichung; aber er ist für uns wichtig als einzige genau datierbare Zeichnung dieser Planungsphase. Zudem zeigt er eine bedeutsame

22 Anonym, 1660–61, Projekt für die Scalinata. Staatliche Museen Preußischer Kulturbesitz, Kunstbibliothek Berlin, Hdz. 1098.

23 Kopie nach Berninis Projekt von 1660–61 für die Scalinata. Stockholm, Nationalmuseum, Slg. Cronstedt. ▷

Einzelheit, die in allen Entwürfen dieser Zeit wiederkehrt, nämlich die Reiterstatue unter der Kirche. Dieser Reiter – es handelt sich um niemand anderen als um den damals 22jährigen Ludwig XIV. – wird in der Korrespondenz zwischen dem Abbé und Mazarin ausdrücklich erwähnt. Im Dezember schrieb Mazarin dem Abbé, wenn der Papst mit der Aufstellung der Statue des Königs auf der Treppe nicht einverstanden sei, so habe er, Mazarin, kein Interesse an der Verwirklichung des Projekts. Diesem Brief muß ein Bericht Benedettis vorausgegangen sein, demzufolge der Papst sich gegen die Reiterstatue des Königs ausgesprochen hat, denn einen Monat vorher hatte der Kardinal seinen Agenten noch angewiesen, dem Papst die Projekte zur Auswahl vorzulegen: »man wird annehmen

24 Römische Kopie nach Berninis Projekt von 1660–61 für die Scalinata. Biblioteca Apostolica Vaticana.

25 Ausschnitt aus Abb. 22.

dürfen, daß Seine Heiligkeit sich über die Statue des Königs und die Stelle, an der sie (nach den Entwürfen) stehen soll, Gedanken macht und daß daraus keinerlei Schwierigkeit erwächst«.

Der Reiter begegnet, und zwar an derselben Stelle, auch auf einer Zeichnung in Berlin (Abb. 22, 25). Die Fassade der Kirche ist hier umgestaltet; ihre Reliefs und Statuen bilden den Rahmen für den Reiter. Die Treppenanordnung ist weniger utopisch als bei d'Orbais; sie entspricht recht genau Mazarins Instruktion, einen Entwurf anzufertigen für »Treppen, die von der Piazza zur Kirche führen, einschließlich der Fassade«. Zwei halbrunde Läufe führen zu Seiten einer Fontana nach oben. Der etwa 20 m hohe Aufstieg von der Piazza zur Kirche soll ohne Absatz bewältigt werden. Die Höhe der Pilasterfassade hinter dem Brunnen hätte etwa 15 m betragen, die des frei vor der Kirche stehenden Reiterdenkmals läßt sich einschließlich des ovalen Sockels auf ca. 4½ m schätzen.

Über dem Brunnen, aber unterhalb der Kirche, kniet, ausgewiesen durch seine allenthalben angebrachten Wappen, der Kardinal Mazarin. Er wird von einem Heiligen – zweifellos S. Francesco da Paola, dem Begründer der Minimes – der Hl. Dreifaltigkeit empfohlen, die im Giebel der Kirche dargestellt ist. So bildet das Statuen- und Reliefprogramm die Struktur des französischen Königreichs ab.

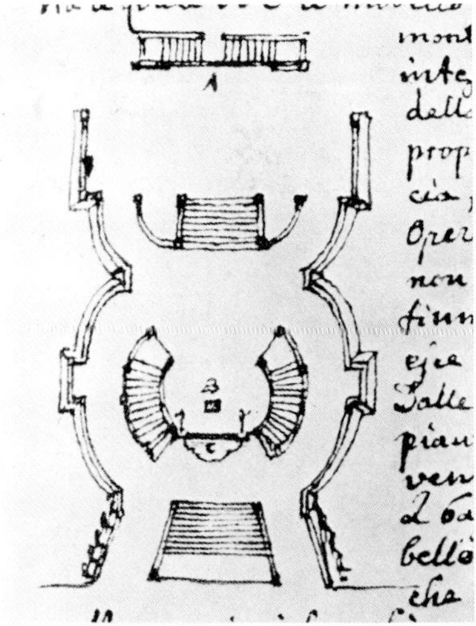

26 Nicodemus Tessin d. J., Grundrißskizze nach Berninis Modell von 1660–61 für die Scalinata. Stockholm, Slg. C. D. Moselius.

Umgeben von Tugenden, versinnbildlicht der Erste Minister die durch seine Regierung gesicherte Ordnung des Reiches. Über ihm, im uralten, imperialen Reiterstandbild, der *rex christianissimus.* Der Pincio wird hier ganz zum französischen Berg, den sein Besitzer unter den Schutz der Hl. Dreifaltigkeit stellt.

War das Projekt des d'Orbais zu französisch im *Stil,* so mußte der hier wiedergegebene Entwurf scheitern, weil sein *Programm* zu französisch war. Der Kardinal Mazarin, der sich selbst als Römer ansah – kurz vorher hatte er die Fassade seiner Titelkirche SS. Vincenzo e Anastasio bei der Fontana Trevi errichten lassen –, erscheint hier als Steuermann des französischen Staatsschiffes. Kein Papst hätte dieses Schaustück französischer *gloire* auf römischem Boden dulden können, am wenigsten Alexander VII., dessen zwölfjährige Regierung von protokollarischen und politischen Differenzen zwischen Rom und Paris vergällt war.

Für das Blatt in Berlin, das vermutlich eines der im Dezember 1660 dem Papst vorgelegten Projekte wiedergibt, können wir keine Zuschreibung vorschlagen. Dagegen läßt sich ein dritter Entwurf, der in diese Planungsphase gehört, mit einem bestimmten Künstler verbinden, nämlich mit Giovanni Lorenzo Bernini.

Benedetti hatte schon am 6. Januar 1660 – also in dem ersten Brief, in dem Mazarin sein Treppenprojekt erwähnt –, die Anweisung erhalten, auch Bernini heranzuziehen. Der Abbé zögerte, diese Anweisung auszuführen; am 9. August 1660 beschreibt er mit eindringlichen Worten Berninis Eigenwilligkeit und Unduldsamkeit; er wolle alles allein machen und lehne jede Beratung ab; *eppure plus vident oculi quam oculus* (!). Wenn man überhaupt mit Bernini verhandeln wolle, so geschähe das am besten durch Vermittlung von Berninis Freund Jacovacci. Mazarin geht am 10. September 1660 auf diesen Vorschlag ein. Benedetti soll im Namen des Kardinals mit Jacovacci verhandeln und diesen bitten, den von Bernini anzufertigenden Entwurf dem Papst vorzulegen.

Wenn aus dieser Korrespondenz nicht eindeutig hervorgeht, daß es einen Entwurf von Bernini gab, so läßt sich die Existenz eines solchen Projektes aus anderen Quellen belegen. Dieses Projekt muß, wie aus den Briefen Mazarins und Benedettis zu erschließen ist, im Oktober oder November 1660 entstanden sein.

1687 hielt sich der schwedische Architekt Nicodemus Tessin d. J. in Rom auf. Sein Reisetagebuch enthält folgenden, mit einer Grundrißskizze (Abb. 26) illustrierten Passus über die Villa des Abbé

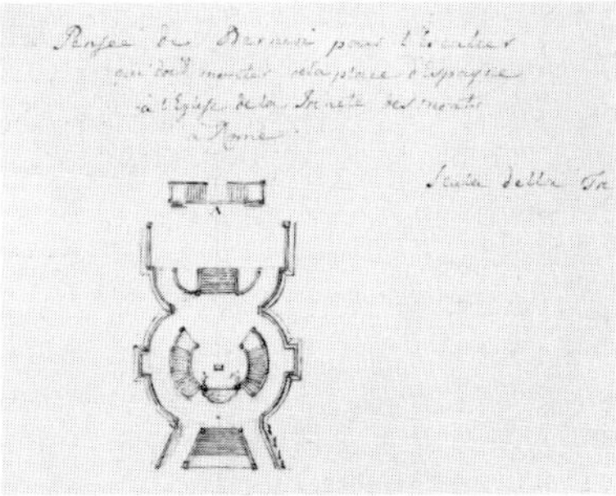

27 Carl Hårleman, Kopie nach Abb. 26. Stockholm, Nationalmuseum.

Benedetti (es handelt sich um die Villa il Vascello vor der Porta S. Pancrazio): »die Villa Benedetta gehört einem Abbé, der bei Kardinal Mazarin Sekretär war. Es gibt dort verschiedene Kuriositäten, u. a. das Modell, das Cav. Bernini für den Abhang des Monte della Trinità gemacht hat. Dieser Entwurf ist eine schöne Komposition für die Auffahrt der Wagen. A ist die Treppe zur Kirche, B ist der Sockel eines Reiterstandbildes des französischen Königs, der die

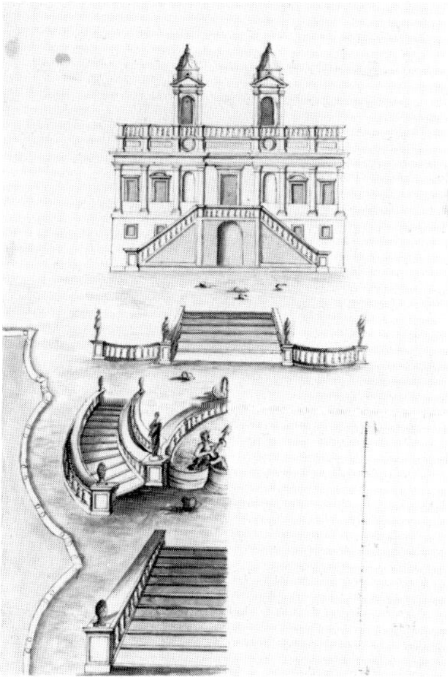

28 Carl Hårleman, Rekonstruktionsversuch von Berninis Projekt. Stockholm, Nationalmuseum.

ganze Anlage finanzieren wollte, um dort sein Standbild aufzurichten, was jedoch nicht gestattet wurde. C bezeichnet zwei Flußgottheiten, die Vasen tragen, aus welchen Wasser fließt. Ferner gibt es zwei andere Standbilder. An den Rampen sollen Bäume gepflanzt werden, und die ganze Anlage soll der Achse der Barcaccia entsprechen.«

Die Veröffentlichung dieses Passus ist Christian Elling zu verdanken; ebenso der Hinweis auf eine Kopie der Skizze, die Tessins Amtsnachfolger Hårleman anfertigte (Abb. 27). Elling hat ferner mit Hilfe der Notizen Tessins eine perspektivische Ansicht des gleichen Projektes mit der Bezeichnung *dell'Abbate Benedetti,* die sich im Chigi-Archiv befindet und schon von Hempel publiziert worden war, als Kopie nach Berninis Entwurf identifiziert (Abb. 24).

Tessin war sieben Jahre nach Berninis Tod in Rom; er war mit Berninis Werk so genau vertraut und seine Angaben sind so zuverlässig, daß kaum ein Zweifel daran bestehen kann, daß wir hier tatsächlich eine Wiedergabe von Berninis Projekt von 1660 für die

29, 30 Bernardo Borromini, Projekte für die Scalinata. Wien, Albertina.

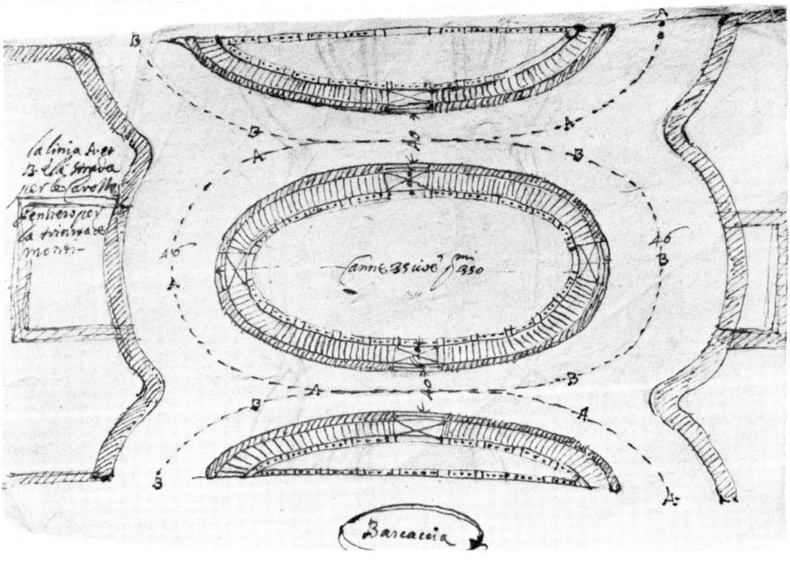

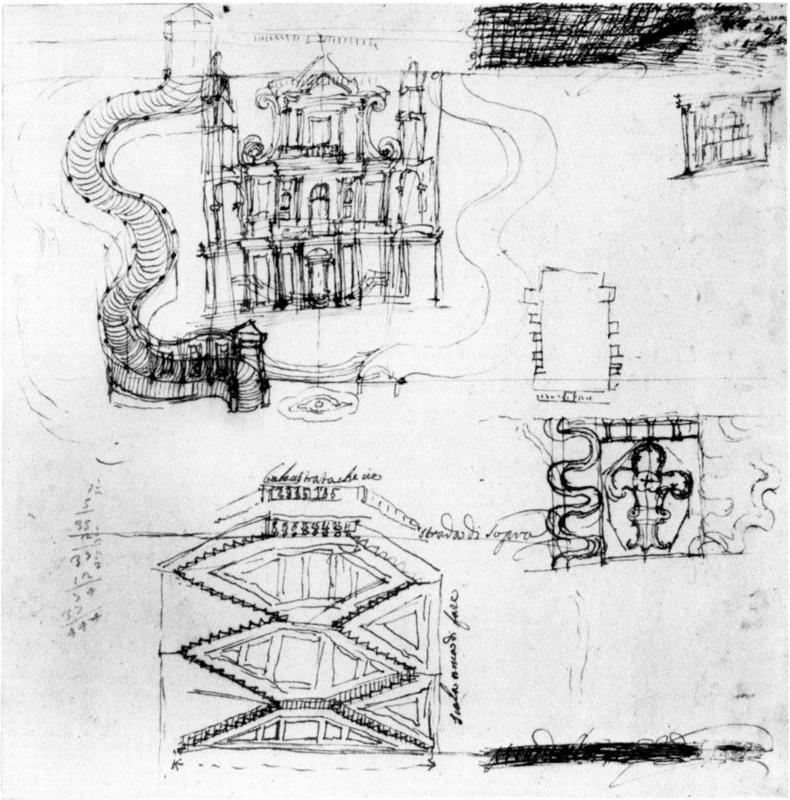

Scalinata besitzen. Hinzu kommt eine weit bessere Zeichnung aus dem Nachlaß Tessins, die trotz ihrer Veröffentlichung in einem Ausstellungskatalog des Stockholmer Nationalmuseums unbeachtet geblieben ist (Abb. 23). Anders als die dem Papst vorgelegte, pedantisch genaue Präsentationszeichnung des Chigi-Archivs wird dieses schwungvolle Blatt dem grandiosen Plan Berninis durchaus gerecht. Es gibt zudem auf der linken Hälfte eine Variante, die von Benedetti offenbar verworfen wurde, da sie auf dem von ihm dem Papst vorgelegten Blatt der Chigiana nicht erscheint.

Berninis Projekt läßt sich kaum besser charakterisieren als mit den Sätzen, die Eberhard Hempel vor vier Jahrzehnten über die Kopie der Chigiana geschrieben hat: »In der Großartigkeit und Pracht der Anlage ist dieses Projekt durch die späteren nicht erreicht worden. Die Blütezeit des Barocks tritt in der glanzvollen Vereinigung verschiedener Künste, der Architektur, Gartenkunst und repräsentativen Skulptur hervor.« Hempel wußte nicht, daß er hier über Bernini sprach, aber er hat das Wesentliche genau umrissen. Er hat auch beobachtet, daß die Auffahrtsrampen, die das Projekt vorsieht, dem »damals sich immer mehr steigernden Luxus prunkvoller Karossenauffahrten« Rechnung tragen.

Vergleicht man die Einzelheiten von Berninis Plan mit dem des d'Orbais und dem Berliner Blatt, so läßt sich wohl herausschälen, was von Abbé Benedetti vorgeschrieben und wie weit die Architekten frei waren: die Fontana über der *Barcaccia,* die heraldischen Anspielungen auf Mazarin und vor allem die Reiterstatue finden sich in allen drei Entwürfen; die Anordnung der Treppenläufe, die Stufenhöhe und die Placierung der Statue waren Sache des Künstlers. Nur bei Bernini finden sich die Wappen des Chigi-Papstes zu seiten des obersten Treppenlaufes, und im Gegensatz zu beiden anderen Entwürfen hat Bernini auf die Umgestaltung und Neudekoration der Kirchenfassade verzichtet. Die linke Variante der Tessin-Kopie zeigt das große französische Königswappen *unterhalb* der Kirche am obersten Treppenabsatz, die beiden anderen Entwürfe versetzen es an die Kirchen*fassade.* Der Römer Bernini muß die Bedenken des Papstes gegen die Entfaltung der *gloire* an dieser Stelle geteilt haben; sein dem Papst vorgelegter Plan konnte nur dann eine Aussicht auf Verwirklichung haben, wenn ein heraldischer Ausgleich zwischen Paris und Rom hergestellt wurde.

Hempel hat auch schon betont, daß dieser Plan bestimmte Züge mit der ausgeführten *Scalinata* gemeinsam hat. Er zeigt bereits den Wechsel von geraden und gerundeten Stufen und die beiden großen Absätze; auch das Verhältnis von *Barcaccia* und *Scalinata* ist ähnlich. Aber bei aller Verwandtschaft ist der Entwurf monumentaler und weniger kompliziert als die ausgeführte *Scalinata;* die drei Treppenabschnitte sind durch Fahrbahnen voneinander getrennt, so daß die einzelnen Teile selbständiger bleiben. Die Böschungsmauer unterhalb der Piazza Trinità dei Monti ist weit breiter als bei dem ausgeführten Entwurf; man hätte also die obere Piazza *seitlich* und nicht unmittelbar *vor* der Kirche erreicht. So wäre der Anstieg flacher, langsamer und gleichsam würdevoller gewesen. Das reizvolle Hin und Her der heutigen Treppe, die immer neuen Ansichten, die sie bietet, aber auch die Vielfältigkeit ihrer Gesamtform erweisen sich auch von hier aus gesehen als Charakteristikum des Rokoko.

Berninis Plan sah im Gegensatz zu den beiden anderen Zeichnungen dieser Phase Fahrbahnen vor. Ähnliche Fahrbahnen zeigt ein Projekt in der Wiener Albertina (Abb. 29), das von Hempel dem Neffen Borrominis, Bernardo Castelli, zugeschrieben wurde. Konzipierte Bernini die Treppe als eine Einheit von Landschaft, Architektur und Plastik, in die auch das Wasser des Brunnens einbezogen werden sollte, so verwandelt sich hier der Hügel in ein abstraktes geometrisches Gebilde. Die Ellipse, eine Lieblingsform Borrominis, wird in den Hang eingegraben und den Wagen wie den Fußgängern vorgeschrieben. Die Keimzelle dieses *pensiero per la trinità dei Monti* war offenbar die elliptische Barcaccia und deren rückwärtige Schutzmauer, die die Form einer halben Ellipse hat. Der unterste Lauf der Treppe ist mit der Schutzmauer konzentrisch; in der vollen Ellipse des mittleren Absatzes und der halben des oberen wird die Grundform verdoppelt und umgekehrt. Die Zeichnung gibt nach der Aufschrift einen *pensiero,* also nicht einen zur Vorlage bestimmten Entwurf wieder; vielleicht hat der Neffe hier einen im Gespräch geäußerten Gedanken Francesco Borrominis aufgezeichnet.

VII

Obwohl 1661 mit dem Tode Mazarins die Pläne für die Treppe erledigt schienen, hielt der Abbé Benedetti zäh an dem Projekt fest. 1664 schrieb er deshalb an Mazarins Nachfolger Colbert; 1672 wollte er sogar seine eigene Villa verkaufen und den Erlös zusammen mit der Stiftung Gueffiers für die Treppe verwenden. Der französische Botschafter bat den König, gleichfalls etwas für den Bau beizutragen; der Entwurf, den der König in Paris gesehen habe, sei *également éclatant dans Rome pour le règne de Votre Majesté et pour la Nation.* Zweifellos handelte es sich hier immer noch um Berninis Projekt.

Bernini war mittlerweile in Frankreich gewesen; nach seiner Rückkehr erhielt er von Colbert den Auftrag für die kolossale Reiterstatue des Königs, die zwischen Louvre und Tuilerien aufge-

31 Feuerwerk von 1686 vor Trinità dei Monti. Vorzeichnung für Stich. London, Conway Library, Courtauld Institute of Art.

stellt werden sollte. Die Römer hatten den Transport des gewaltigen Marmorblocks in Berninis Werkstätte beobachtet und waren, wie üblich, voller Neugier. 1671 berichtete der Modenesische Gesandte: »Die Statue soll auf die Trinità de'Monti kommen, obwohl man auch hört, daß sie für Paris bestimmt ist.« R. Wittkower hat wohl mit Recht vermutet, daß es der Abbé war, der dieses Gerücht in Umlauf setzte, um die Statue für sein Lieblingsprojekt zu gewinnen. In einem anonymen Nachruf auf Bernini, der 1681 im *Journal des Savants* erschien und wohl von Benedetti inspiriert ist, wird ein amüsanter Dialog zwischen Bernini und dem Kapitol erwähnt, der vielleicht auf Pasquino zurückgeht. Das Kapitol beschwert sich bei Bernini darüber, daß er seinen *triomphateur* – d.h. eben Ludwig XIV. zu Pferde – nicht auf das Kapitol, sondern an eine andere Stelle setzen wolle. Berninis Antwort: Wo der große Louis ist, da ist das Kapitol. In der Sprache Pasquinos ist das nichts anderes als der Gedanke Mazarins und Benedettis: der Reiter auf dem Pincio als Konkurrent des kapitolinischen Mark Aurel.

Doch wurde der kolossale Ludwig zwei Jahre nach Berninis Tod nach Paris gebracht. Die Ablehnung der Statue durch den König und ihre Verstümmelung und Verbannung an eine entfernte Stelle des Versailler Parks sind hier nicht zu behandeln; R. Wittkower hat das Schicksal des Denkmals beschrieben.

Die 1660/61 zwischen Mazarin und seinem römischen Agenten gewechselten Briefe zeigen, daß der Kardinal die Reiterstatue des Königs als den eigentlichen Inhalt seines Projektes für die *Scalinata* betrachtete und daß der Papst das Projekt gerade wegen dieser Reiterstatue ablehnte. Mazarin sah in der Ablehnung einen Affront und verzichtete deshalb auf das Projekt. Es waren also die Reiterstatue und ihr politischer Anspruch, die Berninis großartigen Entwurf scheitern ließen. Die von Mazarin gewollte Manifestation der französischen Majestät in Rom war für den römischen Souverän unannehmbar. Fünfzehn Jahre später hat Ludwig XIV. in Versailles den Koloß Berninis abgelehnt, weil er sein im Triumph der *gloire* lächelndes Antlitz für unvereinbar mit der Würde der Majestät hielt.

VIII

Die Ulmen am Abhang vor der Trinità dei Monti blieben in diesen Jahrzehnten ungestört (Abb. 15). Die französischen Mönche gaben freilich ihren Anspruch auf den Hügel nicht auf. Im Jahre 1687 benutzten sie die Fassade ihrer Kirche als Kulisse für ein großes, anläßlich der Genesung des Königs von schwerer Krankheit veran-

staltetes Feuerwerk (Abb. 31); für die Zuschauer wurden auf der Piazza di Spagna riesige Tribünen errichtet.

Immer noch gab es schließlich jenen *Moltiplico* mit dem von Gueffier gestifteten Kapital von 10000 Scudi. Der *Moltiplico* wurde von Jahrzehnt zu Jahrzehnt verlängert, bis Clemens XI. im Jahre 1717 ankündigte, er werde eine nochmalige Verlängerung nicht genehmigen. Der Papst wies den französischen Botschafter an, sich um den Bau der Treppe zu bemühen, die vorhandenen Entwürfe in den Konvent bringen und einen Kostenvoranschlag aufstellen zu lassen.

Im Jahre 1720 wurde der *Moltiplico* endlich geschlossen. Mit Zins und Zinseszins standen nun etwa 50000 Scudi zur Verfügung. Allerdings ergab sich zunächst eine juristische Schwierigkeit. Die *maestri della strada* teilten den Mönchen mit, der Bauanfang setze den Erwerb des Hügels durch das Kloster voraus; es handle sich um öffentlichen Grund, der dem Souverän, d.h. dem Papst, gehöre; deshalb hätten die *maestri della strada* auch das Recht der Bauaufsicht und -genehmigung. Neben den juristischen spielten hierbei offenbar auch künstlerische und Prestigefragen eine Rolle: Die Behörde wollte den Bau durch ihren eigenen Baumeister, Alessandro Specchi, die Mönche durch ihren Hausarchitekten Francesco de Sanctis ausführen lassen. Nach mehreren Audienzen des französischen Botschafters desavouierte Innocenz XIII., der 1721 Clemens XI. auf dem Stuhle Petri gefolgt war, die *maestri della strada* und bestimmte den Entwurf des de Sanctis zur Ausführung. Selbstverständlich mußte dessen Zeichnung noch nach Paris geschickt und vom König gutgeheißen werden. Schließlich konnte aber am 25. November 1723 der Grundstein gelegt und der Bau begonnen werden. Auf den beiden Inschriften der Treppe wird das Heilige Jahr 1725 als Vollendungsdatum angegeben; in Wahrheit kamen die Arbeiten erst 1726 zum Abschluß. Am 1. August dieses Jahres berichtete der vor kurzem eingetroffene neue Botschafter, der Kardinal de Polignac, voller Stolz nach Paris, *toute la ville de Rome* verbringe die heißen Nächte im Freien, und zwar vorzugsweise auf der neuen Treppe, *par la fraîcheur e par sa beauté*.

32–34 Alessandro Specchi, Projekte A, B und C für die Scalinata. Vor 1721. Rom, Palazzo Venezia, Coll. Lanciani.

35 Sebastiano Cipriano. Projekt für die Scalinata. Rom, Palazzo Venezia, Coll. Lanciani.

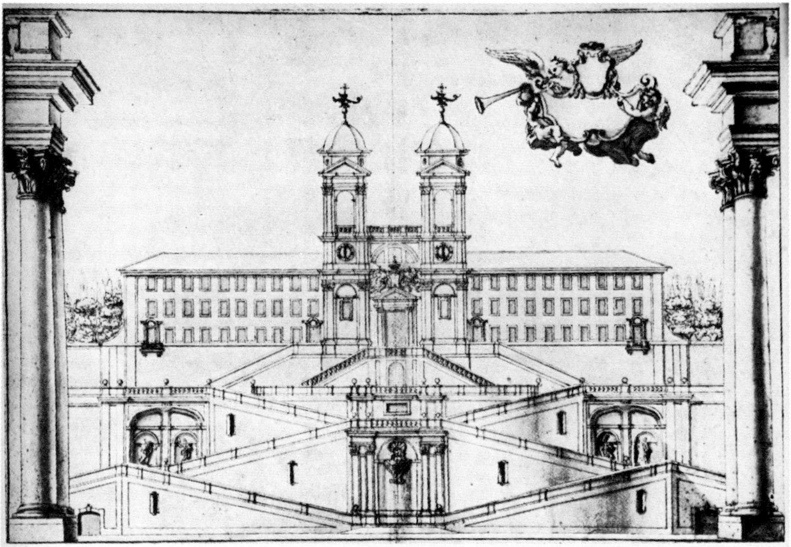

36 Alessandro Gaulli Baciccia, Projekt für die Scalinata. Rom, Accademia di S. Luca (Photo: Bibliotheca Hertziana).

37 Anonym, Projekt für die Scalinata. Um 1720. New York, Cooper Union Museum (Photo: Bibliotheca Hertziana).

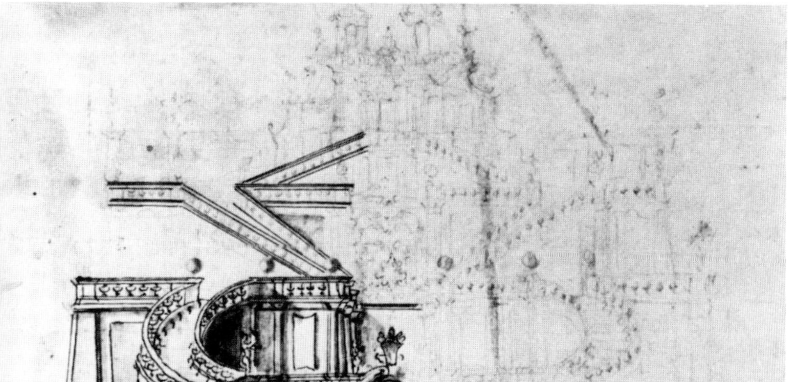

IX

OPVS AVTEM VARIO RERVM INTERVENTV PRIMVM SVB CLEMENTE XI
CVM MVLTI PROPONERENTVR MODVLI ET FORMAE
IN DELIBERATIONE POSITVM
DEINDE SVB INNOCENTIO XIII STABILITVM
ET R. P. BERTRANDI MONSINAT TOLOSATIS
ORD. MINIMORVM S. FRANCISCI DE PAVLA
CORRECTORIS GENLIS
FIDEI CVRAEQ. COMMISSVM AC INCHOATVM
TANDEM BENEDICTO XIII FELICITER SEDENTE
CONFECTVM ABSOLVTVMQ. EST
ANNO IVBILAEI MDCCXXV.
(Zweiter Teil der unteren Inschrift)

Wer war Francesco de Sanctis und wie kam sein Entwurf zustande? Auf die erste Frage läßt sich kaum eine befriedigende Antwort geben. De Sanctis' Ruhm beruht auf der Spanischen Treppe. Seine anderen Bauten, eine Kirche in Neapel und die Fassade der Trinità dei Pellegrini beim Ponte Sisto, ragen nicht über den Durchschnitt hinaus. De Sanctis starb 1740 im Alter von 47 Jahren; seine ersten Entwürfe für die Treppe hat er also als kaum 25jähriger angefertigt.

Über die Entstehung seines endgültigen Entwurfs sind wir verhältnismäßig gut unterrichtet. Im Archiv des Quai d'Orsay liegen drei Zeichnungen, die im Jahre 1723 nach Paris gingen (Abb. 38–40); sie sind schon von Hempel und Pecchiai besprochen worden. Eines dieser Blätter läßt sich leicht identifizieren: es stimmt so genau mit der Ausführung überein, daß es sich nur um das endgültige, Ludwig XV. zur Genehmigung vorgelegte Projekt handeln kann (Abb. 40). Auch die Beschriftung und sorgfältige Detaillierung erweisen das Blatt als Präsentationszeichnung.

Die beiden anderen Blätter sind gleichfalls von Francesco de Sanctis gezeichnet. Sie stimmen in der Form des obersten Treppenabschnittes mit der Ausführung überein, weichen aber im Mittelteil unter sich und von der Ausführung ab. Offenbar hat de Sanctis mit dem Blatt B (Abb. 39) begonnen: Von der Piazza di Spagna führen getrennte Viertelkreisläufe zu einem Absatz; hier schließt ein gerader mittlerer Lauf an, über den man den halbkreisförmigen obersten Abschnitt erreicht.

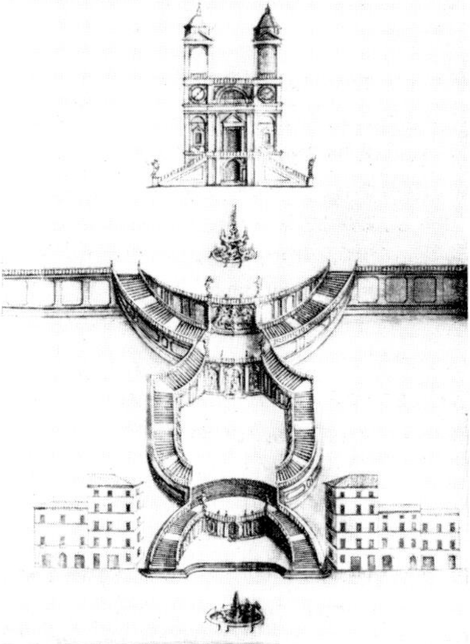

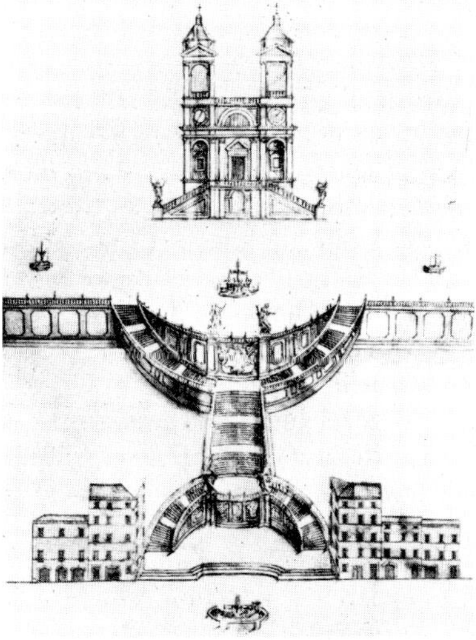

38, 39
Francesco de Sanctis, Projekt C und B für die Scalinata. Paris, Min. Aff. Etr. (Photos: Bibliotheca Hertziana).

Im zweiten Entwurf (Abb. 38) erscheint im Mittelabschnitt statt des einen Laufes ein verhältnismäßig breiter Absatz – die Vorstufe der späteren Piazza –, der von getrennten, recht kompliziert geführten Läufen umfaßt wird.

Die Schwächen dieser Entwürfe lassen sich beim Vergleich mit der endgültigen Fassung leicht bezeichnen: beim Aufstieg hätte man sozusagen den Atem verloren; die hohen Brüstungen hätten Blick und Bewegung beengt. Der Mittelteil des zweiten Entwurfs wirkt eher als Seele eines Treppenhauses denn als »Piazza«.

Die beiden Vorentwürfe haben indessen einen Zug mit der Ausführung gemeinsam, der in keinem der noch zu betrachtenden Konkurrenzentwürfe auftritt und sich damit als geistiges Eigentum von de Sanctis erweist: die Läufe werden immer wieder von kleinen Absätzen gegliedert, so daß nirgends mehr als 12 Stufen ohne Unterbrechung zu bewältigen sind. Wie wir gesehen haben, ist es nicht zuletzt diese Anordnung, der die heutige Treppe ihre Bequemlichkeit verdankt.

Den entscheidenden Unterschied zwischen Vorentwürfen und Ausführungsplan bilden die Umgestaltung des untersten Abschnitts und die Verbreiterung der Gesamtanlage (Abb. 40). Diese sehr wesentlichen Änderungen stellen offenbar Alessandro Specchis Beitrag zur Spanischen Treppe dar.

Der endgültige Entwurf von de Sanctis, der am 10. Oktober 1723 von Rom an den König zur Billigung abgeschickt wurde, war, wie der Abbé de Tencin in seinem Begleitschreiben bemerkt, kurz vorher neu angefertigt worden; er berücksichtigt *toutes les meilleures observations qui avoient été faites et qui avoient été le plus du goût du Pape.* Das Blatt kann also nicht unter den 20 Entwürfen gewesen sein, die 1717 im Archiv der Mönche vorhanden waren. Diese Plansammlung hat wohl neben den Entwürfen des 17. Jahrhunderts auch neue Zeichnungen aus der Zeit Clemens' XI. umfaßt. Daß der Albani-Papst sich um den Bau der Treppe bemühte, geht aus den Quellen und der unteren der beiden Inschriften hervor; zudem erscheint auf einigen noch zu erörternden Entwürfen sein Wappen.

40 Francesco de Sanctis. Projekt A für die Scalinata. Paris, Min. Aff. Etr. ▷ (Photo: Bibliotheca Hertziana).

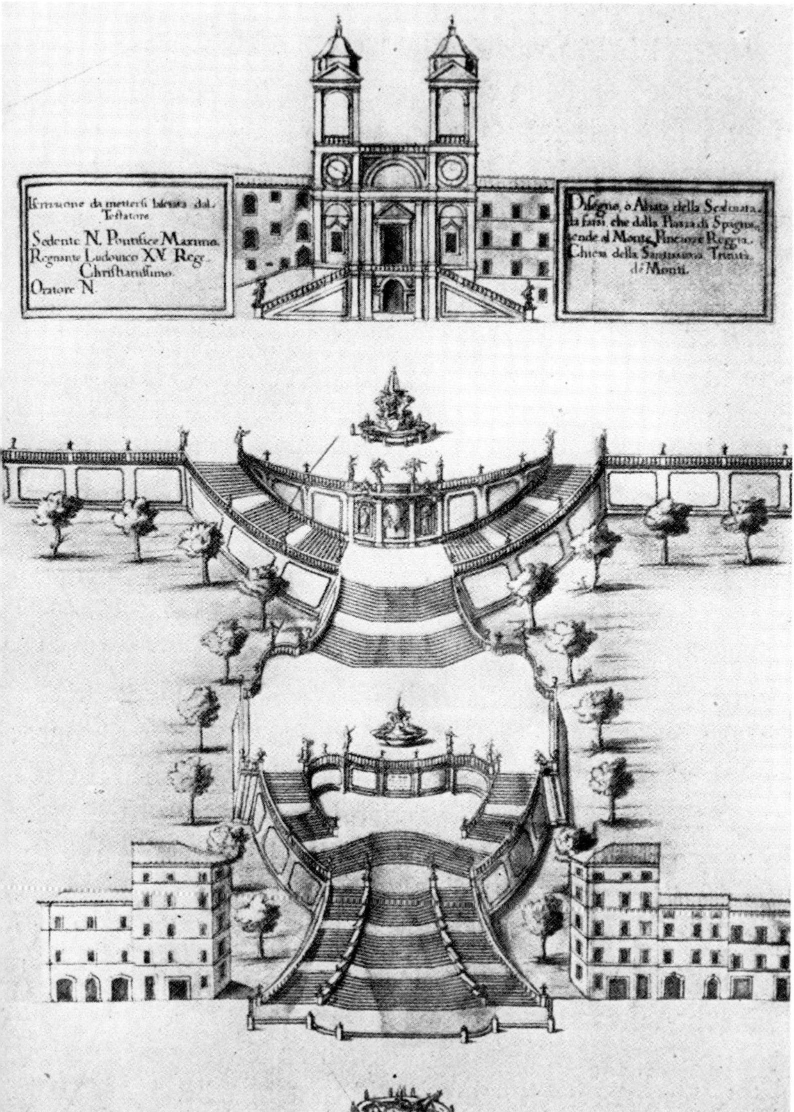
Testatore
Sedente N. Pontifice Maximo.
Regnante Ludovico XV Reg.
Christianissimo.
Oratore N.
Disegno, ò Alzata della Scalinata
da farsi, che dalla Piazza di Spagna
ascende al Monte Pincio, e Regia
Chiesa della Santissima Trinità
de' Monti.

Specchi, der einzige Konkurrent, der neben de Sanctis ernstlich in Betracht gezogen wurde, gehörte einer älteren Generation an; 1668 geboren, war er als Assistent Carlo Fontanas tätig gewesen. Seit 1721 war er *Architetto della Fabrica di S. Pietro;* gleichzeitig war er, wie wir schon wissen, für die *maestri della strada* tätig. Specchis Hauptwerk war die *Ripetta* (Abb. 10), die unterhalb von S. Girolamo degli Schiavoni beim heutigen Ponte Cavour gelegene Schiffsländе, die der modernen Tiberregulierung zum Opfer gefallen ist. Die 1703 begonnene *Ripetta* wurde 1711 vollendet; Specchi revidierte die älteren, von ihm vorgefundenen Projekte Fontanas; für die Ausführung war er allein verantwortlich. Der Blick auf die *Ripetta* verhilft zur Beantwortung einer Frage, die die Blätter in Paris aufwerfen: Warum stimmen alle drei Projekte in der Form des unteren Treppenabschnitts überein? De Sanctis hat diesen Abschnitt nach der *Ripetta* kopiert.

Doch hat Specchi auch unmittelbar in die Planung der Treppe eingegriffen. Ein Entwurf von Specchi, der im September 1723 einer Kardinalskongregation vorlag, wurde vom Maggiordomo des Papstes befürwortet, von den Franzosen jedoch als *d'un méchant goût* abgelehnt. Es ist denkbar, wenn auch nicht mit Sicherheit nachzuweisen, daß dieser Entwurf in einem der drei Blätter erhalten ist, die M. Loret in der Raccolta Lanciani aufgefunden und gewiß mit Recht Specchi zugeschrieben hat. Zwei dieser Zeichnungen (A und B; Abb. 32, 33) zeigen das Wappen Clemens' XI., der am 19. März 1721 starb; die dritte (C; Abb. 34) weist auffallenderweise keine heraldischen Anspielungen auf. Gerade dieser Entwurf hat indessen bestimmte Züge mit de Sanctis' endgültigem Projekt A (Abb. 40) gemeinsam: wie dort ist der unterste Lauf als breiter Block gebildet; anstelle der weichen Stufenschichten der *Ripetta* mit ihrem schönen Wechsel von konkaven und konvexen Elementen denkt Specchi hier an eine konvexe, im vertikalen Sinne dreigeteilte Form; die Kurvatur der Seitenstufen ist flacher, ihre Zahl größer als die des mittleren Teils. Weniger glücklich erscheint die von den seitlich hinaufführenden Läufen recht beengte und verhältnismäßig kleine *Piazza* in der Mitte der Treppe. Den obersten Abschnitt hat Specchi dem entsprechenden Teil der *Ripetta* nachgebildet.

Die beiden weiteren Blätter lassen sich aufgrund der Zeichenweise und stilistischer Einzelheiten derselben Hand zuweisen; doch wird hier eine wesentlich andere Disposition vorgeschlagen. Das Blatt A (Abb. 32) sieht wie die Entwürfe des 17. Jahrhunderts stufenlose

Rampen vor; der erste ungeteilte Lauf führt von der *Barcaccia* zu einer Fontäne hinauf, um sich hier in halbrunde Zweige zu teilen, über die man das Niveau der *Piazza* in der Mitte der Anlage erreicht. Die *Piazza* ist queroval und wird wie in de Sanctis' Entwurf C von einer Brüstung eingeschlossen; von ihr führen zwei getrennte Spitzkehren zur Piazza vor der Kirche.

Daß der Entwurf A an den Anfang von Specchis Planungsarbeit gehört, geht schon daraus hervor, daß er für die Auffahrt von Karossen bestimmt ist. Die Schriftquellen lassen nicht erkennen, wann und warum man sich entschlossen hat, den Aufstieg den Fußgängern vorzubehalten; dieser Entschluß muß Specchis Entwurf B (Abb. 33) – wie übrigens sämtlichen erhaltenen Zeichnungen von de Sanctis – vorangehen. Der Entwurf B zeigt, abgesehen von den neu erscheinenden Stufen, in den beiden unteren Abschnitten dieselbe Disposition wie Specchis erstes Projekt; im obersten Abschnitt wird dagegen die geschwungene Form der *Ripetta*-Stufen übernommen. Vielleicht wollte Specchi hier das Übereinander zweier ähnlicher Fassaden und Brüstungen in der Mittelachse der Anlage vermeiden; wie sein Entwurf C (Abb. 34) lehrt, beeinträchtigt die Verdoppelung die Wirkung der Fassadenbrüstung der oberen Piazza.

Sämtliche Projekte Specchis geben der Gesamtanlage eine breitere Form als die Vorentwürfe von de Sanctis. Diese Verbreiterung des Ganzen und die kaskadenähnliche Form des untersten Abschnitts hat de Sanctis in seinem endgültigen Entwurf offenbar von Specchi übernommen, wobei für die ein- und ausschwingende Kurvatur der Stufen des unteren Abschnitts auch die *Ripetta* selbst vorbildlich gewesen sein mag. Schließlich weist der Ausführungsplan gegenüber de Sanctis' Vorentwürfen einen weiteren Unterschied auf, der sich nur als eine Synthese aus den Gedanken *beider* Architekten verstehen läßt: die zweite, mittlere Stufengruppe endet *neben der Brüstung* und nicht *in der Tiefe* des großen Absatzes. Erst hierdurch wurde die Plattform, die in allen Vorentwürfen von Treppen umringt war, zur sofort und ganz übersehbaren, von Schranken befreiten *Piazza*. Diese neue Gestalt der *Piazza* setzte jedoch voraus, daß ihre vordere Böschungsmauer eine Fassade erhielt, die für den Anblick von der *Barcaccia* her als Bekrönung des untersten Drittels der Treppe erscheint. Gerade diese Anordnung zeichnet Specchis Entwürfe A und B aus, während sie in seinem Blatt C (unter dem Eindruck von de Sanctis Projekt C?) aufgegeben wird.

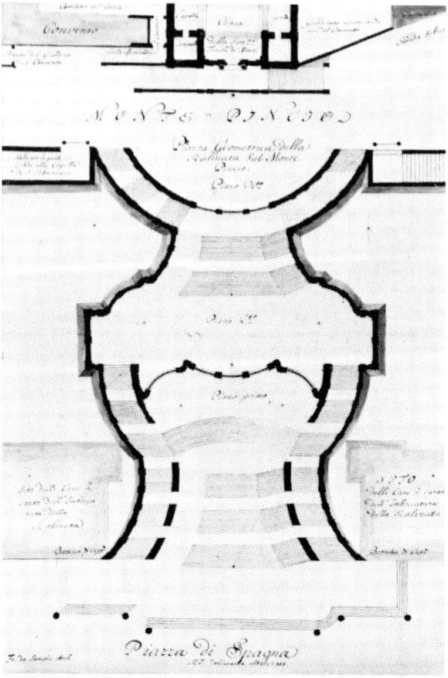

41 M. J., 1730, Grundriß der Scalinata. Wien, Albertina.

Die endgültige Gestalt der Treppe erscheint so als Ergebnis eines *team-work* von de Sanctis und Specchi, eines *team-work* freilich, zu dem Specchi weit mehr als de Sanctis beigetragen hat. Gleichwohl sollten wir de Sanctis' künstlerischen Anteil nicht gering schätzen: ihm verdanken wir den Charme des Ganzen, die bequeme Leichtigkeit des Anstiegs und den glücklichen Gedanken, die *Piazza* von der Umarmung durch die Stufen zu befreien. In *dieser* – aber nur in dieser – Hinsicht übertrifft de Sanctis' Anlage sogar den großen Entwurf Berninis.

XI

Wie weit Berninis Modell bei der letzten Planungsphase noch bekannt war oder sogar als Vorbild galt, muß eine offene Frage bleiben. Dagegen waren Berninis Gedanken ganz sicher *nicht* bekannt den Architekten, die um die Wende unseres Jahrhunderts das *Vittoriano* an der Piazza Venezia entworfen haben, das die

42 Girolamo Rossi, 1726, nach Francesco de Sanctis, Die ausgeführte Scalinata.

Erinnerung an die wiedergewonnene Einheit und Souveränität Italiens wachhalten soll (Abb. 11). Ein Blick auf dieses wenig erbauliche Bauwerk lehrt, wie sehr die Schönheit der ausgeführten Spanischen Treppe, aber auch schon von Berninis Entwurf in der Einfügung in den gegebenen Rahmen, im glücklichen Einklang von Ambition und Maß beruhen.

Es hatte seinen guten Sinn, wenn Bernini die Reiterstatue auf ein verhältnismäßig niedriges Postament und auf den mittleren Abschnitt der Treppe stellen wollte (Abb. 23, 24). Auch beim *Vittoriano* steht der Reiter nicht auf der höchsten Stelle. Aber das Postament ist ungebührlich hoch; Statue und *ambiente* verschmelzen nicht zu einem Gesamtbild. Obwohl sich das Monument an den kapitolinischen Hügel anlehnt, hätte Bernini hier wohl kaum gesagt: »Wo Viktor Emmanuel steht, da ist das Kapitol.« Und doch war bei der Konzeption des Vittoriano noch die Gedankenverbindung gegenwärtig, auf die sich die Pasquinade bezieht.

Zweifellos stand die zur Kirche auf dem Pincio hinaufführende Treppe den Architekten des Monuments als Vorbild vor Augen.

Aber die Säulenhalle, die das Denkmal bekrönt, bildet trotz ihrer klassischen Formen kein lohnendes Ziel für den Aufstieg. Zu breit, um übersehen zu werden, und zu hoch, um als bloße Dekoration zu wirken, sie ist im wahrsten Sinne des Wortes leer. Beim Vergleich empfindet man, wie sehr die Trinità dei Monti der Treppe zu ihren Füßen einen Inhalt und ein Ziel, ja dem ganzen Hügel den Hauch des Sakralen gibt. Gewiß wird der Pincio durch die Kirche nicht zum heiligen Berg. Wenn wir aber von der Piazza zur Kirche hinaufsehen und -gehen, so tauchen am Horizont unseres Unterbewußtseins doch Ida und Olymp, Palestrina und der Mont St. Michel auf. In der Form, die der Hügel von Menschenhand erhielt, hat das archetypische Begehren mitgewirkt, heilige Stätten auf hohe Stellen zu setzen. Das Hohe bedeutet auch in unserem Sprachgebrauch noch das Numinose, und der architektonische Archetypus war selbst im 19. Jahrhundert noch nicht erloschen, wie Wagners Monsalvatsch und das Sacré Coeur auf dem Montmartre zeigen.

Nicht das geringste der Geheimnisse der Spanischen Treppe ist die Harmonie, die das weltliche Gepränge ihrer Stufen mit der geweihten Stätte in der Höhe eingeht. Diese glücklich-heitere Harmonie von Weltlichem und Sakralem zeichnet das Rokoko vor allen anderen Phasen der nachantiken Kunst aus.

XII

Bei der Errichtung des *Vittoriano* vor dem Kapitolinischen Hügel und bei der Anlage der *Scalinata* vor der Trinità dei Monti haben sich künstlerische und politische Überlegungen nahezu unauflöslich verflochten. Das Monument neben dem Kapitol soll in seiner Lage und Größe als weltliches Gegendenkmal mit St. Peter wetteifern: das geeinte Italien wollte die säkulare Tradition des antiken, nicht die geistliche des päpstlichen Rom erneuern. Die *Scalinata* sollte die Souveränitätsrechte der französischen Krone auf dem Pincio und zugleich den *Rex Christianissimus* als den säkularen Führer der christlichen Welt darstellen. In den Jahrzehnten zwischen 1660 und 1730, in denen die Treppe geplant und erbaut wurde, war Frankreich die führende Weltmacht; ihm gehörten weite Gebiete Nordamerikas. Seit 1701 saß ein Bourbone auf dem spanischen Thron; der Enkel Ludwigs XIV. herrschte als Nachfolger der Habsburger über die spanischen Teile der Neuen Welt.

Als Alexander VII. die von Mazarin beabsichtigte Aufstellung der Königsstatue auf der *Scalinata* und damit die Verwirklichung von Berninis großem Entwurf verhinderte, gewann noch einmal der von den Päpsten des hohen Mittelalters begründete Universalanspruch der Kirche die Oberhand über die säkulare Macht des Königs. Sechs Jahrzehnte später mußte Innocenz XIII. die Entscheidung über Bau und Form der Treppe dem König von Frankreich überlassen: in den großen politischen Auseinandersetzungen des 18. Jahrhunderts war der Nachfolger Petri kaum mehr als ein Statist.

Die ausgeführte *Scalinata* verrät nur wenig von den Kontroversen, die während ihrer Planung und Erbauung die Kurie und den Pariser Hof bewegt haben. Doch zeigen heute noch die Bourbonenlilien an den Palazzetti und auf den Pfosten und Kugeln am Fuße der Treppe dem, der die *Scalinata* betritt, daß er sich auf Grund und Boden bewegt, den die französische Krone als den ihren betrachtete.

Beim weiteren Anstieg wird man auch an den Stifter erinnert, dessen Testament den Bau der Treppe möglich machte: die Inschrift in der Mitte verzeichnet, wie er es wünschte, den Namen Etienne Gueffiers, nach denen der drei Päpste, unter deren Regierung die *Scalinata* errichtet wurde. Die obere Inschrift verewigt Ludwig XV. und seinen damaligen Botschafter Polignac, der freilich keinen Anteil am Bau hatte. Aber diese Inschrift beginnt »Sedente Benedicto XIII Pontefici Maximo«: So hat der Papst hier doch den Vortritt vor Frankreich erhalten – entgegen allen Bestrebungen Mazarins und des Sonnenkönigs.

Wo Mazarin den kolossalen Reiter errichten wollte, steht heute der Obelisk, das Sinnbild der Ewigkeit (Abb. 8, 9). Er wurde 1789 aufgestellt; die Aushebungen für seine Fundamente schildert Goethe in der Italienischen Reise. Für die Funktion der Treppe im Stadt- und Straßenbild ist der hohe Obelisk wohl bedeutsamer als es der große Reiter gewesen wäre: man sieht ihn ebenso aus der Schlucht der Via Condotti wie von der Höhe der Quattro Fontane. Und wenn nicht alle französischen Pläne Wirklichkeit wurden, so möchten doch die Franzosen – und mit ihnen die Bibliotheca Hertziana – an den Worten festhalten, die die Minimes im Jahre 1494 über die Bibliothek ihres Klosters setzten:

NON EST IN TOTA LAETIOR URBE LOCUS.

Leopold Ettlinger

Denkmal und Romantik
Bemerkungen zu Leo von Klenzes Walhalla*

Was die Walhalla bei Regensburg (Abb. 1, 2) bedeuten sollte, hat ihr Stifter, Ludwig I. von Bayern, selbst klar bestimmt: »Es waren die Tage von Teutschlands tiefster Schmach (schon hatten jene von Ulm und Jena stattgefunden, die rheinische Conföderation war geschlossen, Teutschland zerfleischte sich bereits selbst), da entstand im Beginne des 1807ten Jahres in dem Kronprinzen Ludwig von Bayern der Gedanken der fünfzig rühmlichst ausgezeichneten Teutschen Bildnisse in Marmor verfertigen zu lassen, und er ließ gleich Hand an die Ausführung legen.«[1] Romantische und politische Ideale begeisterten Ludwig, als er sich seinen Ruhmestempel für die deutsche Vergangenheit ausdachte: »Rühmlich ausgezeichneten Teutschen steht als Denkmal und darum Walhalla, auf daß Teutscher der Teutsche aus ihr trete, besser als er gekommen.«[2] Schon 1809 legte der Münchner Architekt Karl von Fischer die ersten Entwürfe vor. Vertraut mit den grandiosen Denkmalsplänen der französischen Revolutionsarchitektur, hatte er schon vorher eine Gedenkhalle großer Musiker entworfen; er war in Paris gewesen und kannte aus eigner Anschauung Soufflots Panthéon, dem sich einer seiner Walhalla-Entwürfe anschließt: ein Zentralbau – auch mit Erinnerungen an das römische Pantheon – mit achtsäuliger dorischer Vorhalle und schlichten, blockartigen Flügeln.[3] Ein weiterer Vorschlag Fischers sieht einen dorischen Tempel vor mit 8 × 18 Säulen und zweischiffiger Cella, letztere nach dem Muster des Poseidontempels von Pästum, den er 1808 gesehen hatte.[4]

---

* Leopold Ettlinger, ›Denkmal und Romantik. Bemerkungen zu Leo von Klenzes Walhalla‹. In: *Festschrift für Herbert von Einem*, Berlin 1965, S. 60–70.

1 Die Walhalla. Lithographie nach einem Bilde Leo von Klenzes.

2 Die Walhalla. Lithographie nach einem Bilde Leo von Klenzes.

Aus Fischers Plänen wurde nichts, und ein Preisausschreiben 1814 verlangte für den Ruhmestempel ausdrücklich einen Bau »im reinsten antiken Geschmack«.[5] Das wichtigste Ergebnis dieses Wettbewerbs waren die Skizzen des genialen Haller von Hallerstein. Auch er dachte einmal an einen dem Pantheon ähnlichen Bau; bedeutender und origineller sind aber seine Vorschläge für einen dorischen Peripteros. Zunächst schlug Haller einen Tempel vor, der sich in der Ebene auf einem hohen Sockelgeschoß erhebt, und bei diesem Entwurf muß das Vorbild von Gillys Friedrichsdenkmal mitgespielt haben. Hallers fruchtbarste Idee aber war der Entwurf eines Tempels, der sich weithin ragend auf einem Berg erheben sollte (Abb. 3).[6] Da Haller seine Zeichnungen aus Athen nach München schickte, sollte man bedenken, daß er sie im Anblick der Akropolis angefertigt haben muß. Dieser Rückgriff war sicher bewußt und sinnerfüllt. Es ist kaum Zufall, daß die Pläne einer Walhalla unmittelbar nach der Niederlage Napoleons wieder ernsthaft in Angriff genommen wurden und daß ein feinfühliger und geschichtskundiger Klassizist sich bei dieser Gelegenheit an den Parthenon

3 Haller von Hallerstein, Entwurf für die Walhalla.

4 C. N. Ledoux, Entwurf für eine Börse.

erinnert fühlte. Was lag gerade damals näher, als jenen Tempel zum Vorbild zu nehmen, den Perikles als Symbol athenischer Größe und Monument der siegreichen Perserkriege hatte bauen lassen? Diese Ideenverbindung wurde nicht mehr aufgegeben, denn nach seiner Thronbesteigung im Jahre 1825 bestimmte Ludwig I. das Donautal bei Regensburg als den Ort seiner Walhalla, und Leo von Klenze, der schon 1821 mit dem Bau beauftragt worden war, wählte dann den Hügel bei Donaustauf als den geeignetsten Platz. Die feierliche Grundsteinlegung fand 1830 statt und die Weihe der Walhalla 1842.

Es kann kein Zweifel daran bestehen, daß Klenze Hallers Entwürfe kannte, aber damit sind seine Quellen noch nicht erschöpft. Eine der auffallendsten Eigentümlichkeiten seiner Walhalla ist die ungriechische Verbindung eines massiven und hohen Sockelbaues mit einem dorischen Tempel. Obgleich schon Gilly und Haller dies monumentale Motiv benutzt hatten, scheint Klenzes Plan doch direkt aus jener französischen Architektur abgeleitet, aus der auch jene beiden Architekten schon geschöpft hatten. Die Ähnlichkeiten der Anlage bei Klenzes Bau und dem Entwurf einer Börse in Claude Nicholas Ledoux' *L'Architecture considerée sous le rapport de l'art, des mœurs et de la législation* (1804) sind zu auffallend, um allein auf Zufall zu beruhen (Abb. 4).[7]

Klenze selbst wies darauf hin, daß die Antike keine Tempel über hohem Sockelgeschoß gekannt habe[8], aber schon 1814 – und noch ehe er Hallers Walhalla-Entwürfe kennen konnte – hatte er einen Friedenstempel entworfen, der den drei Monarchen der Heiligen Allianz gewidmet werden sollte: einen toskanischen Tempel auf fünfstufigem reich geschmücktem Unterbau. Durch Tore an den vier Seiten gelangte man in eine Gruft mit Gräbern für die Helden der Befreiungskriege, von deren Taten Bronzetafeln in den Sprachen der Verbündeten künden sollten. Der Tempel aber war als dreischiffige Kirche geplant und zugleich als Gedenkhalle für die siegreichen Fürsten. Vieles an diesem Bau nimmt schon die Walhalla vorweg (Abb. 9).

Die ausdrücklichen Wünsche Ludwigs und die soeben skizzierte Entwicklung der Walhalla-Pläne hatten zwangsläufig zu einem dorischen Bau geführt, und Klenze fand, daß diese Bedingungen seinen architektonischen Gedanken nicht im Wege standen. Mit stolzer Unbefangenheit stellte er sich neben die Baumeister des Zeustempels von Olympia und des Parthenon.[9] Dabei fand er die Rechtfertigung der Anwendung des dorischen Stils auch in seiner eignen Architekturtheorie.

Als die Walhalla eben im Bau war, veröffentlichte Klenze eine *Anweisung zur Architektur des christlichen Cultus* (1834), in der er den griechischen Tempel »das Höchste was die Architektur jemals schuf« nennt.[10] Die griechische Baukunst war für ihn nicht nur »die vollkommenste, sondern auch die einzig wahre und wesentliche«. Ganz im Sinne des Klassizismus Winckelmannscher Prägung ist »Wahrheit« für Klenze sowohl ein ethischer wie auch ein ästhetischer Begriff, und einzig und allein ein Stil, der diesen höchsten Anforderungen entspricht, ist einer so hohen Aufgabe, wie einem deutschen Ehrentempel, gemäß. Wenn Klenze, im Hinblick auf zeitgenössische Kunst, sich beklagt: »Der Mangel an geschichtlichem Sinn war es, woran unsere Zeit krankte«[11], so denkt er dabei nicht an eine nationale Tradition im Sinne der Romantiker, denn für ihn entfaltet sich die Geschichte in der steten Verbindung vollendeter Formen mit ethischen Gehalten. Kugler hat Klenze zugestimmt, als er im Jahre 1843 über die Walhalla schrieb: »Wir dürfen gegen die Wahl dieses Stils nichts einwenden. Da unsere Zeit noch keinen eigentümlichen architektonischen Stil, der der Ausdruck unser heutigen Gedanken- und Gefühlswelt wäre, hervorgebracht hat... so erscheint mir die Wahl sich zu Genüge zu rechtfertigen ... Nur ein Thor (könnte) die hohe Reinheit, Schönheit und Würde dieser griechischen Werke leugnen«.[12]

Als Kugler diese Sätze schrieb, wußte er natürlich, daß in der Tat gegen den griechischen Stil dieses deutschen Denkmals Einsprüche erhoben worden waren. Ernst Bandel – später Schöpfer des Hermannsdenkmals im Teutoburger Wald – äußerte sich 1842 zum Stil der Walhalla: »Auf griechischen Konsolen stehen die Büsten großer deutscher Männer in einem Griechentempel, der den ehrwürdigen deutschen Namen Walhalla trägt, zwischen griechischen, aber in der Tat eleganten französischen Victorien; hoch über einer unserer schönsten Städte ragt stolz die fremde Siegerin … Sie sieht spöttisch lächelnd wie, nach ihr sich modelnd, Altdeutschland sich nun kleidet. Dem wahrhaften Deutschen wird unheimlich in den Städten, in denen er nur schlechte und unverstandene Nachbildungen der Fremde findet … Verkannt, vergessen ist unser Väter großer Sinn … Sollte unser deutsches Volk wirklich so wenig künstlerischen Sinn haben, daß es keinen eignen Baustil mehr gebären kann?«[13] Ob chauvinistisch oder eifersüchtig, Bandels Ausbruch ist jedenfalls symptomatisch. Schwerwiegender ist aber die Kritik von Peter Cornelius, als ihm schon 1820, auf Wunsch Ludwigs, Klenzes

5 William Kent, Temple of British Worthies Stowe.

Walhalla-Entwürfe vorgelegt wurden. Er schrieb: »Wenn uns bei dem Gedanken, daß nun endlich der deutschen Größe ein großes, würdiges Denkmal soll errichtet werden, hoch das Herz schlägt, und dabei vor allen Dingen an unsere deutsche Nationalität erinnert und davon erfüllt wird, so fällt uns bei dem Entwurf gleich die Frage ein, warum soll das größte deutsche und nur deutsche Ehrenmal so absolut griechisch sein? Geben wir uns nicht eine Demanti indem wir unsere Nationalität durch ein großes Bauwerk verherrlichen wollen, und zugleich den großen herrlich echt original deutschen Baustil ignorieren?«[14] Cornelius führt im weiteren aus, daß gerade ein gotischer Bau diese Aufgabe mit Würde und Schönheit zu lösen vermöge. Da er aber wußte, daß Ludwig einen Bau im antiken Stil verlangt hatte, setzt er hinzu, daß man statt der reinen Nachahmung sich lieber die freie Art und Umformung der Antike zum Vorbild nehmen solle, wie man sie in den Werken Brunelleschis und Bramantes findet.

Cornelius wendet sich mit seiner Kritik nicht in erster Linie gegen das »Fremde« sondern vor allem gegen die mechanische Kopie der Antike, losgelöst aus jedem Zusammenhang. Er sieht in der Walhalla, so wie sie ihm in Klenzes Skizzen vorlag, einen Zwiespalt zwischen neuen, aus der Zeit geborenen Inhalten und sinnlosen, weil nicht zur Zeit gehörenden, Formen. Allerdings ist diese Abneigung gegen den dorischen Stil nicht etwa Feindschaft eines Romantikers gegen den Klassizismus, denn schon seit Winckelmann hatten Romantik und Klassizismus einen gemeinsamen Nenner. Cornelius aber gehört so stark dem neunzehnten Jahrhundert an, daß es für ihn keine absolut wertvollen Stile mehr gibt, die mit bestimmten ethischen Werten verbunden werden können. Für ihn ist Kunst historischer Ausdruck, verbunden mit historischen Gegebenheiten, wenn er erklärt: »... was wahrhaft lebt, nimmt aus inneren Bedingungen seine äußere Gestalt und wächst daraus organisch hervor. Dieses Wachsen und Entwickeln nennt man in allen Dingen Geschichte, ungeschichtlich kann nichts sein, am wenigsten die Kunst.«[15]

Das »Geschichtliche« ist nun in der Walhalla aber auf den Bildschmuck und auf dekorative Elemente beschränkt. Die Metopen sind leer, aber die beiden Giebel illustrieren statt griechischer Mythologie deutsche Geschichte. Der Südgiebel feiert den gesamtdeutschen Sieg über Napoleon: Flußgötter – Rhein und Mosel darstellend – ruhen in den Ecken, Germania steht in der Mitte

6 Prato della Valle, Padua. Lithographie des frühen 19. Jahrhunderts.

flankiert von jugendlichen Kriegern und weiblichen Figuren, die die Bundesstaaten und Festungen symbolisieren. Der Nordgiebel ist nicht allegorisch, sondern erzählend und ist dem Andenken der Schlacht im Teutoburger Wald gewidmet. Als Kunstwerke sind diese Giebel Schwanthalers kaum bemerkenswert und allein ihre Ikonographie ist von Bedeutung, denn ein Sieg der grauen Vorzeit ist hier mit jenen Siegen verbunden, von denen Ludwig hoffte, daß sie die deutsche Einigkeit herbeiführen würden. Anfang der deutschen Geschichte und ihr Neubeginn sollen zusammen gesehen werden.

Innen läuft um die große lichte Halle ein Fries, der die deutsche Geschichte von der Einwanderung der Germanen bis zur Christianisierung durch Bonifazius schildert (Abb. 11). Zwei weitere dekorative Einzelheiten sind bemerkenswert, weil sie den Geist, in dem die Walhalla geschaffen wurde, charakterisieren. Die durch die Dachbinder gebildeten Senkgiebel sind mit antikisierendem Ran-

7 Festdekoration zur Grundsteinlegung der Walhalla.

kenwerk geschmückt und zugleich mit kostümgerecht gekleideten Gestalten aus der altgermanischen Sagenwelt (Abb. 12). Das Gebälk über der Galerie wird von Karyatiden getragen, die außer dem klassischen Gewand noch das den Walküren entlehnte Wolfsfell tragen (Abb. 13).

Die Büsten der Gefeierten stehen den Wänden entlang – am Eröffnungstage waren es schon 96 –, und der König hatte nur getreue, auf bildliche Quellen gestützte Bildnisse zugelassen. Alle jene, über deren Aussehen sich nichts ermitteln ließ, mußten sich mit einer Gedächtnistafel bescheiden. In der Walhalla finden sich Herrscher, Kriegshelden, Staatsmänner, Gelehrte, Künstler und sogar ein paar Frauen.[16] Nach Ludwigs Meinung waren alle von ihm Geehrten deutscher Nation, selbst die holländischen und flämischen Künstler[17] und die russischen Generäle[18]. Er selbst sagte: »Teutscher Zunge zu sein wird erfordert um Walhallas Genosse werden zu können ... Auf die Wohnsitze kommt es nicht an, ob es seine Sprache behalten, das bestimmt den Fortbestand eines Volkes.«[19]

Trotz der fast 100 Büsten war aber die Walhalla nie ein Museum, eine nationale Bildnissammlung; sie war von Anfang an als weltlicher Weiheraum geplant. Ludwig kannte von seinen Reisen das römische Pantheon, in dem damals noch jetzt entfernte Gedenkbüsten standen, aber das Pantheon war Kirche, und dort standen neben den Denkmälern der Großen auch Statuen von Heiligen. Ludwig aber wollte in seinem deutschen Pantheon Heiden und Christen, Katholiken und Protestanten verewigen. Im Jahr 1806 war er in Paris gewesen und hatte im Panthéon einen weltlichen Ehrentempel kennengelernt. Diese Erfahrung mag entscheidend gewesen sein, denn auch er wollte traditionsgemäß seine Ruhmeshalle zuerst ›Pantheon‹ nennen, aber der Schweizer Historiker Johannes von Müller schlug *Walhalla* als eine dem Zweck entsprechendere Bezeichnung vor.[20] Diese Namensänderung ist bedeutsam und kennzeichnet den wesentlichen Unterschied zwischen der Walhalla und älteren vergleichbaren Monumenten.

8 Festdekoration zur Grundsteinlegung der Walhalla.

Die Anfänge des modernen Denkmals liegen in der italienischen Renaissance. Donatellos Gattamelata ist schon reines Denkmal, obgleich ursprünglich auf einem Friedhof, und der Sockel ist nur ein Scheingrab. Die Statuen der beiden Plinius am Dom von Como, Mantegnas Entwurf für ein Virgil-Monument in Mantua, die Monumente für Livius in Padua, Ovid in Sulmona oder Giotto im Florentiner Dom sind alle stolzer Hinweis auf den Ruhm der Lokalheroen. Gleichzeitig entstanden Monumente, die dem Andenken ganzer sinnvoll zusammengefaßter Gruppen gewidmet waren. Zwar begannen die Florentiner bereits im vierzehnten Jahrhundert eine Art von Pantheon im Dom, aber das wirkliche Gruppendenkmal verdankt seinen Ursprung weniger dem Lokalpatriotismus als vielmehr dem Einfluß der Humanisten. Die Vorläufer der Walhalla sind in jenen häufigen Bildserien von *uomini famosi* zu suchen, die im Gefolge von Petrarcas *Trionfo della Fama* so oft die Wände von Stadthallen und Palästen zierten.[21] Sie haben ihr literarisches Gegenstück etwa in Bartolomeo Fazios *De viris illustribus* oder in Michele Savonarolas Liste von Celebritäten in seinem Buch *De laudibus Patavii,* von dem Jacob Burckhardt eine unvergeßliche Beschreibung gegeben hat.[22] Daß diese Art der rühmenden Biographik sich

9 Leo von Klenze, Entwurf für ein Nationaldenkmal.

10 J. W. M. Turner, The Opening of the Walhalla. London, Tate Gallery.

über Boccaccio in die Antike zurückverfolgen läßt, bedarf kaum der Betonung.

In ihrer Absicht sind die Bildserien der *uomini famosi*, die aus Antike und Gegenwart entnommen werden, moralische *exempla.* Als Taddeo di Bartolo den Vorraum der Kapelle des Palazzo Pubblico in Siena ausmalen sollte, entwarfen zwei humanistisch geschulte Sienesen das Programm und schrieben die Darstellung von berühmten Römern und Tugend-Allegorien vor. Der Sinn dieser Bilder wurde durch eine Inschrift ausdrücklich erläutert: »Als *exemplum civile*, Siena du berühmte Stadt, zeige ich dir diese Männer. Wenn du ihnen nachfolgst, wird dein Ruhm weithin wachsen und Freiheit wird dir zu Ehre gereichen.«[23] Michele Savonarola spricht in seinem schon genannten Buch von denen, die »keine Heiligen gewesen, jedoch durch ausgezeichneten Sinn und hohe Kraft verdient haben, den Heiligen angeschlossen zu werden.« Es war dann das achtzehnte Jahrhundert, das Zeitalter der Aufklärung, das diese Gedanken wieder aufnahm und erweiterte.

Die Anfänge sind in England zu suchen. Damals wurde die Westminster-Abtei zu einem Pantheon, wo nicht nur Könige begraben lagen, sondern auch Geisteshelden geehrt wurden, selbst wenn ihre Grabstätten nicht dort waren. Joseph Addison spricht in seinem *Spectator* vom »poet's quarter« und meint damit das südliche

11 Das Innere der Walhalla. Stich nach einer Zeichnung Klenzes.

12 Dachbalkendekoration in der Walhalla.

13 Karyatide. Galerie der Walhalla.

Querschiff mit den Denkmälern von Chaucer, Shakespeare, Ben Jonson, Händel und anderen mehr.[24]

Im Jahre 1768 veröffentlichte C. C. L. Hirschfeld – von Beruf Philosophieprofessor und bekannt durch sein Buch über den Gartenbau – einen *Versuch über den großen Mann,* in dem es heißt: »Die großen Geister, die in der Welt erscheinen, sie mögen an den Alpen oder auf den Inseln im Norden geboren sein, gehören dem ganzen menschlichen Geschlechte zu; sie sind gleichsam ein Eigentum aller Jahrhunderte, und die spätere Nachkommenschaft sieht sie als ihr Erbteil und ihre eigne Zierde an«.[25] Das ist ganz im Sinne des Humanismus und der Aufklärung gesprochen, und was Architekturtheoretiker des achtzehnten Jahrhunderts zu diesem Thema sagen, geht in der gleichen Richtung.

In seinem *Essai sur l'architecture* (1753) sprach Laugier ausführlich von »Monumenten zu Ehren großer Männer« und verlangte, daß man nicht nur Herrschern Denkmale geben solle, sondern auch anderen, »wenn sie gleich nicht verlangen können, daß es mit so vieler Pracht geschieht. Sie sind gleichsam Sterne von geringerem Glanze.«[26] Er schlägt derartige Monumente vor: »Im Gerichtshof legt man einen großen Saal oder eine Kolonnade an, welche man ... die Gallerie berühmter Leute nennt, um daselbst die Statuen verdienstvoller Magistratsperonen zu errichten. Sie geben zugleich einen würdigen Gegenstand der Nachahmung für die Nachfolger ab. Wenn der arbeitsame und unparteiische Richter in dieses Gebäude tritt, so sieht er hier Muster ... und das böse Gewissen eines schlechten Richters wird dadurch beschämt und vielleicht zur Besserung gereizt.« Ähnliche Vorschläge macht Laugier dann für Monumente in Kriegsschulen, Akademien usw.

Francesco Milizia, dessen *Principii di Architettura Civile* zuerst 1781 erschienen, nimmt den moralischen Zweck des Denkmals noch ernster als Laugier. Letzterer wollte nur Ehrungen derer erlauben, denen das ganze Publikum Beifall zollte. Milizia erlaubt Monumente für Herrscher, Gesetzgeber, Wissenschaftler, Künstler; er denkt an tapfere Krieger und wirkliche Verteidiger ihrer Heimat, aber – so betont er ganz besonders – die Lehren der Moralphilosophie verbieten es uns, Geißeln der Menschheit, sei es den »rasenden Mazedonier« oder den »wahnsinnigen Schweden«, auf diese Weise zu ehren.[27]

Gruppendenkmale der Aufklärungszeit entsprechen derartigen Theorien. William Kents und Michael Rysbraecks »Temple of

Worthies« im Park von Stowe (Abb. 5) vereint die Königin Elisabeth nicht nur mit Drake und Raleigh, sondern auch Shakespeare, Milton, Pope, Inigo Jones und Newton. Der Tempel von Stowe ist sozusagen ein Pantheon unter freiem Himmel, was ein neues, wichtiges Motiv mit sich bringt, das auch bei der Walhalla noch mitspielen wird. Der Tempel ist nicht nur Denkmal, sondern auch elegisches Stimmungselement mitten in der Natur: Über der Mitte des Halbrunds erhebt sich eine Pyramide, geschmückt mit dem Bilde des Hermes Psychopompos, der die Seelen ins Elysium führt.[28]

Zwei weitere interessante Vorläufer der Walhalla sind aus Italien bekannt. Vom Prato della Valle in Padua (Abb. 6) hat uns Goethe in der Italienischen Reise eine schöne Beschreibung gegeben (27. September 1786): »Ein ungeheures Oval ist ringsum mit Statuen besetzt, alle berühmten Männer vorstellend, welche hier gelehrt und gelernt haben. Einem jeden Einheimischen und Fremden ist es erlaubt, irgendeinem Landsmann oder Verwandten hier eine Bildsäule von bestimmter Größe zu errichten, sobald das Verdienst und der akademische Aufenthalt in Padua bewiesen ist. ... Der König von Schweden ließ Gustav Adolfen hinstellen, weil man sagt, derselbe habe einmal in Padua eine Lektion gehört. Der Erzherzog Leopold erneuerte das Andenken Petrarchs und Galileis. Die Statuen sind in einer braven modernen Manier gemacht ... sämtlich im Kostüm ihrer Zeit und Würden.«[29]

Im Jahre 1796 ehrte Napoleon das Andenken Virgils durch einen kurzen nächtlichen Besuch seines Geburtsortes; der französische General Miollis zusammen mit dem italienischen Architekten Paolo Pozzo plante aber eine dauerhaftere Ehrung des römischen Dichters: einen Virgil-Park in Mantua. Der Verfasser der Aeneis sollte jedoch nur der vornehmste Bewohner eines wahren Pantheons berühmter Männer werden, und bei der ihm gewidmeten Pyramide überschritt man einen Bach – den Styx – und kam in einen Eichenhain – die Elysäischen Gefilde – angefüllt von Statuen. Dreiunddreißig Römer und Griechen und einundsiebzig Größen der Neuzeit sollten dort verewigt werden, unter ihnen, ganz im Sinne der Aufklärung, Galilei, Rousseau, Descartes, Buffon, Columbus und Captain Cook. Die gigantische Anlage wurde nie fertig, was aber von ihr bestand, wurde später leider von den Österreichern zerstört.[30]

Napoleon mag noch von Virgil geschwärmt haben, und einer seiner Generäle konnte hinter diesem phantastischen Denkmalsplan stehen, aber es war die Französische Revolution, die den humanistisch-liberalen Denkmalsgedanken der Aufklärungszeit eine neue Wendung gab, als im Jahre 1791 Soufflots Kirche St. Geneviève in das *Panthéon* umgewandelt wurde mit der bedeutsamen Inschrift: *Aux grands hommes. La patrie reconnaissante.* Mirabeau, Rousseau und Voltaire wurden nun hier geehrt. Das heißt nicht nur die Apotheose erst in jüngster Zeit Verstorbener; damit ist zugleich ein ausgesprochen vaterländisches Motiv mit einer Ehrung verknüpft.

Unter den Nationaldenkmälern der Französischen Revolution verdient ein von Friedrich Weinbrenner vorgeschlagenes besondere Erwähnung, das in Bordeaux am Ufer der Garonne errichtet werden sollte. Die Grundidee war ein großes Forum mit Tempelanlage und Bildschmuck zur Geschichte der Revolution und ihrer Helden. Der Eingang sollte von einer mächtigen Statue des Vaterlandes gekrönt werden. Nach der Garonne hin sollte vor dem Tempelbezirk ein Festplatz mit Terrassen für Zuschauer liegen,[31] denn Feste und Umzüge hatten ihren wichtigen Platz im politischen Leben der Französischen Revolution – J. L. David hat die meisten entworfen und geleitet –, und diese enge Verbindung von Monument und Fest wird auch bei der Walhalla noch eine Rolle spielen. Sie ist bezeichnend für eine ganz neue Ideologie.

In Deutschland läßt sich der Wandel vom Denkmal der Aufklärungszeit zum Nationaldenkmal an Hand der Entwürfe zu einem Denkmal Friedrichs des Großen nachweisen. Trippel dachte noch an ein Reiterstandbild in der Art des Marcus Aurelius, aber Schadow schlug schon einen Friedrich in altdeutschem Kostüm vor, das der Trajanssäule zu entnehmen sei. Gentz, Gilly und Schadow dachten an Tempelanlagen zu Ehren Friedrichs und seiner Generale. Gillys Monument wird besonders dadurch zum imponierenden Nationaldenkmal, daß es organisch dem Stadtganzen als Platzanlage eingegliedert wird und doch vom Alltagsleben durch Torbauten und Kolonnaden abgehoben wird. Weiterhin war auch das Friedrichsdenkmal wiederholt als verbunden mit kultischen Spielen gedacht. Im Jahre 1796 schlug ein Mitarbeiter der »Berlinischen Monatsschrift« ein »Heiligtum des Vaterlandes« vor, einen Hain mit Grabmonument, an dem die Armee alljährlich dem Andenken des Königs huldigen sollte. Vom Grabmal auf dem Kreuzberg sollte eine von den Statuen verdienstvoller Männer flankierte Prozessionsstraße zum Lustgarten führen.[32]

Um schließlich den nationalen Charakter von Ludwigs Walhalla-Plänen zu verstehen, muß noch eine weitere Gruppe von Monumenten in Betracht gezogen werden: jene, die der Völkerschlacht bei Leipzig gewidmet werden sollten. Schon 1814 schlug Kotzebue ein Befreiungs- und Mahnmal vor, das – genauso wie die Tympana der Walhalla – den Sieg über Napoleon mit dem des Arminius über die Römer verbinden sollte. Er wies auf die Trümmer einer Riesensäule im Odenwald hin, den angeblichen Rest eines römischen Triumphmals, und fragte: »Warum ist dieses Römerwerk dort ungenutzt geblieben? ... Da muß ein Denkmal, verfertigt von den ersten Unterjochern der Deutschen, aufgestellt werden zur Erinnerung an den herrlichen Sieg über den letzten Unterjocher ...«[33]

Auch Ernst Moritz Arndt dachte an ein gemeinsames Erinnerungsmal für die Befreiungskriege und die Schlacht im Teutoburger Wald und behauptete: »Doch ist Leipzigs Tag nächst der Hermannschlacht einer der hehrsten teutschen Tage.«[34] Auf dem Leipziger Schlachtfeld sollte ein Eichenhain als Heldenfriedhof angelegt werden, in der Mitte ein riesiger Tumulus, gekrönt von einem Eisernen Kreuz, mit der Begründung: »Dieser Hügel, dieses Kreuz und diese Bäume wären zugleich ein echt germanisches und ein echt christliches Denkmal.«[35] Auch mit diesem Denkmal sollten kultische Volksfeste verbunden werden, denn Arndt beklagte ihr Verschwinden und gab die Schuld daran Puritanismus und Aufklärung. »Endlich scheint eine bessere Zeit gekommen zu sein ... Der 18. Oktober des Jahres 1813 bei Leipzig hat uns Teutschen einen hehren, allgemeinen Festtag gegeben, der von allem Volke anerkannt ist.«[36] Ein weiterer merkwürdiger Vorschlag Arndts zeigt, wie fern liberale, humanistische Ideen bereits liegen und wie das Denkmal nun allein im Dienste der Politik stehen soll. Er argumentiert, daß man Hermann dem Cherusker wohl ein Denkmal errichten solle, nicht aber Kepler oder Leibniz, denn »ihre Denkmäler leuchten in dem Himmel der Idee und der Sterne«. Immerhin war König Ludwig in seiner Walhalla weitherziger.

Nicht nur die Bildwelt der Walhalla folgt diesen Ideen. Grundsteinlegung und Weihe des Baues fanden jeweils am 18. Oktober statt; auch umschließt der Grundstein ein Feldzeichen der Leipziger Schlacht. Freilich entbehrt das alles nicht einer gewissen Ironie, denn Ludwig dachte zuerst an seine Walhalla, als er noch Napoleons Verbündeter war, und in der Völkerschlacht haben die Bayern gar nicht mitgekämpft.

Ludwig erwartete, man werde den »Walhallagenossen« von Zeit zu Zeit weitere verdienstvolle Deutsche hinzufügen, und Klenze entwarf für diese Gelegenheiten ein Nationalfest. Eine feierliche Prozession würde über die Rampen und Treppen zur Walhalla emporsteigen, die neu aufzustellende Büste in der Krypta in Empfang nehmen und sie dann unter Chorgesang an ihren Platz tragen.[37] Dieser Plan ist nie ausgeführt worden, aber Grundsteinlegung und Weihe wurden doch zu bemerkenswerten, weil charakteristischen Festen.

Für die Grundsteinlegung im Jahre 1831 kam der König auf drei Tage nach Regensburg, wo der Architekt C. A. Heideloff Triumphbögen und ähnliche Festdekorationen errichtet hatte. Ihren Schmuck bildeten historische Reliefs mit Ereignissen aus der bayrischen Geschichte, der Befreiung Deutschlands von fremdem Joche, der Zerstörung des Götzendienstes, und selbst das jüngste große Ereignis, der Beginn des Baues der Walhalla, war nicht vergessen worden (Abb. 7, 8). Dazu kamen Bilder historischer Persönlichkeiten, wie Thassilo, Hugibert, »der Erwecker des nationalen Geistes«, Ludwig d. Fromme usw. Ziel war »die Geschichte durch die redende und bildende Kunst zu popularisieren, der antiken und der modernen Kunst zu huldigen, und durch letztere vorzugsweise vaterländische Geschichte zu verherrlichen.«[38] Wort und Bild erhoben sich freilich nie über das Niveau schwächster Gelegenheitskunst.[39]

Ludwig fuhr auf der Donau von Regensburg zur Walhalla, begleitet von altdeutsch gekleideten Ehrenjungfrauen. »Über dem bereits eingemauerten Grundstein von Untersberger Marmor erhob sich eine Säulenrotunde mit Eichenguirlanden umwunden, und aus der Mitte des Tempels schwebte, sinnig ausgedacht, ein Kranz von teutschen Eichen, geflochten über dem Grundstein dieses echt teutschen Gebäudes. Auf der Kuppel dieses Tempels war von dem Bildhauer Bandtel von München aus Gips gefertigt die kolossale Statue Germanias, die Mauerkrone auf dem Haupte und mit der Rechten das Unternehmen segnend ...«[40]

Zwölf Jahre später wurde die Eröffnung der Walhalla gefeiert. Der König wurde von einem als Germania gekleideten Mädchen begrüßt, die von zweiunddreißig die Bundesstaaten vorstellenden Ehrenjungfrauen begleitet wurde. Sie alle trugen Eichenkränze auf dem Kopf und hielten Seidenfahnen mit den Staatswappen. Die Anführerin überreichte dem König einen Lorbeerkranz, und als er die Stufen hinaufstieg, ertönte ein von Trompeten begleiteter Männerchor.[41]

Man mag das alles als kindlichen Mummenschanz abtun, doch sind diese Feste nur ein weiteres Anzeichen jenes tiefen Zwiespalts, der die Walhalla Ludwigs überhaupt charakterisiert. Als er kurz vor der Grundsteinlegung mit einem seiner Minister die Festrede besprach, hören wir von der Walhalla als „einem ewigen Denkmal teutscher Größe, teutschen Geistes, teutscher Treue, während im Westen die Anarchie ihr von Revolution trunkenes Haupt erhebt und im Osten nächtlicher Despotismus herrscht«.[42] Damit muß man vergleichen, was ein Mann des achtzehnten Jahrhunderts zu sagen hatte: »Es ist sehr gewöhnlich, daß ein Volk seine großen Männer über die großen Männer anderer Nationen erhebt ... Aber wenn es diese großen Männer über die großen Männer aller anderen Nationen unumschränkt erhob, so urteilte es mehr nach der lebhaften Empfindung seiner eignen Vorteile als nach der Wahrheit.«[43] Ludwig wollte an seiner Walhalla ganz heterogene Elemente vereinigen: der Plan, großen Männern ein Pantheon zu widmen, ist humanistisches Erbe; die Gründung eines Ehrentempels, der sich nur vaterländischen Heroen öffnet, gehört – genauso wie der Name Walhalla – der Romantik und dem mit ihr verbundenen Nationalismus an; der Bezug dieses Monumentes auf die unmittelbar vorausliegenden Ereignisse und der Wunsch, in der Walhalla ein Mahnmal deutscher Einheit zu errichten, machen aus dem Denkmal ein Werkzeug der politischen Propaganda. Das ist auch scharfsichtigen Beobachtern, wie etwa dem damaligen französischen Gesandten in München, nicht entgangen.[44]

Jenes höhere moralische Prinzip, das beim Denkmal der Renaissance und der Aufklärung so entscheidend ins Gewicht fiel, war König Ludwig gar nicht mehr bewußt. Er selbst sagte naiv von einem seiner Helden: »Der so manchen ermorden ließ, starb natürlichen Todes.«[45] Heinrich Heine hat bekanntlich für die moralischen Mängel der in der Walhalla Gefeierten beißend ironische Worte gefunden, und ein anonymer Wiener Kritiker beklagte sich schon 1844, daß Ludwig so zweifelhaften Figuren wie Chlodwig und Katharina II. den Eintritt in die Walhalla erlaubt habe.[46] Man kann die Probleme der Walhalla am besten mit einem von E. R. Curtius bei anderer Gelegenheit gesprochenen Wort charakterisieren: »Es liegt in dem Wesen eines *jeden* Nationalismus die Autonomie der geistigen Kultur zu leugnen. Denn Nationalismus ist ja nichts anderes als jene Verkennung der Weltordnung, die darin besteht, die Nation allen himmlischen und irdischen Dingen überzuordnen.«[47]

Der Zufall hat es gewollt, daß dieses für den Geist der deutschen Romantik in vieler Hinsicht so typische Monument einen englischen Künstler inspiriert hat, der – freilich auf recht verschiedene Weise – auch Romantiker war (Abb. 10). J. M. W. Turner hat die Walhalla kurz vor ihrer Vollendung im September 1840 gesehen und seine Eindrücke in Skizzen festgehalten, die er später in London zu einem großen Bilde ausarbeitete.[48] Turner, zutiefst der europäischen Tradition und dem Erbe der Antike verbunden, erfaßte, was Klenze künstlerisch beabsichtigt hatte, als er seinen Tempel hoch über das Flußtal auf einen grünen Hügel setzte. Luft, Licht und Farbe, der Tempel als Stück der Natur, das sind die Motive seines Bildes. Damit kehrt die Walhalla in die ideale Kulturlandschaft des 18. Jahrhunderts zurück. Der romantische Klassizist Klenze hatte in Turner einen Geistesverwandten gefunden.

Anmerkungen

1 *Walhallas Genossen.* Geschildert durch König Ludwig den Ersten von Bayern, 1842, S. V.
2 Ebd. S. VII.
3 O. Hederer, *Karl von Fischer. Leben und Werk,* 1960, S. 97ff., Abb. 54.
4 Ebd., Abb. 58.
5 H. Reidelbach, *König Ludwig I von Bayern und seine Kunstschöpfungen,* 1888, S. 290. Das Preisausschreiben verlangt, daß der Name Walhalla über der Tür anzubringen sei.
6 H. Kiener, ›Hallers Entwürfe zur Glyptothek und Walhalla‹, *Münchner Jahrbuch.* XIII, 1923. S. 102ff.
7 C. N. Ledoux, *L'architecture etc.,* 1804, Abb. S. 26.
8 L.von Klenze, *Walhalla in artistischer und technischer Beziehung,* 1842, S. 3ff.
9 A. a. O.
10 L. von Klenze, *Anweisung zur Architectur des christlichen Cultus,* 1834, S. IV.
11 Ebd.
12 *Schorns Kunstblatt,* XXIV. 1843, S. 65ff.
13 Zitiert (ohne Quellenangabe) von A. Hofmann, *Denkmäler* (Handbuch der Architektur, IV. 8). 1906, S. 230. Als die Walhalla im Bau war, trug Bandel sich schon mit den Plänen für ein Hermannsdenkmal. Hofmann gibt an, daß die ersten Ideen 1820 entstanden und daß das Modell 1838 fertig war.
14 Brief an den bayrischen Kronprinzen vom 26. November 1820, abgedruckt bei A. Kuhn, *Peter Cornelius und die geistigen Strömungen seiner Zeit.* 1921, S. 270. Ich bin Herbert von Einem für diesen Hinweis verbunden.

15 Ebd.
16 Gedenktafeln: Seherin Velleda, Teutelinde, Roswitha, usw. Büsten von Katharina II., Maria Theresia, Amalia, Landgräfin von Hessen-Cassel.
17 Rubens, van Dyck, Snyders u. a. m. erscheinen in der Walhalla.
18 Daher wohl der Einschluß von Balten wie etwa Marschall Laudon oder Marschall Diebitsch-Sabalkanskij.
19 *Walhallas Genossen*, S. VI.
20 Über den Gebrauch des Wortes Walhalla im späten achtzehnten Jahrhundert siehe Grimms Deutsches Wörterbuch. Ludwig scheint den Namen 1810 an Stelle von Pantheon angenommen zu haben. Siehe F. von Reber, *Die Korrespondenz zwischen dem Kronprinzen Ludwig von Bayern und dem Galeriebeamten G. Dillis* (Sitzungsber. d. philos. philol. Kl. d. Kgl. Bayr. Akad. d. Wissensch.) 1904, S. 428.
21 Th. Mommsen, ›Petrarch and the Decoration of the Sala Virorum Illustrium in Padua‹, *Art Bulletin*, XXXIV, 1952, S. 95ff. N. Rubinstein, Political Ideas in Sienese Art, *Journal of the Warburg and Courtauld Institutes*, XXI. 1958, S. 179ff. und vor allem S. 194ff. M. Horster, Castagnos Florentiner Fresken 1450–1457, *Wallraf-Richartz-Jahrbuch*, XVII, 1955, S. 79ff. und besonders S. 82/3.
22 J. Burckhardt, *Die Kultur der Renaissance in Italien*, Teil II, Kapitel 3.
23 N. Rubinstein, a. a. O., S. 193.
24 N. Pevsner, *The Buildings of England: London*, 1957, S. 383, Anmerkung.
25 C. C. L. Hirschfeld, *Versuch über den großen Mann*, 1768, S. 40.
26 Hier zitiert nach der deutschen Ausgabe *Des Abts Laugier neue Anmerkungen über die Baukunst*, 1768, S. 166f. Über Laugier vgl. W. Herrmann, *Laugier and 18th century French Theory*, 1962.
27 F. Milizia, *Principii di Architettura Civile*, II, 1823, S. 242ff.
28 F. Saxl and R. Wittkower, *British Art and the Mediterranean*, 1938, S. 68. H. F. Clark, ›Eighteenth Century Elysiums‹, *Journal of the Warburg and Courtauld Institutes*, VI, 1943, S. 170. Ein vergleichbares Denkmal gab es im Park von Wilhelmshöhe, von dem Brentano eine amüsante Beschreibung hinterlassen hat. Siehe K. Paetow, *Klassizismus und Romantik auf der Wilhelmshöhe*, 1929, S. 35.
29 J. W. Goethe, *Italienische Reise*. Herausgegeben und erläutert von Herbert von Einem, 1951, S. 61. Siehe auch F. Haskell, *Artists and Patrons*, 1963, S. 365–8.
30 Ich verdanke den Hinweis auf das Mantuaner Virgildenkmal J. B. Trapp, meinem Kollegen am Warburg Institute, und entnehme die Beschreibung einem Vortrag, den er im Jahre 1961 gehalten hat. Siehe auch E. Faccioli und L. Caretti, *Mantova, La tradizione Virgiliana*, I, 1960, S. 178ff.
31 A. Valdenaire, *Friedrich Weinbrenner, sein Leben und seine Bauten*, 1926, Abb. 43/44.
32 Zum Friedrichsdenkmal K. Merckle, *Das Denkmal Friedrichs des Großen in Berlin*. 1894. H. Schrade, *Das Deutsche Nationaldenkmal*, 1940, S. 40ff. H. Jacobs, Von Gilly bis Rauch. Zur Geschichte des Friedrichsdenkmals, *Die Kunst im Deutschen Reich: die Baukunst*, VI, 1942, S. 165ff.
33 H. Dreyhaus. ›Die ersten Vorschläge zur Errichtung eines Völkerschlachtdenkmals bei Leipzig‹, *Zeitschrift für Geschichte und Architektur*, VI, 1913, S. 227.
34 E. M. Arndt, *Geist der Zeit*, IV, 1818, S. 486.
35 Ebd., S. 488.
36 Ebd.
37 H. Schrade, a. a. O., S. 83.
38 *Ratisbon und Walhalla*. Denkschrift auf die Festfeier...bei der Grundsteinlegung der Walhalla, 1831. S. 93.

39 Die Gedichte, die bei dieser Gelegenheit gesprochen wurden, zeichnen sich kaum durch poetischen Schwung aus. Eine Kostprobe muß genügen:
Und inmitten früchtereicher Gauen
Auf des Staufgebirges heitern Höh'n
In des Istros wunderschönen Auen
Wird bald Dein Walhalla schön ersteh'n.
Alles Große werden wir dort schauen
Dessen längst sich rühmt Germanien.
Aber vor den Göttergleichen allen
Solltest *Du*, oh König, dort erstrahlen.
(*Ratisbon und Walhalla*, S. 4).

40 *Ratisbon und Walhalla*, S. 116.

41 ›Die Eröffnung der Walhalla‹, *Allgemeine Bauzeitung*, VII, 1842, S. 329f.

42 M. Spindler, *Der Briefwechsel zwischen Ludwig I. von Bayern und Eduard von Schenk*, 1930, S. 151.

43 C. C. L. Hirschfeld, a. a. O., S. 41

44 A. Chroust. Gesandtschaftsberichte aus München. I. 4 (Die Berichte der französischen Gesandten). 1936, S. 294ff. Bourgoing, der französische Gesandte, berichtete an Guizot anläßlich des Erscheinens von Ludwigs Buch *Walhallas Genossen*, das er *un des principaux actes de cet innocent prosélytisme de nationalité* nennt (S. 304). Während Bourgoing bereit war, über den Einfluß von Clovis, Karl dem Hammer, Pippin und Karl dem Großen zu lachen, fand er es anstößig, daß man den Jahrestag der Leipziger Schlacht zur Eröffnungsfeier wählte (S. 306). Spöttisch, aber historisch richtig, setzte er hinzu: *Les Bavarois n'etaient pas à Leipzig* und später kommt er noch einmal auf dieses Thema zurück, um zu bemerken, daß nicht nur die Österreicher, sondern auch Angehörige des Königshauses betont hätten, bei Leipzig habe kein einziger Bayer mitgekämpft (S. 316).

45 *Walhallas Genossen*, S. 16. Es fehlt in diesem Buch auch nicht an naiven Bemerkungen, die manchmal eines Galetti würdig wären, wie etwa über den russischen General Diebitsch: »Diebitsch ward abberufen und da starb er.«

46 *Wiener Jahrbücher der Literatur*, VI, 1844, S. 1ff.

47 E. R. Curtius, *Deutscher Geist in Gefahr*, 1932, S. 44.

48 Die Skizzen London, British Museum, Print Room: Turner Sketchbook CCCX, 70 und Sketchbook CCCXLL 364 und 371. Das Bild (1,08 × 1,97 m) in der Tate Gallery. Unter dem Titel *The Opening of the Walhalla: Honour to King Ludwig the First of Bavaria* wurde es 1843 in der Royal Academy ausgestellt. Siehe A. J. Finberg, *The Life of J. M. W. Turner*, R. A. 1961, S. 381 und S. 414f.

Angela Schönberger

Die Neue Reichskanzlei in Berlin von Albert Speer*

Die nationalsozialistische Repräsentationsarchitektur ist in ihrem darstellenden und legitimierenden Gestus, verbrämt durch den Topos »Bauten für die Ewigkeit«, vor allem auch monumentalisierte Werbung. Sie wird jeweils der politischen Lage und den Interessen des Regimes entsprechend eingesetzt.

Besonders die Planungs- und Baugeschichte der Neuen Reichskanzlei, die im Auftrage Hitlers nach Entwürfen von Albert Speer erbaut wurde,[1] ist für das Verhältnis von Architektur und Politik im 3. Reich und für den propagandistischen Einsatz von Architektur im politischen Kalkül äußerst aufschlußreich. Bereits die offizielle Version der Baugeschichte der Neuen Reichskanzlei läßt dies erkennen. Hitler, als Bauherr, hatte sich 1939 nach der Fertigstellung des Baues zu den Gründen seiner Notwendigkeit und zum Zeitpunkt der Auftragserteilung folgendermaßen geäußert: »Ich hatte mich in den Dezember- und Januartagen 1937/38 entschlossen, die österreichische Frage zu lösen und damit ein Großdeutsches Reich aufzurichten. Sowohl für die rein dienstlichen als aber auch repräsentativen Aufgaben, die damit zwangsläufig verbunden waren, konnte die alte Reichskanzlei nun unter keinen Umständen mehr genügen. Ich beauftragte daher am 11. Januar 1939 den Generalbauinspektor Professor Speer mit dem Neubau der Reichskanzlei in der Voßstraße und setzte als Termin der Fertigstellung den 10. Januar 1939 fest.«[2]

Albert Speer beschreibt in seinen »Erinnerungen« 1969 die Auftragserteilung ähnlich.[3] Nach seinen Angaben wurde er von Hitler

---

* Angela Schönberger, ›Die Neue Reichskanzlei in Berlin von Albert Speer‹. In: *Die Dekoration der Gewalt,* hg. v. B. Hinz, H.-E. Mittig, W. Schäche. A. Schönberger, Gießen 1979, S. 163–172.

mit dem Neubau so unvermittelt beauftragt, daß er sogar aus einer Handskizze den Bau beginnen mußte. Diese offiziellen Verlautbarungen zur Baugeschichte, wie sie von Hitler 1939 und von Speer 1969 weiter transponiert wurden und die als authentische Aussagen in die gesamte Sekundärliteratur eingegangen sind, entsprechen nicht den historischen Tatsachen, sondern erweisen sich als beabsichtigte Manipulationen, die die enge Verbindung der Bauplanung mit der politischen Entwicklung des deutschen Faschismus negieren sollen.

Der Beginn der Planungsgeschichte der Neuen Reichskanzlei setzt wesentlich früher ein. Bereits im Sommer 1934 hatte Hitler als Bauplatz für die Neue Reichskanzlei die Voßstraße zwischen Wilhelmsplatz und Hermann-Göring-Straße bestimmt.[4] Der Vorentwurf für das Gesamtprojekt war von Speer bereits im Mai 1936 ausgearbeitet worden, und im Herbst desselben Jahres lag ein genauer Zeitplan für Ankauf und Abriß der Häuser in der Voßstraße vor.[5] Die Fertigstellung der Neuen Reichskanzlei war nach diesem Zeitplan für das Jahr 1940 vorgesehen. Diese Prognosen beweisen den unmittelbaren Zusammenhang mit dem Vierjahresplan und der Forderung Hitlers im Herbst 1936: die deutsche Armee sollte bis 1940 einsatzfähig und die deutsche Wirtschaft kriegsfähig sein.[6]

Die sich Ende 1937 zuspitzende innenpolitische Krise – Auswirkungen der forcierten Aufrüstung, Mangel an Arbeitskräften und Rohstoffen, Unzufriedenheit der Bevölkerung über die schlechte soziale Lage – führte zu Macht- und Kompetenzstreitigkeiten innerhalb der wirtschaftlichen und politischen Führung über mögliche Strategien zur Krisenbewältigung. Für die wirtschaftliche Vorbereitung der langfristigen Expansionsziele des deutschen Faschismus war die Annexion Österreichs und des Sudetenlands unentbehrlich. Am 5. November 1937 fand im alten Reichskanzlerpalais unter dem Vorsitz Hitlers eine Besprechung statt, bekannt durch das »Hoßbachprotokoll«, in der Hitler vor den Vertretern der Wehrmacht, der Wirtschaft und des Außenministeriums zur Lösung der prekären Rohstoff- und Ernährungslage die »Einverleibung der Tschechei und Österreichs« für den Sommer 1938 vorsah.[7]

Mit der konkreten Planung zur Annexion Österreichs änderten sich auch die Termine zum Bau der Neuen Reichskanzlei. Sollten sie ursprünglich mit der allgemeinen Kriegsplanung, wie sie Hitler 1936 in seiner Denkschrift vorgesehen hatte, einhergehen, wurden sie jetzt kurzfristig der aktuellen politischen Situation angepaßt.

Schon Anfang Juli 1937, kurz nachdem die einheitliche Kriegsvorbereitung der Wehrmacht feststand, die die bewaffnete Besetzung Österreichs als »Sonderfall Otto« enthielt, lagen die detailliert ausgearbeiteten Grundrisse sämtlicher Geschosse der Neuen Reichskanzlei zur Ausführung vor.[8]

Ab November 1937, nach der »Hoßbachbesprechung«, als die geplante Annexion Österreichs in greifbare Nähe rückte, wurden die organisatorischen und praktischen Vorarbeiten, wie der beschleunigte Abriß der Häuser in der Voßstraße, die Herstellung des Baugrundes, Auftragserteilung an Firmen und Künstler vorrangig betrieben.

Aber erst nachdem die Umstrukturierung der militärischen und wirtschaftlichen Führung abgeschlossen war und damit der Annexion Österreichs nichts mehr im Weg stand, erhielt Speer den offiziellen, jedoch nicht veröffentlichten Auftrag zum Bau der Neuen Reichskanzlei am 27. Januar 1938.[9] Dies war der Tag, an dem Kriegsminister von Blomberg, als letzter Gegner der Annexion, entlassen worden war.

Ohne die übliche propagandistisch aufgebauschte Grundsteinlegung, mehr oder weniger geheimgehalten – der Bau wurde weder auf der 1. Deutschen Architektur- und Kunsthandwerksausstellung gezeigt[10], noch in den Zeitungsberichten zur Neugestaltung Berlins erwähnt –, begann die Bauausführung der »Reichskanzlei des Großdeutschen Reiches«.

Die tatsächliche Baugeschichte der Neuen Reichskanzlei beweist nicht nur ihren Zusammenhang mit der politischen Entwicklung, sondern sie zeigt auch, wie Architektur im politischen Kalkül eingesetzt wurde. Dies wird noch deutlicher, wenn man bedenkt, daß der Bau der Neuen Reichskanzlei schon seit Herbst 1936 innerhalb des geheimgehaltenen Gesamtplanes für die Neugestaltung Berlins nur als Provisorium gedacht war. Das zukünftige Zentrum des »Germanischen Reiches« sollte am Großen Platz mit den Bauten der »Großen Halle«, dem »Adolf-Hitler-Palast« und dem »Oberkommando der Wehrmacht« errichtet werden. Die Gleichzeitigkeit dieser beiden Planungen erweist die Phrase vom »Bauen für die Ewigkeit« als ideologischen Werbeslogan, der vom berechnenden Einsatz der Architektur ablenken sollte.

In der offiziellen Version der Baugeschichte der Neuen Reichskanzlei, wie sie anläßlich des Richtfestes im August 1938 – inzwischen hatte man ein »Großdeutsches Reich« – und der Einweihung

1 Modell der Neuen Reichskanzlei, Ansicht von der Ecke der Wilhelmstraße/ Voßstraße (Fotosammlung Speer, Heidelberg).

2 Lageplan der Neuen Reichskanzlei (in: *Der Erweiterungsbau der Reichskanzlei, Einweihung am 9. Januar 1939,* Festschrift o. O., o. J., Bundesarchiv Koblenz R 4 3 II/1054).

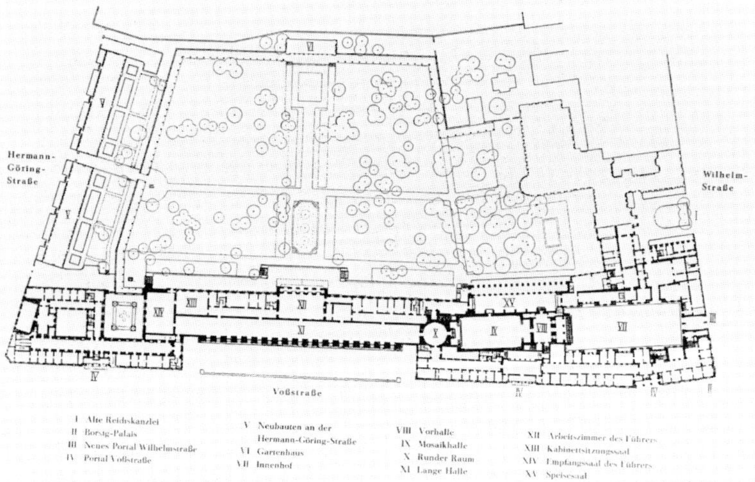

im Januar 1939 in die zeitgenössischen Publikationen lanciert wurde[11], war Planung und Zeitpunkt der Auftragserteilung von den gesellschaftspolitischen Bedingungen losgelöst, zum anderen aber wurde dadurch die als übermenschlich hochgespielte Leistung Speers, den Prunkbau des »Großdeutschen Reiches« sozusagen aus der Handskizze in 9 Monaten errichtet zu haben, der nachprüfbaren Realität entzogen und damit zum Mythos erhoben. Diese Version war so glaubwürdig gemacht, daß sie in allen Veröffentlichungen nach 1945 bis hin zu Speers »Erinnerungen« unbefragt rezipiert wurde. Dies ist deshalb von Bedeutung, weil so noch heute das Bild, das damals werbewirksam auf die Bevölkerung zielte, nämlich das von der hohen organisatorischen und technologischen Leistungsfähigkeit der Bauausführung, die synonym für die politische Kraft und Energie des 3. Reiches stand, weiter wirkt.

Bezeichnend ist auch der Ausspruch Hitlers beim Richtfest ... »wenn es möglich ist, einen Staat in 3 oder 4 Tagen dem Reich anzugliedern, dann muß es eben auch möglich sein, ein Gebäude in 1 oder 2 Jahren aufzurichten.«[12] Die suggerierte Vorstellung von übermenschlicher Dynamik wird als die Leistung von Einzelpersonen propagiert und dient noch heute zur Illuminierung des Systems, mit der die Realität des Faschismus überspielt wird. Ein typisches Beispiel dafür ist der Film »Hitler – eine Karriere« (1977).

Mit welchen Mitteln dieses Ziel erreicht wurde, war in den zeitgenössischen Publikationen ausgeblendet. Am Bau selbst wurde rund um die Uhr in zwei Schichten zu 12 Stunden gearbeitet. Die Bauarbeiter kamen, zu diesem Zeitpunkt herrschte bereits enormer Arbeitskräftemangel, durch Arbeitseinsatz zusammen, über den seit Ende Mai österreichische und ab Oktober auch sudetendeutsche Arbeiter zwangsverpflichtet wurden. Durch die verlängerte Arbeitszeit und das forcierte Tempo kam es zu einer Reihe schwerer Unfälle und sogar zu Todesfällen am Bau.[13] Trotzdem wurde die Neue Reichskanzlei in der Propaganda noch mit dem Tenor der Arbeitsbeschaffung öffentlich legitimiert.

Durch den Bau der Neuen Reichskanzlei wurde ein Bezugspunkt geschaffen, der der neuen politischen Situation des »Großdeutschen Reiches« sichtbaren Ausdruck verlieh, wobei die Innenausstattung in einem weitaus stärkeren Maße als die Architektur der Darstellung des Regimes diente und die Zuspitzung auf Hitler und somit die Personalisierung von Macht und Herrschaft des deutschen Faschismus suggestiv unterstützte. Hierbei fügte Speer für die Architektur

3 Neue Reichskanzlei. Ansicht von der Voßstraße (*Kunst im Dritten Reich* 3, 1939, 7, S. 285).

wie für die Innenausstattung eklektizistisch Machtsymbole zu einer repräsentativen Kulisse zusammen.

Die Neue Reichskanzlei (Abb. 1, 2) und die dazugehörenden Gebäude waren auf einem Gelände mit fast trapezförmigem Grundriß errichtet, dessen südliche Grundseite die Voßstraße mit der Hauptfassade bildete und dessen kürzere nördliche Seite an den Garten des Auswärtigen Amtes angrenzte. Im Westen war das Gelände von der Hermann-Göring-Straße mit den beiden freistehenden Nebengebäuden für die Begleitmannschaften eingefaßt. Im Osten, an der Wilhelmstraße bzw. dem Wilhelmsplatz, wurde es von der alten Bebauung, dem Reichskanzlerpalais, dem Erweiterungsbau der Reichskanzlei aus der Weimarer Republik und dem Borsigpalais begrenzt, die durch innere Umbauten mit dem Neubau zu einer festen baulichen Einheit verbunden waren. Das von diesen Bauten umgebene und nach Norden hin offene Gelände war als Garten mit Gewächshaus, Brunnen und Pergola angelegt. Die

Hauptfassade an der Voßstraße (Abb. 3) dehnte sich in einer Länge von über 400 m aus. Sie gliederte sich in etwa drei gleichgroße Abschnitte, in einen zurückgesetzten zweigeschossigen Mittelbau mit Werksteinverkleidung und in zwei flankierende dreigeschossige Flügelbauten. Diese Fassadenaufteilung vermittelte den Eindruck eines Gebäudes, das aus zwei Bürotrakten, der Reichskanzlei und der Präsidialkanzlei, die durch verputztes Mauerwerk und durch Monumentalportale charakterisiert waren, und aus einem im Verhältnis zu diesen nicht unbedingt dominierenden repräsentativen Mittelbau besteht. Die Straßenfassade dokumentierte mit ihrer starken Betonung der Bürotrakte nach außen den Anschein von Arbeit und gesicherter Verwaltung des Reiches. Die klar gegliederte Strenge und Monumentalität der Architektur sollte nicht nur Autorität, sondern auch Vertrauen in die Macht des Staates suggerieren. Auf diese Intention wurde bei der Fassade der Gartenseite (Abb. 4), die nicht öffentlich war und nicht von Passanten betrachtet werden konnte, verzichtet. Ihre Gestaltung diente allein der persönlichen

4 Neue Reichskanzlei, Ansicht der Gartenfassade (*Kunst im Dritten Reich* 3, 1939, 7, S. 302).

Repräsentation Hitlers. Dies wird deutlich durch die Fassadengliederung, die sich zur Mitte hin steigert und vor Hitlers Arbeitszimmer durch einen Portikus ausgezeichnet ist.

In die repräsentativen Innenräume der Neuen Reichskanzlei gelangte man nicht, wie man vermutet hätte, durch eines der Monumentalportale an der Voßstraße, sondern durch ein massives Bronzetor, das sich von der Wilhelmstraße zum Ehrenhof hin öffnete (Abb. 5). Die Grundrißkonzeption der Repräsentationsräume sollte an Schloßarchitektur erinnern. Auf dem Weg zu Hitlers Arbeitszimmer durchschritt man Räume (Abb. 6–9), die in Dekor und Gestaltung wechselnd, ähnlich dem Enfilee einander zugeordnet waren. Nach »Vorhalle«, »Mosaiksaal«, »Rundem Saal« folgte die 146 m lange »Marmorgalerie«. Sie entspricht in ihrer Ausdehnung der ganzen Länge des Mittelteils der Fassade an der Voßstraße. Erst hier kommt es also im Ablauf der Repräsentationsräume zu einer Entsprechung zwischen Fassadengliederung und dem Rang der dahinterliegenden Räume. Mit der Marmorgalerie ist eine

5 Neue Reichskanzlei, Vorhalle (*Kunst im Dritten Reich* 3, 1939, 9, S. 289).

6 Neue Reichskanzlei, Vorhalle (*Kunst im Dritten Reich* 3, 1939, 9, S. 375).

direkte Assoziation an Schloßarchitektur bezweckt. So sind die tiefen Fensternischen, die streifenartig Licht einlassen, der Galerie von Fontainebleau entlehnt. Besonders aber die Lage der Marmorgalerie vor Hitlers Arbeitszimmer war eine gezielte Anspielung auf die Spiegelgalerie von Versailles. Die Bedeutung der Marmorgalerie ist auch darin zu sehen, daß sie durch ihre Länge, was ausdrücklich in der Presse betont wurde, das Vorbild Versailles übertrumpfte und damit nun architektonisch die Niederlage des 1. Weltkrieges, den »Schandvertrag von Versailles«, der in jener Galerie unterzeichnet worden war, symbolhaft auslöschte. Durch diese architektonische Manifestation sollte hier eine nationale Identifizierung mit dem Bau ermöglicht werden. Zu den Repräsentationsräumen gehörte noch der Empfangssaal am Ende der Marmorgalerie sowie der nie benutzte Kabinettsitzungssaal.

Die Wirkung der Neuen Reichskanzlei liegt vor allem in der propagandistischen Verwertung der Repräsentationsräume durch die häufigen, ja massenweisen Veröffentlichungen in Zeitschriften und Film.[14] Über die eigentlichen Arbeitsräume und Arbeitsbedingungen in der Neuen Reichskanzlei gibt es so gut wie überhaupt

7 Neue Reichskanzlei, Mosaiksaal (*Kunst im Dritten Reich* 3, 1939, 9, S. 376).

keine Informationen, so daß sich das Bild von der Neuen Reichskanzlei im Bewußtsein der Öffentlichkeit ganz allein auf die Repräsentationsräume beschränkte, die durch die Publikationen allgemein bekannt waren. Erst in der Reproduktion der Repräsentationsräume wurde die Neue Reichskanzlei zu einem öffentlichen Gebäude. Es ist bezeichnend, daß die Räume fast ausschließlich menschenleer gezeigt wurden und somit ihr Denkmalscharakter noch gesteigert wurde.[15] Auf der anderen Seite aber ermöglichte die Reproduktion auch die Teilhabe an Macht und Repräsentation, allerdings vermittelt über die Distanz der Fotos. Die Motive, die als Kulisse für Hitlers Arbeitszimmer zusammengefügt waren, entsprachen ganz den Vorstellungen von Herrschaft und waren allgemein verständlich. Da dies der am meisten publizierte und bedeutungsvollste Raum der Neuen Reichskanzlei ist, soll er genauer beschrieben werden.

Der Eingang zu Hitlers Arbeitszimmer (Abb. 10) in der Mitte der Marmorgalerie war durch die Kartusche mit seinen Initialen A. H.

8 Neue Reichskanzlei, Runder Saal (*Kunst im Dritten Reich* 3, 1939, 9, S. 38).

9 Neue Reichskanzlei, Marmorgalerie (*Kunst im Dritten Reich* 3, 1939, 9, S. 395).

10 Neue Reichskanzlei, Eingang von der Marmorgalerie zu Hitlers Arbeitszimmer (*Kunst im Dritten Reich* 3, 1939, 9, S. 392).

zwischen Eichenlaub hervorgehoben. Bereits diese Initialen sollten an fürstliche Herrschermonogramme wie z. B. das N Napoleons oder an das damals bekannteste Künstlersignum A. D. Albrecht Dürers erinnern und müssen geradezu als Hinweis auf das gezielt aufgebaute Image Hitlers als Staatsmann und Künstler verstanden werden. Das Programm der dekorativen Ausstattung des Arbeitszimmers (Abb. 11, 12) stand zum Teil in der Tradition des bürgerlichen »Herrenzimmers« wie auch in der Tradition von Thronsälen und war damit wiederum eine Anspielung auf Schloßarchitektur. Dies kam zum Ausdruck durch die vier Kartuschen über den Nebentüren in Hitlers Arbeitszimmer, auf denen in Halbfigur männliche Gestalten Tugenden symbolisierten. Als Allegorie der Tapferkeit diente ein Ritter mit Schwert und Schild, auf dem das Hoheitszeichen prangte. Die Tugend der Furchtlosigkeit wurde durch den von Tod und Teufel bedrängten Ritter dargestellt, eine

11 Neue Reichskanzlei, Arbeitszimmer Hitlers (*Kunst im Dritten Reich* 3, 1939, 9, S. 412).

12 Neue Reichskanzlei, Arbeitszimmer Hitlers (*Kunst im Dritten Reich* 3, 1939, 9, S. 411).

direkte Anspielung auf Hitler, die durch die Gesichtszüge des Ritters noch verdeutlicht wurde.[16] Weiter gehörten zum ikonographischen Programm der Ausstattung die gußeisernen Kaminplatten, auf denen die vier Elemente Feuer, Wasser, Luft und Erde dargestellt waren. Mosaike mit den vier Jahreszeiten waren zwar außerhalb über den Fenstertüren des Arbeitszimmers angebracht, waren aber trotzdem Teil des im Inneren anklingenden dekorativen Programms. Auf Hitler bezogen waren auch das Reiterstandbild Friedrichs d. Gr. unter Glassturz, das Porträt Bismarcks über dem Kamin und die Büste Hindenburgs, des Feldherrn, des Staatsmannes und des Reichspräsidenten, als dessen legitimer Nachfolger er sich sah. Sie bildeten eine »geistige« Ahnengalerie, symbolisierten die Legalität der von ihm ausgeübten Macht und verweisen auf die Vereinigung von Staatsmann und Feldherrn in Hitlers Person. Hitlers Schreibtisch (Abb. 13) war an der Schauseite und damit gleichermaßen auf den Besucher oder Betrachter des Fotos bezogen, mit drei in

Intarsien gearbeiteten Darstellungen versehen. In der Mitte erschien der Kriegsgott Mars, rechts das geflügelte Medusenhaupt und links Minerva. Hinter dem Schreibtisch stand der rote Ledersessel, dessen überhöhte Rückenlehne alle anderen Sitzgelegenheiten überragte.

Die Ausstattung des Arbeitszimmers war allegorisch zu verstehen. Bereits die Möbel, die diesen Raum charakterisierten, sind Allegorien einer solchen Tätigkeit. Die Überdimensionierung des Schreibtisches, das vom Sessel aus nicht erreichbare Telefon, übri-

13 Neue Reichskanzlei, Arbeitszimmer Hitlers, Schreibtischbereich (*Kunst im Dritten Reich* 3, 1939, 9, S. 416).

gens der einzige zeitbezogene Hinweis, die dekorative Anordnung der Schreibtischutensilien machten deutlich, daß es sich um rein stillebenartige Arrangements handelt. Zwei Möbelbereiche bezogen sich auf die Arbeitsgebiete Hitlers als Staatsoberhaupt (Schreibtisch) und als Oberbefehlshaber der Wehrmacht (Kartentisch), der dritte, die Sitzgruppe vor dem Kamin, »lädt zu zwanglosen Besprechungen ein«.[17]

Durch seine mediale Verwertung wurde das Arbeitszimmer sozusagen zum Denkmal stilisiert. Dies wird besonders deutlich in dem Artikel des Völkischen Beobachters zur Einweihung der Neuen Reichskanzlei: »Man weiß, wenn man in diesem Raum steht, daß er neu geschaffen wurde; aber es ist das Wunderbare, daß man bereits diesen Raum als historische Stätte empfindet, als den Ort, zu dem sich künftighin die Gedanken und die Liebe aller Deutschen hinwenden.« Die Gegenwart wurde als Vergangenheit entrealisiert, während die konkreten Bedingungen für die Bevölkerung Arbeitseinsatz, 12-Stundentag, Verzicht auf Konsumgüter waren. Die Zukunft, deren reale Planung bereits den Zeitpunkt des Angriffskrieges einschloß, blieb leer.

Die Reichskanzlei war Regierungssitz und Zentrum der Macht. Als solches wurde sie in der Öffentlichkeit präsentiert. Die Räume, in denen tatsächlich gearbeitet wurde, blieben anonym. Die wichtigsten Entscheidungen im Faschismus wurden nicht öffentlich getroffen. Wenn aber Repräsentationsräume in allen Einzelheiten und Details beschrieben und gezeigt wurden, dann wurde hier nicht nur die Repräsentation vorgeführt, sondern vielmehr wurde hier scheinbar Öffentlichkeit gewährt. Wünsche nach Partizipation an Macht und Entscheidungen wurden aber auf das Betrachten von fotografierten Räumen, die die Politik repräsentieren, reduziert. Öffentlich relevante Entscheidungen und Entwicklungen wurden scheinbar in diesen sichtbaren Räumen gefällt, die aber in ihrer formalen Gestaltung, ihren Machtzitaten so auf Hitler hin konzipiert waren, daß diese Entscheidungen außerhalb jeglicher Kritik standen und unantastbar waren.[12]

Als Propagandabau erfüllte die Neue Reichskanzlei mehrere Funktionen, wobei immer wieder die visuelle Verbreitung der Repräsentationsräume durch die Medien eine außerordentliche Bedeutung hatte. Film und Foto bestimmen noch heute die Vorstellung von der Reichskanzlei und damit auch das Bild des deutschen Faschismus. Über die Reproduktion wurde sie aus einem bestimmten

14 Werbefoto der Vereinigten Werkstätten für Kunst im Handwerk, München (*Kunst im Dritten Reich* 3, 1939, 9, S. VII).

Blickwinkel in ausgewählten Ausschnitten gezeigt. Das Foto als scheinbar objektives Medium suggerierte Authentizität und deformierte dabei die Realität.

Sowohl die Fotos wie auch die Beschreibung der Innenausstattung der Neuen Reichskanzlei in der Presse machen deutlich, daß es hier nicht nur um einen repräsentativen Rahmen für Machtentfaltung und Diplomatenempfänge ging, sondern auch um die demonstrative Darstellung des Kunsthandwerks: so heißt es z. B. im VB über die Innenausstattung: »Man darf nicht vergessen, was dieser Bau in seiner hochwertigen Ausgestaltung für die Wiederbelebung des deutschen Bau- und Kunsthandwerks bedeutet.« Das Kunsthandwerk kommt in der Reichskanzlei zur Geltung durch das individuelle Kunstmöbel, die Mosaike, die Wandteppiche, die Verkleidung der Wände mit Stuck, Marmor und Holz, das geschliffene Glas der Fenster, die Leuchter und Heizkörperverkleidung usw.

Die starke Hervorhebung der handwerklichen Leistung bei der Innenausstattung hat hier besondere Bedeutung. Die Neue Reichskanzlei war Schaufenster für das deutsche Kunsthandwerk.[19] Durch die forcierte Rüstungs- und Kriegswirtschaft war der Untergang handwerklicher Kleinbetriebe mit ihrer anachronistischen Produktionsweise gegenüber der perfektionierten Rationalisierung und Standardisierung in den Großbetrieben nicht mehr aufzuhalten. Da aber gerade auf der sozialen und ideologischen Basis der kleinbürgerlichen Schichten sich die Konsolidierung des deutschen Faschismus vollzogen hatte, mußte den Handwerksbetrieben ein Bereich eröffnet werden, der diese Entwicklung negierte oder dem Prestige nach aufwog, zumindest aber auf die Öffentlichkeit so stark wirkte, daß die konkrete Entwicklung dem Anschein nach nicht in Widerspruch zur NS-Ideologie geriet. Auch diese Funktion erfüllte die Neue Reichskanzlei, wobei wiederum die mediale Verbreitung der Inneneinrichtung in ihrem Luxus jetzt als Rettung des Handwerks und damit zum Nutzen der »Volksgemeinschaft« gewertet wurde.

Durch die ideologische Aufwertung des Handwerks zum Kunsthandwerk bei gleichzeitiger massenhafter Verbreitung über die Medien wurde die Realität der sprunghaft steigenden Technik in der Rüstungsindustrie und die ebenso fortschreitende Entfremdung des Menschen, die im Arbeitseinsatz und schließlich im Kriegseinsatz kulminierte, verschleiert.

Die Neue Reichskanzlei ist also ein Propagandabau, in dem die NS-Handwerksideologie ihre Verwirklichung und Interpretation erfuhr. Deshalb widerspricht es auch ihrem sakralen Habitus nicht, daß ihre Ausstattung (Abb. 14) im profanen Bereich des Warenmarktes für Anzeigenwerbung der beteiligten Firmen verwendet wurde.

Anmerkungen

1 Eine umfassende Darstellung zu diesem Thema enthält mein Buch *Die Neue Reichskanzlei in Berlin von Albert Speer*, Berlin 1981. Die Neue Reichskanzlei existiert nicht mehr. Der Baukomplex war bei Kriegsende, mit Ausnahme des Reichskanzlerpalais, weitgehend erhalten geblieben. Im Februar 1949 wurde die Neue Reichskanzlei auf Veranlassung der sowjetischen Besatzungsbehörden gesprengt und die verwertbaren Baumaterialien, besonders der Marmor, für den Bau des sowjetischen Ehrenmales im Treptower Park und für den Wiederaufbau des U-Bahnhofs Kaiserhof (heute Thälmannplatz) verwendet.

2 Adolf Hitler, ›Die Reichskanzlei‹, in: *Kunst im Dritten Reich* Jg. 3, H. 7, 1939, S. 280.

3 Albert Speer, *Erinnerungen,* Berlin 1969, S. 116.

4 Bundesarchiv Koblenz, R4311/1181, Niederschrift über die Besprechung in der Reichskanzlei am 5. Juli 1934.

5 Bundesarchiv Koblenz, R4311/1052a. Schreiben Lammers an Schwerin von Krosigk vom 16. Oktober 1936.

6 Vgl. Wilhelm Treue, ›Hitlers Denkschrift zum Vierjahresplan 1936‹, in: *Vierteljahreshefte für Zeitgeschichte* 3, 1955.

7 Friedrich Hoßbach, *Zwischen Wehrmacht und Hitler 1934–1938.* Göttingen 1965, S. 181–189. Das Protokoll wurde am 10. November 1937 geschrieben. Vgl. dazu IMT Bd. 25. Dok. 386-PS, S. 402ff. Wortlaut des Protokolls.

8 Bayerisches Hauptstaatsarchiv, Abt. I, NS-Pläne, Rolle 195.

9 Bundesarchiv Koblenz, R 4311/1052, Erlaß Hitlers über die offizielle Auftragserteilung zum Bau der Neuen Reichskanzlei vom 27. 1. 1938.

10 Die 1. Deutsche Architektur- und Kunsthandwerksausstellung wurde im Haus der Deutschen Kunst in München vom 22. Januar 1938 bis zum 18. April 1938 gezeigt. Vgl. den offiziellen Ausstellungskatalog, München 1938.

11 Vgl. die ausführlichen Berichte im *Völkischen Beobachter* vom 3. August 1938 zum Richtfest und vom 13. Januar 1939 zur Einweihung.

12 Vgl. *Völkischen Beobachter* vom 3. August 1938 mit Auszügen aus der Rede Hitlers zum Richtfest der Neuen Reichskanzlei.

13 Bundesarchiv Koblenz, R 4311/1053. Am 18. August 1938 war ein Bauarbeiter auf der Baustelle tödlich verunglückt.

14 Neben den Wochenschauaufnahmen zur Einweihung der Neuen Reichskanzlei sowie anläßlich politischer Ereignisse wurde sie 1939 in dem Propagandafilm »Das Wort aus Stein« (Untertitel: Die Bauten Adolf Hitlers) mit anderen Bauvorhaben gezeigt. Da die Neue Reichskanzlei der einzige fertiggestellte Bau war, konnten hier und wurden auch vor allem die repräsentativen Innenräume vorgestellt, während von den anderen Bauten ausschließlich die Außenarchitektur gezeigt wurde, da es sich um Aufnahmen nach Modellen handelte. Vgl. K. Arndt, *Das Wort aus Stein.* Filmdokumente zur Geschichte. Institut für den wissenschaftlichen Film Göttingen, Göttingen 1965. In diesem Zusammenhang stellt sich die Frage, inwieweit bei der Planung der NS-Repräsentationsarchitektur deren fotogene Wirkung mit einkalkuliert wurde, ja möglicherweise sogar die Farbigkeit der Innenräume auf Farbfotografie abgestimmt war. Nicht nur Hitlers, sondern auch Speers Interesse am Film würde diese These unterstützen. Speer besprach nicht nur die genauen Standorte für Innenaufnahmen mit den Fotografen, sondern er ließ auch einen Farbfilm von dem Regisseur Franck über die Neue Reichskanzlei

drehen. 1941 gab Speer »Anweisungen bis ins einzelne und besprach vor allem Probleme des Farbfilms, dessen Resultate bei den Innenaufnahmen der Reichskanzlei besonders befriedigend waren.« Bundesarchiv Koblenz R 3/1735, Bauchronik 1941, S. 72.

15 Vgl. hierzu besonders die Abbildungen in: *Kunst im Dritten Reich* Jg. 3, H. 1 und H. 9, 1939.

16 Die allegorische Gleichsetzung Hitlers mit dem »Ritter, Tod und Teufel« war im 3. Reich eine allgemein verständliche Metapher. Der Stich Dürers, der dahinter als Vorbild steht, war damals sehr häufig reproduziert (1928 Dürerjahr).

17 Bundesarchiv Koblenz R44 11/1054, Deutsches Nachrichtenbüro vom 12. Januar 1939.

18 Bereits in den frühen 30er Jahren wurde in den Untersuchungen über die Massenpsychologie des Faschismus das Teilhaben am Glanz der Macht als notwendiger Ersatz für die verhinderte aktive politische Selbstbestimmung beschrieben. Vgl. hierzu neben Wilhelm Reich, *Die Massenpsychologie des Faschismus* (1933), Köln 1971, vor allem Erich Fromm, ›Autorität und Familie. Sozialpsychologischer Teil‹ (Paris 1936), in: *Marxismus, Psychoanalyse, Sexpol* Bd. 1, herausgegeben von Hans-Peter Gente, Frankfurt/Main 1970, besonders S. 292 ff.

19 Klaus Herding/Hans-Ernst Mittig, *Kunst und Alltag im NS-System. Albert Speers Berliner Straßenlaternen.* Gießen 1975, vgl. besonders das Kapitel »Zielgruppen, Interessen«.

III Gemeinschaftsarchitektur

Unter dem Begriff einer »Gemeinschaftsarchitektur« soll eine Architektur verstanden werden, die – im Gegensatz zur »Herrscherarchitektur« – einem größeren, u. U. allgemeinen Publikum zur Nutzung oder als Ausdruck seiner selbst zur Verfügung gestellt wird. Es läge nahe, sie als »Bürgerarchitektur« zu bezeichnen, doch könnte dies zu dem Mißverständnis führen, daß sie immer von Bürgern gebaut worden ist, während doch mancher Herrscher eindrucksvolle Beispiele solcher Gemeinschaftsbauten geliefert hat. Auch steht ja nicht alles, was kommunale Baubehörden errichtet haben, am allerwenigsten vielleicht die Rathäuser, von vornherein unter dem Vorzeichen der herrschaftsfreien Allgemeinheit.

Ein gewisses Schwergewicht in der Sammlung der Beiträge liegt bei den verschiedenen Ausprägungen des Begriffes der Nützlichkeit oder der Rationalität architektonischer Entwürfe. Neben dem rein pragmatischen Gesichtspunkt, daß Bauwerke auch gebraucht werden können und für Handel, Verkehr und Gewerbe einfach von Nutzen sind, tritt doch in der Geschichte immer wieder der Anspruch auf, durch einfache, zweckgerechte Formen, durch natürliche Erscheinung auch eine ästhetische Qualität vorzustellen, die darauf verzichtet, mehr zu zeigen und zu wollen als das, was nach einer allgemeinen Auffassung vernünftig ist. Im 20. Jahrhundert ist diese Ästhetik des Nützlichen und Zweckhaften fast zu einem Dogma erhoben worden. Obwohl es zu ihr noch keine überzeugenden Alternativen gibt, ist sie in jüngerer Zeit wieder grundsätzlichen Zweifeln ausgesetzt worden. Daß die nüchterne und zweckhafte Erscheinung eines Bauwerks dem Vermögen einer Volksmehrheit am nächsten kommt, besagt noch nicht, daß sie eine Gemeinschaft auch am angemessensten repräsentieren kann.

Auch in den hier zusammengestellten Aufsätzen wird der Leser die unterschiedlichsten Zugänge und Themen vorfinden, die eine Synthese nicht schon dokumentieren, sondern allenfalls postulieren können. Selbst hier gibt es das Phänomen der »Inversion«. Festungen und Stadtmauern etwa, dereinst mächtigste Zeugnisse eines politischen Willens in der Gestalt von Zweckbauten, sind heute, wenn sie im 18. oder 19. Jahrhundert nicht zu Grünzonen oder Bahndämmen umgewandelt wurden, rein ästhetische Zeichen und attraktive Blickpunkte geworden. Vielleicht ist das politische Kunstwerk ästhetisch erst rezipierbar, wenn seine politische Funktion sich erledigt hat, wozu auch eine Forschung zur »Politischen Architektur« beitragen könnte.

Erich Maschke

Die Brücke im Mittelalter*

Die Brücke, so heißt es im Großen Brockhaus[1], ist »ein Ingenieurbauwerk zur Überführung eines Verkehrsweges, eines Kanals, von Wasser- oder Gasleitungen und dergleichen über ein Hindernis«, und in der britischen Encyklopädie[2] wird die Brücke definiert als »ein Bau, der ein Hindernis wie einen Fluß, einen Abhang, eine Straße oder Eisenbahn überwindet und als Korridor für Fußgänger, Motor- und Bahnverkehr benutzt wird«. Abgesehen von modernen Elementen wie Gas oder Eisenbahn gelten diese Definitionen auch für die Brücke des Mittelalters. Sie war eine Konstruktion zur Überwindung natürlicher Hindernisse, insbesondere von Flüssen, für den Verkehr. Darüber hinaus aber war sie mehr. Als Erzbischof Balduin von Trier im Jahre 1343 den Bau einer steinernen Brücke bei Koblenz über die Mosel plante[3], sollte sie ausdrücklich dazu dienen, um den Pilgern, besonders denen nach Aachen, aber auch Kaufleuten und anderen Wanderern den Übergang zu erleichtern. Für Pilger und Kaufleute ist auch in Leipzig 1434 die Brücke vor allen anderen bestimmt.[4] Sie hat hiernach übergeordnet einen religiösen und einen kommerziellen Aspekt. Anderes kam für die Menschen des Mittelalters hinzu, so daß uns die Brücke jener Jahrhunderte als ein sehr komplexes Gebilde erscheint. Die ganze Vielfalt hier ausführlich darzustellen, ist nicht möglich.[5] Wir wollen uns an die Sicht halten, in der Balduin von Trier die Brücke sah, das heißt: ihre religiöse und kommerzielle Bedeutung besonders intensiv behandeln, dürfen aber darüber andere Zusammenhänge nicht vernachlässigen.

---

* Erich Maschke, ›Die Brücke im Mittelalter‹. In: *Historische Zeitschrift*, Bd. 224, 1977, S. 265–292. Unveränderte, mit Anmerkungen versehene Fassung des Vortrages, der am 15. November 1975 im Rahmen der Tagung des Südwestdeutschen Arbeitskreises für Stadtgeschichtsforschung mit dem Gesamtthema »Die Stadt am Fluß« in Kehl a. Rh. gehalten wurde.

Das Verhältnis von Brücke und christlicher Kirche hat die Forschung in der zweiten Hälfte des vergangenen Jahrhunderts mehrfach beschäftigt.[6] Dann ist das Interesse an der Brücke, soweit es nicht technik- oder kunstgeschichtlich war, überhaupt verschwunden. Erst Otto Borst hat 1971 in seinem Buch über die Esslinger Pliensaubrücke[7] das Thema wieder aufgenommen. Er hat darin Wesentliches erkannt, aber es bleibt bei diesem begrenzten und doch sehr komplexen Thema noch genug zu schildern, das hier in eine gewisse Systematik gebracht werden soll. Dabei wollen wir uns, von wenigen Ausblicken abgesehen, auf Deutschland beschränken.

Es gab Schiffsbrücken, Brücken aus Holz und aus Stein sowie seit dem 13. Jh. aus Eisen.[8] Die hölzernen und steinernen Brücken werden uns besonders beschäftigen. Die Brückenbauten Karl des Großen standen noch in der Tradition der römischen Bauten. Die Überquerung von Flüssen durch Brücken setzte in Deutschland erst vom späten 11. und beginnenden 12. Jh. an in größerem Umfang ein.[9]

Wegen der verschiedenen Konstruktionen, Kosten und Funktionen empfiehlt es sich, Binnenbrücken in Städten von den Außenbrücken zu unterscheiden, die zumeist auch an Städten lagen, aber auch mit Dörfern oder anderen Kleinsiedlungen verbunden sein konnten. Wo mehrere rechtlich selbständige Teilstädte, besonders als Gründungsstädte, nebeneinander bestanden, wuchsen sie durch die Binnenbrücken zu einer sozialen und wirtschaftlichen Einheit zusammen, die früher oder später auch rechtliche Folgen hatte. Brachten die vier Brücken, die in Königsberg in Preußen zwischen der Altstadt und der Inselstadt Kneiphof über den Pregel führten, zwar keinen Ausgleich zwischen den vom Deutschen Orden gegründeten, miteinander konkurrierenden Einzelstädten[10], so ließ doch in Nürnberg die Überbrückung der Pegnitz die beiden Stadthälften Sankt Sebaldus und Sankt Lorenz zu einem Gemeinwesen zusammenwachsen.[11] Eine solche Verbindung vollzog sich noch leichter in kleineren Städten, etwa Kreuznach, dessen zwei Stadtteile zu beiden Seiten der Nahe erst durch eine Holzbrücke und seit rund 1300 durch eine Steinbrücke miteinander verbunden waren.[12]

Von sehr viel größerer Bedeutung als diese Binnenbrücken waren die Außenbrücken, die eine am Fluß gelegene Siedlung mit den Räumen auf der anderen Seite des Flusses verbanden. Die Brücke war ausschlaggebend für den Standort der Städte, die an einem Fluß lagen. Von der Verkehrslage her waren ihre wirtschaftliche und soziale Struktur bestimmt. Am anschaulichsten zeigen die Städte diese Abhängigkeit, welche die Brücke in ihrem Ortsnamen führen. So entstand Innsbruck an einer schon vorhandenen Brücke über den Inn[13], wie andere Städte in Anlehnung an ein Kloster oder eine Burg entstanden. Saarbrücken entwickelte sich anschließend an die Burg an einer Stelle, über die eine im 13. Jh. noch benutzte römische Brücke führte.[14]

Für Städte, die an einem für den Verkehr geeigneten Fluß lagen, hatte die Brücke die außerordentliche Bedeutung, daß im Winkel zu dem Flußtal eine Verbindung über den Fluß hergestellt war, die ein Verkehrskreuz für Menschen und Waren schuf. Dabei waren die Eigentumsrechte an der Brücke von grundlegender Wichtigkeit.

Die Brücke war wie die Straße und der Strom Regal, königliches Hoheitsrecht, das vielfach mit Einkünften verbunden war[15], wobei nach dem Mainzer Reichslandfrieden von 1235 allerdings derjenige, der zu Lande oder auf dem Wasser Zoll erhob, auch verpflichtet sein sollte, »in üblicher Weise Brücken und Straßen instandzuhalten«.[16] Kaiser Friedrich I. sicherte als Stadtherr 1182 den Bürgern von Regensburg jede Freiheit über ihre Donaubrücke zu[17] und bestimmte 1188, daß die Rechte Lübecks an der Trave und der Travebrücke dieselben sein sollten wie in der Stadt.[18] Heinrich VII. erlaubte 1310 den Regensburgern, ein Ungeld zu erheben, um Brücke, Wege und Zugang zur Stadt ausbessern und die Stadt selbst befestigen und besser hüten zu können.[19] König Wenzel privilegierte 1393 die Brücke, die die Straßburger seit 1388 im Kriege gegen Baden über den Rhein geschlagen hatten.[20] Kaiser Karl IV. hat die 1342 durch Hochwasser zerstörte Prager Brücke wohl in seiner Eigenschaft als König von Böhmen wieder aufbauen lassen.[21]

Wie die anderen Regalien, so ging auch das Hoheitsrecht über die Brücke seit der späteren Stauferzeit an die Fürsten über, die sich des Brückenbaus in ihren Städten annahmen. Die geistlichen Fürsten waren hierbei sehr häufig beteiligt, so daß das Verhältnis von Kirche und Brücke, das uns noch beschäftigen wird, auch von dieser rechtlich-politischen Entwicklung mitbestimmt war. Wir begnügen uns mit wenigen Beispielen. Um 1225 baute Bischof Heinrich II. von Basel *ad voluntatem consilii Basiliensis,* also auf Wunsch des Baseler Stadtrates eine Brücke über den Rhein; er verpfändete hierfür den Kirchenschatz.[22] Da sich die Klöster St. Blasien und Bürgeln bei Badenweiler an den Kosten beteiligten, wurden sie vom

Brückenzoll befreit. Sehr viel früher schon hatte Erzbischof Williges von Mainz († 1011) eine Brücke bei Aschaffenburg über den Main[23] und eine andere bei Bingen über die Nahe[24] bauen lassen. Fuldaer Äbte bauten schon im 9. Jh. eine Brücke in Fulda selbst[25] und eine andere 1242 in Hammelburg über die fränkische Saale[26] zusammen mit der Verleihung des Stadtrechtes und der Ummauerung.

Ähnlich war das Recht weltlicher Fürsten an der Brücke, wenn es auch im allgemeinen gern zusammen mit der Verpflichtung, die Kosten zu tragen, den Städten überlassen wurde. Der Rat von Grimma brauchte 1438 die landesfürstliche Genehmigung, um ein Darlehen zum Wiederaufbau der zerstörten Muldebrücke aufzunehmen[27] und erhielt 1470 nach weiteren Zerstörungen keine Erlaubnis der sächsischen Kurfürsten, für die Kosten des Wiederaufbaus ein Brückengeld einzuführen.[28] Graf Ulrich von Württemberg baute 1474 eine steinerne Brücke bei Lauffen über den Nekkar.[29] Kurfürst Friedrich der Weise von Sachsen vermittelte 1491 beim Papst einen Ablaß zur Finanzierung der zerstörten Brücke bei Torgau.[30] Diese verschiedenartigen Beispiele mögen genügen.

Mit anderen Hoheitsrechten erwarben die Reichsstädte auch das Brückenrecht. Sie mußten auch für die Kosten des Baus und der Unterhaltung aufkommen, was sie meistens vor große Schwierigkeiten stellte. Im übrigen gab es genossenschaftliche Rechte und Pflichten wie für Weg und Straße so auch für die Brücke.[31] Mit dem Wege- und Brückenrecht war auch das Geleitsrecht verbunden. Im Jahre 1475 wurde vertraglich abgesichert, daß das Geleitsrecht des Grafen Eberhard von Württemberg bis zur steinernen Brücke von Rottweil reichte.[32] Auch sonst kam es vor, daß das fürstliche Geleitsrecht an einer Brücke endete.[33]

Der Brückenbau diente natürlich immer Verkehrszwecken. Diese wurden aber nicht immer gleich formuliert, da bei der Errichtung der Brücke, wie unsere Beispiele aus Koblenz und Leipzig zeigten[34], an verschiedene Benutzerkreise gedacht werden konnte. Waren es hier Pilger und Kaufleute, so sollte die hölzerne Saalebrücke in Kösen den Wallfahrern zur St. Vincentius-Kapelle dienen[35] und die 1576 in Leisnig errichtete Muldebrücke war nicht nur »eyn gemeyne landstraße« – also für alle bestimmt –, sondern besonders »allem eingepfarten Volcke zur kirchen zu gehn von nöten«, die von jenseits der Mulde zu ihrer Pfarrkirche gehen wollten.[36]

Im Vergleich zu diesen kirchlichen Hilfen wurde beim Brückenbau sehr viel häufiger an wirtschaftliche Interessen gedacht. Diese wurden in einem römischen Ablaßbrief des Jahres 1286 für die Esslinger Neckarbrücke recht allgemein formuliert, wenn als Zweck der Brücke galt, daß reiche und arme Gläubige ihre Geschäfte besser erledigen konnten.[37] In dem Ablaßbrief, den 15 Bischöfe im Jahre 1300 zu Rom für die Frankfurter Mainbrücke erteilten[38], wurden Menschen, Vieh, Wagen und Fahrzeuge genannt, also deutlich mehr mit einem Nahverkehr gerechnet und die Kaufleute nicht erwähnt, die doch den wirtschaftlichen Aufstieg Frankfurts herbeiführten. König Albrecht II. traf im Juli 1439 als Herzog von Österreich Bestimmungen für den Donaubrückenzoll;[39] sie bieten einleitend die ausführlichste Zweckbestimmung des Brückenbaus, die in einer deutschen Urkunde formuliert worden ist. Die Wiener Donaubrücke war, ähnlich wie die Frankfurter Mainbrücke, für jeden, der »gereiten, gevaren, geen, getreiben und tragen mueg«. Wie die Brückenzölle zeigen, bei denen übrigens für Ochsen je zwei Pfennig, für Schweine nur einer, bei einer jungfräulichen Braut nur zwölf, bei einer Witwe, die wieder heiratete, aber 24 Pfennige verlangt wurden, galten sie ebenso für den Nahverkehr wie für den Fernhandel. Auf den letzteren gerichtet war eine Urkunde Ottos II. von 975[40], die den Magdeburger Kaufleuten Zollfreiheit auf Wegen, Wassern und Brücken gewährte, und zu anderer Zeit und in einem anderen Sinne die Stiftung eines Hamelner Kanonikers, der, wie er in seinem Testament von 1405[41] sagte, »die Dinge des gemeinen Nutzens zu achten« wußte; so stiftete er Einkünfte für Wege und Brücken, damit nicht Kaufleute, Krämer und Fuhrleute wegen des schlechten Zustandes derselben fortblieben und daher »die Kaufmannschaft verging«.

Der allgemeine Nutzen für alle war die wichtigste Begründung für den Brückenbau. Die Brücke in Würzburg galt in einem Ablaßbrief von 1322 als höchst notwendig für Einwohner und Reisende.[42] In Königsurkunden fehlte diese Begründung nicht. Barbarossa bekannte sich zur *communis utilitas*, als er 1182 die Regensburger Brücke privilegierte.[43] Nach einem Entwurf für das schon erwähnte Privileg König Wenzels von 1393 für Straßburg, sollte die dortige Rheinbrücke »dem richen und dem armen nutze und guot« sein[44], also allen.

Albrecht II. bemerkte für die Donau bei Wien, »daz die prucken landen und leuten, reichen und armen grossen nutz und fördrung bringen«, wodurch freilich auch große Kosten entstünden.[45] Der »gemeine«, d. h. allgemeine Nutzen und das allgemeine Wohl waren auch das Ziel Geistlicher, wenn sie sich für Brückenbau und -reparatur bemühten.[46]

Über solche Zielsetzungen hinaus konnten mit dem Brückenbau Absichten verbunden sein, die nicht ausdrücklich ausgesprochen wurden, aber doch erkennbar sind. Die Umlenkung des Fernwarenverkehrs durch eine neue Brücke, die eine Abkürzung des Weges und damit eine Beschleunigung und Verbilligung brachte, bedeutete noch mehr als der Brückenbau zu Gunsten der Kaufleute, den wir kennenlernten. Mit der Brücke, die die Regensburger 1135–1146 bauten, verlagerte sich der Verkehr vom nördlichen Frankreich in die Donauländer auf die Linie Würzburg-Nürnberg-Regensburg, während er vorher über Worms-Wimpfen-Passau gegangen war.[47] Die hölzerne Rheinbrücke von 1207, die die beiden Laufenburg miteinander verband, nahm den Fernverkehr längst des Rheines, der durch Berge behindert war, auf der anderen Seite auf.[48] Als Friedrich der Weise sich zu Ende des 15. Jh.s um den Neubau der Torgauer Elbbrücke bemühte, beabsichtigte er, den Fernverkehr über die Niedere Straße zu lenken.[49]

Ebenso konnte der Brückenbau, wie bei den Brücken der Römerzeit, militärisch begründet sein. Hermann Aubin hat in seiner Studie über die Rheinbrücken im Altertum und Mittelalter[50] diese Seite sicher überschätzt, doch daß Straßburg seine Rheinbrücke 1388 nur plante, um im Krieg gegen Baden schnell Truppen auf die andere Seite des Stromes bringen zu können[51], ist eindeutig. Daß die Gegner der Reichsstadt die Brücke zu zerstören suchten, ist verständlich, daß König Wenzels Bestätigung eine politische Entscheidung war, sahen wir schon.[52]

Wie die Stadtgründung, so diente auch der Brückenbau der Territorienbildung. Markgraf Dietrich von Meißen wollte in der ersten Hälfte des 13. Jh.s auf Kosten des Abtes von Pegau seine Hoheitsrechte vergrößern. Daher zerstörte er, wie Ulf Dirlmeier[53] anschaulich gezeigt hat, die Pegauer Brücke, die für den Verkehr nach Böhmen und Nürnberg wichtig war, gründete bei seiner Burg Groitzsch eine Kaufmannssiedlung mit Markt, Zoll, Münze und Geldwechsel und baute Brücken, die den Fernverkehr über Groitzsch leiten sollten. Das Eingreifen Kaiser Friedrichs II. machte diese Maßnahmen rückgängig, die Brücken mußten zerstört werden, aber ihre Bedeutung für die Territorienbildung wird durch diese Episode sichtbar. Den Verkehr über eine wichtige Brücke unter Kontrolle zu bringen, konnte auch in der reichsstädtischen

Territorialpolitik eine Rolle spielen. Ulm kaufte 1453 von Württemberg das weiter unterhalb an der Donau gelegene Städtchen Leipheim, weil es hier eine viel benutzte Brücke gab.[54]

Überwog auch bei weitem das wirtschaftliche Interesse an der Brücke, so gab es doch auch andere Gründe, um die Brücke in die Verkehrsplanung einzubeziehen und ihr sogar eine hervorragende Stelle zuzuweisen.

Wenn nun der Brückenbau vom späten 11. Jh. an immer häufiger wurde, so sprach sich darin auch ein technischer Fortschritt aus, der von der Schiffsbrücke zur Pfeilerbrücke, von der hölzernen zur steinernen Brücke führte. Brückenbauer, welche die Bautechnik beherrschten, waren nicht ohne weiteres zur Verfügung. In Würzburg[55] baute der Dombaumeister auch die Brücke über den Main, so daß er 1133 von Bischof Embriko in einer Urkunde gerühmt werden konnte als ein »guter Mann, der uns auch die Brücke als hochansehnliches Werk baute, Enzelin der Laie«. Der Bischof wünschte ihm, daß er so, wie er die Brücke als Weg zum Dom gebaut habe, auch den Weg zum *celeste palatium* gehen möge. Die heutige Mainbrücke in Würzburg stammt übrigens erst aus dem späten 15. Jh.[56]

Schlechter als der Würzburger war Bischof Johann von Prag dran, der nach dem Chronicon Pragense[57] in Böhmen und darüber hinaus keinen im Brückenbau erfahrenen Mann für den Bau einer Brücke über die Elbe bei Rudnitz fand und daher den ihm bekannten Meister Wilhelm vom päpstlichen Hofe in Avignon mit drei Genossen anwerben mußte. So konnten1333 die Fundamente der Pfeiler gelegt werden, und nach dem Bau von zwei Pfeilern und einem Gewölbe waren einheimische Fachkräfte so weit ausgebildet, daß sie das Werk fortsetzen und der Meister mit Gehilfen nach Avignon zurückkehren konnten. Noch in der Mitte des 16. Jh.s war es nötig, daß Nürnberg den aus Dinkelsbühl stammenden angesehenen Zimmermann Jörg Weber nach Schweinfurt schickte, damit er hier eine Brücke baute.[58]

Ein solcher Brückenbau war unter den technischen Möglichkeiten des Mittelalters ein schwieriges und kostspieliges Unternehmen, das kaum fehlerfrei durchzuführen war. Bei der Koblenzer Moselbrücke[59], die eine Länge von 325 Metern hatte, führten 14 Bögen über 13 Pfeiler, deren Bogenspannweiten alle verschieden groß waren, wie auch die Pfeiler und die Brückenbreite ungleichmäßig waren. Bei Holzkonstruktionen wurden von Kähnen aus Pfähle in den Grund gerammt. Auch bei Steinbrücken standen die Pfeiler auf einem quadratischen Fundament von Holzpfählen, deren Zwischenraum mit Steinen aufgefüllt war, wie für die Koblenzer Brücke nach den Zerstörungen des Zweiten Weltkrieges sehr genau festgestellt werden konnte. Bei der Errichtung der Pfeiler von Steinbrükken mußte das Wasser verdrängt werden, was durch den Bau einer sogenannten Wasserstube gelang.[60]

Auch bei diesen technischen Schwierigkeiten und Mängeln galt die Brücke, verglichen mit Furt und Fähre, als sicherer. Albrecht II. hatte nach der Urkunde von 1439[61] »mit guter vorbetrachtung bedacht, daz die leut etwieoft, als sie durch irer handlung willen auf schiffung uber die Tunau hin oder her varen wellent, von ungewitter oder anderr irrung willen vast gesaumet werden und sich auch etwenn durch irer narung, gescheft und handlung willen in ungewittern und herten zeiten in guter hoffnung auf das wasser erhebent und also das pilleich zu herzen geen sol und zu erparmen ist, mit leib und gut verderbent« und daher seinen Bürgern zu Wien den Brückenbau über die Donau gestattet.

Die Elbebrücke bei Rudnitz sollte erbaut werden wegen der Schäden und Gefährlichkeit, die bisher besonders für arme Leute bestanden.[62] Als die Einwohner von Sobernheim sich 1426 bei Papst Martin V. um einen Ablaß für ihre geplante Nahebrücke bemühten[63], berichteten sie von den vielfachen Unglücksfällen, zu deren Vermeidung eine dauerhafte Brücke gebaut werden sollte.

Boten Holz- und Steinbrücken gewiß größere Sicherheit, so waren sie doch von Hochwasser und Eisgang bedroht. Aus vielen Städten gibt es Nachrichten über die Zerstörungen und Beschädigungen, die hierdurch angerichtet wurden. In Esslingen war die Brücke 1286 zur »ruina« geworden.[64] Karl IV. sorgte, nachdem die Elbe 1342 ein Drittel der Prager Brücke zerstört hatte, für die *reparatio pontis*[65] und gewährte Konstanz 1353 einen Zolltarif zur Erneuerung der Rheinbrücke.[66] Das gleiche bewilligte der Kaiser 1359 für die Koblenzer Brücke, die nach seiner Urkunde »an etzlichen enden« zerbrochen[67] und nach der etwa gleichzeitigen Urkunde des Erzbischofs von Trier »sere gequetzit und gekrenkit« war.[68] In Basel[69] wurde die Brücke 1268, 1274, 1275, 1302, 1340, 1343 vom Hochwasser zerrissen, das mit der Schneeschmelze am gefährlichsten war, und so ging es weiter, etwa 1408, 1421 und 1424, in welchem Jahr drei Pfeiler weggerissen wurden. Mit diesen Zerstörungen, die meist nur einige Pfeiler betrafen, war auch das

Leben der Menschen gefährdet, die sie überfuhren oder überschritten. Der Hamelner Kanoniker, der 1405 sein Testament zu Gunsten der Wege und Brücken der Stadt machte[70], hatte gesehen, daß die Brücke brach und ein Wagen mit Salz vernichtet wurde, wie er Ähnliches auch aus anderen Städten kannte. Der römische Ablaßbrief von 1300 für Frankfurt am Main[71] warnte, daß allem Volke oft vielfältige Schäden, Ärgernisse und sehr große Hindernisse entstünden, wenn sehr gefährliche Flüsse ihren Lauf nähmen, die Brücke aber nicht sofort und ständig repariert würde. Überdies waren die Holzbrücken, wie 1638 in Laufenburg[72] am Rhein, durch Feuer bedroht.

Es ging laufend um *edificacio, reparacio* und *conservacio,* wie es 1291 in Frankfurt bezüglich der Mainbrücke formuliert wurde.[73] Daher forderte nicht nur der Bau einer Brücke sehr beträchtliche Mittel, sondern die Folgekosten der Reparaturen mußten auch abgedeckt werden. So weit ich sehe, besitzen wir kaum vollständige Angaben über die Kosten eines Brückenneubaus.[74] Die von der Leisniger Kirchengemeinde 1526 für die Kirchenbesucher gebaute Brücke über die Mulde kostete 62 Schock 32½ Groschen[75], während die Einnahmen aus Brückengeld für Menschen, Tiere und Fuhrwerke, allerdings beträchtlich später, in den Jahren 1583 bis 1585 zwischen rund 15 bis 17 Schock jährlich lagen.[76] Zahlen über die Kosten von Reparaturen sind häufiger. Als in Basel im Juli 1424 drei Pfeiler fortgespült worden waren und die neue Brücke sich auch als zu schwach erwies, wurden 1424/25 für Materialkosten und Lohn eines Zimmermannes 47 ℔ ausgegeben.[77] Technische Fehler verteuerten den Brückenbau außerordentlich. Die Errichtung des letzten Steinpfeilers und Bogens der Brücke in Richtung Großbasel kostete 1457 »grob gerechnet bei 2300 ℔«.[78] Wie sich dabei die Relationen verhielten, zeigt ein später Voranschlag aus der Mitte des 18. Jh.s für die Brücke von Schaffhausen, wonach für den Bau einer Wasserstube (Material und Arbeit) mit ca. 12000 Gulden mehr als die Hälfte aller Baukosten eines Pfeilers angesetzt war.[79]

Die hohen Kosten werden oft in den Urkunden betont. Nicht die technischen Schwierigkeiten des Brückenbaus, sondern seine Finanzierung stellte die entscheidende Problematik dar. Ihre Lösung führte in sehr eigenartige geistige Zusammenhänge hinein.

Die Brücke wurde aus einer Vielzahl ihr direkt zugeschriebener Einkünfte finanziert. Karl Bücher[80] meinte, daß die unzulänglich entwickelte Geldwirtschaft zu dieser Finanzierungsform beigetragen habe. In der Tat war der Bozener Eisackbrücke Wald überlassen und wurden die Arbeiten durch bäuerliche Gerichtsfronden aufgebracht.[81] In Frankfurt fiel unrechtmäßig gelagertes Holz an die Brücke über die Mulde.[83] König Heinrich (VII.), der Sohn Kaiser Friedrichs II., sicherte 1235 Holz aus dem Reichswald für die Frankfurter Mainbrücke zu.[84] Die Leisniger Brücke über die Mulde erhielt neben Geldeinkünften aus einer 1366 erfolgten Verleihung des sächsischen Markgrafen als Naturalzehnte Roggen und Hafer, Hühner und Eier.[85]

Doch das waren die Ausnahmen. Im großen ganzen verfügten die Brücken über Geldeinkünfte aus Quellen verschiedenster Art. Doch eine regelmäßige Finanzierung war, wie Bücher richtig betont, noch nicht möglich, da es besonders im Finanzwesen der Städte, aber auch in den Territorien keinen Gesamthaushalt und keine zentrale Kassenverwaltung gab. Der Geldbedarf der Brücke wurde daher durch die Zuweisung regelmäßig fließender Geldquellen oder durch einmalige Spenden gedeckt, über welche die Brückenverwaltung, d. h. die vom Rat eingesetzten Brückenmeister, *provisores pontis* und ähnlich genannt, verfügten.

Der erste Fall lag vor, wenn für die Benutzung der Brücke durch Fußgänger, Tiere und Fuhrwerke Gebühren oder auf die darüber eingeführten Waren Zölle zu Gunsten der Brücke erhoben wurden. Der Warenzoll fiel häufiger dem Hoheitsträger zu, wurde aber zum Beispiel 1353 von Karl IV. für die Erneuerung der Konstanzer Rheinbrücke überlassen.[86]

Kurfürst Friedrich I. von der Pfalz baute das Anrecht auf das Brückengeld 1465 in den großen Freiheitsbrief für Heidelberg ein.[87] Die Stadt mußte dafür auch die Kosten der Brücke tragen. Albrecht II. stellte dem »grossen nutz und fürdrung« die »gross kosten« gegenüber und verordnete zu deren Deckung einen gestaffelten Tarif von »pruckmiet«.[88] In Basel wurde von den Passanten der Brücke schon früh eine Gebühr erhoben[89], wie die Erhebung des Brückengeldes auch sonst häufig war.

Andererseits gab es auch die Gebührenfreiheit. Nach der Urkunde Kaiser Friedrichs I. von 1182[90] durfte in Regensburg von den Passanten der Donaubrücke nichts verlangt werden, außer wenn sie aus freiem Willen etwas für *conservatio* und *restauratio* derselben gaben. Friedrich II. hob 1220 Zoll und Brückengeld in Donauwörth auf, forderte aber zu freiwilligen Gaben für den Bau einer steinernen Brücke auf und nahm die Almosensammler in seinen Schutz.[91] In Grimma gab es einen Zoll, doch als die Stadt 1470 für die Wiederherstellung ihrer zerstörten Brücke einen Pfennig für jeden Fußgänger und zwei Pfennig für jeden Reiter erheben wollte, lehnten die sächsischen Fürsten diese Einführung als etwas ganz Neues ab, das eine Belastung für alle um Grimma herum Wohnenden werden müsse.[92]

Ferner wurden der Brücke regelmäßige Einkünfte aus anderen öffentlichen Mitteln überlassen. In Basel floß im 14. Jh. die Aufnahmegebühr der Neubürger, im allgemeinen 30 ℔ Heller, in die Brückenkasse[93], und in Frankfurt zahlten seit 1440 diejenigen, die eine Bürgerswitwe oder -tochter heirateten, nicht das übliche Bürgeraufnahmegeld von 10 ℔ Hellern 4 β, sondern nur 4 Schilling »an die brucken«.[94] In Regensburg wurde von Heinrich VII. 1310[95] und von Ludwig dem Bayern 1331[96] die Erhebung eines Ungeldes auf Wein, Tuche und andere Waren zur Ausbesserung der Brücke und der Wege bewilligt. Der Staufer Heinrich (VII.) überließ 1235 für die Reparatur der Frankfurter Brücke die Hälfte des Schlagschatzes aus der königlichen Münze.[97]

Unregelmäßige Einkünfte gab es im kirchlichen Bereich in Koblenz durch die Überweisung von Strafgeldern für heimliche Eheschließung ohne Verkündung und ähnliche Delikte;[98] sie fielen an den Brückenmeister, der bis 1518 immer ein Geistlicher war, zumeist aus einem nahe bei der Brücke gelegenen Stift.[99] Eine Einnahme durch kirchliche Vergünstigung, die nicht mit dem gleich zu besprechenden Ablaß verwechselt werden darf, hing mit den Fastenvorschriften zusammen. In Torgau fehlten gegen Ende des 15. Jh.s die Mittel zum Neubau der zerstörten Brücke. Kurfürst Friedrich der Weise wandte sich daher an Innocenz VIII. mit der Bitte um Hilfe und konnte im Januar 1491 mitteilen[100], daß der Papst Dispens von strengen Fastenbestimmungen, dem Verbot der sogenannten Laktizinien, des Genusses von Butter und Milch erteilte. Die von diesem Verbot Befreiten sollten jährlich ein Zehntel Gulden für den Bau einer Brücke und einer dazu gehörigen Kapelle in die Kästen (Butter- und Milchkästen), die in den Kirchen aufgestellt waren, werfen. Der Dispens war auf zehn Jahre begrenzt, wurde aber von Julius II. noch einmal um 20 Jahre verlängert.[101]

Von größter Bedeutung für die Finanzierung des Baus und der Reparatur von Brücken war die Übertragung von immobilen und mobilen Vermögensteilen, aus denen Einkünfte flossen. Die Brücke besaß ein Eigenvermögen[102], aus dessen Erträgen die Kosten bezahlt wurden. Überschüsse wurden wiederum Rendite bringend angelegt.[103] Als Vermögenseigentümer wurde die Brücke Rechtsperson. Sie hatte das Recht, ein Siegel zu führen. Wir kennen die schönen Brückensiegel aus Konstanz[104] und Regensburg[105]. Die Vermögensbildung konnte nur langsam erfolgen. Wie etwa das Beispiel von Basel[106] zeigt, war der Brückenbau notfalls auf Kredite angewiesen, was bei kleinen Städten wie Grimma auch für Reparaturen unvermeidbar sein konnte.[107]

Häuser, Gärten, Wiesen und anderer Grundbesitz gehörten zum Eigentum der Brücken und wurden gegen Zins ausgegeben[108] wie auch die auf manchen Brücken stehenden Häuser oder Verkaufsstände, von denen wir noch sprechen werden.[109] Die Bozener Brücke besaß Wald.[110]

Die Frankfurter Brücke erhielt von Grundstücken, die der Rat im Beginn des 15. Jh.s ausgegeben hatte, im Jahre 1409 bei 328¼ Morgen einen jährlichen Erbzins von rund 95 ℔.[111] In Regensburg bestimmte der Rat zum Ausgleich anderer verlorengegangener Einkünfte der Brücke im Jahre 1324, daß die der Brücke gehörige, bisher auf Leibrente verliehene Badstube mit allen Gülten und Nutzen der Brücke ledig sein sollte.[112] In Konstanz verliehen Bischof und Stadt 1296 zwei Mühlen; der Getreidezins sollte an die Rheinbrücke zu deren Unterhaltung fallen.[113] Der Rat der Stadt Grimma übernahm 1482 eine Anzahl von Kuxen der Silberbergwerke in Schneeberg im Erzgebirge zur Weitergabe und für die Stadt und übertrug einen Kux an die Muldebrücke[114], so daß diese den Anschluß an die modernste Kapitalanlageform der Zeit fand.

Die Gültbriefe, deren Ewigzins zwar der Geldentwertung unterliegen konnte, aber ein unveränderliches Nominaleinkommen garantierte, bildeten einen wichtigen Vermögensteil. Sie fielen den Brücken vor allem durch testamentarische Stiftungen zu.[115] Dazu kamen Seelgerätstiftungen an die Kapellen, die nicht selten auf den Brücken standen.[116] Die Einnahme der Frankfurter Brücke betrug im Jahre 1357: 697½ ℔ Heller, von denen 36 ℔ als Seelgerät ausgewiesen waren.[117]

Mit solchen frommen Stiftungen, die regelmäßige Einnahmen sicherten, waren einmalige Gaben verwandt, Almosen und Ablaßgelder. In dem bisher gegebenen Überblick war die Geistlichkeit als Träger des Brückenbaus und bei der Nennung des Personenkreises hervorgetreten, für den die Brücke ausdrücklich bestimmt wurde. Die Zunahme des Ablaßwesens[118] im späten Mittelalter brachte nun über die bisherige kirchliche Hilfe hinaus eine neue Möglichkeit der Finanzierung. Der Ablaß als der Freispruch von zeitlichen Sündenstrafen vor Gott und die Ablösung der Buße durch ein besonders gutes Werk brachten dem reuigen Sünder die Absolution. Ein Ablaß von einem Jahr oder von 40 Tagen (der Quadragene), den häufigsten Zeitspannen, besagte, daß so viele Strafen abgebüßt waren, wie sonst durch 1 Jahr oder 40 Tage Kirchenbuße abgebüßt wurden. Indem der Brückenbau unter die guten Werke aufgenommen und als gemeinnützig anerkannt wurde, wurde er in geistige Zusammenhänge hineingenommen, die weit über die praktische Zweckbestimmung einer technischen Konstruktion hinausgingen. Almosen und Ablaß führen am nächsten an die geistigen Hintergründe des mittelalterlichen Brückenbaus heran. Die weltliche Obrigkeit war dabei genauso interessiert wie die Kirche, die geistig und materiell zuständig war.

Nachdem Friedrich II. die Gebühren für die Benutzer der Brücke von Donauwörth im Jahre 1220 aufgehoben hatte, forderte er zu freiwilligen Beiträgen auf und nahm die Almosensammler in seinen Schutz.[119] In Penig an der Zwickauer Mulde kamen die Almosen und Opfergelder der Pilger dem Bau der Brücke zugute.[120] In Jena stiftete der Rat 1319 eine Kapelle auf der Brücke über die Saale, erbaute aber getrennt davon noch ein Häuschen, in dem ein Mann Almosen für die Brücke erbat.[121]

Der Ablaß wurde reuigen Christen von Päpsten, Erzbischöfen und Bischöfen zum Lohn für gute Werke erteilt. Im 13. Jh. einsetzend – der älteste mir bekannte ist von 1229 für Donauwörth[122] – nahmen die Brückenablässe entsprechend der allgemeinen kirchlichen Entwicklung im späten Mittelalter zu. Nach der Reformation verschwand der kirchliche Charakter von Stiftungen an die Brücke, so daß zum Beispiel in Orlamünde, an der Einmündung der Orla in die Saale, bei der letzten Brückenstiftung von 1532 nur noch von »des Orts gemeinnütziger Anstalt« die Rede war.[123]

Gemeinnützigkeit war aber auch das Merkmal der Brücke, das die Erteilung eines Ablasses erlaubte. Sie bewahrte die Menschen, die einen Fluß passieren mußten, vor Gefahren und war doch selbst durch Flut und Eis gefährdet, sie kostete beim ersten Bau und bei den unablässigen Reparaturen so viel Geld, daß sie ohne kirchliche Hilfe nicht erhalten werden konnte. Papst Martin V. erklärte daher 1406[124], daß sein Hirtenamt es ihm zur Pflicht mache, allen Christgläubigen in Nöten und Gefahren zu helfen; er sah die Hilfe beim

Brückenbau, um Gefahren vorzubeugen und das allgemeine Wohl zu fördern, als ein frommes, gottgefälliges und verdienstvolles Werk an. Daher erteilte er den Einwohnern von Sobernheim an der Nahe auf ihre Bitte, da sie mit eigenen Kräften die Brücke nicht bauen konnten, die sie zur Vermeidung der vielfachen Unglücksfälle errichten wollten, einen Ablaß, um damit die Gebefreudigkeit anzuspornen. Ganz im gleichen Sinne versicherte der Bischof von Merseburg 1434[125], er solle nach Gottes Willen nicht nur für die Kirchen sorgen, sondern auch den Bau von Straßen und Brücken fördern, damit arme Pilger und andere, die für das gemeine Wohl hin- und herreisten, auf ihrem Wege keinen Unfall erlitten. Er forderte daher die Gläubigen auf, den Bürgern von Leipzig, wo viele Pilger und Kaufleute zusammenkamen und es öfters gefährliche Überschwemmungen gab, bei den gemeinnützigen Brückenarbeiten zu helfen.

Eine beliebte Form des Ablaßbriefes bestand darin, daß eine gewisse Zahl von Bischöfen am päpstlichen Hofe in Rom oder in Avignon Ablaß gab, da im gleichen Brief jeder Bischof einen Ablaß, etwa von je 40 Tagen, erteilte. Eine solche Urkunde von 1286 für Esslingen[126] bezeichnete die Hilfe für die Brücke, die wegen der Überschwemmungen des Neckar für Reich und Arm unentbehrlich war, als *pium opus*, und so wurde diese Hilfe auch 1319 bei der Ausbesserung der Dresdener Elbbrücke genannt.[127] Die Bischöfe, die in Avignon diesen Ablaßbrief ausstellten, bestimmten ihn für alle, die das fromme Werk mit Wort und Werk wirksam förderten, da zum allgemeinen Nutzen der Passanten die Wiederherstellung der Brücke nicht nur für die Bequemlichkeit, sondern von größter Notwendigkeit sei. Die Größe des Flusses und die häufigen Schiffbrüche machten Hilfe notwendig. Mit den Worten des Neuen Testamentes »Traget einer des anderen Last« war der entscheidende Satz gesprochen, der die Fürsorge der Kirche für die Brücke verständlich macht. Sie war ein Stück christlicher Nächstenliebe, wie schon Bischof Gundekar II. von Eichstätt (1057–1075) den Bau der Altmühlbrücke in Eichstätt verstanden hatte.[128] Im gleichen Sinne wurden Ablässe zu Gunsten der Brücke in zahlreichen, an Flüssen gelegenen Städten erteilt, ob nun in Wels an der Traun[129] oder Breslau[130] und Glogau[131] oder Hameln[132] und anderswo. Die größte Zahl der Ablässe erhielt wohl die Koblenzer Brücke. Ihre Bauzeit war mit 85 Jahren auch besonders lang. Um 1500 betrug nach einer zeitgenössischen Notiz die Gesamtsumme aller ihr verliehenen Ablässe 9746 Tage und 12 Stunden.[133] Die 15 zu Rom weilenden Bischöfe, deren jeder 1300 in der gemeinsamen Urkunde einen Ablaß von 40 Tagen verhieß[134], bestimmten diesen nicht nur für die Bußfertigen, die für die Frankfurter Brücke ihre hilfreichen Hände erhoben oder etwas vermacht oder geschenkt hatten, sondern schon für diejenigen, die im Geiste der Demut und des Mitleides die Brücke über den Main aufsuchten. Sie hatte hier den Rang eines Wallfahrtsortes.

Neben Geldgaben wurde in Donauwörth auch für Handarbeit an der Brücke der Ablaß erteilt.[135] In Dietz erwarb man nach dem Brief, den 1360 fünfzehn Bischöfe in Avignon ausgestellt hatten[136], den 40tägigen Ablaß, wenn man für die Brücke über die Lahn Gold oder Silber, Getreide, Stöcke oder Hölzer, Steine oder sonstiges Notwendiges schenkte oder Pferde, Ochsen oder Wagen für den Dienst an der Brücke verlieh oder sonst hilfreiche Hand bot.

War die Brücke schon beim Bau besonders für die Armen bestimmt, so tat christliche Nächstenliebe noch mehr. In Koblenz vermachte die Witwe eines Bäckers 1399 einen jährlichen Zins von einem Ohm Wein für die armen Leute, die über die Brücke gingen[137], und aus anderen Legaten wurde ein Malter Korn für sie zu Brot verbacken.[138] Hatte Erzbischof Balduin von Trier bei der Errichtung der Brücke an die Pilger gedacht, so erhielten die armen Pilgerinnen aus einem Legat des Jahres 1366 gleichfalls Wein auf der Brücke. In Frankfurt war das Betteln auf der Brücke ausdrücklich erlaubt[139], auf der engen Bahn gewiß einer der günstigsten Plätze, den ein Bettler finden konnte.

Der kirchliche Aspekt der Brücke kam auch in der Errichtung von Kapellen auf der Brücke zum Ausdruck. In Regensburg war es eine Margarethenkapelle, deren Geistlicher abwechselnd vom Dompropst und vom städtischen Brückenmeister mit der Pfründe beliehen wurde.[140] In Basel gab es eine Kapelle, die im Innern den Gekreuzigten mit Maria und Joseph zeigte.[141] Auf der Reußbrücke, der ältesten der vier Brücken Luzerns, stand ein Heiligenhäuschen, in das der Rat 1515 ein Muttergottesbild stellen ließ.[142] In Saalfeld stand eine Kapelle auf der Brücke, die aus dem Opferstock erhalten wurde.[143] In Bingen wurde eine Brückenkapelle mit Chornische unterirdisch unter der Auffahrt geschaffen, die auf die Zeit des Erzbischofs Willigis von Mainz zurückging.[144]

In Bruchsal stand eine St. Katharinenkapelle auf der Brücke zwischen Saalbach und Stadtgraben, also einer Binnenbrücke.[145]

Auch die Zuordnung der Kapelle neben der Brücke war nicht selten, etwa in Torgau[146], Tauberbischofsheim[147] oder Neudenau (Kr. Mosbach) an der Jagst[148]. Der häufigste Brückenheilige war Nikolaus. Nachdem seine Reliquien 1087 aus Kleinasien nach Bari gebracht worden waren, breitete sich seine Verehrung schnell auch in Deutschland aus.[149] Als Schutzheiliger der Schiffer und der Kaufleute fand er bevorzugt seinen Platz in den mittelalterlichen Brückenkapellen. In Jena stiftete der Rat 1319 eine Kapelle zu Ehren des Heiligen Nikolaus, damit Reisende dort Gelegenheit zu einer Andacht hatten.[150] Von der schmalen Bahn der Brücke geleitet, stieß der Fremde unausweichlich auf die Kapelle. In Orlamünde kaufte der Rat 1434 als »Vormund« der Saalebrücke ein Gut und gab es Stiftungen, damit der Rat, wie es in der Urkunde hieß, »seine Brücken in der Ehre Sankt Nikolas desto förderlicher baue und bessere, daß man darüber wohl gewandern möge«.[151] Seit Anfang des 14. Jh.s ist in Esslingen die innere Brücke mit der Nikolauskapelle versehen, während auf der äußeren Brücke eine Heilig-Kreuz-Kapelle stand.[152] Die schöne Nikolauskapelle in Calw auf der Brücke über die Nagold ist seit 1435 genannt.[153] So zeigte die Verehrung des Nikolaus als des Brückenheiligen, die sich auch in anderen Städten findet, eine Vielfalt bei großer Einheitlichkeit.

In Italien, Frankreich und England gab es Brückenbruderschaften, die sich dem Bau und der Erhaltung von Brücken als besonderer Aufgabe der Nächstenliebe widmeten.[154] In Deutschland fehlen sie fast ganz. In Trier gab es eine Bruderschaft, die die beschädigten Brücken und Wege in der Erzdiözese ausbesserte; Papst Leo X. verlieh ihr 1515 die großzügigen Ablässe des Johanniterordens.[155] Es gab – erst spät überliefert, aber sicher in das Mittelalter zurückgehend – eine in Heidelberg tagende Bruderschaft der Neckarschiffer, die die Schiffsstraße und den Leinpfad in Ordnung hielt[156], aber es gab keine Brückenbruderschaft.

Trotz dieses Unterschiedes ist die mittelalterliche Brücke historisch unmittelbar zum Spital zu stellen. Beide dienten vor allem anderen den Armen und den Pilgern. Beide wurden durch Fürsten, Städte und Kirche, durch Legate, Almosen, Ablässe und Strafgelder finanziert. Beide waren selbständige Rechtsperson mit eigenem Vermögen und eigenem Siegel. Auch genetisch und topographisch sind sie einander zuzuordnen. In Landshut baute das Spital zum Hl. Geist die Isarbrücke »mit großen Kosten«; seit 1272 bezog es dafür den Brückenzoll.[157] Unmittelbar bei dem jenseitigen Brückenkopf der Regensburger Donaubrücke, in dem burggräflichen und später wittelsbachischen Stadtamhof, lag das Katharinenspital, das häufig als Spital »enhalb der prukk« oder »über den prukke« bezeichnet wurde.[158] Vom Schwarzen Turm, einem der drei Türme auf der Brücke, führte eine Treppe unmittelbar zum Spital hinunter.[159] In Rudnitz ließ Bischof Johann von Prag am Fuß der Elbebrücke ein Spital bauen.[160] In Ulm[161], Bingen[162], Augsburg[163] oder Königsberg[164] lagen Spital und Brücke dicht beieinander. In Testamenten wurden Brücke und Spital gleichermaßen bedacht.[165] Die Stadt Breslau erhielt 1461 von Papst Pius II. einen vollständigen Ablaß für Spitäler, Brücken, Straßen und Festungswerke.[166] Hier war der Kreis der gemeinnützigen Werke besonders weit gezogen. Die Zusammengehörigkeit von Spital und Brücke galt auch in anderen Ländern. Mit Recht hat der französische Rechtshistoriker Pierre Michaud-Quantin[167] die Bruderschaften von Spital und Brücke im gleichen Abschnitt behandelt.

Wir waren ausgegangen von jener Urkunde, nach der Erzbischof Balduin von Trier eine Brücke bei Koblenz vor allem für Pilger und Kaufleute zu bauen gedachte. Wir haben ausführlich von dem religiösen Aspekt gesprochen, der uns durch die Pilger repräsentiert wurde und hierauf viel Gewicht gelegt, um die Eigenart dieser Zusammenhänge herauszuheben. Es wird Zeit, der Kaufleute zu gedenken, die wir als Repräsentanten der weltlichen Seite der Brücke verstehen wollen. Die kommerzielle Bedeutung für den Fernhandel, seine Förderung und Lenkung haben wir besprochen, die finanzielle Problematik mußte ausführlich dargestellt werden. Doch was noch fehlt, ist die »weltliche« Seite der Brücke, die sich von ihrem religiösen Bilde wesentlich unterscheidet. Es geht um ihre wirtschaftliche, besonders die kommerzielle Bedeutung, aber auch um ihre rechtliche Funktion.

Führte auch der geistliche Stadtherr den Brückenbau durch, so ging wie in Basel[168] die Initiative vom städtischen Rat aus. In Regensburg[169] waren es die Fernkaufleute, in deren Interesse die Brücke gebaut wurde. In Konstanz waren in verschiedenen Fragen Bischof und Stadt gemeinsam beteiligt.[170] Die wichtigste Interessentengruppe hatte gewiß auch da ihren Einfluß, wo die geistlichen Instanzen im Vordergrund stehen.

Dem entspricht es, daß es auf der Brücke neben der Kapelle auch weltliche Bauten gab. In Ulm stand ein kleines Haus auf der Brücke;[171] auch auf der Mitte der Bamberger Brücke stand ein

Haus.[172] Auf den Pfeilern der Nahebrücke in Kreuznach bauten sich kleine Häuser auf.[173] Auch in Koblenz standen mehrere Häuser auf der Brücke, die im 16. Jh. von einigen Juden bewohnt waren.[174] In Dettelbach in Unterfranken stand das Rathaus quer über dem Bach, war also, wie auch die Rathaustreppe, zugleich Brücke.[175] In Zürich wurde das Rathaus, freilich erst im späten 17. Jh. in Spätrenaissance, über dem Fluß architektonisch mit der Brücke verbunden.[176]

Für das Wirtschaftsleben der Stadt war wichtig, daß die Brücke zum Markt wurde. Der Engpaß, der durch sie gebildet wurde, leitete die Käufer den Verkaufsständen zu. In Königsberg in Preußen hieß die Krämerbrücke, die von der Altstadt unterhalten werden mußte, eben nach den Verkaufsbuden der Krämer. Sie waren im Eigentum des Deutschen Ordens.[177] Auch in Esslingen gab es Verkaufsstände auf der Brücke.[178] In Regensburg hatten die Bäcker ihre Brottische auf der Brücke aufgebaut, was der Rat im Jahre 1395 verbot.[179] In Basel dienten Verkaufsbuden, »Häuslein« genannt, dem Verkauf verschiedenster Waren.[180] Noch heute findet in Zürich der Blumenmarkt auf der Rathausbrücke statt. Auch in Hamburg wurde nach der Krämerordnung von 1458 der Verkauf bestimmter Waren an bestimmten Tagen auf einer Brücke durchgeführt.[181]

Die topographische Verbindung von Brücke und Markt hatte gleichfalls den Zweck, die Käufer den Verkäufern zuzuleiten. In Würzburg führte die Mainbrücke geradlinig auf das wirtschaftliche und das geistliche Zentrum der Stadt zu.[182] In Heidelberg ging die vor 1284 gebaute Brücke (es ist schon die zweite mittelalterliche) durch die Steingasse zum Marktplatz mit dem Rathaus als Querachse zu der Längsachse der Hauptstraße.[183] In Höxter, wo der Abt von Corvey 1115 Marktzölle erhob, schloß der Markt an die Weserbrücke an.[184] Auch in Villach in Kärnten, um noch ein Beispiel zu geben, hingen Markt und Brücke zusammen.[185]

Schließlich ist auch an die Verbindung von Mühle und Brücke zu erinnern, die sich aus der Lage am bzw. im Fluß ergab. In Konstanz standen in der Mitte der Rheinbrücke mehrere Mühlen auf großen Pfahlkonstruktionen.[186] In Regensburg waren die Mühlen an der Donaubrücke im Eigentum der Brücke.[187]

Sie wurden gegen Erbzins an Müller vergeben. Ebenso verliehen in Konstanz 1296 Bischof und Stadt zwei Mühlen für Getreidezinse, zur Unterhaltung der Brücke.[188] Die Verkaufsbuden auf den Brükken wurden auch gegen Zins vergeben, so daß die Marktfunktion der Brücke auch ihre Einnahmen vermehrte.

Für die Stadt am Fluß war die Brücke von vielseitiger wirtschaftlicher Bedeutung. Dem Güterverkehr des Fernhandels und dem reisenden Kaufmann brachte sie größere Sicherheit und Schnelligkeit. Sie schuf oder steigerte die Zentralität der Stadt, deren wirtschaftliche Beziehungen beide Uferlandschaften des Flusses umfaßten. Sie erleichterte die Versorgung der Stadt auf dem Nahmarkt und hatte selbst Marktfunktionen. Wie dem Pilger, so diente die Brücke auch dem Kaufmann.

Schließlich diente sie auch dem Recht. Es war wohl ihre herausgehobene, isolierte Lage, die sie zur Gerichtsstätte wie auch zum Strafvollzug geeignet machte. Dresden hatte ein Brückengericht, dessen Vorsitzender der *advocatus pontis* war.[189] In Würzburg war es der Brückenschultheiß; mit dem Brückengericht war auch ein Asyl für flüchtige Verbrecher verbunden.[190] Auch in Ladenburg gab es ein Brückengericht.[191] In Schaffhausen wurde das Gericht im 15. Jh. bei der Rheinbrücke abgehalten.[192] In Ravensburg führten drei Brücken über die Schussen. Bei der ältesten, der seit 1145 genannten Mühlbrücke zwischen Ravensburg und Altdorf wurde *in publico iudicio* Recht gesprochen.[192]

Die Brücke war auch Richtstätte. Auf ihr beziehungsweise von ihr aus wurden auch Strafen vollzogen. In Basel[194] wurden liederliche Weiber und Kindsmörderinnen mit Stricken umschnürt und vom Käppelijoch der Rheinbrücke aus ins Wasser geworfen, »geschwemmt«, wie man es nannte. In der Höhe des Johannistors wurden sie herausgeholt und, wenn sie noch lebten, freigelassen. Da die Zahl der Überlebenden zu groß war, wurde 1634 die Enthauptung eingeführt. In Regensburg[195] gab es ähnliche Rechtsbräuche. Im 14. Jh. wurden vor dem Mittelturm der Doppelehe Überführte, Wucherer und dergleichen in einen Sack gesteckt und im Wasser ertränkt; sie wurden »gesprengt« oder »geschnellt«, wie man es in Regensburg zum Unterschied von Basel nannte. In Schwäbisch Hall[196] wurden auf der sogenannten Henkersbrücke Strafen wie Ohren-Abschneiden oder durch die Backen Brennen vollzogen. Neben der rechtlichen tritt hier auch eine folkloristische Seite der Brücke hervor.[197] Beide hatten neben der religiösen und der wirtschaftlichen Seite ihre Eigenbedeutung.

So war die Brücke im Mittelalter von sehr komplexer Art. Wie heute, war sie zunächst ein Werk der Technik zu Verkehrszwecken. Sie wurde vor allem an Stellen der Verkehrsverdichtung gebaut, und das hieß: in oder bei Städten, die an Flüssen lagen. Waren es zunächst die Stadtherren, die für den Brückenbau zuständig waren, so ging das Recht an der Brücke mit wachsender Emanzipation der deutschen Städte zunehmend an diese über. Die Brücke konnte ein Instrument der Territorienbildung sein und diente als Sprungbrett für militärische Operationen auf der anderen Seite des Flusses. Menschen verschiedenster Herkunft überschritten sie, Fußgänger, Reiter und Fuhrleute, allein oder mit Vieh und mit Waren. Pilger und Kaufleute waren aus ihnen herausgehoben. Auf der Brücke wurde Recht gesprochen und verurteilte Missetäter wurden von ihrer Höhe in den Fluß gestürzt. Verglichen mit der Fähre oder den Furten bot sie Sicherheit, doch wenn das Hochwasser und die Eisschollen die Pfeiler bedrohten, herrschten Unsicherheit und Angst.

Die schwierigste Frage war die Aufbringung der Mittel für den Bau und die häufigen Reparaturen. Mit der Ausbreitung des kirchlichen Ablaßwesens erschloß sich bis zur Reformation eine unentbehrliche Geldquelle, denn die Brücke galt als ein Werk der Nächstenliebe. Geld und Leistungen für den Brückenbau waren gute Werke, die durch Erlaß der Buße belohnt wurden. So ist die Brücke im Mittelalter nicht nur eine technische Konstruktion zu dem praktischen Zweck eines möglichst sicheren Verkehrs. Sie ist darüber hinaus ein Kristallisationspunkt für die geistigen und seelischen Regungen der Menschen. Ihre Geschichte ist verbunden mit allen menschlichen Lebensbereichen: der Wirtschaft und der Politik, dem Kriege und dem Glauben, dem Recht und der Fürsorge für den Mitmenschen. Die mittelalterliche Brücke, dieses doch so beschränkte Objekt der Geschichte, spiegelt als ein merkwürdiges Zeugnis von Humanität das Wesen des Menschen in seiner ganzen Vielfalt und seiner unauflöslichen Einheit.

Anmerkungen

1 *Brockhaus Enzyklopädie*, Bd. 3 (1967), S. 332.

2 *The Encyclopaedia Britannica, Macropaedia*, Bd. 3 (1974), S. 174.

3 A. Goerz, *Regesten der Erzbischöfe zu Trier*, Bd. 1 (1861), S. 84; vgl. O. Graf von Looz-Corswarem, ›Zur Geschichte der Verwaltung der Koblenzer Moselbrücke‹, in: *Jahrbuch für Geschichte und Kultur des Mittelrheins*, Bd. 1 (1949), S. 15ff.

4 *Urkundenbuch der Stadt Leipzig*, hrsg. von K. von Posern-Klett (= Codex

diplomaticus Saxoniae regiae II 8), Bd. 1 (1868), S. 125, Nr. 181; vgl. unten, S. 282.

5 Wie dicht das Netz von städtischen und ländlichen Brücken in einer Gebirgslandschaft mit tiefen Tälern und zahlreichen Wasserläufen schon im Mittelalter sein konnte, zeigt Tirol; vgl. O. Stolz, *Geschichtskunde der Gewässer Tirols* = Schlern-Schriften, Bd. 32 (1936), S. 384–461. Da die städtischen Brücken die eigentümliche Vielfalt am vollständigsten zeigen, sind sie hier zum eigentlichen Thema gemacht.

6 J. Becker, ›Die religiöse Bedeutung des Brückenbaues im Mittelalter, mit besonderer Beziehung auf die Frankfurter Mainbrücke‹, in: *Archiv für Frankfurts Geschichte und Kunst* Bd. 4 (1869), S. 1ff.; F. Falk, ›Die Kirche und der Brückenbau im Mittelalter‹, in: *Historisch-politische Blätter*, Bd. 87 (1881), S. 89ff.

7 O. Borst, *Die Esslinger Pliensaubrücke. Kommunale Verkehrs- und Wirtschaftspolitik vom frühen Mittelalter bis zur Gegenwart* = Esslinger Studien, Schriftenreihe, Bd. 3 (1971).

8 Vgl. allgemein F. Brangwyn u. W. S. Sparrow, *A Book of Bridges* (1915); P. Zucker, *Die Brücke. Typologie und Geschichte ihrer künstlerischen Gestaltung* (1921); H. Tintelnot, Brücke, in: *Reallexikon zur deutschen Kunstgeschichte*, Bd. 2 (1948), Sp. 1228–1260, mit weiterer Literatur; vgl. auch die Literaturübersicht bei Borst, S. 17ff.

9 W. Stein, *Handels- und Verkehrsgeschichte der deutschen Kaiserzeit* = Abhandlungen zur Verkehrs- und Seegeschichte, Bd. 10 (1922), S. 215ff.

10 F. Gause, *Die Geschichte der Stadt Königsberg in Preussen* Bd. 1 = Ostmitteleuropa in Vergangenheit und Gegenwart, Bd. 10/I (1965), S. 30ff., 39f.

11 H. Frhr. von Haller und E. Eichhorn, *Pilgrimspital zum Hl. Kreuz von Nürnberg* = Nürnberger Forschungen, Bd. 12 (1969), S. 103f.

12 *Deutsches Städtebuch*, Bd. IV 3: Rheinland-Pfalz und Saarland (1964) S. 77f.; vgl. R. Gradmann, *Süddeutschland*, Bd. 2 (1931, Nachdruck 1956), S. 41.

13 Stolz, S. 405ff.; weitere Beispiele bei F. Tremel, *Wirtschafts- und Sozialgeschichte Österreichs* (1969), S. 91f. und weiterhin.

14 Gradmann, a. a. O., Bd. 1, S. 139f.

15 L. Baumeister, *Zur Geschichte und Problematik des deutschen Straßen- und Wegerechts* = Forschungsarbeiten aus dem Straßenwesen NF., Heft 31 (1957), S. 9; H. Conrad, *Deutsche Rechtsgeschichte*, Bd. 1 ([2]1962), S. 271ff., 275f.

16 *Mon. Germ. Hist. Leges Sectio IV*, Bd. II, hrsg. von L. Weiland (1896), S. 243, Nr. 196, § 7.

17 *Regensburger Urkundenbuch* Bd. 1 = Monumenta Boica, Bd. 53 = NF., Bd. 7 (1912), S. 11, Nr. 40.

18 *Mon. Germ. Hist. Leges Sectio IV*, Bd. II, hrsg. von L. Weiland (1896), S. 185, Nr. 153, § 17.

19 *Regensburger Urkundenbuch*, Bd. 1, S. 133, Nr. 258.

20 *Urkundenbuch der Stadt Straßburg*, Bd. 6, bearb. von J. Fritz (1899), S. 463f., Nr. 773; vgl. H. Krüger, ›Brücke, Fähre und Zoll im Rheinstromgebiet um 1500‹, in: *Elsaß-Lothringisches Jb.*, Bd. 21 (1943), S. 147.

21 O. Schürer, Prag ([3]1939), S. 82.

22 *Urkundenbuch der Stadt Basel*, Bd. 1, bearb. von R. Wackernagel u. a. (1890), S. 153, Nr. 106; vgl. C. H. Baer und G. Schäfer, *Die Kunstdenkmäler des Kantons Basel-Stadt*, Bd. 1 = Die Kunstdenkmäler der Schweiz Bd. 3 (1932, Nachdruck 1971), S. 315ff.

23 *Regesta archiepiscoporum Maguntinensium,* hrsg. von C. Will, Bd. 1 (1877), S. 143, Nr. 173.
24 ›Die Kirche und der Brückenbau‹ (oben Anm. 6), S. 99.
25 Ebenda, S. 109; vgl. Chr. Müller, ›Alte Straßen und Wege in Oberhessen‹, in: *Mitt. d. Oberhessischen Geschichts-Vereins NF.,* Bd. 28 (1928), S. 3.
26 ›Die Kirche und der Brückenbau‹, S. 98.
27 *Urkundenbuch der Stadt Grimma und des Klosters Nimbschen,* hrsg. von L. Schmitt = Codex diplomaticus Saxoniae regiae, 2. Hauptreihe, Bd. XV (1895), S. 67f., Nr. 99.
28 Ebenda, S. 89f., Nr. 134.
29 *Handbuch der historischen Stätten Deutschlands,* Bd. VI: Baden-Württemberg (1965), S. 381.
30 ›Die Kirche und der Brückenbau‹, S. 106.
31 K. S. Bader, ›Ländliches Wegerecht im Mittelalter, vornehmlich in Oberdeutschland‹, in: *Zs. f. Geschichte des Oberrheins N.F.,* Bd. 49 (1936), S. 428f.
32 *Urkundenbuch der Stadt Rottweil,* Bd. 1 = Württembergische Geschichtsquellen, Bd. 14, bearb. von H. Günter (1896) S. 644, Nr. 1436.
33 M. Schaab, ›Straßen und Geleitswesen zwischen Rhein, Neckar und Schwarzwald im Mittelalter und der früheren Neuzeit‹, in: *Jb. für Statistik und Landeskunde in Baden-Württemberg,* Jg. 4 (1958), S. 58f., 65f. usw.
34 Vgl. oben, S. 265.
35 ›Die Kirche und der Brückenbau‹, S. 107.
36 Hingst, ›Zur Geschichte der Leisniger Muldenbrücke‹, in: *Mitteilungen des Geschichts- und Alterthums-Vereins zu Leisnig,* Heft 8 (1889), S. 73.
37 *Urkundenbuch der Stadt Esslingen,* Bd. 1, hrsg. von A. Diehl = Württembergische Geschichtsquellen, Bd. IV (1899), S. 78, Nr. 203; vgl. unten, S. 282.
38 *Urkundenbuch der Reichsstadt Frankfurt,* hrsg. von J. F. Boehmer, bearb. von F. Lau, Bd. 1 (1901), S. 388f., Nr. 775.
39 *Rechte und Freiheiten der Stadt Wien,* hrsg. von J. A. Tomaschek (Wiener Geschichtsquellen, hrsg. von K. Weiß, I. Abt.), Bd. 2 (1879), S. 43, Nr. CXXXVII; J. F. Böhmer, *Regesta imperii,* Bd. XII: Albrecht II. 1438 bis 1439, bearb. von G. Hödl (1975), Nr. 1064. Herrn Archivdirektor Dr. Kratochwill und Herrn Oberarchivrat Dr. Czeike vom Archiv der Stadt und des Landes Wien darf ich für die große Liebenswürdigkeit danken, mit der sie mir einschlägiges Material über die Wiener Brücke in Ablichtungen übersandten.
40 M. G. DO II, S. 126, Nr. 112, von 975 VI. 26.; Keutgen S. 43, Nr. 71.
41 Ebenda, S. 433f., Nr. 335.
42 *Würzburger Urkundenregesten vor dem Jahr 1400,* hrsg. von W. Engel (1958), S. 165f., Nr. 254, nach: Archiv des Historischen Vereins von Unterfranken und Aschaffenburg Bd. 19 (1868), S. 167f.; Druck: F. Seberich, *Die alte Mainbrücke zu Würzburg* = Mainfränkische Hefte, Heft 31 (1958), S. 159f.
43 Vgl. oben, Anm. 17.
44 Vgl. oben, Anm. 20.
45 Vgl. oben, Anm. 39.
46 Vgl. oben, S. 273, mit Anm. 41; Bischof Johann von Merseburg 1434 für die Leipziger Brücke: *Urkundenbuch der Stadt Leipzig* (oben Anm. 4), S. 124f., Nr. 181; Bischof Rüdiger von Passau für die Brücke bei Wels: *Urkundenbuch des Landes ob der Enns,* Bd. 3 (1862), S. 37f., Nr. XXXV, von 1236 II. 23.; Ablaß für die Dresdener Elbebrücke (1319): *Urkundenbuch der Städte Dresden und Pirna,* hrsg. von K. Fr. von Posern-Klett = Codex diplomaticus Saxoniae regiae II 5

(1875, Nachdr. 1957), S. 28, Nr. 35.

47 K. Weller, ›Die Reichsstraßen des Mittelalters im heutigen Württemberg‹, in: *Württembergische Vierteljahrshefte für Landesgeschichte N.F.*, Bd. 33 (1927), S. 9; ders., ›Die staufische Städtegründung in Schwaben‹, in: ebenda N.F., Bd. 36 (1930), S. 217.

48 *Badisches Städtebuch* = Deutsches Städtebuch, Bd. IV 2, hrsg. von E. Keyser (1959), S. 290.

49 S. Scholz, *Torgau. Eine stadtgeographische Studie* (Diss. Leipzig 1961) nach einem ungedruckten Manuskript von H. Kramm (Marburg).

50 H. Aubin, ›Die Rheinbrücken im Altertum und Mittelalter. Eine kriegs- und wirtschaftsgeschichtliche Studie‹, in: *Rheinische Vierteljahrsblätter*, Bd. 7 (1937), S. 111–126.

51 Ebenda, S. 122f.; Ph. Dollinger, *Strasbourg du passé au présent* (1962), S. 23.

52 Vgl. oben, S. 271.

53 U. Dirlmeier, *Mittelalterliche Hoheitsträger im wirtschaftlichen Wettbewerb* = VSWG, Beihefte Nr. 51 (1966), S. 8f.

54 O. Häcker, *Ulm, die Donau- und Münsterstadt im Lichte der Vergangenheit* (1940), S. 113.

55 ›Die Kirche und der Brückenbau‹, S. 97f.; F. Seberich, S. 158.

56 Ebenda, S. 39ff.

57 ›Die Kirche und der Brückenbau‹, S. 104.

58 Th. Hampe, *Nürnberger Ratsverlässe über Kunst und Künstler im Zeitalter der Spätgotik und Renaissance (1449), 1474–1618 (1633)* = Quellenschriften für Kunstgeschichte und Kunsttechnik des Mittelalters und der Neuzeit N.F., Bd. 40 (1904), S. 488, Nr. 3471, S. 500, Nr. 3529.

59 G. Schneider, ›Die Balduinbrücke über die Mosel in Koblenz‹, in: *Jb. für Geschichte und Kultur des Mittelrheins und seiner Nachbargebiete*, Bd. 1 (1949), S. 1ff.; zur Konstruktion der Basler Rheinbrücke vgl. G. Schäfer, ›Aufbau und Konstruktion der ehemaligen Rheinbrücke‹, in: *Kunstdenkmäler* (oben Anm. 22), S. 325ff., vgl. ebenda, S. 315f.; über die Unregelmäßigkeiten der Regensburger Brücke vgl. W. Lehner, ›Alt-Regensburgs steinerne Donaubrücke‹, in: *Bayerland*, Jg. 32 (1921), S. 162.

60 E. Ruedi, ›Die Rheinbrücke zu Schaffhausen‹, in: *Schaffhauser Beiträge zur vaterländischen Geschichte*, Bd. 15 (1938), S. 14f.

61 Oben, Anm. 39.

62 Oben, Anm. 57.

63 ›Die Kirche und der Brückenbau‹, S. 99f.

64 Oben, Anm. 37.

65 ›Die Kirche und der Brückenbau‹, S. 105.

66 Vgl. O. Feger, *Kleine Geschichte von Konstanz* (^{2}1957), S. 105.

67 Am 13. IV. 1359, Böhmer-Huber, Nr. 2941; Looz-Corswarem (oben Anm. 3), S. 18, auch zur folgenden Anmerkung.

68 Am 28. VI. 1359.

69 G. Schäfer, ›Die Rheinbrücke zu Basel‹, in: *Die Kunstdenkmäler des Kantons Basel-Stadt* (oben Anm. 22), S. 316f.

70 Oben, Anm. 41.

71 Oben, Anm. 38.

72 *Badisches Städtebuch* (oben Anm. 48), S. 290.

73 *Urkundenbuch Frankfurt* (oben Anm. 38), Bd. 1, S. 294, Nr. 602.

74 In die zweite Würzburger Mainbrücke (vgl. oben S. 275) des 15. Jh.s wurden Teile

der baufälligen ersten Brücke verbaut, so daß die erhaltenen Rechnungen für den Bau der jüngeren Brücke kein klares Bild von den Gesamtkosten eines Neubaues geben; vgl. Seberich (oben Anm. 42), S. 41ff., 152ff., 163f., 168ff. Die Nürnberger Fleischbrücke über die Pegnitz, in die 2123 Baumstämme mit Eisenspitzen als Pfähle in dem sumpfigen Untergrund sowie 14628 Quadersteine in den Jahren 1595–1598 verbaut wurden, kostete alles in allem 82112 Gulden; W. Schultheiß, ›Baukosten Nürnberger Gebäude in reichsstädtischer Zeit, Beiträge zu den Quellen der Baugeschichte der Stadt‹, in: *Mitteilungen des Vereins für Geschichte der Stadt Nürnberg,* Bd. 55 (1967–1968), S. 284.

75 Hingst, ›Zur Geschichte der Leisniger Muldenbrücke‹ (oben Anm. 36), S. 73.

76 Ebenda, S. 79.

77 Schäfer (oben Anm. 69), S. 317.

78 Ebenda.

79 Ruedi (oben Anm. 60), S. 15.

80 K. Bücher, ›Der öffentliche Haushalt der Stadt Frankfurt im Mittelalter‹, in: *Zs. für die gesamte Staatswissenschaft,* Bd. 52 (1896), S. 7ff.

81 H. Voltelini, ›Die Bozener Eisackbrücke‹, in: *Festschrift zu Ehren Emil von Ottenthals* = Schlern-Schriften, Bd. 9 (1925), S. 168f.; Stolz (oben Anm. 5), S. 457; vgl. Aubin (oben Anm. 50), S. 119, mit weiterer Literatur.

82 *Frankfurter Zunfturkunden bis zum Jahre 1612,* hrsg. von B. Schmidt, Bd. 2 = Veröffentlichungen der Historischen Kommission der Stadt Frankfurt a. M., Bd. VI 2 (1914), S. 185, § 12; Keutgen, S. 377, Nr. 280, § 12.

83 *Urkundenbuch der Stadt Grimma* (oben Anm. 27), S. 30, Nr. 38.

84 *Urkundenbuch Frankfurt* (oben Anm. 38), S. 55, Nr. 107. (BFW 4382).

85 Hingst, S. 75.

86 Wie oben, Anm. 66.

87 Schon Kurfürst Ruprecht III. hatte der Stadt das Brückengeld zur Wiederherstellung der vom Eis zerstörten Brücke geliehen; vgl. A. Mays, *Die Brücken und Fähren über den Neckar bei Heidelberg von der ältesten bis auf die neueste Zeit* (1877), S. 6f.

88 Wie oben, Anm. 39.

89 Die Klöster Bürglen und St. Blasien wurden wegen ihrer finanziellen Hilfe schon 1225 vom Brückenzoll befreit, der demnach anderen Passanten auferlegt war; vgl. oben, S. 271f.

90 Wie oben, Anm. 17.

91 1220 Ende Juli; A. Huillard-Bréholles, *Historia diplomatica Friderici secundi,* Bd. 1 (1852), S. 812 (BF. 1146); 1220 VIII. 3.: ebda., S. 814 (BF. 1149).

92 *Urkundenbuch Grimma* (oben Anm. 27), S. 89f., Nr. 134, dazu das Bittschreiben der Kurfürsten-Witwe Margarethe von 1470 IV. 15., ebenda, S. 90f., Nr. 135.

93 *Kunstdenkmäler Basel* (oben Anm. 22), S.316.

94 Keutgen, S. 247, Nr. 183; vgl. K. Bücher, *Die Bevölkerung von Frankfurt am Main im XIV. und XV. Jh.* (1886), S. 732.

95 *Regensburger Urkundenbuch* (oben Anm. 17), Bd. 1, S. 133, Nr. 258.

96 Ebenda I, S. 355, Nr. 632.

97 Wie oben, Anm. 84.

98 Looz-Corswarem (oben Anm. 3), S. 17.

99 Ebenda, S. 19.

100 ›Die Kirche und der Brückenbau‹, S. 106; N. Paulus, *Geschichte des Ablasses im Mittelalter,* Bd. 3 (1923), S. 441.

101 Wie Anm. 100.

102 Vgl. z. B. für Regensburg: Lehner (oben Anm. 59), S. 163.
103 Koblenz: Looz-Corswarem, S. 20.
104 *Badisches Städtebuch* (oben Anm. 48), S. 280.
105 Lehner, S. 163.
106 Vgl. oben, S. 271.
107 Vgl. ebenda.
108 Vgl. z. B. *Urkundenbuch der Reichsstadt Frankfurt* (wie Anm. 38), Bd. II (1905), S. 309, Nr. 414 (1331); *Regensburger Urkundenbuch,* Bd. I, S. 119, Nr. 233 (1307); ebda., S. 196, Nr. 353 (1318) und weiterhin.
109 Vgl. unten, S. 286.
110 Vgl. oben, S. 278 mit Anm. 81.
111 Bücher, *Bevölkerung* (oben Anm. 94), S. 267ff.
112 *Regensburger Urkundenbuch,* S. 263f., Nr. 475.
113 *Regesta episcoporum Constantiensium,* Bd. 2, bearb. von A. Cartellieri und G. Rieder (1905), Nr. 3000.
114 *Urkundenbuch Grimma,* S. 95, Nr. 144.
115 Vgl. z. B. testamentarische Vergabungen an die Brücke in Frankfurt: *Urkundenbuch Frankfurt,* Bd. I, S. 147, Nr. 296 (1270), Bd. II, S. 118, Nr. 146 (1320), S. 225ff., Nr. 293 (1326), für die Brückenkapelle usw.
116 Vgl. unten, S. 283.
117 Becker, *Religiöse Bedeutung,* (oben Anm. 6), S. 5.
118 Vgl. dazu allgemein N. Paulus, *Geschichte des Ablasses im Mittelalter,* 3 Bde (1922, 1923, 1923), über den Brückenablaß im besonderen ebenda, Bd. 2, S. 260ff., Bd. 3, S. 440ff.
119 Am 3. VIII. 1220, oben Anm. 91; vgl. Paulus, Bd. 2, S. 259.
120 ›Die Kirche und der Brückenbau‹, S. 107.
121 Ebenda, S. 108.
122 1229 VII. 8.; *Die Regesten der Bischöfe von Eichstätt,* bearb. von F. Heidingsfelder = Veröff. der Gesellschaft für fränkische Geschichte, VI. Reihe, Bd. 1 (1938), S. 200, Nr. 663.
123 Lommer, ›Saalbrückenstiftungen‹, in: *Zs. für Thüringische Geschichte und Altertumskunde N.F.,* Bd. 1 (1878), S. 425.
124 ›Die Kirche und der Brückenbau‹, S. 99f., vgl. Paulus Bd. 3, S. 441.
125 *Urkundenbuch der Stadt Leipzig* (oben Anm. 4), Bd. 1, S. 124ff., Nr. 181.
126 *Urkundenbuch der Stadt Esslingen* (oben Anm. 37), Bd. 1, S. 78, Nr. 203.
127 *Urkundenbuch der Städte Dresden und Pirna,* wie oben, Anm. 46.
128 ›Die Kirche und der Brückenbau‹, S. 102.
129 *Urkundenbuch des Landes ob der Enns,* wie oben, Anm. 46.
130 Vgl. Paulus, Bd. 3, S. 442, zu 1460, 1461.
131 Vgl. ebenda, Bd. 3, S. 443.
132 Keutgen, S. 433f., Nr. 335; vgl. oben, S. 271.
133 Von Looz-Corswarem (oben Anm. 3), S. 17.
134 Vgl. oben, Anm. 38.
135 *Regesten der Bischöfe von Eichstätt,* Bd. 1 (oben Anm. 122), S. 200, Nr. 663.
136 ›Die Kirche und der Brückenbau‹, S. 100f.; Paulus Bd. 3, S. 141.
137 Von Looz-Corswarem, S. 18.
138 Ebenda. S. 17ff., auch zum Folgenden.
139 G. L. Kriegk, *Deutsches Bürgertum im Mittelalter mit besonderer Beziehung auf Frankfurt* (1868), S. 540, Nr. 125.
140 *Regensburger Urkundenbuch* Bd. 2 = Monumenta Boica Bd. 54 = N.F. Bd. 8

(1956), S. 103f., Nr. 242 (1357), S. 115f., Nr. 270 (1357) und S. 341, Nr. 846 (1369).

141 Baer und Schäfer (oben Anm. 22), S. 316.

142 A. Reinle, *Die Kunstdenkmäler des Kantons Luzern,* Bd. II, Teil I = Die Kunstdenkmäler der Schweiz, Bd. 30 (1953), S. 76.

143 Lommer (oben Anm. 123), S. 422.

144 ›Die Kirche und der Brückenbau‹, S. 99.

145 *Badisches Städtebuch* (oben Anm. 48), S. 51.

146 ›Die Kirche und der Brückenbau‹, S. 106.

147 *Badisches Städtebuch,* S. 156.

148 Ebenda. S. 130.

149 K. Meisen, *Nikolauskult und Nikolausbrauch im Abendland* = Forschungen zur Volkskunde, Heft 9/12 (1931).

150 Lommer, S. 422.

151 Ebenda, S. 424.

152 Borst (Anm. 7), S. 63f. und 83 mit Anm. 175.

153 *Württembergisches Städtebuch* = Deutsches Städtebuch IV 2, hrsg. von E. Keyser (1962), S. 336.

154 F. Boyer, ›The Bridgebuilding Brotherhoods‹, in: *Speculum* Bd. 39 (1964), S. 635ff.

155 Paulus, Bd. 3, S. 440.

156 M. Schaab, in: *Die Stadt- und die Landkreise Heidelberg und Mannheim. Amtliche Kreisbeschreibung,* Bd. 1 (1966), S. 334.

157 ›Die Kirche und der Brückenbau‹, S. 103.

158 *Regensburger Urkundenbuch,* Bd. 1, S. 123, Nr. 240 (1308); S. 269, Nr. 486 (1325); S. 291, Nr. 524 (1327); S. 676, Nr. 1251 (1349) usw.

159 A. Schmetzer, ›Die steinerne Donaubrücke zu Regensburg‹, in: *Bayerland,* Jg. 36 (1925), S. 574.

160 ›Die Kirche und der Brückenbau‹, S. 104.

161 *Württembergisches Städtebuch,* S. 268.

162 W. Frohn, ›Siechenhäuser und Verkehrsstraßen im Rheinland‹, in: *Rheinische Vierteljahrsblätter,* Bd. 2 (1932), S. 152.

163 ›Die Kirche und der Brückenbau‹, S. 103.

164 Gause (oben Anm. 10), S. 30, vgl. auch S. 36.

165 Z.B. *Urkundenbuch Frankfurt* Bd. II, S. 224ff., Nr. 293 (1326): Hingst (oben Anm. 36), S. 31ff. (1521).

166 Paulus, Bd. 3, S. 442.

167 P. Michaud-Quantin, *Universitas. Expressions du mouvement communautaire dans le moyen-âge latin* = L'église et l'état au moyen-âge, Bd. 13 (1970), S. 98f.; den Hinweis auf das Buch verdanke ich Herrn Privatdozent Dr. N. Bulst.

168 Vgl. oben, S. 269

169 Vgl. Schmetzer, S. 572f.

170 Wie oben, Anm. 113; ähnlich mehrfach.

171 Häcker (oben Anm. 54), S. 79.

172 Vgl. *Bayerland,* Jg. 36 (1925), S. 609.

173 Gradmann (oben Anm. 12), Bd. 2, S. 41; von Looz-Corswarem (oben Anm. 3), S. 23.

174 Ebenda.

175 K. Gruber, *Das deutsche Rathaus* (1943), S. 40.

176 K. Escher, *Die Kunstdenkmäler des Kantons Zürich,* Bd. IV, Teil I: Die Stadt Zürich = Die Kunstdenkmäler der Schweiz (1939), S. 64, 319f.

177 Gause (oben Anm. 10), S. 40; vgl. G. Karl, *Geschichtliches Straßenverzeichnis der Stadt Königsberg* (1924), S. 89.

178 B. Kirchgässner, *Wirtschaft und Bevölkerung der Reichsstadt Esslingen im Spätmittelalter* = Esslinger Studien, Bd. 9 (1964), S. 134.

179 H. Heimpel, ›Das Gewerbe der Stadt Regensburg im Mittelalter‹ = *Vierteljahrsschrift für Sozial- und Wirtschaftsgeschichte,* Beiheft 9 (1926), S. 311.

180 F. Brändlin, *Die alte Basler Rheinbrücke* (1903), S. 8.

181 *Die ältesten Hamburgischen Zunftrollen und Brüderschaftsstatuten,* hrsg. von O. Rüdiger (1874), S. 51, § 5.

182 Seberich (oben Anm. 42), S. 19.

183 M. Schaab, ›Die Entstehung des pfälzischen Territoriums am unteren Neckar und die Anfänge der Stadt Heidelberg‹., in: *Zeitschrift für die Geschichte des Oberrheins,* Bd. 106 (1958), S. 259.

184 H. Krüger, ›Höxter und Corvey. Ein Beitrag zur Stadtgeographie‹, in: *Westfälische Zeitschrift,* Bd. 87 (1930), S. 70f.

185 Vgl. *900 Jahre Villach. Neue Beiträge zur Stadtgeschichte,* geleitet von W. Neumann (1960), S. 37.

186 *Badisches Städtebuch,* S. 277.

187 *Regensburger Urkundenbuch,* Bd. 2, S. 390f., Nr. 969 (1371); S. 402, Nr. 1008 (1373).

188 Vgl. oben, S. 280, mit Anm. 113.

189 *Urkundenbuch der Städte Dresden und Pirna* (oben Anm. 46), S. 57, Nr. 70 (um 1370).

190 *Würzburger Urkundenregesten* (oben Anm. 42), S. 133, Nr. 150; S. 179, Nr. 217; S. 262, Nr. 332 und weiterhin.

191 Schaab, *Straßen,* S. 58.

192 *Urkundenregister des Kantons Schaffhausen,* Bd. 1 (1879), Nr. 1813 von 1429 IX. 16.

193 K. Weller, ›Die staufische Städtegründung‹ (oben Anm. 47), S. 190.

194 *Kunstdenkmäler* (oben Anm. 22), S..316.

195 Schmetzer (oben Anm. 159), S. 575.

196 *Chronik von Herolt,* hrsg. von Ch. Kolb = Württembergische Geschichte (1927), Sp. 1659ff.

197 Art. ›Brücke‹ in: *Handwörterbuch des deutschen Aberglaubens.* Bd. 1 (1927), Sp. 1659ff.

Helmut Maurer

Die Ratskapelle Beobachtungen am Beispiel von St. Lorenz in Konstanz*

I

Über die »städtische Religiosität«[1] des Spätmittelalters ist schon viel geschrieben worden.[2] Wie sehr Kirchliches und Religiöses die mittelalterliche Stadt geprägt und durchdrungen haben, hat die historische Forschung immer wieder von neuem aufgezeigt und seit langem zum wesentlichen Bestand unseres Bildes vom Spätmittelalter werden lassen.[3]

Dennoch fehlt es noch immer an einer Gesamtdarstellung des Themas »Stadt und Kirche« im Mittelalter, mangelt es an einem Gesamtbild städtischer Kirchen- oder kirchlicher Stadtgeschichte. Und es sieht nicht so aus, als ob die gegenwärtige Stadtgeschichtsforschung in Deutschland diesem für die Erkenntnis des Wesens der mittelalterlichen Stadt bedeutsamen Thema sonderliche Bedeutung zumessen wollte[4], mag auch immer wieder die kirchliche Vergangenheit dieser oder jener mittelalterlichen Stadt eine monographische Behandlung erfahren.[5] Wesentlich neue Aspekte sind auf diesem Wege wohl kaum noch zu gewinnen.

Demgegenüber erbrachten die letzten Jahre immerhin einige wenige, aber beachtenswerte Ansätze zu einem neuen, tieferen Eindringen in die hier gegebenen Probleme, Ansätze, die vor allem von einer vergleichenden Betrachtung bestimmter, Kirche und Stadt aufs engste verbindender Institutionen in einer Mehrzahl von Städten zu gewinnen waren, neuerdings erst zum Ausdruck gekom-

---

* Helmut Maurer, ›Die Ratskapelle. Beobachtungen am Beispiel von St. Lorenz in Konstanz‹. In: *Festschrift für Hermann Heimpel*, Bd. 2, Göttingen 1972, S. 225–236 (= Veröffentlichungen des Max-Planck-Instituts für Geschichte 36/II). © Helmut Maurer.

men in den teilweise überraschenden Ergebnissen, die etwa eine vergleichende Erforschung des städtischen Spitals[6] oder des städtischen Pfarrerwahlrechts[7] erzielen konnte.[8]

Andere Wege, über die sich ein Zugang zu einem vertieften Verständnis der bürgerlichen »Sakralgemeinschaft«[9] und damit letztlich auch zum Selbstverständnis von Stadt und Bürgertum im Mittelalter gewinnen ließe, gibt es genug.

So sei denn in den Mittelpunkt der folgenden Untersuchung einmal eine Institution gerückt, die von der Bau- und Kunstgeschichte immer wieder registriert[10], von der allgemeinen Stadtgeschichtsforschung indessen allenfalls zu den kulturhistorischen Merkwürdigkeiten, zu den »Altertümern« der mittelalterlichen Stadt gezählt worden ist.[11] Obgleich es sich um eine kirchliche Institution handelt, blieb sie in Arbeiten, die ausdrücklich das Thema »Stadt und Kirche« in seiner ganzen Vielgestalt zu erfassen und die Rolle des Rats als des regierenden Organs der Bürgerschaft in dieser »Sakralgemeinschaft« zu bestimmen suchten, völlig beiseite.[12] Und doch müßte schon der Begriff »Ratskapelle«, der das In- und Miteinander von Stadt und Kirche, genauer von Rat und Kirche, aufs deutlichste zum Ausdruck bringt, zu einer stärkeren Beachtung der damit bezeichneten kirchlichen Einrichtung führen. Daß dem bislang nicht so war, mag daran liegen, daß die wenigen, in der Literatur verstreuten Hinweise auf die Existenz eines solchen, der regierenden Spitze einer Stadt zugeordneten gottesdienstlichen Raumes darauf hinzudeuten schienen, als ob nur in wenigen Städten eine Ratskapelle bestanden habe und als ob sie zudem im wesentlichen im Nordwesten, Norden und Nordosten Deutschlands anzutreffen sei.[13] Beide Beobachtungen erweisen sich schon bei etwas intensiverer Heranziehung der Literatur als falsch. Ratskapellen gab es in den oberdeutschen Städten Basel[14], Konstanz, Überlingen[15], Leutkirch[16], Ulm[17] und Regensburg[18] ebenso wie etwa in Aachen[19], Köln[20], Herford[21], Soest[22], Hildesheim[23], Duderstadt[24], Goslar[25], Bremen[26], Kiel[27], Lübeck[28], Stralsund[29], Danzig[30], Breslau[31] und Wien[32]. Eine systematische Durchsicht der Literatur[33] und vor allem der Quellen[34] würde den Eindruck von einer in allen deutschen Städtelandschaften verbreiteten Einrichtung sicherlich noch weiter erhärten. Hinzu kommt, daß man zwar das Vorhandensein, nicht aber die besondere Funktion und Bedeutung dieses Gottesdienstraumes anzugeben wußte; sie zu erkennen, muß indessen das wesentlichste Ziel unserer Untersuchung sein. Diese Untersuchung wird, um zu einem möglichst geschlossenen Bild von Wesen und Bestimmung dieser ratsherrlichen »Privatkapelle« gelangen zu können, von einem Einzelbeispiel auszugehen haben, für das alle erreichbaren Quellen zu befragen sein werden.

Sehen wir vom Sonderfall der Lübecker Marienkirche, die die Funktion einer Bürgerkirche mit der einer Ratskirche vereinigte[35], einmal ab, so ist die Einzelbeschreibung einer Ratskapelle bislang noch nicht gegeben worden. Diesem Mangel soll mit der Behandlung der Ratskapelle einer oberdeutschen Stadt, der Kapelle St. Lorenz in Konstanz, abgeholfen werden.

II

Im Jahre 1810, in einer Zeit also, die der Bischofsstadt Konstanz zwar noch nicht die Aufhebung des Bischofssitzes, so doch die Säkularisierung beinahe aller seiner Stifte und Klöster und die Profanierung der ihnen zugehörigen Kirchenräume brachte[36], hatte sich der Rat der Stadt mit dem künftigen Schicksal eines kirchlichen Gebäudes zu befassen, das beinahe genau im Zentrum der noch völlig mittelalterliche Züge aufweisenden Innenstadt gelegen war.[37] Der schlichte, einschiffige Kirchenbau, der durch keinen Turm, sondern lediglich durch einen hochragenden Dachreiter geschmückt war[38], hatte für einen Gutachter des Jahres 1810 dennoch die Besonderheit, daß er »keine Mönchs- oder stiftische Kirche, sondern ein wahres städtisches Eigentum« sei;[39] als solches war die St. Lorenzkapelle in der Tat bereits äußerlich gekennzeichnet durch die Stadtwappen, die über jeder der beiden Eingangstüren angebracht waren.[40]

Obgleich nach alldem der rechtliche Bezug dieses Kirchengebäudes zur Stadtgemeinde einst ein sehr enger gewesen sein muß, äußerte sich der schon genannte Gutachter des Jahres 1810 nicht eben sonderlich liebevoll über diesen Bau, wenn er schrieb: »Eines der entbehrlichsten städtischen Gebäude ist zur Zeit die schon von langem her fast das ganze Jahr geschlossene Kirche zu St. Laurenz.«[41] Bis sie der Spitzhacke zum Opfer fallen sollte, verstrichen allerdings noch nahezu 30 Jahre.

Diese St. Lorenzkirche – in den Quellen des Mittelalters freilich durchweg als *capella* und nur ausnahmsweise hin und wieder einmal als *ecclesia* bezeichnet – lag nicht nur topographisch in der Mitte der

Altstadt; sie stand auch in unmittelbarer Nachbarschaft zu dem politischen, rechtlichen und wirtschaftlichen Mittelpunkt der Stadt seit dem hohen Mittelalter: dem Obermarkt nämlich, an dem sich die alte, vom Münsterhügel zum Thurgau hinüber führende Straße mit der vor der Mauer des 12. Jh.s als Stadterweiterung angelegten Marktstraße kreuzte.[42]

Wenn – wegen seiner Lage vor der gleichen Mauer des 12. Jh.s – dieser relativ kleine Marktplatz ebenfalls erst als eine Anlage des späten 12. oder des frühen 13. Jh.s wird aufgefaßt werden dürfen, so braucht dies dennoch nichts über das Alter der an seiner Nordostecke stehenden *capella sancti Laurentii* auszusagen, für die vielmehr aus hier nicht näher zu erörternden Gründen eine Entstehung im 10. Jh. höchst wahrscheinlich ist.[43] Ihre erste ausdrückliche Erwähnung in den schriftlichen Quellen fällt etwa in das Jahr 1230.[44] Damit ist die chronikalische Überlieferung widerlegt, die Bischof Heinrich (II.) von Klingenberg (1293–1306) zum Erbauer der Kapelle machen wollte.[45] Diese Nachricht wird allenfalls auf einen Neubau bezogen werden dürfen, mit dem zugleich eine geringfügige Verlegung der Kapelle aus dem Bereich unmittelbar vor der alten Stadtmauer in den Bereich unmittelbar hinter dieser Mauer verbunden gewesen zu sein scheint.

Bemerkenswert an der chronikalischen Nachricht ist jedoch nicht so sehr die etwas verwirrte Baugeschichte als vielmehr der Hinweis darauf, daß – um die Wende vom 13. zum 14. Jh. – der Rat der Stadt es war, der den Bischof um die Verlegung dieser Kapelle, deren Altäre bemerkenswerterweise stets zu den Altären der Bischofskirche, des Münsters, gezählt wurden[46], gebeten hat, der Rat also, dessen Anfänge in Konstanz gemeinhin in das erste Viertel des 13. Jh.s verlegt zu werden pflegen.[47]

Das hier offenbar werdende Interesse des Rats an den Belangen dieser *capella* gehört sicherlich hinein in den Gesamtbereich des gerade um jene Zeit immer mehr sichtbar werdenden Übergreifens des Rats in die kirchlichen Angelegenheiten der Stadt.[48] Dieses Interesse ist aber doch vielleicht mehr noch aus der besonderen Lage der Kapelle erklärlich, der Lage an einem Platz, der nicht nur dem täglichen Marktbetrieb, sondern auch der Gerichtsbarkeit des Reichsvogts, des bischöflichen Ammans und nicht zuletzt eben des Rats selbst das ganze Mittelalter hindurch als Gerichtsstätte dienlich war und zugleich als der mittelalterliche Versammlungsplatz der Konstanzer Bürgerschaft angesprochen werden kann.[49].

Um die Wende vom 13. zum 14. Jh. mehren sich die Nachrichten über die Kapelle[50], Nachrichten, die es erlauben, ihre Rolle und ihre Bedeutung im späten Mittelalter und damit in der Zeit größter wirtschaftlicher, politischer und kultureller Blüte der Bischofsstadt am See besser zu bestimmen. In der zweite Hälfte des 13. und in der ersten Hälfte des 14. Jh.s ist es einzig und allein der St. Laurentius-Altar, den Konstanzer Bürger mit ihren frommen Schenkungen begaben.[51] Gegen die Mitte des 14. Jh.s scheinen jedoch zu diesem Hauptaltar der Kapelle zwei weitere Altäre hinzugekommen zu sein, ein Altar, der den beiden Johannes[52], und ein Altar, der den Heiligen Nikolaus, Margaretha und Katharina[53] geweiht war. Diese beiden Altäre meint wohl eine Urkunde vom Jahre 1368, wenn sie von den zwei Altären spricht, die – offenbar im Gegensatz zum Hauptaltar – *die burger gestiftet.*[54] Etwas später erscheint dann endlich noch ein vierter Altar, der – der Gottesmutter Maria geweiht – seine Stiftung dem frommen Sinne des Priesters Johann von Ravensburg zu verdanken hat.[55] Mit diesen vier Altären und ihren Pfründen also ist die – im übrigen durch reiche Bemalung der Wände[56] ausgeschmückte – Kapelle seit der zweiten Hälfte des 14. Jh.s ausgestattet; vom Hauptaltar St. Laurentius abgesehen, dessen Kollatur dem Dompropst allein zusteht, besitzt schon im gleichen 14. Jh. der Rat das Recht der Präsentation des Priesters an den Dompropst für alle drei von den Bürgern gestifteten Altäre.[57] Vom Dompropst wird er dann in seine Pfründe investiert. Dieses Präsentationsrecht des Rats ist freilich zumindest im 15. Jh. nichts Besonderes mehr, denn in dieser Zeit hat der Rat auch in anderen Kirchen der Stadt dieses Recht an sich zu bringen gewußt.[58] Allerdings ist die Zahl der dem Rat in St. Lorenz zustehenden Altäre anderen Kirchen gegenüber relativ hoch. In dieser Weise erhält sich die rechtliche Struktur der vier Altarpfründen bis zur Reformation, die den Gottesdienst auch in dieser Kapelle zum Erliegen bringt.[59] Nach der gewaltsamen Rekatholisierung der Stadt, in deren Gefolge die Kapelle rekonziliert wird[60], ist von den Altären jedoch nur noch der Hauptaltar übrig.

Der Rat hatte indessen nicht nur das Recht der Besetzung dieser drei Altäre, von denen für ihn der als späteste gestiftete, seit dem 14. Jh. mit einem Marien-Gnadenbild geschmückte Muttergottesaltar[61], dessen Inhaber sich *der statt kaplan* nannte[62], der wichtigste war; er kümmerte sich schon 1387 auch um den Gottesdienst in der Kapelle selbst, indem er in diesem Jahr festsetzte, daß die »Tagmesse« zu St. Lorenz unter allen Messen in den Kirchen der Stadt die früheste sein müsse[63]; er nahm sich der Bewahrung des Opferstocks in St. Lorenz an[64], er sorgte für den Mesnerdienst in der Kapelle[65], vor allem für das Brennen des ewigen Lichts, und er bestellte schließlich seit 1472 alljährlich jeweils zwei Kapellenpfleger[66], alles Maßnahmen, die – sehen wir von der Bevorzugung der St. Lorenz-Tagmesse ab – der Rat auch in anderen Kirchen der Stadt mehr oder weniger ähnlich ergriff.

Im Unterschied zu anderen Kirchen und Kapellen hatte die St. Lorenzkapelle für den Rat der Stadt jedoch insofern noch eine besondere Bedeutung, als ihr Dachreiter zumindest schon seit dem Jahre 1376 *des rats gloggen* trug[67], die Ratsglocke also, mit der im übrigen bis in die 30er Jahre des 19. Jh.s regelmäßig zu den Ratssitzungen[68] und – während der Innehabung des Landgerichts im Thurgau durch die Stadt (1417–1499) – auch zu den Sitzungen des Landgerichts gerufen wurde.[69]

Wie in anderen Städten auch, verfügte der Rat zunächst über kein eigenes Rathaus, sondern nahm im 13. Jh. gewöhnlich mit der Minoritenkirche vorlieb; erst im 14. Jh. dürfte das erste Rathaus am Fischmarkt, also einige Minuten vom Obermarkt und damit auch von St. Lorenz entfernt, errichtet worden sein.[70]

In den Jahren der Reformation freilich hielt der Rat in der nun profanierten Kapelle ihrer zentralen Lage wegen einige Male seine Sitzungen ab,[71] auch dies ist nichts Ungewöhnliches, wenn man sich die durchaus übliche Verwendung nicht-profanierter Kirchengebäude im Mittelalter vor Augen hält.[72]

Ihrer Lage im Herzen der Stadt hatte es St. Lorenz schließlich zu verdanken, daß der Rat am Giebel der Kapelle im Jahre 1473 eine Uhr anbringen ließ[73] und daß der Rat mehrfach veranlaßte, Verkündigungen rechtlichen Charakters an den Kirchentüren von St. Lorenz anschlagen zu lassen.[74]

Es kann nach all dem kein Zweifel darüber bestehen, daß der Rat der Kapelle am Obermarkt Jahrhunderte hindurch seine besondere Fürsorge angedeihen ließ. Freilich pflegen die Quellen, die uns diese Skizze zu zeichnen erlaubten, meist nur über besondere Ereignisse und Maßnahmen zu berichten; das Alltägliche aber wird – wie stets – selten aktenkundig. Und so nimmt es nicht weiter wunder, daß wir erst einem nachreformatorischen Rechtsgutachten[75] den entscheidenden Hinweis zu entnehmen vermögen, der es uns erlaubt, die St. Lorenzkapelle nicht nur als eine unter der Pflege des Rats stehende

Kirche, sondern als die Ratskapelle in Konstanz zu bezeichnen. Zu einer solchen wird sie für uns erst durch die in diesem Gutachten enthaltene Nachricht, daß die Ratsherren vor jeder der dreimal in der Woche stattfindenden Ratssitzungen zuerst einmal in St. Lorenz die Hl. Messe hörten, bevor sie zur Sitzung ins Rathaus hinübergingen.

III

Erlauben uns nun diese Beobachtungen, die Konstanzer St. Lorenzkapelle in die Reihe der bislang von der Literatur erwähnten Ratskapellen anderer Städte ohne weiteres einzuordnen? Um diese Frage beantworten zu können, wird es notwendig sein, nach den entscheidenden Gemeinsamkeiten zu fragen, die all diese dem Rate in irgendeiner Weise zugeordneten Kapellen miteinander verbinden. Sucht man sie zu finden, dann zeigt sich vorab dies: Ganz gleich, ob sich die Kapellen untereinander in ihrer topographischen und baulichen Situation gleichen oder unterscheiden, ob sie – wie in Konstanz – ein für die Zwecke des Rats erst allmählich adaptiertes, vom Rathaus getrenntes Gotteshaus darstellen, ob sie in das Rathaus eingebaut oder wenigstens baulich mit ihm verbunden sind[76], oder ob sie als Seitenkapellen einer Pfarrkirche eingefügt sind[77], – ihnen allen eignet doch eine entscheidende Gemeinsamkeit: sie sind sämtlich Stätten des regelmäßigen Ratsgottesdienstes, oder präziser: in ihnen hören die Ratsherren unmittelbar vor jeder Sitzung die Messe.[78] Das ist in Überlingen und Ulm nicht anders als in Lübeck oder Hildesheim. Zu Ratskapellen werden diese Kapellen nicht deswegen, weil der Rat über einen oder mehrere Altäre das Präsentationsrecht ausübt, weil der Rat über die Kapelle die Kirchenpflegschaft innehat, weil in ihrem Glockenturm oder Dachreiter die als Symbol für die Stadtfreiheit höchst wichtige Ratsglocke[79] hängt oder weil der Rat gar in ihr hin und wieder seine Sitzungen abhält. Zu Ratskapellen werden sie vielmehr erst durch die in ihnen regelmäßig zelebrierten Ratsmessen.

Das Bedürfnis, vor jeder Ratssitzung zunächst einmal die Messe zu hören, ist nun zweifellos vor allem beredter Ausdruck der frommen Gesinnung der Ratsherren, Ausdruck der »städtischen Religiosität« auch und gerade an der Spitze des städtischen Gemeinwesens[80], einer Religiosität, die sich etwa auch äußert in den bekannteren, mit der Wahl oder der Einsetzung eines neuen Rats verbundenen Gottesdiensten oder in den vom Rat für die Bevölkerung angeordneten Prozessionen[81], alles eindrückliche Beispiele für das In- und Miteinander von »Stadt und Kirche« auch im führenden Organ der Bürgerschaft.

Aber ist diese gewiß richtige Chrakterisierung des Ratsgottesdienstes und damit auch der Ratskapelle nicht doch etwas zu vordergründig? Geht das Anliegen, das der Rat mit der regelmäßigen Meßfeier verbindet, nicht vielleicht doch noch über das hinaus, was gemeinhin durch das Mitfeiern der Messe ausgedrückt werden soll: Dank und Opfer an Gott, Bitte um Gottes Segen und um Gottes Hilfe?[82] Ratsgottesdienste sind ja nicht Gottesdienste einer Pfarrgemeinde, einer Bruderschaft, einer Familie, sondern Gottesdienste eines regierenden Kollegiums, einer Obrigkeit, Gottesdienste, die aufs engste mit der »Regierungshandlung« eben dieses regierenden Kollegiums, mit der Ratssitzung verbunden sind.

Und hier bietet sich denn nun – bei allen notwendigen Vorbehalten – der Vergleich mit den religiösen Gebräuchen anderer Regierender, vorab des Königs, an. Auch er verfügt über eine eigene Kapelle als Gottesdienstraum, ja, der Eigenart seines Regierens wegen, über eine Vielzahl von Kapellen, auch er hat seinen eigenen Priester, ja mehrere Priester, und – vor allem – auch er feiert regelmäßig vor dem Beginn seiner täglichen Regierungshandlungen seinen »herrscherlichen« Gottesdienst.[83] Von diesem »herrscherlichen« Gottesdienst hat man gesagt, er diene dem König dazu, sich der Hilfe Gottes, der ihm die Herrschaft verliehen habe, zu versichern, sie zu erhalten und zu stärken; er sei dazu da, die Huldigung vor Gott mit der Demonstration der in Gott gegründeten Herrschaft des Königs zu vereinen.[84]

Nun weiß man aus den verschiedensten Quellen, vorab aus den Städtechroniken, daß die mittelalterliche Stadt ihre Freiheit als von Gott gesetzt und in Gott gegründet betrachtete;[85] weiß man, daß sich der Rat der Stadt auf gleicher Ebene mit dem Herrscher stehend ansah und angesehen wurde.[86] Was liegt bei einer solchen Selbsteinschätzung näher, als auch dem Ratsgottesdienst als dem Gottesdienst einer Obrigkeit, als einem in gewissem Sinn ebenfalls »herrscherlichen« Gottesdienst eine ähnliche Bedeutung zuzubilligen, die man dem täglichen Gottesdienst des Herrschers, des Königs, beizumessen pflegt? Auch der Ratsgottesdienst würde dann die Selbsteinschätzung und das Selbstbewußtsein des Rats widerspiegeln, das

Bewußtsein, unmittelbar unter der von Gott gesetzten Freiheit und damit gleichberechtigt neben dem Herrn der Stadt zu stehen. Ein solcher immer wieder von neuem demonstrierter Anspruch kommt vielleicht nirgendwo deutlicher zum Ausdruck als in der Lage der Ratskapelle zu Soest; sie hatte ihren Platz auf der Empore des Westwerks von St. Patrokli, an der Stelle also, die gemeinhin dem König vorbehalten zu sein pflegte.[87]

Bleibt angesichts des offenkundigen Mangels an Vorarbeiten manches an unserem Thema noch weiterer Klärung bedürftig, bleiben vor allem die Fragen nach Alter und Herkunft[88] und nach dem Vorkommen und der Verbreitung der Ratskapelle in den verschiedenen Städtetypen[89] mit Hilfe einer wesentlich breiteren Quellenbasis erst noch zu untersuchen, so dürften die hier gegebenen »Beobachtungen« dennoch schon jetzt den Eindruck vermitteln, daß der Ratskapelle als Stätte des ratsherrlichen Gottesdienstes eine durch die Feier eben dieses Gottesdienstes immer wieder von neuem betonte Bedeutung als Zeichen der letztlich in Gott gegründeten Herrschaft des Rats und damit der städtischen Freiheit zugekommen ist.

Anmerkungen

1 Dieser Begriff bei H. Heimpel, *Deutsches Mittelalter* (1941) S. 111.

2 Immer noch bedeutsam A. Schultze, ›Stadtgemeinde und Kirche im Mittelalter‹, in: *Festgabe für Rudolf Sohm* (1914), S. 105–142; ders., *Stadtgemeinde und Reformation* (1918) und K. Frölich, ›Kirche und städtisches Verfassungsleben im Mittelalter‹, *ZRG KA* 53 (1933), S. 188–287.

3 Vgl. dazu etwa W. Andreas, *Deutschland vor der Reformation* (1932 u. die folgenden Aufl.), die Kapitel 2, 3 u. 6. H. Heimpel, ›Das Wesen des deutschen Spätmittelalters‹, in: ders., *Der Mensch in seiner Gegenwart* (^{2}1957), S. 109–135, u. ders., ›Das deutsche fünfzehnte Jahrhundert in Krise und Beharrung‹, in: *Die Welt zur Zeit des Konstanzer Konzils* (Vorträge und Forschungen IX, 1964), S. 9–29.

4 So führt etwa der Allgemeine Teil der *Bibliographie zur Städtegeschichte Deutschlands,* hg. von E. Keyser (1969), S. 22, lediglich fünf Titel zur städtischen Kirchengeschichte an. Bezeichnenderweise hat in dem von C. Haase in der Reihe *Wege der Forschung* geplanten Sammelwerk mit den drei Bänden *Begriff, Entstehung und Ausbreitung, Recht und Verfassung* und *Wirtschaft und Gesellschaft* das Verhältnis ›Stadt und Kirche‹ offensichtlich keinen Platz.

5 Vgl. etwa den Literaturbericht von J. Sydow, ›Neue Veröffentlichungen über die deutsche Städtegeschichte‹, X, *Bll. f. dtsch. Landesgesch.* 105 (1969), S. 182–256, insbes. S. 249ff.

6 Dazu neuestens J. Sydow, ›Kanonistische Fragen zur Geschichte des Spitals in Südwestdeutschland‹, *HJb* 83 (1964), S. 54–68, und ders., ›Spital und Stadt in Kanonistik und Verfassungsgeschichte des 14. Jh.s‹ *(Der deutsche Territorialstaat im 14. Jh.,* T. 1, hg. von H. Patze, Vorträge und Forschungen 13, 1970), S. 135–195.

7 D. Kurze, *Pfarrerwahlen im Mittelalter* (Forschungen zur kirchlichen Rechtsgeschichte und zum Kirchenrecht, Bd. 6, 1966), insbes. S. 324 ff.

8 In diesem Zusammenhang wäre etwa auch an die vergleichende Untersuchung mittelalterlicher Stadtpatrone zu erinnern, der sich neuerdings A. Borst intensiv angenommen hat, vgl. ders., ›Die Sebaldslegenden in der mittelalterlichen Geschichte Nürnbergs‹, *Jahrb. f. Fränkische Landesforschung 26* (1966), S. 19–178, insbes. S. 165 ff., u. ders.: ›Schutzheilige mittelalterlicher Gemeinwesen‹ *(Protokolle des Konstanzer Arbeitskreises,* Nr. 157 vom 17. 2. 1970), S. 4.

9 Dieser Begriff bei Frölich (wie Anm. 2), S. 216.

10 Vgl. O. Stiehl, *Das deutsche Rathaus im Mittelalter, in seiner Entwicklung geschildert* (1905), S. 130, 149 u. 156, sowie K. Gruber, *Das deutsche Rathaus* (1943), S. 21 ff.

11 H. G. Gengler, *Deutsche Stadtrechtsaltertümer* (1882), S. 326; G. v. Below, *Das älteste deutsche Städtewesen und Bürgertum* (Monographien zur Weltgeschichte 6, 1898), S. 52, und K. Frölich, ›Mittelalterliche Bauwerke als Rechtsdenkmäler, besonders im Mittelrhein- und Maingebiet‹, *Nachrichten der Gießener Hochschulgesellschaft* 12 (1938), S. 126–166, hier S. 143.

12 Bes. auffällig bei Frölich (wie Anm. 2), wo nach der S. 191 wiedergegebenen Aufgabenstellung die Fragen vor allem behandelt werden sollen, »welche die das städtische Verfassungsbild beherrschende Organisation des Rats und dessen Verrichtungen betreffen, oder die wenigstens mittelbar für sie von Belang sind«. Auch Kap. IV, S. 217 ff.: »Geistliche und geistliche Anstalten im Dienste der städtischen Interessen« enthält keinen Hinweis auf die Ratskapelle.

13 So etwa das Bild, das sich nach der Lektüre von A. Haas, *Die Gebäude für kommunale Zwecke in den mittelalterlichen Städten Deutschlands,* Diss. phil. Freiburg i. Br., 1914, ergeben könnte.

14 A. Burckhardt u. R. Wackernagel, ›Geschichte und Beschreibung des Rathauses zu Basel‹, *Mitt. der Histor. u. Antiquar. Gesellschaft zu Basel NF.* 3 (1886), S. 7.

15 A. Semler: ›Die Überlinger Friedhöfe‹, *Freiburger Diözesanarchiv* 75 (1955), S. 292 bis 300, insbes. S. 295, u. ders., ›Hatte das Überlinger Rathaus eine Kapelle?‹, ebenda S. 315 bis 317 (freundlicher Hinweis von Herrn Dr. W. Bühler, Überlingen).

16 R. Roth, ›Die ehemaligen neun Kaplaneien in Leutkirch‹, *Diözesan-Archiv von Schwaben* 5 (1888), Nr. 15, S. 59–60.

17 N. N. (Schurer), ›Die Kirchen, Kapellen, Klöster und Klösterhöfe Ulms‹, *Diözesan-Archiv von Schwaben* 7 (1890), Nr. 4, S. 13, u. *Beschreibung des Oberamts Ulm,* Bd. 2 (1897), S. 37.

18 Heinisch, ›Chronik des Regensburger Rathauses‹, in: *Das Rathaus zu Regensburg* (1910), insbes. S. 5, u. ders., *Baugeschichte des Regensburger Rathauses,* ebenda, S. 41, und jetzt vor allem J. Sydow, ›Der Regensburger Markt im Früh- und Hochmittelalter‹, *HJB,* 80 (1961), S. 60–92, insbes. S. 71 ff.

19 A. Haas (wie Anm. 13), S. 101.

20 Ebenda, S. 19.

21 E. Sandow, ›Die Marktkirche St. Nikolai in Herford und ihre Funktion‹, *Herforder Jahrbuch* 2 (1961), S. 27–59, insbes. S. 43 f.

22 H. Rothert, ›Das Westwerk von St. Patrokli in Soest‹, *Westfäl. Zeitschrift* 103/104 (1954), S. 13–29, insbes. S. 17.
23 J. Lindenberg, *Stadt und Kirche im spätmittelalterlichen Hildesheim* (Quellen und Darstellungen zur Geschichte Niedersachsens 61, 1963), S. 129.
24 O. Stiehl (wie Anm. 10), S. 149.
25 Ebenda, S. 130.
26 A. Haas (wie Anm. 13), S. 83.
27 G. v. Below (wie Anm. 11), S. 52.
28 A. v. Brandt, *Geist u. Politik in der Lübeckischen Geschichte* (1954), Kap. IV, S. 83 bis 96 »Die Ratskirche«.
29 G. v. Below (wie Anm. 11), S. 52.
30 K. Gruber (wie Anm. 10), S. 21.
31 Ebenda, S. 65.
32 H. Lentze, ›Die Rechtsform der Altarpfründen im mittelalterlichen Wien‹, *ZRG KA* 68 (1951), S. 221–302, insbes. S. 236ff.
33 Die bisher erschienenen Bände des *Deutschen Städtebuchs* versagen für unsere Fragestellung fast völlig.
34 Hier kämen vor allem die gedruckten Städtechroniken in Frage.
35 Dazu A. v. Brandt (wie Anm. 28).
36 Vgl. hierzu H. Baier, ›Die Neuregelung der Pfarrorganisation in Konstanz nach der Säkularisation‹, in: *Freiburger Diözesanarchiv* 65 (1937), S. 156–191.
37 Zur Konstanzer Stadttopographie neuerdings H. Maurer, ›Stadterweiterung u. Vorstadtbildung im mittelalterlichen Konstanz‹, in: E. Maschke/J. Sydow, *Stadterweiterung u. Vorstadt* (1969), S. 21–38.
38 Zur Baugestalt der St. Lorenzkapelle vor allem P. Motz, ›Die Kirchen und Klöster der Stadt Konstanz‹, in: ders., *Konstanz, seine baugeschichtliche u. verkehrswirtschaftliche Entwicklung* (1925), S. 49–95, hier S. 73f.
39 Vgl. Stadtarchiv Konstanz, Abt. G-Kirchensachen, Fasz. 10.
40 Vgl. die Zeichnung bei Motz (wie Anm. 38) S. 61.
41 Wie Anm. 39.
42 Vgl. Maurer (wie Anm. 37) S. 24.
43 Dazu vorläufig H. Maurer in: *Protokoll über die Fachsitzung des Alemannischen Instituts vom 6. 3. 1969,* Nr. 5, S. 13.
44 Vg. K. Beyerle, *Die Konstanzer Grundeigentumsurkunden* (1902), Urk. Nr. 13, S. 22. Dazu auch die Notizen im Domstiftsanniversar 8, S. 74 (GLA Karlsruhe, Abt. 64) u. ebenda S. 55 u. verschiedentlich im Domstiftsanniversar 9 (ebenda).
45 Vgl. Ph. Ruppert, *Die Chroniken der Stadt Konstanz* (1891), S. 34; dazu Regesta episcoporum Constantiensium 2, Nr. 2864, S. 4.
46 Vgl. beispielsweise H.D. Siebert, ›Altäre u. Pfründen in der Domkirche zu Konstanz um 1500‹, *Freiburger Diözesanarchiv* 63 (1935), S. 210–215, hier S. 215, u. M. Schuler, ›Ein Pfründen- u. Altarverzeichnis vom Konstanzer Münster aus dem Jahre 1524‹, *Freiburger Diözesanarchiv* 88 (1968), S. 439–451, hier S. 446.
47 Dazu K. Beyerle (†), ›Die Entwicklung des Konstanzer Stadtrechts‹, in: *Das Rote Buch,* hg. von O. Feger (Konstanzer Stadtrechtsquellen 1, 1949), S. 1–28.
48 Vgl. hierzu die entsprechenden Ratssatzungen, in: *Das Rote Buch* (wie Anm. 47), in: *Die Statutensammlung des Stadtschreibers Jörg Vögeli,* hg. von O. Feger (Konstanzer Stadtrechtsquellen 4, 1951) u. in: *Vom Richtebrief zum Roten Buch,* hg. von O. Feger (Konstanzer Geschichts- u. Rechtsquellen 7, 1955). – Eine monographische Behandlung des Themas »Stadt u. Kirche« für Konstanz wäre ein dringendes Desiderat.

49 Über die Bedeutung des Obermarktes vgl. neuerdings H. Maurer, ›Palatium Constantiense‹, in: *Adel u. Kirche, Festschrift f. G. Tellenbach* (1968), S. 374–388, hier S. 383, Anm. 54.

50 Wie Anm. 44; dazu dann noch Urk. Nr. 96 von 1293 I 7 bei Beyerle: *Grundeigentumsurkunden* (wie Anm. 44), Nr. 96, S. 111; Urk. von 1314 V 1, ZGO NF 14 (1899), S. 27; Urk. von 1358 III 3, Regesta episcoporum Constantiensium 2, Nr. 5376, S. 283f.; Eintrag von 1368 in Gemächtebuch Stadtarchiv Konstanz A IX 1, S. 2.

51 Vgl. die in Anm. 44 u. 50 genannten Quellen.

52 Vgl. GLA 64, Domstiftsanniversar 9, Eintrag zu XIX. Kal. Febr. Als alt. utriusque Johannis genannt zu 1508 III 7 bei M. Krebs, *Die Protokolle des Konstanzer Domkapitels* (1952ff.), Nr. 3322.

53 Vgl. GLA 64, Domstiftsanniversar 9, Eintrag zu XIX Kal. Febr.: als alt. ss. Nicolai et Catherine bezeichnet zu 1390 XII 2, in: G. Tellenbach, *Repertorium Germanicum 2* (1933), Sp. 705; Nennung als alt. St. Nicolai, Margarethae et Katherine, 1497 II 23, Krebs (wie Anm. 52).

54 Stadtarchiv Konstanz, Gemächtebuch A IX 1, S. 2.

55 Ebenda, S. 38, Eintrag zu 1382.

56 Reste gotischer Wandmalereien, wohl von einem Passionszyklus, wurden 1960 beim Umbau des Hauses, in das 1839 offenbar noch einzelne Mauerteile der St. Lorenzkirche übergegangen waren, gefunden, vgl. K. Finckh, *Stadt Konstanz, Liste der Denkmalobjekte* (1965), S. 110.

57 Quellen wie Anm. 54 u. 55; dazu die bei Siebert u. Schuler wiedergegebenen Altarverzeichnisse (wie Anm. 46).

58 Vgl. das Verzeichnis der vom Rat in den Konstanzer Kirchen zu verleihenden Pfründen von ca. 1450 bei Ruppert, *Chroniken* (wie Anm. 45), S. 405.

59 H. Buck u. E. Fabian, *Konstanzer Reformationsgeschichte in ihren Grundzügen 1: 1519–1531* (1965), S. 136; u. D. Heuschen, *Reformation, Schmalkaldischer Bund u. Österreich in ihrer Bedeutung f. d. Finanzen der Stadt Konstanz* (1969), S. 113.

60 Vgl. Heuschen S. 214; s. auch Beschreibung der Kirchen von Konstanz (vermutl. von Nikolaus Hug. 1. H. 19. Jh.), S. 39f., Stadtarchiv Konstanz, A I 33, u. vor allem GLA 209 718 u. 1587.

61 Vgl. Ruppert, *Chroniken* (wie Anm. 45), S. 259.

62 Ebenda, S. 399 zu 1460.

63 Vgl. *Vom Richtebrief zum Roten Buch* (wie Anm. 48), Nr. 103, S. 35.

64 Vgl. erstmals *Ratsbuch VII* von 1441, S. 21, im Stadtarchiv Konstanz, Abt. B I.

65 Vgl. *Ratsbuch V* von 1431, S. 219, ebenda.

66 Vgl. erstmals *Ratsbuch XII* von 1472, S. 218, ebenda.

67 Vgl. *Vom Richtebrief zum Roten Buch* (wie Anm. 48), Nr. 12, S. 3.

68 Vgl. J. Marmor, *Geschichtliche Topographie der Stadt Konstanz* (1860) S. 272.

69 Wie Anm. 65.

70 Dazu F. Baier, ›Die Rathäuser der Stadt Konstanz‹, in: *Unser Konstanz* (1950), S. 74 bis 78.

71 Vgl. *Ratsbuch XXXVI,* S. 174a zu 1527; *Ratsbuch XXXX,* S. 1b zu 1531 u. Schultheiss: *Collectaneen VI,* S. 141/2 im Stadtarchiv Konstanz A I 8 zu 1548; vgl. auch Heuschen (wie Anm. 59) S. 98.

72 Dazu jetzt allg. B. E. J. Stüdeli, *Minoritenniederlassungen u. mittelalterliche Stadt* (Franziskanische Forschungen 21, 1969), S. 84ff.

73 Baubuch von 1473 im Stadtarchiv Konstanz M 2.

74 *Ratsbuch XXIII,* S. 331 u. S. 381 zu 1505 u. Heuschen (wie Anm. 59), S. 185

75 Stadtarchiv Konstanz Abt. G-Kirchensachen – Fasz. 10 u. GLA Karlsruhe Abt. 209 718.

76 Wie beispielsweise in Regensburg.

77 Wie etwa im Falle von Leutkirch.

78 Dieser Brauch ist bezeugt etwa für Lübeck, Regensburg, Leutkirch, Ulm, Köln, Hildesheim, Aachen u. Herford; vgl. die oben Anm. 13 ff. genannte Literatur.

79 Zur Bedeutung der Ratsglocke vgl. H. Planitz, ›Die deutsche Stadtgemeinde‹, *ZRG GA* 64 (1944), S. 61.

80 So schon A. v. Brandt (wie Anm. 28) S. 87 ff.

81 Besonders gut herausgearbeitet von L. Pfleger, ›Die Stadt- und Ratsgottesdienste im Straßburger Münster‹, *Archiv f. elsäss. Kirchengeschichte* 12 (1937), S. 1–55.

82 Vgl. J. A. Jungmann, *Missarum Sollemnia* 1 (⁵1962), S. 154 ff., 233 ff. u. 249 ff.

83 Hierzu jetzt vor allem J. Fleckenstein, *Die Hofkapelle der deutschen Könige 1* (1959), S. 2, 4, 21 f., 37, 65, 87, 97, 99, 100, 109 u. 227, und 2 (1966), S. 134, 272 u. 276. Für den täglichen Gottesdienst des Herrschers wichtig auch die Bemerkungen bei P. E. Schramm – F. Mütherich, *Denkmale der deutschen Könige u. Kaiser* (1962), S. 31 ff.

84 J. Fleckenstein 1 (wie Anm. 83), S. 37.

85 Vgl. H. Schmidt, *Die deutschen Städtechroniken als Spiegel des bürgerlichen Selbstverständnisses im Spätmittelalter* (Schriftenreihe der Histor. Kommission bei der Bayerischen Akademie der Wiss. 3, 1958), S. 89 ff., insbes. S. 96.

86 Dazu etwa neuerdings H. Rabe, *Der Rat der niederschwäbischen Reichsstädte* (Forschungen zur deutschen Rechtsgeschichte 4, 1966), S. 187 ff., S. 249, S. 275 ff., insbes. aber S. 193, u. J. Sydow, ›Elemente von Einheit u. Vielfalt in der mittelalterlichen Stadt (im Lichte kirchenrechtlicher Quellen)‹ *(Miscellanea Mediaevalia* 5, 1968), S. 186–197, hier S. 194.

87 Vgl. H. Rothert (wie Anm. 22) S. 17.

88 Hier sei etwa auf die von J. Sydow (wie Anm. 18), S. 72 f., vermutete Herkunft der Institution aus dem italienischen Städtewesen oder auf die von E. Sandow (wie Anm. 21), insbes. S. 49, u. P. Johansen, ›Die Kaufmannskirche‹, in: *Die Zeit der Stadtgründungen im Ostseeraum* (Acta Visbyensia 1, 1963), S. 85–134, insbes. S. 105 u. 122, angenommenen Zusammenhänge mit der vor allem im Norden und Osten verbreiteten Markt- und Kaufmannskirche hingewiesen, die möglicherweise aber auch in Oberdeutschland Entsprechungen hat (vgl. etwa W. Stettner, ›Pfarrei und mittelalterliche Stadt zwischen oberem Neckar u. oberer Donau‹, *Zeitschrift für württemberg. Landesgesch.* 25, 1966, S. 131–181, hier S. 165 f. mit dem Hinweis auf die Marktkirche in Rottenburg a. N.).

89 Nach den von J. Sydow gegebenen Differenzierungen, vgl. ders., ›Zur verfassungsgeschichtlichen Stellung von Reichsstadt, freier Stadt und Territorialstadt im 13. und 14. Jh.‹ in: *Les Libertés urbaines et rurales du XIe au XIVe siècle* (1968) S. 281–309; so wäre etwa zu prüfen, ob der Ratsgottesdienst und die Ratskapelle – wie die von uns gegebene Städteliste glauben machen könnte – hauptsächlich auf Reichsstädte u. freie Städte beschränkt waren oder ob nicht auch in Territorialstädten die Einrichtung eines Ratsgottesdienstes und einer Ratskapelle gang und gäbe war, vgl. etwa den Hinweis auf einen Ratsgottesdienst in Freiburg i. Br. bei F. Hefele, ›Von alten Sitten u. Gebräuchen‹, in: *Der Breisgau (Oberrhein. Heimat* 28, 1941), S. 311–368, hier S. 363.

Rudolf Wittkower

Englischer Neopalladianismus, Landschaftsgärten, China und die Aufklärung*

Nicht ohne Berechtigung wenden Kunsthistoriker auf das 18. Jahrhundert Stilkriterien an, die den vorangegangenen Epochen entnommen sind. Bekanntlich stoßen sie im 18. Jahrhundert auf spätbarocke, dem Rokoko zugehörige, neopalladianische, neurömische, neugriechische, neoklassizistische, neugotische und noch weitere Stile. Sie sehen sich – anders gesagt – im 18. Jahrhundert mit einer Wiederaufnahme oder einer Vermischung der meisten früheren Baustile konfrontiert. Allein das Rokoko scheint eine genuine Schöpfung dieses Jahrhunderts zu sein. Die verschiedenen »Neo«-Stile stehen nicht unbedingt in einer festen zeitlichen Abfolge; sie können durchaus auch zugleich im selben Umfeld oder Baukomplex auftreten. So findet man in England nicht selten Häuser mit einer neoklassizistischen Fassade und einem Rokoko-Interieur sowie neugotische, neugriechische, arabische oder chinesische Bauten im Garten.

Das 18. Jahrhundert besitzt also keine klar ausgeprägte stilistische Physiognomie; bestimmend für das Bild des Jahrhunderts sind vielmehr die Wiederbelebung älterer Stile und in gewissem Maße sogar ein Stilgewirr. Auf den ersten Blick mag es wenig durchdacht erscheinen, wenn man einen dieser Stile und Revivals des 18. Jahrhunderts mit der Aufklärung in Verbindung zu bringen versucht.[1] Doch wir können die Möglichkeit nicht ausschließen, daß die Formensprache einzelner oder in dieser Hinsicht vielleicht sogar sämtlicher Stile des 18. Jahrhunderts zum Vehikel für den Ausdruck

* Rudolf Wittkower, ›English Neo-Palladianism, the Landscape Garden, China and the Enlightenment‹. In: *L'Arte* 6, 1969, S. 18–35, sowie leicht gekürzt in: R. Wittkower, *Palladio and English Palladianism,* London 1974. Eine erste Fassung dieses Aufsatzes wurde auf den *Humanities Conferences* an der Ohio State University im April 1965 vorgetragen. © Margot Wittkower. Aus dem Englischen von Michael Bischoff.

von Aufklärungsideen geworden sein könnte. Wie weit diese Fragestellung trägt, möchte ich hier klären, und zu diesem Zweck habe ich einige begrenzte, aber miteinander verbundene Aspekte der englischen Kunst und Architektur des frühen 18. Jahrhunderts ausgewählt.

Der bemerkenswerte Aufstieg des Neopalladianismus in der englischen Architektur, der sich im Laufe des zweiten Jahrzehnts des 18. Jahrhunderts vollzog, ist ein bekanntes Phänomen, das ausgiebig behandelt worden ist.[2] Wir haben es hier in der Tat mit einem bemerkenswerten Phänomen zu tun, denn es kam durchaus überraschend. Es sei daran erinnert, daß Sir John Vanbrugh (1664–1726) und Nicholas Hawksmoor (1661–1736) um 1700 in schwungvoller, gefühlsbetonter Manier mit deutlichen Vorlieben für barocke und sogar manieristische Formen zu bauen begonnen hatten. Dieser kraftvolle und bewegte, typisch britische Zweig der Barockarchitektur war Teil einer allgemeinen europäischen Entwicklung. Gegen Ende des 17. Jahrhunderts verlor die international gültige, vor allem von der Französischen Akademie durchgesetzte Mischung aus Barock und Klassizismus ihre Anziehungskraft. Ein neuer Geist, antidogmatisch, voller Leben und Begeisterung und zugleich deutlich nationaler Prägung, wurde allenthalben spürbar: von Spanien bis nach Neapel, Genua, Venedig, Österreich, Deutschland und selbst nach Frankreich hinein. In den meisten Ländern des Kontinents folgte auf diesen dynamischen Spätbarock von etwa 1720 an das elegante, zierliche Rokoko. Zumindest für kurze Zeit war das klassizistische Dogma überall in Europa in Mißkredit geraten.

Und genau zu diesem Zeitpunkt vollzog man in England eine Kehrtwendung. Das Land kehrte zu einem rigiden palladianischen Klassizismus zurück, zu jenem Stil also, den Inigo Jones mit dem *Queen's House* in Greenwich (1616–35) und dem *Banqueting House* in Whitehall (1619–22) eingeführt hatte. Doch in der ersten Hälfte des 17. Jahrhunderts war dieser Stil auf Kreise am Hofe Charles I. beschränkt geblieben; zur Zeit des Commonwealth (1649–60) und der Restauration fand er nur wenige Anhänger.

Und nun bildete derselbe Kreis von Männern des 18. Jahrhunderts, die für den Bau streng formaler, klassizistischer Gebäude verantwortlich zeichneten, die Avantgarde in der auf Unregelmäßigkeit bedachten natürlichen oder, wie sie oft genannt wird, romantischen Gartenbewegung, die einer der kenntnisreichsten und nachdenklichsten Erforscher des 18. Jahrhunderts, Christopher Hussey[3], »Englands wohl größten Beitrag zur bildenden Kunst« genannt hat. Es mag paradox erscheinen, daß man unter der Regierung der Königin Anne (1702–14) Barockhäuser in ›unnatürliche‹, geometrische Gärten nach französischem Vorbild stellte, während man zur Zeit Georgs I. (1714–27) und seiner Nachfolger klassizistische Häuser mit ›romantischen‹ Landschaftsgärten umgab.

Bevor ich den Versuch mache, dieses Paradox aufzulösen, muß ich kurz die Ideen aufzeigen, die dem englischen Neopalladianismus zugrunde lagen. Seine Entstehung kennen wir inzwischen recht genau: 1715 war das entscheidende Jahr. In diesem Jahr erschienen in London zwei außerordentlich wichtige Werke, der erste Band des *Vitruvius Britannicus* von Colin Campbell und die erste Lieferung der von Giacomo Leoni herausgegebenen englischen Ausgabe der *Quattro libri dell'architettura* von Palladio.[4] Beide Werke sind äußerst prächtig gestaltet und haben ein sehr großes Format. Nichts Vergleichbares hatte es jemals zuvor in England gegeben. Allein schon ihr Format verrät eine bis dahin unbekannte Selbstsicherheit, und die Tatsache, daß man so teure Bücher auf den Markt brachte und für ein Geschäft hielt, wirft ein bezeichnendes Licht auf die rasche Entstehung eines neuen Publikums, das leidenschaftlich an Fragen der Architektur interessiert war.

In ihren Vorworten bekunden Campbell und Leoni ihre Hochachtung vor dem Genie Palladios. Campbell verurteilt die italienische Barockarchitektur als überladen, affektiert und zügellos und stellt fest, nach Palladio seien »der klassische Stil und der gute Geschmack in der Baukunst verlorengegangen«, und Leoni preist ihn als den Wiederentdecker der ewig gültigen Gesetze in der Architektur. Campbell findet überdies bei Inigo Jones fortgeführt und zur Vollkommenheit gebracht, was Palladio begonnen hatte. »Ich zweifle nicht«, schreibt er, »daß ein unparteiischer Richter in der *Banqueting Hall* oder dem *Queen's House* alles Gleichmaß des ersteren [d. h. Palladios] auffinden wird, vermehrt noch um ein Maß an Schönheit und Würde, worin unser Architekt alles Vorangegangene übertroffen haben dürfte.«

Ohne Zweifel wäre diesen Büchern ein ungleich geringerer Einfluß beschieden gewesen, hätten sie nicht solch leidenschaftlichen Anklang bei Richard Boyle, dem dritten Earl of Burlington und vierten Earl of Cork gefunden. Er wurde am 25. April 1694 geboren und erbte die Titel noch vor seinem zehnten Lebensjahr. Neben ausgedehnten Besitzungen in Yorkshire und Irland gehörten auch *Burlington House,* Picadilly, in London und ein Haus mit Park in Chiswick bei London zu seinem Erbe. Schon in früheren Jahren gab ihm sein gewaltiges Vermögen die Möglichkeit, beide Besitzungen zu Zentren der Erprobung des neuen Stils und zu Treffpunkten der kulturellen Elite zu machen. Burlingtons Rückkehr von seiner »Grand Tour« nach Italien im Frühjahr 1715 fiel mit dem Erscheinen der beiden genannten Werke zusammen. Er war begeistert und machte Colin Campbell sogleich zu seinem Lehrer und Ratgeber in Fragen der Architektur. Im Sommer 1719 reiste er neuerlich nach Italien, diesmal eigens um Vicenza zu besuchen und Palladios Bauwerke zu sehen.

Mit welcher Hingabe sich Burlington der Künste annahm, zeigte sich, als er wieder in London war. Das wird deutlich, wenn man den vielfältigen Aktivitäten nachgeht, die er zu dieser Zeit entfaltete.[5] Er kehrte von seiner zweiten Italienreise in Begleitung des aus Yorkshire stammenden Malers William Kent zurück, der ein Jahrzehnt in Rom verbracht hatte.[6] Kent nahm in *Burlington House* als Gast des Earl Wohnung und blieb dort 28 Jahre lang, bis der Tod sie trennte. Burlington half auch, den Bildhauer Giovanni Battista Guelfi nach England zu holen.[7] Auch er verbrachte mehr als ein halbes Jahrzehnt als Gast in *Burlington House.* Guelfi hatte seine Ausbildung in der Werkstatt Camillo Rusconis erhalten, der zu Beginn des 18. Jahrhunderts als der beste Bildhauer Roms galt. Diese Abkunft schien die Gewähr dafür zu bieten, daß Guelfi in seinen Arbeiten alle Vorzüge des klassischen italienischen Stils zu vereinigen wüßte. Burlington hatte – so glaubte er – einen der besten Bildhauer Italiens für England gewonnen.

In den Jahren kurz vor und nach 1720 muß Burlington in einer Welt hochgespannter Erwartungen gelebt haben: Er glaubte, die Stärke seiner Überzeugung, die Auswahl seiner Künstler und sein großzügiges Mäzenatentum würden eine künstlerische Renaissance herbeiführen, wie sie England noch nicht gesehen hatte, für die das Land aber reif und bereit sei. Er hatte einen Bildhauer gefunden, der in der großen römischen Tradition aufgewachsen war, und dies zu einer Zeit, da es – nach Horace Walpoles Diktum – in England keinen einzigen herausragenden Bildhauer gab. Er hatte einen Historienmaler, William Kent, nach England geholt, der sich

1 Matteo Ripa: Die kaiserlichen Gärten in Jehol; einer von 36 Kupferstichen aus dem Jahre 1713; Originalgröße: 30,5 × 35 cm.
Diese Stiche waren die ersten bildlichen Darstellungen chinesischer Landschaftsgärten, die in den Westen gelangten. Lord Burlington und seinem Kreis wurden sie 1724 bekannt; sie beeinflußten die Entwicklung der englischen Landschaftsgartenbewegung.

während seines langen Romaufenthaltes nicht nur von den klassischen Meistern hatte inspirieren lassen, sondern auch bereits selbst in klassizistischer Manier gemalt hatte.[8] Er förderte auf alle erdenkliche Weisen Colin Campbell, den einzigen Architekten, dem die Erleuchtung zuteil geworden war und der die klassische Schlichtheit und Größe erneuert hatte, während er selbst, Burlington, sich rasch zu einem Meister in dem neuen Stil entwickelte.

Zudem war er von früher Jugend an ein glühender Verehrer der italienischen Oper gewesen, des musikalischen Gegenstücks zum Klassizismus in der Malerei. Bestärkt wurden diese Interessen noch durch seine Verehrung für Händel, mit dem er seit den Jahren 1711–12 befreundet war.[9] Bezeichnend für Burlingtons Hingabe an die italienische Musik und für den Aufwand, den er trieb, ist die Tatsache, daß er von seiner »Grand Tour« mit drei italienischen Musikern in seinem Gefolge nach London zurückkehrte.[10] Im selben Jahr, 1715, widmete Johan Jakob Heidegger ihm das Libretto zu Händels Oper *Amadigi;* darin wendet er sich mit folgenden Worten an den Earl: »Die einzigartige Förderung, die Ihr den freien Künsten habt angedeihen lassen, zeigt nicht allein die Feinheit Eures Geschmacks, sie wird auch ein Mittel sein, diese im hiesigen Klima heimisch zu machen, und Italien wird sich nicht länger rühmen können, der Hort der guten Sitten zu sein, da die Söhne der Kunst unter Eurer Schirmherrschaft blühen...«[11] Diese lobrednerische Würdigung erscheint nicht gänzlich unrealistisch, denn mit einiger Wahrscheinlichkeit hatten Burlingtons ehrgeizige Pläne schon 1715 in seinem Kopf erste Gestalt angenommen.

1720, im Gründungjahr der *Royal Academy of Music,* die mit Burlingtons Unterstützung die italienische Musik in England fest zu etablieren suchte, schloß Alexander Pope seine Übersetzung der *Ilias* ab und bot dem englischen Publikum das Heldenepos in klassischem Stil dar. Burlington war Pope sehr gewogen[12], und es war nur eine unter zahlreichen Freundschaftsbekundungen, wenn Burlington dem Dichter die Innenausstattung für dessen Haus in Twickenham bezahlte.

So scheint es, daß alle Künste – Malerei, Bildhauerei, Architektur, Musik und Literatur – nicht zuletzt dank Burlingtons Bemühungen in einem Geiste vereint und wiedergeboren wurden, der die Antike zum Vorbild nahm. Dieser umfassende Versuch, eine englische Renaissance in den Künsten erstehen zu lassen, schöpft offensichtlich aus einer bestimmten Quelle: Es kann kein Zweifel bestehen, daß Burlington verwirklichen wollte, was Shaftesbury in seinen Schriften propagiert hatte. In einem *Letter Concerning the Art, or Science of Design,* 1712 in Italien geschrieben[13], war Shaftesbury für die Schaffung eines nationalen Geschmacks und eines nationalen Stils auf der Grundlage nationaler Freiheit eingetreten – einer Freiheit, die aus der britischen konstitutionellen Regierungsform erwachsen sollte. Zwei Jahre zuvor hatte Shaftesbury in *Soliloquy:*

or, Advice to an Author[14] zum erstenmal die Theorie eines ursächlichen Zusammenhangs zwischen der Freiheit des Volkes und der Blüte von Kunst und Wissenschaft vorgebracht. Hier handelt es sich ohne Zweifel um einen Aufklärungsgedanken, den meines Wissens bis dahin noch niemand vorgetragen hatte. Es lohnt sich, Shaftesburys Gedankengang genauer zu verfolgen. Er erklärt seinen Lesern, daß Rom seine Freiheit unter der Kaiserherrschaft eingebüßt hatte. »Kein einziges Standbild, keine Medaille, kein einigermaßen erträgliches Stück Architektur vermochte sich danach noch zu zeigen... Unwissenheit und Dunkelheit breiteten sich über die Welt und machten sie bereit für das Chaos und den Niedergang, die nun folgten.«[15] Dagegen stehen »wir [in Britannien] nun in einem Zeitalter, da die Freiheit wieder im Aufstieg begriffen ist«.[16] Die Briten befänden sich, so führt er aus, in einer ähnlichen Lage wie die Römer der früheren Zeiten (d. h. zur Zeit der Republik), »da diese von den Waffen nur ließen, um sich der Verbesserung der Künste und der Gelehrsamkeit zu widmen.«[17] Doch wenn es zu einer Renaissance kommen solle, bedürfe es der Gönner: »Unter einer Regierung, in der das Volk an der Macht teilhat, jedoch nicht auch die Mittel verteilt oder ausgibt, erwartet es von seinen Fürsten und Großen, daß sie den Part der Großzügigkeit übernehmen.«[18] Locke hatte gezeigt, daß das Recht auf Eigentum zu den natürlichen Rechten des Menschen gehört; doch es bringt auch moralische Verpflichtungen mit sich, wie Shaftesbury erläuterte. Damit war der Anteil, den Burlington bei der Verjüngung der Künste zu übernehmen sich verpflichtet fühlte, klar vorgezeichnet.

Shaftesbury führt natürlich das, wie er sagt, »glückliche Gleichgewicht der Macht zwischen unserem König und unserem Volk« auf die Revolution von 1688 zurück. Aber die wirkliche politische Bewährungsprobe kam erst nach seinem Tode, als 1715 – nach Beendigung des langen Erbfolgekrieges – die neuen Männer der Whig-Partei an die Macht kamen. Erst sie führten Aufklärungsideen in die Politik ein: Sie standen für eine in ihrer Macht beschränkte Monarchie und die Oberhoheit des Parlaments, für die *Bill of Rights* und die *Toleration Bill.* Voltaire befand, daß allein die britische Verfassung die Freiheit des Volkes gewährleistete. Es braucht kaum eigens erwähnt zu werden, daß Shaftesbury ein Whig war und daß Burlington, der damals die Verfügung über sein Eigentum antrat, sich mit der Whig-Ideologie identifizierte.[19] In der Tat mußte er den Sieg der Partei, die für Freiheit und die Rechte des Volkes eintrat, als

2 William Kents Entwurf für einen Wasserfall im Garten von Chiswick (nach 1725); The Devonshire Collection, Chatsworth.
Kent plante diesen künstlich ländlichen Wasserfall inmitten eines spärlich bepflanzten, gleichermaßen artifiziellen Waldes. Diese Skizze gehört zu einer Reihe von frühen Zeichnungen Kents, die die Anfänge des unregelmäßigen Landschaftsgartens beleuchten. Der Wasserfall und der bepflanzte Hügel sind heute noch in einer Gestalt erhalten, die weitgehend mit der Zeichnung übereinstimmt.

Vorzeichen für den Erfolg der großen Dinge ansehen, die ihm vorschwebten.

In seinem *Letter Concerning... Design* nehmen Shaftesburys Ideen deutlichere Konturen an. Darin sagt er voraus, daß Britannien sich durch »seine Freiheit und seine glückliche Verfassung« zum »Hort der Künste« machen werde.[20] Ferner stellt er fest, das Volk sei »keine geringe Partei in dieser Sache. Nichts gelingt ohne es.«[21] Und schließlich: »Alles wirkt in solch einem Staate [wie dem britischen] zusammen zur Beförderung von Kunst und Wissenschaft. Und ganz besonders für die bildenden Künste ist alles in gewisser Weise verknüpft... Wenn der freie Geist einer Nation sich in diese Richtung wendet, werden Urteile gebildet; Kritiker melden sich zu Wort, Auge und Ohr des Publikums verfeinern sich, der gute Geschmack gewinnt die Oberhand... Nichts ist den freien Künsten so förderlich, so natürlich, so kongenial wie diese Freiheit und dieser hochgestimmte Geist eines Volkes...«[22]

Doch obgleich Britannien dank der »Vortrefflichkeit unserer nationalen Verfassung und unserer gesetzlichen Monarchie« bereit ist für einen großen Fortschritt in den Künsten, »muß es seine Vorbilder erst noch mit Bedacht und kluger Wahl suchen, sein Richt- und Wertmaß erst noch bilden.«[23] Shaftesbury hatte keine Zweifel, daß diese Maßstäbe in Rom zu finden seien, wo der Mann von Bildung »sein Urteil in Dingen der Kunst und der Wissenschaft an wahrhaft vollkommenen Vorbildern zu schulen trachtet«, an der antiken Architektur und Bildhauerei oder an den Gemälden von

3 William Kents Entwurf für die Gärten in Holkham, Norfolk (nach 1734); aus einem Band mit Zeichnungen in Lord Leicester's Collection, Holkham.
Es lohnt sich, die freie, scheinbar zufällige Verteilung einzelner Bäume und Baumgruppen sowie der Gartenpavillons mit Matteo Ripas Stich, Abb. 1, zu vergleichen.

Raffael und Annibale Carracci.[24] Ganz wie Shaftesbury es vorgezeichnet hatte, bemühte sich Burlington, einen nationalen Stil in den Künsten zu schaffen, der auf »wahrhaft vollkommenen Vorbildern« gründete, d. h. auf antiken und italienischen, denn Italien war immer noch der Hüter der bleibenden Werte antiker Kunst.

Burlingtons verfrühte Vorstöße sollten jedoch nicht von Erfolg gekrönt sein. Der Bildhauer Guelfi erwies sich rundum als Enttäuschung. Als er 1734 nach Italien zurückging, schied Burlington, wie Vertue berichtet[25], »äußerst bereitwillig von ihm«. William Kent war als klassischer Historienmaler ein völliger Versager, doch später machte er sich als Architekt, Innenausstatter und Landschaftsgartengestalter einen Namen. Zudem verschlechterte sich Burlingtons Verhältnis zu Campbell in den frühen zwanziger Jahren. Und schließlich wurde 1728 die *Royal Academy of Music* nach acht

4 Obelisk und Tempietto im Garten von Chiswick.
Die klassischen Motive belegen, daß hier ein Versuch gemacht wurde, den Charakter antiker Gärten wiederzubeleben. Die Bepflanzung ist relativ neuen Datums. Ursprünglich standen die klassischen Bauten in einer strenger gestalteten Umgebung.

stürmischen Jahren aufgelöst; Gays und Pepuschs anti-italienische *Beggar's Opera* triumphierte auf der ganzen Linie.

Was blieb? Die Antwort: Burlingtons eigene Ausbildung zum Architekten; und die Architektur nahm bald seine ganze Aufmerksamkeit in Anspruch. Von 1721 an und während des ganzen folgenden Jahrzehnts errichtete er ein bedeutendes Bauwerk nach dem anderen.[26] In seinem Werk ließ er nur eine recht geringe Anzahl architektonischer Lösungen gelten, die Palladio oder der römischen Architektur, wie Palladio sie interpretiert hatte, entlehnt waren, eine Motivsprache, die in seinen Augen ewig gültige Wahrheiten enthielt. Gewiß war sein Neopalladianismus ein gelehrter, doktrinärer und intellektueller Neoklassizismus. Es liegt nahe, daß solch ein Stil exklusiv und esoterisch sein muß. Aber Burlington scheint eine klarere Vorstellung von den Möglichkeiten besessen zu haben, die dieser wichtige Baustil barg. Nicht der Barock, der Stil der katholischen Kirche und der despotischen Mächte, konnte dem Ausdruck seiner politischen und moralischen Vorstellungen dienen, sondern gerade dieser esoterische und dennoch schlichte, regelmäßige und rationale Klassizismus.

Die Ideen der Aufklärung kreisten um den Gedanken der Einfachheit und Gleichförmigkeit in der Natur[27], und diesem Gedanken entsprechend, war man einhellig der Ansicht, daß die Naturgesetze ewig gültig und universell erkennbar seien. Die Meister der Antike hatten das Wesen der Natur in ihrer Kunst und Dichtung erfaßt. Hielt man sich an sie, so hielt man sich an die ›natürlichen‹, objektiven Maßstäbe des Schönen. Aus gutem Grund wählte Robert Morris, ein Architekt, der dem Kreis um Burlington nahestand und sich auch rege als Schriftsteller betätigte, zum Motto für das Titelblatt seines 1728 erschienenen *Essay in Defence of Ancient Architecture* Popes berühmte Zeilen: »Lern nur die Regeln der Alten wahrhaft achten/Denn sie nachahmend, ahmst du Natur nach.«[28] Alexander Popes *Essay on Criticism*, der erstmals 1711 erschien und das geistige Klima des Burlington-Kreises bestimmte, enthält die klarste Formulierung dieser Aufklärungsphilosophie. Doch die Theorie der Nachahmung als solche ist sehr viel älter; ihre Ahnentafel reicht bis zu Aristoteles zurück und hatte eine hartnäckige Überlebenskraft.[29] Die Betonung liegt nun auf Einfachheit, Vernunftgemäßheit und universeller Erkennbarkeit. In seiner Schrift erklärt Robert Morris, Einfachheit bringe die Architektur der Natur wie auch den Errungenschaften der Antike nahe. Burlingtons

Klassizismus war einfach, vernunftgemäß und universell intelligibel, und dank dieser Eigenschaften konnte dieser fremde, notwendig auf wenige Eingeweihte beschränkte Baustil zu einem demokratischen Klassizismus werden.

Schon bald nach 1720 war Burlingtons führende Stellung gesichert. Er sammelte eine Gruppe junger Architekten um sich, unterstützte sie, half bei ihrer Ausbildung und sorgte dafür, daß sie bedeutende Aufträge erhielten. Darüber hinaus bemühte man sich in zahlreichen Schriften um die Verbreitung der neuen Wahrheit, darunter auch taschenbuchgroße Bändchen, in denen die Grundregeln des Stils stichwortartig zusammengefaßt wurden: »Leicht erfaßlich auch bei geringster Begabung«, wie vielfach auf dem Titelblatt dieser Bücher bemerkt war. Das Phänomen hat keine Parallele in der Geschichte der Architektur. Diese Popularisierung besaß eine wichtige Funktion; sie trug dazu bei, einen bedeutenden klassizistischen Stil, der zunächst nur die Angelegenheit einer Intellektuellenclique gewesen war, zu einem wahrhaft nationalen Idiom zu machen. Shaftesburys Prophezeiung und Burlingtons Traum waren wenigstens in einem wichtigen Bereich der bildenden Kunst Wirklichkeit geworden.

Es war ein wesentliches Merkmal dieses demokratischen Klassizismus, daß er zum erstenmal die hierarchische Ordnung des Bauens in Frage stellte. Nach der altehrwürdigen klassischen Theorie, wie sie während des 15. Jahrhunderts in Italien entwickelt worden war, gab es eine Hierarchie in der Bedeutung der Bauwerke, angefangen bei den Kirchen, über die öffentlichen Gebäude und privaten Paläste bis hinab zu den Bürgerhäusern. Die auf bloße Nützlichkeit ausgerichteten Wohnungen der niederen Klassen, die nur den Notwendigkeiten dienen, sind »ohne jede Kunst« erbaut und daher für den Architekten belanglos. Nun aber erlangen Bauernhäuser, Landarbeiterhütten und Arbeiterwohnungen Bedeutung für die Architekten.[30] Humanitäre Überlegenheiten finden Eingang in ihre Arbeit. Bald nahm die Bauplanung für die »niederen Stände« mehr und mehr die berufliche Aufmerksamkeit der Architekten in Anspruch. So barg der englische Neoklassizismus in seiner ersten, neopalladianischen Phase überraschenderweise den Keim für die bedeutendste Revolution in der modernen Architektur.

Auf der Ebene der Formensprache ist Burlingtons Klassizismus ein typischer »Neo«-Stil: er ist altertümelnd und rückständig, denn er leitet sich in direkter Linie von italienischen Vorbildern des 17.

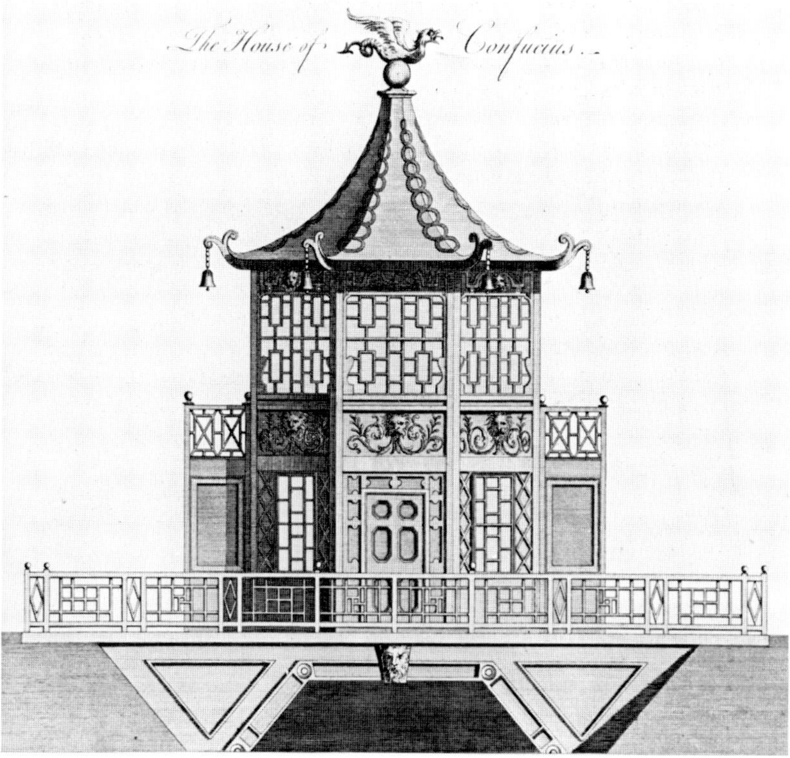

5 Das »Haus des Konfuzius«, ursprünglich in *Kew Gardens;* aus W. Chambers, *Views of the Gardens and Buildings at Kew,* 1763.
Dieses achteckige ›chinesische‹ Gebäude, das historische Szenen enthielt, die in einem Zusammenhang mit Konfuzius standen, wurde wahrscheinlich 1749 von Chambers für Frederick, Prince of Wales, entworfen. Es war eines der frühesten Chinoiserie-Gebäude in Europa. Der Name, den man dem Bau gab, sollte wohl symbolisch anerkennen, wieviel Europa im 18. Jahrhundert dem chinesischen Denken verdankte.

Jahrhunderts her. Auf kunsttheoretischer Ebene folgt der Glaube an die Geltung fester Regeln im Kern dem französischen Rationalismus des 17. Jahrhunderts. Doch die geistige und emotionale Zentrierung auf Einfachheit – die gleichbedeutend mit Natürlichkeit ist –, auf

Freiheit und Gleichheit verliehen dem Stil eine (für uns schwer nachfühlbare) Vitalität, die ihre Kraft aus Grundströmungen der Aufklärung bezog.

Ohne Zweifel bringen die neopalladianischen Bauwerke neue und kraftvolle Ideen in einer traditionellen, antiquierten Formensprache zum Ausdruck. Ebenso klar ist, daß die Revolution in der Gartengestaltung, die zur selben Zeit von denselben Männern in die Wege geleitet wurde, eine völlig neue Kunstform hervorbrachte. Wie zu Beginn dieses Aufsatzes angemerkt, hat es den Anschein, als bestünde ein Widerspruch zwischen der Besessenheit, mit der Burlington in der Baukunst nüchterne klassische Werte verfocht, und der Freiheit, für die er, seine Mitstreiter und Freunde, darunter vor allem William Kent, in der Gartenbaukunst eintraten. Kritiker haben in diesem scheinbaren Widerspruch oft eine Spaltung zwischen klassischen und romantischen Intentionen sehen wollen – eine Annahme, die nur schwer zu belegen und zu verstehen ist.

Arthur Lovejoy schrieb in *The Great Chain of Being*[31]: »Die Mode des sogenannten ›Englischen Gartens‹ war, wie Mornet und andere gezeigt haben, die Speerspitze der Romantik oder einer bestimmten Form von Romantik.« Und in seinem Aufsatz »On the Discrimination of Romanticisms«[32] stellt er apodiktisch fest: »Die erste große Revolte gegen die neoklassizistische Ästhetik erfolgte... in der Gartenbaukunst.« Wenn das zuträfe, hätten die Männer, von denen hier die Rede ist, eine gespaltene Persönlichkeit besessen; man möchte uns glauben machen, sie hätten gegen ihre eigenen geheiligten klassizistischen Überzeugungen revoltiert – oder um es bildlich zu sagen: sie hätten mit der einen Hand wieder genommen, was sie mit der anderen gerade gegeben hatten.

Fiske Kimball, ein Forscher von ungewöhnlichem Scharfsinn, und Christopher Hussey haben sich um einen Kompromiß bemüht und die Ansicht geäußert, nicht nur der Landschaftsgarten, sondern auch der Klassizismus in der Architektur des 18. Jahrhunderts sei romantisch gewesen.[33] Ich hoffe, meine Darstellung der von Burlington ins Leben gerufenen Bewegung hat hinreichend deutlich gemacht, daß diese Ansicht unhaltbar ist.

In Wirklichkeit waren Burlingtons Neoklassizismus und seine sogenannte romantische Einstellung zur Natur zwei Seiten ein und derselben Medaille mit der Aufschrift »FREIHEIT – Die große, die allesbeherrschende Leidenschaft. Diese göttliche Leidenschaft!« –

wie James Thomson in seinem Mitte der dreißiger Jahre veröffentlichten Gedicht mit dem Titel *Liberty* sagt. Und wieder war es Shaftesbury, der als erster – in *The Moralist* von 1709 – über das »formale Blendwerk königlicher Gärten« herzog und das Hohelied des unverdorbenen, ursprünglichen Naturzustandes sang. James Thomson schloß sich Burlingtons Kreis an[34], und daher mag uns sein Gedicht als Führer zu den Ideen dienen, die während der zwanziger und dreißiger Jahre in diesem Kreis vorherrschend waren. Der Dichter berichtet uns, daß Frankreich, von einer tyrannischen Regierung unterdrückt, die Natur in eine formale Zwangsjacke preßte. Dort schuf die Tyrannei

»Jene Parks und Gärten, wo jeder Zuflucht bar,
Und wo Natur von dreister Kunst bedrängt,
Der Geist des Waldes klagt...« (V, 163)

Empört ruft der Dichter aus:

»Abscheuliche Formen! die, dem Geiste aufgedrückt,
Ein Zeitalter verderben, verwirren und verrohen.

England dagegen ist das

»... glückliche Land,
Wo nur das Recht des Freien herrscht.« (IV; 1515)

Und so finden wir in englischen Gärten:

»...Waldlandschaften, worin nur wahre Kunst
Als Herrin sich erweist und ihre Reize offenbart –
Ganz wie ein Pope im kleinen es gezeigt,
Ein Bathurst den sich öffnenden Wald entfaltet
Und wie Richmond, Chiswick, Stowe geformt sind.«
(V, 696–700)[35]

Klassizistische Architektur und Landschaftsgarten erscheinen somit als zwei eng miteinander verknüpfte Aspekte einer künstlerischen Renaissance, die, gefördert von den Segnungen eines freien Gemeinwesens, dieses ihrerseits zum Ausdruck bringt.

Unregelmäßig gestaltete Gärten hatte es schon vorher in zwei weit voneinander entfernten Zivilisationen gegeben, die nach den Interpreten des frühen 18. Jahrhunderts von weisen, gerechten und maßvollen Herrschern zum Nutzen des gemeinen Volkes regiert wurden, nämlich in Rom zur Zeit der Republik und in China. Offenbar studierte man in Burlingtons Kreis diese Vorbilder für das Verhältnis eines freien Menschen zur Natur so sorgfältig, wie es damals möglich war.

Im *Guardian* vom 19. September 1713 (Nr. 173) wies Pope den Weg, als er »die liebreiche Schlichtheit der ungeschmückten Natur« pries und erklärte, dies sei »der Geschmack der Alten in ihren Gärten« gewesen. Und wiederum stellt Thomson die politische Konnotation heraus: Zur Zeit der großen römischen Repubik lächelte die Natur ihren frei geborenen Söhnen zu. Damals »wandelte« Horaz »sinnend« in den wilden Hainen seiner Villa Tribur, und Cicero erfreute sich seiner Villa in Formia –

»... Einst das Juwel der Erde,
Wo Kunst und Natur, in stetem Lächeln, sich vereint
Und ihre ganze Fülle ausgegossen auf dem heiter'n
Land...« (I, 277–79).

Ein weiteres Mitglied des Kreises, Robert Castell, hatte diese glückliche Einheit von Kunst und Natur in einem höchst interessanten Zusammenhang erörtert. In seinem Werk *The Villas of the Ancients,* 1728 mit einer Widmung an Lord Burlington erschienen[36], unterschied der Autor drei Stile, die von den Römern bei der Gartengestaltung verwendet wurden. Nach der zeitlich ersten, noch recht simplen und naiven Methode wurden alle Arten von Pflanzen und Bäumen willkürlich angepflanzt, wie es gerade kam. Unzufrieden mit dieser »ungeschliffenen Art«, machten die Römer sich später daran, »eine Methode zu erfinden, wonach das Gelände und die Bepflanzung der Gärten nach Regel und Maß gestaltet wurden«. Der dritte und vollkommenste Stil verband die beiden älteren miteinander; seine Schönheit beruhte auf einer »getreuen Nachahmung der Natur, worin, obgleich die Teile mit der größten Kunst plaziert, die Unregelmäßigkeit dennoch fortbesteht, so daß ihr Stil nicht ohne Recht eine kunstvolle Verwirrung genannt werden darf, der nichts mehr von der aufgewendeten Kunstfertigkeit anzumerken ist, da Felsen, Kaskaden und Bäume ihre natürliche Gestalt bewahrt haben.« Castell erklärt ausführlich, daß Plinius' Garten von dieser Art war, und bemerkt bezeichnenderweise, daß »nach den Berichten, die wir haben«, in dieser Weise auch heutzutage die Gärten in China gestaltet werden.[37] So erscheinen Antike und China hier Seite an Seite als Kronzeugen für die Vorzüge einer kunstvollen Unregelmäßigkeit in der Gartenanlage, und es scheint lohnend, diesem Hinweis nachzugehen.

Die Erforschung Chinas trat in eine neue und entscheidende Phase, nachdem die Portugiesen dort Anfang des 16. Jahrhunderts gelandet waren.[38] Dem Mittelalter noch ein fernes Wunderland, präsentierte sich China der westlichen Welt bald in einem völlig neuen Licht. Schon in Veröffentlichungen des späten 16. Jahrhunderts findet man hohes Lob für die chinesischen Regierungsinstitutionen, das Rechtswesen, den materiellen Wohlstand, die Kranken- und Armenpflege, die Schönheit und den Komfort der Häuser, den ausgezeichneten Zustand der Straßen und Brücken, die natürliche Abneigung der Chinesen gegen den Krieg und ihre religiöse Toleranz. Im 17. Jahrhundert brachten Missionare Übersetzungen der chinesischen Klassiker heraus, die im Westen eifrig gelesen wurden. Gegen Ende des Jahrhunderts entdeckten westliche Denker im Konfuzianismus eine Lehre von der Moral und von der politischen Ordnung, die allem, was Europa zu bieten hatte, überlegen war.

Die erste weithin mit großer Aufmerksamkeit gelesene Stellungnahme zu diesem Thema war Leibniz' Vorwort zu seinen *Novissima Sinica*, zuerst 1697 und dann in erweiterter Fassung 1699 erschienen, worin der große Philosoph für eine Universalreligion eintrat, die von der Naturtheologie des Konfuzius abgeleitet wurde.[39] Es ist kaum verwunderlich, daß die *philosophes* der Aufklärung diese Alternative zum Christentum mit größter Bereitschaft aufnahmen. Die Moralphilosphie des Konfuzius, auf Vernunft und Toleranz gegründet, sei – so behaupteten sie – eine bessere Grundlage für unser tägliches Leben als eine Offenbarungsreligion mit ihrem Fanatismus und ihrer Intoleranz.

In England hatte sich Sir William Temple schon 1683 mit seinem Essay *Upon Heroic Virtue* zu einem der entschiedensten Verfechter der Konfuzianischen Weisheit gemacht.[40] Und in einer berühmten Passage in *Upon the Gardens of Epicurus; or of Gardening, in the Year 1685* legte Sir William ausführlich dar, was er über den chinesischen Naturgarten zu wissen glaubte.[41] Zu Beginn des neuen Jahrhunderts lenkte Addison die traditionelle Vorliebe der Engländer für unverfälschte Natur entschlossen in eine neue Richtung: In seinem berühmten Artikel im *Spectator* vom 25. Juni 1712, in dem er sich weitgehend an Sir William Temple anlehnte[42], empfahl er mit großer Überzeugungskraft die wohldurchdachte Wildheit der chinesischen Gärten als Zuflucht vor der Künstlichkeit des formellen französischen Gartens. Er fand bald begeisterten Anklang. Doch zu dieser Zeit waren noch keine Abbildungen chinesischer Gärten nach Europa gelangt.[43] Moderne Autoren gehen gewöhnlich davon aus, daß Illustrationen chinesischer Gärten erst in der zweiten Hälfte des

18. Jahrhunderts zugänglich waren. Das ist jedoch falsch; genau im richtigen Augenblick stand auch Anschauungsmaterial zur Verfügung.

Im Jahre 1713 schuf der italienische Pater Matteo Ripa (1682–1746), der von 1711 bis 1723 der Mission am chinesischen Kaiserhof angehörte, im Auftrag Kangxis, des größten Kaisers der Qing-Dynastie, 36 Kupferstiche mit Ansichten der neu erbauten kaiserlichen Paläste und Gärten in Jehol, ungefähr 250 km von Peking entfernt.[44] Er kehrte im September 1724 nach Europa zurück und verbrachte einige Zeit in London, wo er als hochgeehrter Gast behandelt und sogar am Hofe von St. James empfangen wurde. Bei dieser Gelegenheit muß Burlington ihn getroffen und sich ein Exemplar des Ripaschen Werkes gesichert haben. Das läßt sich beweisen, obwohl bislang kein Dokument bekannt ist, in dem dieser Kauf belegt wäre. Von den wenigen Exemplaren, die in den Westen gelangten[45], befand sich eines in der Sammlung des Duke of Devonshire, die das Britische Museum vor einigen Jahren angekauft hat. Die Familie Devonshire hatte Burlingtons gesamten Besitz geerbt, als der vierte Duke dessen einzige überlebende Tochter heiratete. Eine letzte Bestätigung für die Herkunft des im Besitz des Britischen Museums befindlichen Exemplars liefert die Tatsache, daß es das Ex libris der Bibliothek von Burlingtons Villa in Chiswick trägt.

Ripas Stiche (Abb. 1) veranschaulichen jene »wohldurchdachte Wildheit«, von der frühere Beschreibungen gesprochen hatten. Sie zeigen gewundene Bachläufe, kleine Inseln und eine Vielzahl von Bäumen in natürlichem Wuchs und, eingefügt in diese kunstvolle Unregelmäßigkeit, Werke von Menschenhand: Häuser, Pavillons und Brücken. Überdies verbindet sich die künstliche Wildheit der Gärten mit der natürlichen Wildheit der Landschaft. Dieses Bild mag dazu beigetragen haben, daß die hohen Garteneinfriedungen in England ungebräuchlich wurden. Nach Horace Walpole war es William Kent, der »über den Zaun sprang und sah, daß die ganze Natur ein Garten ist«.

Ich habe bereits darauf hingewiesen, daß Ripas Ansichten von chinesischen Gärten genau im rechten Augenblick eintrafen, als nämlich William Kent, Burlingtons engster Mitarbeiter, gerade die Planung für den Garten bei dessen Villa in Chiswick aufnahm, der wahrscheinlich als erster zumindest teilweise als Naturgarten angelegt wurde.[46] Obwohl Kents Skizzen für den Landschaftsgarten in Chiswick – von denen einige erhalten sind – natürlich typisch englisch sind (Abb. 2), kam den Zeugnissen aus China gewiß erhebliche Bedeutung zu. Ripas Stiche belegten anschaulich, wie die Natur von einer Gesellschaft geformt wurde, die – so glaubte man – Platons Utopie eines nach philosophischen Grundsätzen regierten Staates verwirklicht hatte. Das republikanische Rom und China schienen dieselbe Wahrheit zu offenbaren. Beide Zivilisationen lehrten denselben Zugang zur Natur. Und da die chinesischen Gärten nun – zumindest im Druck – studiert werden konnten, zeugten sie indirekt zugleich vom Charakter der römischen Gärten, die aus schriftlichen Quellen nur unvollkommen rekonstruiert werden konnten.

Die großen englischen Landschaftsgärten der dreißiger, vierziger und fünfziger Jahre des 18. Jahrhunderts waren sorgfältig geplante Elysien[47]; sie enthielten Tempel und Grotten, Urnen und Bänke, Wasserfälle und gewundene Bachläufe – meist bedeutungsträchtige Einfälle, die eine Fülle literarischer Assoziationen auslösen sollten, und auch darin zeigten sie eine enge Verwandtschaft mit den chinesischen Gärten.[48] Doch charakteristischerweise findet man während der zwanziger und dreißiger Jahre in den Landschaftsgärten nahezu ausschließlich klassizistische Bauten. In Chiswick etwa deutet überhaupt nichts darauf hin, daß Burlington jemals an chinesischen Gärten interessiert gewesen wäre: wohin man auch blickt, allenthalben grüßen Bauten, die antiken Tempeln, Obelisken und Sphinxen nachgebildet sind (Abb. 3, 4). Widerlegt diese Tatsache nicht meine Behauptung eines chinesischen Einflusses auf die frühen Landschaftsgärten? Ich möchte nicht mißverstanden werden; meine These besagt, daß im frühen 18. Jahrhundert, zu einer Zeit, als man in England zutiefst von klassischen Werten beeindruckt war, die chinesische Erfahrung nur die Richtigkeit der Interpretation klassischer Texte bestätigen konnte. Die verfügbaren Hinweise auf die Gartengestaltung im freien Gemeinwesen des republikanischen Rom fanden eine Stütze im Beispiel Chinas, wo ähnlich segensreiche soziale Bedingungen herrschten.

Wir können nun einige Schlußfolgerungen ziehen: Die erste Phase der englischen Landschaftsgartenbewegung läßt sich nicht von den moralischen und politischen Aufklärungsideen trennen, die für die erste neoklassizistische Phase der Architektur bedeutsam waren.

Dieselben Ideen fanden hier in – wie es uns scheint – diametral entgegengesetzten Formprinzipien Ausdruck. Doch den Burlingtonianern des frühen 18. Jahrhunderts dürfte solch ein Gegensatz kaum bewußt gewesen sein. Für sie waren Einfachheit und Natürlichkeit das einende Band zwischen klassizistischer Architektur und unberührter Natur.

Der Leser sei daran erinnert, daß diese Menschen bildliche Darstellungen antiker Landschaften zu erblicken glaubten, wo unser archäologisch geschultes Auge ihnen keinesfalls zu folgen vermag. Sie glaubten, Pindars, Horaz' und vor allem Vergils pastorale Freuden seien in Claudes und Gaspar Poussins melancholischen Szenen zu neuem Leben erwacht, und Claudes Landschaftsbilder wurden häufig zur Nachahmung in englischen Landschaftsgärten empfohlen. Fällt es da so schwer, zu glauben, daß sie in Claudes Vergilschen Umgestaltungen der römischen Campagna und in chinesischen Landschaften dieselben Tugenden schlichter Rustikalität entdeckten?

Ohne Zweifel ist die Antithese von Klassik und Romantik als irrige Projektion moderner Vorstellungen in das frühe 18. Jahrhundert anzusehen. Nicht einmal der englische Landschaftsgarten der vierziger und fünfziger Jahre des 18. Jahrhunderts, in dem gotische Ruinen und Chinoiserien ein absolutes Muß wurden, war romantisch in seinen Intentionen. Es kann hier nur angemerkt werden, daß diese Entwicklung einen neuen Aspekt des Aufklärungsdenkens widerspiegeln dürfte, der am besten in Humes Eintreten für den Gedanken einer Relativität des ästhetischen Urteils sichtbar wird.

Als der Neopalladianismus in der Architektur im Schwinden begriffen war, traten Gartenbauten der unterschiedlichsten Stilrichtungen in Erscheinung. Paradoxerweise leugneten die Engländer in den sechziger Jahren, als die englischen Landschaftsgärten voll von Chinoiserien waren, jeglichen Einfluß der Chinesen. Horace Walpole brandmarkte eine solche Behauptung als bösartige Unterstellung der Franzosen – die in diesen Jahren von einem *jardin anglo-chinois* zu sprechen begannen –, und Thomas Gray versicherte 1763, es sei »ganz sicher, daß wir nichts von ihnen (d.h. von den Chinesen) übernommen haben«.[49] Aber als 1749 das erste nachweisbare Chinoiserie-Gartenbauwerk in *Kew Gardens* errichtet wurde, nannte man es das »Haus des Konfuzius«[50] (Abb. 5), ein deutlicher Hinweis darauf, daß man sich zu dieser Zeit nicht scheute, öffentlich anzuerkennen, was man China und einem für das Europa des 18.

Jahrhunderts äußerst bedeutsamen philosophischen Konzept verdankte.

Bekanntlich machte der englische Landschaftsgarten in den sechziger Jahren des 18. Jahrhunderts eine Wandlung durch. ›Capability‹-Brown, der die Gartengestaltung zwischen den sechziger und den achtziger Jahren für sich monopolisierte, führte eine neue Sicht ein. Sein Professionalismus neigte zu einer bloßen Ausnutzung der natürlichen Gegebenheiten des Geländes. Einen Ebenbürtigen fand Brown in Sir William Chambers, dem überaus erfolgreichen Architekten, der von 1755 an, als er zum Architekturlehrer des Prince of Wales, des späteren Königs George III. bestellt wurde, eine ausgedehnte Bautätigkeit in London entfaltete. Chambers, der während der sechziger und siebziger Jahre in seinem Beruf zu höchstem Ansehen gelangte, fühlte sich veranlaßt, die schwersten Geschütze in seinem bestens bestückten Arsenal gegen einen Konkurrenten zu richten, dessen Werk er verabscheute. 1772 veröffentlichte Chambers sein bekanntestes Buch, die *Dissertation on Oriental Gardening,* in dem er den geläufigsten Stil in der englischen Gartengestaltung (nämlich Browns Stil) verdammte. Er beklagte die dürftige Phantasie und den Mangel an Kunst in der Komposition dieser Gärten: ein Fremder wisse »oft nicht recht, ob er da auf einer gewöhnlichen Wiese spaziere oder auf einem mit erheblichen Kosten angelegten und unterhaltenen Ort des Vergnügens«.

Chambers selbst war zu einem entschiedenen Verfechter der chinesischen Gartenbaukunst geworden.[51] Doch in gänzlicher Umkehrung der Vorstellungen, die zu Beginn der Gartenbaubewegung geherrscht hatten, erklärte er nun kategorisch: »Unbelebte, einfache Natur ist zu schal für unsere Zwecke... Die Szenerie eines Gartens sollte sich ebensosehr von der gewöhnlichen Natur unterscheiden wie ein Heldenpoem von einer Prosaerzählung.« Ganz folgerichtig – und übrigens auch korrekt – behauptete er: »Die Chinesen sind keine Feinde der geraden Linien, weil sie, allgemein gesprochen, Größe schaffen. ..., noch haben sie eine Abneigung gegen regelmäßige geometrische Figuren, von denen sie sagen, sie seien in sich selbst schön...«

Obwohl Chambers' Buch auf dem Kontinent einen gewaltigen Einfluß ausübte, galt es in England als Anachronismus; es wurde angegriffen und lächerlich gemacht. Gewandt verlieh der Dichter William Mason der Stimmung des Publikums in seiner Satire *An Heroic Epistle to Sir William Chambers* Ausdruck.[52] Horace Walpole schrieb über diese Satire: »Ich lachte, bis mir die Tränen kamen, und je öfter ich sie las, desto besser gefiel sie mir.« Innerhalb von vier Jahren wurden vierzehn Ausgaben nötig. Ein wichtiger Grund für die Popularität des Masonschen Gedichts lag darin, daß er den Angriff gegen Chambers auf politisches Gebiet verschoben hatte. Mason, ein überzeugter Whig, sah in Chambers, dem neuernannten Generalinspektor der königlichen Bauten, das Werkzeug eines Königs, der in Masons Augen ein verabscheuungswürdiger Tory war. Die Künstlichkeit, die Chambers unter Berufung auf angebliche Prinzipien der chinesischen Gartengestaltung in der Gartenbaukunst propagierte, war ebenso gewiß ein Ausdruck von Tory-Tyrannei, wie die Freiheit des frühen Landschaftsgartens, eine Freiheit, die gleichfalls angeblich von den chinesischen Gartengestaltern praktiziert wurde, Ausdruck des Whig-Liberalismus gewesen war. In seinem posthum erschienenen Vorwort zu Masons Satire[53] versichert uns Horace Walpole, der Dichter wolle »die menschlichen Werkzeuge« [d. h. Chambers] züchtigen, »die durch Tyrannenprivileg dazu bestellt sind ..., eine Nation zu verderben, welche lange schon entschlossen ist, ihre Freiheit und einzigartige Verfassung zu bewahren«. Als der Landschaftsgarten in seiner Existenz bedroht war, beschworen die Männer der siebziger Jahre neuerlich das Aufklärungsprinzip der Freiheit.

1768, ein paar Jahre vor der Kontroverse zwischen Chambers und Mason, veröffentlichte William Masons weniger berühmter Namensvetter George Mason seinen verständigen *Essay on Design in Gardening,* in dem er das seit Shaftesburys Tagen geläufige Thema der Komplementarität von politischer Freiheit, moralischem Handeln, Geschmacksbildung und der Liebe zum Landschaftsgarten in knapper Form zusammenfaßte. Die Passage, mit der ich diesen Aufsatz beschließe[54], zeigt zugleich die Verschiebung von den objektiven Werten, an die Burlingtons Generation glaubte, hin zu den subjektiven Vorlieben der Generation eines Horace Walpole:

»In diesem Lande«, schreibt George Mason, »umfaßt der Geist der Freiheit selbst noch die Neigungen des einzelnen. Unabhängigkeit gilt in Fragen des Geschmacks geradesoviel wie in der Religion oder der Politik; sie hat eine buntere Vielfalt der Erscheinungsformen hervorgebracht, als eine ganze Reihe von Zeitaltern wohl aufzubieten vermöchte. Und doch dürfte dieser erstaunlichen Hingabe an Launen und Grillen die moderne Verbesserung der Gartenbaukunst hauptsächlich zu verdanken sein.«

Anmerkungen

1 Ich sage dies wohlüberlegt, denn das brillante Buch meines Freundes H. Honour mit dem Titel *Neo-Classicism* (Harmondsworth 1968) beginnt – und, wie es scheint, aus guten Gründen – mit dem folgenden Satz: »Der Neoklassizismus ist der Stil des späten 18. Jahrhunderts, der Zeit also, da der große, revolutionäre Aufschwung des menschlichen Forschens, den wir als Aufklärung bezeichnen, seinen Höhepunkt erreichte.«

2 Siehe vor allem Sir J. Summerson, *Architecture in Britain 1530 to 1830,* Pelican History of Art, Harmondsworth 1953 (und spätere Ausgaben); und meine Aufsätze in: *The Archaeological Journal,* CII, 1945, S. 151 ff.; *Bollettino Società Piemontese d'archeologia e di belle arti,* III, 1949, S. 94 ff.; *Bollettino del Centro Internazionale di Studi di Architettura,* I, 1959, S. 65 ff., II, 1960, S. 77 f., VII, 1965, S. 126 ff. Siehe auch F. Saxl und R. Wittkower, *British Art and the Mediterranean,* London 1948, S. 53 ff. (Neuauflage 1969).

3 In Husseys Einleitung zu: M. Jourdain, *The Work of William Kent,* London 1948, S. 15.

4 Aufgrund einer typographischen Verwirrung glauben manche modernen Autoren, Campbells erster Band sei 1717 erschienen. – In: *Arte Veneta,* VIII, 1954, S. 310–316, habe ich versucht, die komplizierte Geschichte von Leonis Palladio-Ausgabe zu entwirren; ich komme dort zu dem Schluß, daß die erste Lieferung des Werkes wahrscheinlich erst 1716 herauskam, obgleich die Titelseite die Jahresangabe 1715 trägt.

5 Für das Folgende habe ich Material aus meinem Aufsatz in: *The Archaeological Journal* (s. o. Anm. 2), verwendet.

6 Zu Kents Aufenthalt in Rom und seiner Rückkehr nach London siehe Jourdain, a. a. O., S. 25 ff., 36.

7 Guelfis zeitgenössische Biographie in Vertues Notizbüchern 1713–46, siehe: *Walpole Society,* XXII, 1934, S. 73 f. Dazu auch R. Gunnis, *Dictionary of British Sculptors,* London 1953, S. 183; und M. Whinney, *Sculpture in Britain 1530–1830,* Pelican History of Art, Los Angeles 1964, S. 80 ff.

8 Kents mittelmäßiges Decken-Fresko in S. Giuliano dei Fiamminghi, Rom (1717), befindet sich heute noch dort; siehe E. Croft-Murray, in: *English Miscellany,* I, 1950, S. 221; und H. Honour, in: *The Connoisseur,* CXXXIV, 1954, S. 7.

9 Bekanntlich hielt sich Händel von 1712 bis 1715 als Gast im Burlington House auf; siehe u. a. die neueste Monographie von H. Lang, *George Frideric Handel,* New York 1966, S. 126 f., 140.

10 Die Namen der drei Musiker erscheinen im Kontobuch der Italienreise, das in der Bibliothek in Chatsworth (75 A) aufbewahrt wird. Am 28. Januar werden Hüte und Seidenstrümpfe für »Mr. Pepo Castruci und seinen Bruder« gekauft. Einige Tage später der folgende Eintrag: »Habe Mr. Pepo Amade Ausgaben für ihn selbst, Mr. Castruchi und Mr. Prospro erstattet.« Pippo Amadei genoß in Rom großes Ansehen als Cellist und Komponist; in London machte er eine erfolgreiche Karriere. »Mr. Castruchi« und »Mr. Prospro« waren Pietro und Prospero Castrucci. Über Prospero ist wenig bekannt. Pietro (1679–1752) war ein Schüler Corellis; er wurde später erster Geiger in Händels Orchester; siehe: *Enciclopedia Italiana,* sub verbo.

11 Amadigi war nicht die erste Händel-Oper, die Burlington gewidmet wurde. Zwei Jahre vorher, 1713, hatte Nicolo Francesco Haym ihm das Libretto zu Händels

Teseo gewidmet; besonders interessant ist die folgende Passage: »... oltre Molt' altre belle qualità que in Lei risplendono, si è reso si grand'amatore della Pittura, della Musica, e della Poesia, che quasi tutti i piú degni professori di queste, ricorrono alla di Lei protezione, come a un vero Asilo della Virtú.« Eine dritte Oper, Bonocinos *Astarto,* das Libretto stammt von Paolo Rolli, wurde Burlington 1720 gewidmet. In der Widmung erinnert Rolli Burlington: »Questa à quell'Opera che l'E.V. nel suo primo viaggio in Italia, onorò in Roma, di sua presenza nelle prove, e che io diressi su'l Teatro Capranica ...« *Astarto* eröffnet dank Burlingtons Initiative die zweite Spielzeit der *Royal Academy of Music.*

12 Die Beziehung zwischen dem Adeligen und dem Dichter ist natürlich häufig dargestellt worden. Ich will hier nur bemerken, daß die Zuneigung gegenseitig war, wie ihre umfangreiche, gut zwanzig Jahre währende Korrespondenz zeigt, beide bezeugen sie einander in ihren Briefen eine ungewöhnliche Gefühlswärme.

13 Shaftesbury starb am 4. Februar 1713 in Neapel, und obgleich der *Letter* erst in der fünften Ausgabe der *Characteristicks of Men, Manners, Opinions, Times,* 1732, III, S. 395–410, veröffentlicht wurde, war er zweifellos schon vorher weithin bekannt. Schon vor mir haben einige Autoren erkannt, daß Shaftesbury einen prägenden Einfluß auf Burlington ausübte, wenngleich bislang noch nicht in der hier beschriebenen Weise; siehe vor allem Hussey in der in Anm. 3 genannten Einleitung.

14 Zuerst veröffentlicht 1710. In den *Characteristicks* von 1732, I, S. 151–364.

15 Ebd., S. 222.

16 A.a.O.

17 Ebd., S. 223.

18 Ebd., S. 227.

19 Es stimmt, daß Burlington nicht aktiv an Politik interessiert war, und mit zunehmendem Alter zog er sich mehr und mehr von den öffentlichen Angelegenheiten zurück, gemäß dem Grundsatz, den er einmal in einem Brief an seine Frau (23. Sepember 1735) formulierte: »Ich mische mich nie in Dinge ein, die mich nicht betreffen.« Falsch ist jedoch die von manchen vertretene These, er sei ein Tory gewesen, wenngleich seine Toleranz es ihm erlaubte, Tories wie Alexander Pope zu seinen engsten Freunden zu zählen. Belege für Burlingtons Whigtum gibt es in Hülle und Fülle. Ich verweise nur auf einen Brief vom 16. April 1716 (Stuart Papers, II, 1904, S. 122), wo es ausdrücklich heißt: »der Earl of Burlington und einige andere Whigs«.

20 A.a.O. (s.o. Anm. 13), III, S. 398.

21 Ebd., S. 402.

22 Ebd., S. 403.

23 Ebd., S. 405.

24 In: *Advice to an Author* (s.o. Anm. 14), I, S. 338.

25 Siehe oben Anm. 7.

26 Von mindestens vierzehn neuen Gebäuden und Teilgebäuden, die er zwischen 1721 und 1732 errichtete, sind nur noch fünf erhalten. Siehe die Hinweise in Anm. 2.

27 Ich verweise hier nur auf einen Klassiker: A.O. Lovejoy, ›The Parallel of Deism and Classicism‹, zuerst erschienen 1932 und wiederabgedruckt in: *Essays in the History of Ideas,* New York 1955, S. 78–98.

28 *Essay on Criticism,* S. 139f.

29 Siehe R. Wittkower, ›Imitation, Eclecticism, and Genius‹, in: *Aspects of the Eighteenth Century,* hg. v. E. R. Wasserman, Baltimore, 1965, S. 143–161.

30 Eröffnet wurde dieser neue Zweig der Architekturliteratur von Daniel Garrett,

Burlingtons persönlichem Bauleiter, der ein Buch mit dem Titel: *Designs and Estimates for Farm Houses ...*, London 1747, veröffentlichte. Weiter zu dieser Frage mein Aufsatz in: *Bollettino del Centro Internazionale di Studi di Architettura,* VII, 1965, S. 140, 148f.

31 Erste Ausgabe 1936. Ich benutze die Harper-Torchbook-Ausgabe, New York 1960, S. 15. Mornets Buch, auf das Lovejoy sich bezieht, ist: *Les sciences de la nature en France au 18ième siècle,* Paris 1911.

32 Zuerst veröffentlicht 1924; wiederabgedruckt 1955 (s. o. Anm. 27), S. 240f.

33 Hussey in der in Anm. 3 genannten Einleitung, S. 17, 20f. – E. Kimball, ›Romantic Classicism in Architecture‹, in: *Gazette des Beaux- Arts,* XXV, 1944, S. 95–112, unterscheidet zwischen »Renaissance-Klassizismus« (Italien, 15. und 16. Jahrhundert), »akademischem Klassizismus« (Holland, England, Frankreich, 17. Jahrhundert) und »romantischem Klassizismus« (18. und 19. Jahrhundert). Kimball bezieht sich dabei auf Lovejoy.

34 Im Juni 1730 schenkte Thomson Pope ein Exemplar seiner *Seasons* mit einer persönlichen Widmung (siehe C. R. Manning, in: *Notes and Queries,* 4. Folge, XI, S. 434); am 7. September 1738 nahm er mit anderen an einem Essen in Burlingtons Villa in Chiswick teil; siehe A. D. McKillop, *James Thomson (1700–1748),* Lawrence, Kansas, 1938, S. 124, 186.

35 Gemeint sind hier mehrere kurz zuvor entstandene Gärten, nämlich Alexander Popes berühmter Garten in Twickenham, Lord Bathursts Oakley Wood in Cirencester (Worcestershire), das königliche Schloß Richmond Park in Surrey, Lord Burlingtons Besitz in Chiswick und Viscount Cobhams Garten in Stowe, Buckinghamshire. Die im Text zitierten Zeilen folgen unmittelbar auf einen Absatz, in dem Burlingtons Leistungen überschwenglich gelobt werden (V, 690–695). Anscheinend war Thomsons *Liberty* zu seiner Zeit kein sonderlicher Erfolg. Johnson schrieb (in: *The Lives of the most eminent English Poets):* »Keines von Thomsons Werken wurde so wenig beachtet.« N. Pevsner hat einige ausgezeichnete Passagen über den englischen Landschaftsgarten geschrieben *(The Englishness of English Art,* London 1956, S. 163); mit einschlägigem Material und auch unter Bezug auf Thomsons *Liberty* bemüht er sich dort, etwas Licht in »das Verhältnis zwischen malerischer Gartengestaltung und Freiheit« zu bringen.

36 Dieses bedeutsame Werk ist nicht hinreichend bekannt; es wurde nur einmal untersucht, und zwar von M. Fischer, *Die frühen Rekonstruktionen der Landhäuser Plinius' des Jüngeren,* Diss. Berlin 1962, S. 91–121.

37 Der ganze Absatz, aus dem ich zitiere, auf S. 116f.

38 Dazu und zum Folgenden siehe A. Reichwein, *China and Europe,* New York 1925; G. F. Hudson, *Europe and China,* London 1931; E. von Erdberg, *Chinese Influence on European Garden Structures,* Cambridge 1938; A. H. Rowbotham, *Missionary and Mandarin,* Berkeley und Los Angeles 1942; W. W. Appleton, *A Cycle of Cathay. The Chinese Vogue in England during the Seventeenth and Eighteenth Centuries,* New York 1951; A. O. Lovejoy, ›The Chinese Origin of a Romanticism‹, in: *Essays in the History of Ideas,* New York 1955, S. 99–135; H. Honour, *Chinoiserie. The vision of Cathay,* London 1961; R. Dawson, *The Cinese Chameleon. An Analysis of European Conceptions of Chinese Civilization,* London 1967.

39 Siehe die ausgezeichnete kritische Ausgabe von D. F. Lach, *The Preface to Leibniz' Novissima Sinica,* University of Hawai Press, 1957.

40 Ich benutze die Ausgabe von *Temple's Works,* Edinburgh 1754, II, S. 244–249.

41 Ebd., S. 216f. Wiederabgedruckt in Lovejoys Aufsatz, a. a. O., S. 111. Wenngleich

Temples Absatz über den unregelmäßigen chinesischen Garten nicht ohne Sympathie geschrieben ist, empfiehlt er doch, diese Art der Gartengestaltung in England nicht nachzuahmen. Zu Temples Aussage siehe auch den Aufsatz von S. Lang und N. Pevsner in: *Architectural Review,* CVI; Dez. 1949, S. 391 ff.; er enthält auch eine interessante Sammlung von frühen Beschreibungen chinesischer Gärten.

42 Siehe Lovejoy, a. a. O., S. 113.

43 Beschreibungen chinesischer Gärten erschienen in zwei berühmten französischen Werken, die auch ins Englische übersetzt wurden: J. B. Du Halde, *Description... de l'empire de la Chine,* Paris 1735 (engl. Ausg. 1738–41); und J. D. Attirets Brief Nr. 27 des Jahres 1747, in: *Lettres édifiantes et curieuses des missions étrangères,* Paris 1749 (engl. Ausg. 1761). Zu früheren Informationen über chinesische Gärten siehe O. Siren, *China and Gardens of Europe,* New York 1950, S. 7 ff.

44 Pater Matteo Ripa wurde von der Propaganda Fide nach China entsandt. Er muß eine privilegierte Stellung am Hof des toleranten Kaisers eingenommen haben. Als der Jesuit und Maler Giuseppe Castiglione, der im November 1715 nach Peking kam, dem Kaiser vorgestellt wurde, fungierte Ripa als Dolmetscher (siehe G. R. Loehr, *Giuseppe Castiglione,* Rom 1940, S. 8). Er bereitete einen Bericht über seine Mission zur Veröffentlichung vor, in dem er auch die Geschichte der 1713 abgeschlossenen Stiche aufzeichnete. Ripas Werk erschien erst sehr viel später als *Storia della fondazione della Congregazione e del Collegio de' Cinesi sotto il titolo della Sagra Famiglia di Gesù Cristo,* Neapel 1832, 3 Bde. (eine gekürzte englische Ausgabe erschien 1844). Zu Ripas graphischem Werk siehe W. Fuchs, ›Der Kupferdruck in China vom 10. bis 19. Jahrhundert‹, in: *Gutenberg Jahrbuch,* XXV, 1950, S. 74–78; und B. Gray, ›Lord Burlington and Father Ripa's Chinese Engravings‹, in: *British Museum Quarterly,* XXII, S. 40–43. Dieser ausgezeichneten Arbeit verdanke ich sehr viel, auch was die folgenden Passagen angeht.

45 Exemplare in der Vatikanischen Bibliothek, der Bibliothèque Nationale Paris, dem British Museum, der Bodleian Library, dem Dresdener Kupferstichkabinett und der New York Public Library. Ein weiteres Exemplar mit dem Exlibris von Mlle. Levasseure wurde vor einigen Jahren zum Kauf angeboten.

46 Zum Garten in Chiswick siehe H. F. Clark, in: *The Architectural Review,* Mai 1944; und O. Siren, a. a. O., S. 24 f.

47 Siehe H. F. Clark, ›Eighteenth Century Elysiums. The Role of ›Association‹ in the Landscape Movement‹, in: *Journal of the Warburg and Courtauld Institutes,* VI, 1943, S. 165–189.

48 M. Quan, *Chinese Influence upon 18th Century Gardening as reflected in Thought and Literature,* M. A. Thesis, Columbia University, New York, Februar 1948 (nicht gedruckt), enthält eine wertvolle Untersuchung zu den chinesischen Gärten auf der Grundlage von Zhi Zhengs *Yuan ye,* dem im frühen 17. Jahrhundert entstandenen und für die nächsten 300 Jahre maßgeblichen chinesischen Gartenhandbuch. Wir erfahren, daß der chinesische Garten ein Ort der Kontemplation und Meditation war, daß jeder Baum, jede Blume, jeder Stein Symbolwert besaßen und daß die Gartenbaukunst in enger Verbindung zu Musik, Malerei und Dichtung stand (siehe Quan, S. 34, 46 f., 55 usw.).

49 Walpoles und Grays Ansichten sind oft wiederabgedruckt worden, siehe z. B. Clark, a. a. O. (oben Anm. 47), S. 180. Ihre Meinung fand ziemlich weite Zustimmung, siehe Appleton, a. a. O. S. 110. Andere, z. B. R. O. Cambridge, ließen die Frage des chinesischen Einflusses offen; siehe den mit 1756 datierten Absatz, wiederabgedruckt in: C. Hussey, *The Picturesque,* London 1927 (und 1967), S. 155.

50 Veröffentlicht von W. Chambers in: *Plans, Elevations, Sections and Perspective Views of the Gardens and Buildings at Kew,* London 1763.

51 In seiner Jugend war Chambers in China gewesen, zum erstenmal 1740 im Alter von 17 Jahren als Kadett und dann nochmals 1743–45 und 1748–49. Natürlich breitete er stolz sein Wissen über China, dessen Architektur, Gärten und Sitten aus. Zu den hier zitierten Passagen siehe: *Dissertation,* Vorwort und S. 20f.; wiederabgedruckt in: Lovejoy, a.a.O., S. 125f. und passim.

52 Das Gedicht erschien anonym 1773. Zum Streit zwischen Mason und Chambers siehe Appleton, a.a.O., S. 116f. Zu den politischen Aspekten siehe J. Draper, *William Mason,* New York 1924, S. 83–85, 240–246. I.W. Chase verteidigt Chambers in: *Journal of English and Germanic Philology,* XXXV, 1936, S. 517–529.

53 W. Mason, *Satirical Poems published anonymously by William Mason with Notes by Horace Walpole ...,* hg. v. Paget Toynbee, Oxford 1926.

54 Ich zitiere aus der zweiten, erweiterten Ausgabe von 1795, S. 50. Zu G. Mason (1735–1806) siehe: *Dictionary of National Biography,* XII, Spalte 1304–1305.

Paul F. Norton

Latrobe-Klassizismus
Der klassische Stil des amerikanischen Kapitols in seiner Ausprägung durch Latrobe und Jefferson*

Der Geist der Antike, der sich in Europa über alle Grenzen hinweg ausbreitete, erreichte Amerika erst im späten 18. Jahrhundert. Die Wiederbelebung des griechischen und römischen Genius traf zunächst auf ein nur teilweise empfängliches Publikum. Es bestand noch kein Interesse an Kunst, nicht einmal in den großen Städten wie Philadelphia und Boston. Nur wenige hatten überhaupt die Zeit, sich an den künstlerischen Schöpfungen des Menschen zu erfreuen, selbst wenn sie die Neigung dazu besessen hätten. Die Einstellung der Öffentlichkeit zur Kunst wird auch aus den Worten eines aufgeklärten zeitgenössischen Kritikers der amerikanischen Architektur deutlich: »Oft errichten Privatpersonen Gebäude, die ganz erhebliche Kosten verursachen. Diesen Bauwerken Symmetrie und Geschmack zu verleihen würde die Kosten nicht erhöhen. Man müßte lediglich die Anordnung der Baustoffe, die Form und die Verbindung der Teile verändern. Das würde oft weniger kosten als die barbarischen Ornamente, mit denen diese Gebäude häufig überfrachtet sind. Doch die einfachsten Grundsätze der Kunst sind unbekannt, und wir besitzen kaum ein Vorbild, das rein genug wäre, um eine Vorstellung davon zu vermitteln.«[1]

Das Interesse, auf das die Planung von Washington und der Bau seines stattlichen Kapitols stießen, weckte in Amerika ein Bedürfnis nach Schönheit im Sinne des klassischen Ideals, wie es zur selben

* Paul F. Norton, ›Latrobe Classicism. The Classic Style in the United States Capitol as Modified by Latrobe and Jefferson‹. In: *Actes du XVIIIme Congrès International d'Histoire de l'Art,* La Haye 1955, S. 507–519. © Paul F. Norton. Aus dem Amerikanischen von Michael Bischoff.

Zeit auch in der Bildung einer republikanischen Regierung zum Ausdruck kam, die sich indirekt auf Erfahrungen der Antike stützte. Erst diese amerikanische Neubelebung des klassischen Stils machte es möglich, ein öffentliches Gebäude zu errichten, das den Vergleich mit zeitgenössischen europäischen Monumentalbauten aushält.

Das Kapitol steht nicht nur wegen seiner äußeren Erscheinung einzigartig in der Neuen Welt da, es ist zugleich auch das am besten dokumentierte Bauwerk. Von den ersten Bauabschnitten in den neunziger Jahren des 18. bis zur Vollendung des ursprünglichen Baues in den zwanziger Jahren des 19. Jahrhunderts steht der Forschung eine lückenlose Folge von Materialien zur Verfügung. Die genauesten und detailliertesten Dokumente beziehen sich jedoch auf die Zeit vor dem Krieg von 1812, als Benjamin Henry Latrobe der Architekt und Thomas Jefferson Präsident war. Dazu zählt eine umfangreiche Korrespondenz – mehr als fünfhundert Briefe –, hauptsächlich zwischen Latrobe und Jefferson sowie zwischen Latrobe und seinem Bauleiter John Lenthall. Eine so ausgedehnte Korrespondenz war nötig, weil Latrobe sich die meiste Zeit in Philadelphia aufhielt, während Jefferson, Lenthall und das Kapitol sich in Washington befanden. Mit Hilfe der Briefe konnte Latrobe die Bautätigkeit leiten, obwohl er selbst nur drei bis vier Wochen im Jahr auf dem Bauplatz zubrachte.

Es mag nicht ohne weiteres einleuchten, warum der Architekt des Kapitols mit Präsident Jefferson mehr als in allgemeiner Weise hätte korrespondieren sollen. Wenn man jedoch Jeffersons seit langem bestehendes Interesse an Architektur bedenkt, erscheint es ganz natürlich, daß er detaillierte Berichte über den Fortschritt des Baues anforderte und seinen großen Einfluß auch in Fragen des Stils und der Qualität geltend machte.

Jeffersons erste Kenntnisse auf dem Gebiet des Bauens stammten wahrscheinlich von seinem Vater, Peter Jefferson, einem Farmer und Baumeister aus Virginia. Das Wissen, das der junge Jefferson bei seinem Vater erwarb, war wohl lebensnah und praktisch, es war aber gewiß auch nur rudimentär und hatte nicht viel mit Architektur als einer bildenden Kunst zu tun. In Williamsburg, wo Jefferson in den sechziger Jahren das College of William and Mary besuchte, wurde Architektur nicht gelehrt, doch es scheint sicher, daß einige seiner Lehrer und Freunde sich mit Begeisterung und durchaus kenntnisreich dieses Gegenstandes annahmen. Leider wurden sämtliche frühen Aufzeichnungen und Skizzen Jeffersons ein Raub der

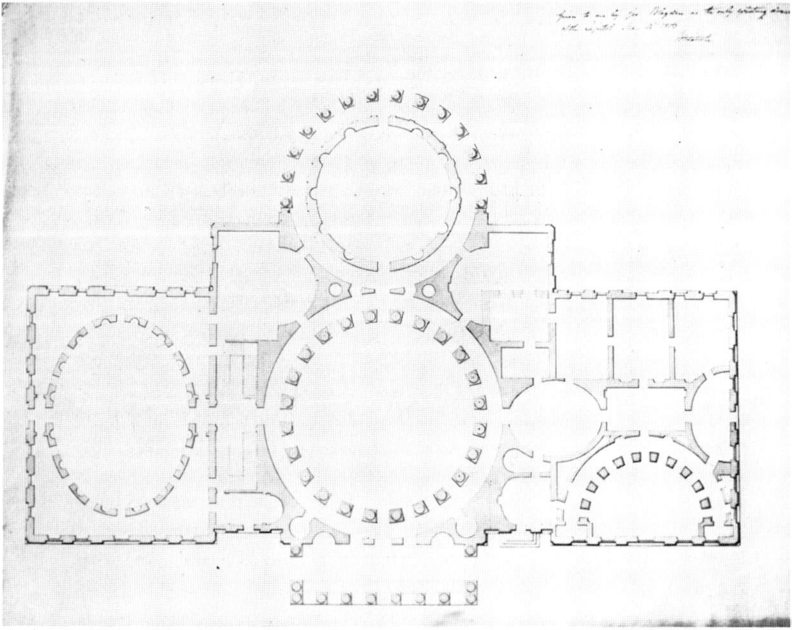

1 Entwurf für das Kapitol von Dr. Thornton. Library of Congress.

Flammen, als Shadwell, sein elterliches Anwesen, 1770 niederbrannte. Fiske Kimball hat versucht, diesen unbekannten Teil von Jeffersons Leben zu rekonstruieren, und nach seinem Urteil waren es Jeffersons wissenschaftliche Neugier, seine Hingabe an die Forschung, sein Sinn für Präzision auf allen Arbeitsgebieten und sein angeborenes Bedürfnis nach historischer Genauigkeit, die sein Interesse an der Architektur geweckt hatten.[2] Jedenfalls hatte Jefferson bereits Entwürfe für sein geplantes Haus in Monticello gemacht, und er hatte seine Aufgeschlossenheit für die Baukunst bereits erworben, bevor er 1784 als amerikanischer Botschafter nach Paris ging. Freilich entwickelte er seinen Geschmack auf diesem Gebiet im wesentlichen nach der Ankunft in Frankreich, wo ihn sogleich die düstere Pracht der römischen Ruinen und der französische Stil des späten 18. Jahrhunderts mit seiner kultivierten Schönheit in ihren Bann zogen. Hier entstand nun in ihm der leidenschaftliche Wunsch, die Herrlichkeiten der Alten Welt in die öde amerikanische Szene hineinzutragen.

Jefferson besaß eine umfassende Kenntnis der klassischen Sprachen und der klassischen Literatur. Erworben hatte er sie zunächst in der Schule und dann durch fleißiges Lesen und intensives Studium. In seiner Bibliothek hatte er die besten kritischen Ausgaben, die es zu kaufen gab, und aus den Kommentaren in seiner Korrespondenz wird deutlich, daß er eine aufrichtige Liebe für die Klassiker empfand, und dies aus sehr praktischen Gründen. Was er dort lernte, wandte er auf die Probleme der Politik, der religiösen Freiheit und der Erziehung an. In seiner umfangreichen Sammlung befanden sich zahlreiche Ausgaben der Werke zur Baukunst von Vitruv, Alberti, Palladio, Scamozzi, Philibert Delorme und anderen. Vitruvs Werke waren die einzige Quelle auf dem Gebiet der Architektur, die unmittelbar aus der von Jefferson verehrten römischen Kultur stammten. Es ist also deutlich, daß er sein Wissen über klassische Bauverfahren zum größten Teil aus Sekundärquellen bezog. Als Jefferson aber nach Europa kam, nutzte er die Gelegenheit und unternahm ausgedehnte Reisen durch Italien, Deutschland, England, Holland und Frankreich.[3] In Holland beeindruckten ihn lokale Neuerungen in der Baukonstruktion; doch ansonsten faszinierte ihn besonders der Anblick der großartigen römischen Überreste. In Nîmes betrachtete er »ganze Stunden die *Maison carrée*, wie ein Liebhaber seine Geliebte«.[4]

Während Jefferson durch Europa reiste, erwarb sein jüngerer Zeitgenosse Benjamin Henry Latrobe in einer deutschen Schule seine klassische Bildung[5] und erlernte den Beruf eines Architekten in London bei Samuel Pepys Cockerell, der zwar gut, aber nicht sonderlich einfallsreich oder gar vollkommen im Stile der neubelebten Klassik baute. Er arbeitete auch im Büro des Ingenieurs John Smeaton, dessen Eddystone-Leuchtturm fest und sicher wie ein moderner Pharos dastand und den Vergleich mit jedem der sieben Weltwunder der Antike hätte aufnehmen können.

Der frühe Tod seiner Frau veranlaßte Latrobe, sein Glück in Amerika zu suchen, wo er 1796 eintraf. Seine einzigartige Position als der einzige ausgebildete Architekt in Amerika verhalf ihm bald zu großem Ansehen, und 1803 berief Jefferson ihn zum Architekten des Kapitols.

Es war nicht allein die Anerkennung für Latrobes berufliches Können, die Jefferson in seiner Entscheidung bestimmte. Latrobe besaß noch weitere Eigenschaften, die Jefferson schätzte: seine Integrität, seine Liebenswürdigkeit, sein Organisationstalent und ganz besonders seine Freude an klassischer Bildung. Als Latrobe England verließ, besaß er eine umfangreiche Bibliothek von Werken zur Architektur; doch die ging auf See verloren.[6] Nach seiner Ankunft in den Vereinigten Staaten beschaffte er sich jedoch schon bald die wichtigsten Bücher wieder, so etwa Stuart und Revetts *Antiquities of Athens.*

Gleich nachdem man den Bau eines Kapitolgebäudes in die Planung für die Errichtung eines Regierungssitzes in Washington aufgenommen hatte, wurde Jefferson als führende Autorität auf dem Gebiet der Architektur in Amerika als Berater herangezogen. Seine unermüdlichen Bemühungen in den Jahren 1791 bis 1793 führten zur Ausschreibung eines Wettbewerbs für den Entwurf des Kapitols, den Dr. William Thornton gewann. Die Anregung für die Idee eines Kapitols hatte Jefferson natürlich vom antiken römischen Kapitol bezogen, das er aus der Literatur gut kannte. Das römische Kapitol war ein Ort politischer und religiöser Feiern und diente zugleich gesetzgeberischen Handlungen, während sein amerikanisches Gegenstück die doppelte Funktion hatte, Raum für die zweigeteilte Legislative und für die oberste Gerichtsbarkeit bereit-

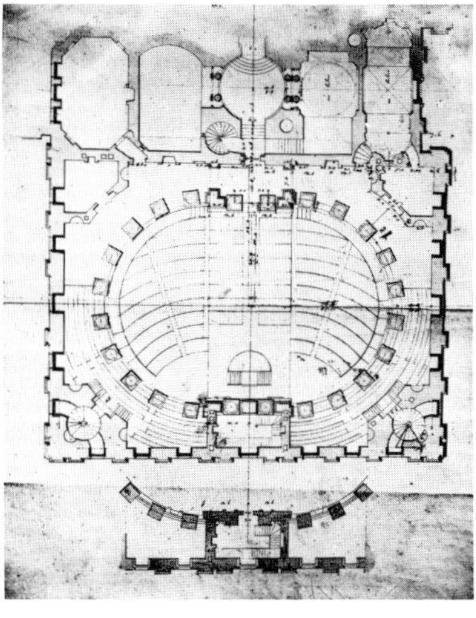

2 Latrobes Änderungsvorschläge für das Repräsentantenhaus. Library of Congress.

3 Endgültiger Grundriß des Repräsentantenhauses. Library of Congress.

zustellen, nicht aber – und dies wegen des Grundsatzes der Trennung von Kirche und Staat – für religiöse Zwecke.

Der erste Bericht über den Zustand des Kapitols, den Latrobe an Präsident Jefferson schickte, löste eine Kette von Meinungsverschiedenheiten über Fragen des Stils und der baulichen Eignung zwischen diesen Männern aus, die nicht mehr abreißen sollte, solange beide direkt am Bau des Kapitols beteiligt waren.[7] Latrobe entdeckte sogleich Mängel an dem von Thornton entworfenen Gebäude. Er verwies auf das Mißverhältnis zwischen der äußeren Erscheinung und den inneren Funktionen. In Thorntons Entwurf besaß die Fassade ein Untergeschoß aus Bossenwerk, auf dem das Obergeschoß ruhte. Im Zentrum führte eine langgezogene Freitreppe zu einem großartigen Portikus hinauf. Wäre man jedoch diese monumentale Treppe hinaufgestiegen und in das Gebäude eingetreten, so hätte man lediglich einen Flur vorgefunden, der zu den Galerien der Versammlungssäle führte. Wollte man ins Hauptgeschoß gelangen, so hätte man ebenso viele Stufen wieder hinabsteigen müssen, wie man vorher heraufgekommen war, um den Eingang zu erreichen. Diese Anordnung erschien Latrobe als hochgradig ineffizient, ja absurd. Er plante deshalb, die Versammlungssäle auf das Niveau des

4 Erster Entwurf für die *Hall of Representatives.* Library of Congress.

Obergeschosses anzuheben, wodurch er darunter ein Geschoß für dringend benötigten Büroraum gewann und zugleich seiner Vorliebe für eine funktionale Gestaltung entsprechen konnte. Mit seinen Einwänden glaubte Latrobe lediglich Thorntons Entwurf zu diskreditieren, doch in Wirklichkeit hatte sein neuer Auftraggeber Jefferson den Vorschlag gemacht, die Versammlungssäle im Untergeschoß zu plazieren. Soweit ich feststellen kann, hat Jefferson seine Meinung nie verteidigt, noch ahnte Latrobe jemals etwas von Jeffersons Einfluß auf Thornton.

Das Äußere mußte natürlich aus Gründen der Symmetrie mit dem Nordflügel harmonieren, der bereits in den neunziger Jahren nach Thorntons Plänen gebaut worden war. Doch ohne Zögern schlug Latrobe vor, das Innere des Südflügels in den Plänen gänzlich umzugestalten. Thornton hatte für den Versammlungssaal des Repräsentantenhauses eine ovale Arena vorgesehen (Abb. 1). Latrobe zog einen halbkreisförmigen Raum nach dem Muster eines römischen Theaters vor. In Thorntons Oval sah er einen Manierismus der Spätrenaissance, während sein eigener Vorschlag zeitgemäß

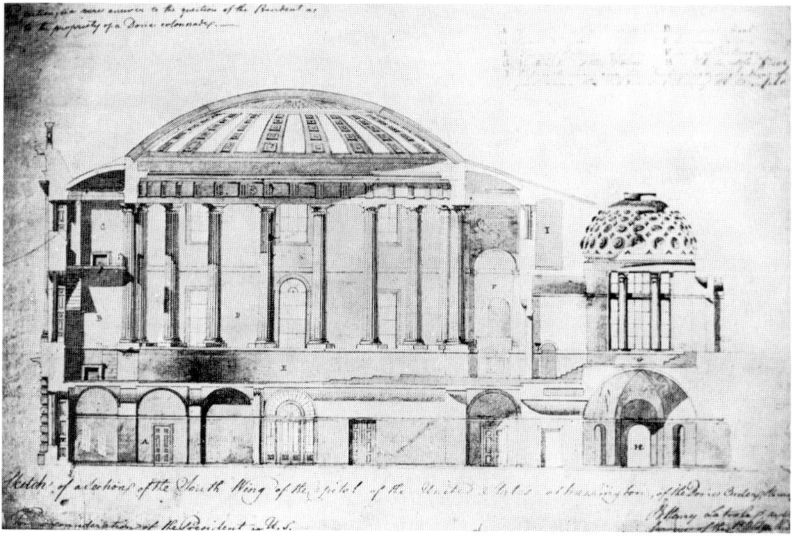

5 Zweiter Entwurf für die *Hall of Representatives.* Library of Congress.

war und der Neubelebung des großen klassischen Stils entsprach. Das römische Theater schätzte Latrobe als »eine Form, die sich nach den Erfahrungen der Antike wie auch der modernen Zeit als die für die Zwecke des Sprechens, Sehens und Hörens am besten geeignete erwiesen hat«.[8] Doch er rechnete nicht mit Jeffersons Abneigung, den Plan zu revidieren, den Präsident Washington vor seinem Tode gebilligt hatte. So arbeitete er denn ein Jahr später, 1804, immer noch widerwillig mit dem ursprünglichen Grundriß. In einem Brief schrieb er: »Ich sitze an dem Entwurf mit der immer noch vorgesehenen elliptischen Kolonnade. Mein Gewissen drängt mich heftig, den ganzen Plunder mitsamt meinem Auftrag ins Feuer zu werfen. Wenn das Ganze erst steht, läßt sich die Absurdität nie mehr rückgängig machen, und eine öffentliche Erklärung könnte allenfalls darauf verweisen, daß ein Präsident dumm genug war, einen Plan zu akzeptieren, an dem festzuhalten ein anderer töricht genug war, als er die Möglichkeit hatte, ihn zu ändern. Die einzige Entdeckung, die ich bei meiner Arbeit gemacht habe ... ist die, daß der Doktor (Thornton) unter einem musikalischen Sternbild geboren sein muß, denn alle seine Räume nehmen ganz selbstverständlich die Form von Geigen, Tambourinen und Mandolinen und einer oder zwei die einer Harfe an.«[9] Später überredete Latrobe Jefferson, eine Änderung des elliptischen Grundrisses zuzulassen, die seinem Ideal eines halbkreisförmigen Grundrisses näher kam (Abb. 2). Es handelte sich dabei um eine rechteckige Zentralfläche, an die beiderseits je ein Halbkreis mit halbkreisförmig angeordneten Sitzen anschloß. Dieser Grundriß blieb gültig, bis die Engländer Washington 1814 niederbrannten. Danach, und mit einem neuen Präsidenten im Weißen Haus, gelang es Latrobe, den römischen Grundriß durchzusetzen (Abb. 3).

Als 1804 die Entscheidung über den Grundriß gefallen war, wurde die innere Ausgestaltung der *Hall of Representatives* zu einer schwierigen Frage. Latrobe entschloß sich, eine Kolonnade aus vierundzwanzig Säulen beizubehalten, doch die Ordnung wollte er nicht festlegen, ohne zuvor Jeffersons Rat eingeholt zu haben. So legte er dem Präsidenten zwei Blätter mit Zeichnungen vor, die seine Wahl in hübscher Darstellung veranschaulichten. Die erste Zeichnung zeigte, wie die Halle in korinthischer Ordnung wirken würde (Abb. 4); als Muster hatte er hierzu die berühmten Vorbilder am *Turm der Winde* in Athen herangezogen.[10] Latrobe besaß inzwischen ein Exemplar von Stuarts *Antiquities,* das er beständig als maßgebliche Quelle zu den griechischen Proportionen konsultierte. Nach seinen Vorstellungen sollten die Kapitelle in zwei Teilen in Eisen gegossen werden – der Kelch mit der oberen Reihe einfacher glatter Blätter in einem, und der untere, krause Blattkranz in einem zweiten Stück, die dann mit Kupfernieten verbunden werden sollten.

Die zweite Zeichnung zeigte einen Wandabschnitt in der weniger dekorativen dorischen Ordnung (Abb. 5)[11], die Jefferson nach einem Vorbild aus dem Buch in seiner eigenen Bibliothek, wahrscheinlich Le Roy[12], vorgeschlagen hatte. Doch Latrobe besaß dieses Buch nicht und griff statt dessen auf Vignolas Darstellung des Marcellus-Theaters in Rom zurück. Er verwarf seinen eigenen Entwurf in der dorischen Ordnung zugunsten der korinthischen aus sehr interessanten Gründen. Latrobe errechnete, daß die Säulen 26′ 2″ hoch sein mußten, damit der Architrav auf eine Höhe mit den Fenstern kam. [1 Zoll (1″) = 2,54 cm; 1 Fuß (1′) = 12 Zoll = 30,48 cm; d. Übers.] Wenn die Höhe etwas mehr als den achtfachen Durchmesser betragen durfte[13], so ergäbe dies für die Säulen einen

Durchmesser von genau 3′.[14] Nach dem von Vignola dargestellten System wären dann das Gebälk 6′ und der Fries darin 2′3″ hoch. Das Problem bestand nun darin, den Metopen im Fries die richtigen Proportionen zu geben. In seinem Plan betrug der Abstand zwischen zwei Säulen, von Achse zu Achse, etwa 10′. Wenn er die Metopen quadratisch machte, so hätten sie eine Seitenlänge von 2′3″ und die Triglyphen eine Breite von 1′6″; bei zwei Metopen und zwei Triglyphen pro Interkolumnium kam er nur auf 7′6″ von Achse zu Achse. Bei drei Metopen und drei Triglyphen dagegen müßte der Abstand von Achse zu Achse 11′3″ betragen. Wollte er den genauen Abstand von 10′ einhalten, dann hätte er die Metopen entweder, wie in der Zeichnung, über die korrekten ästhetischen Proportionen hinaus verbreitern oder aber hoch und schmal machen müssen, was eine ebenso schlechte Lösung gewesen wäre. Latrobe sprach sich deshalb eindeutig für die korinthische Ordnung aus, deren fortlaufender Fries keine Schwierigkeiten bereitete.

Jefferson stimmte bald der korinthischen Ordnung zu[15] und empfahl Latrobe, sich an das von Sir William Chambers in seiner Abhandlung über die Baukunst gegebene Muster zu halten.[16] Dieser Vorschlag mißfiel Latrobe allerdings sehr, fühlte er sich doch gerade jenen griechischen Baumeistern verpflichtet, die Chambers arrogant mit folgenden Worten herabsetzte: »Wie weit die Griechen in den Proportionen, in der Kunst der Umrißgestaltung und in der Durcharbeitung sonstiger Details von der Vollkommenheit entfernt waren, wird jedem unvoreingenommenen Betrachter bald klarwerden, der die Veröffentlichungen von Le Roy, Stuart, Revett und anderen scharfsinnigen Mittelmeerreisenden mit den antiken Bauwerken der Römer vergleicht.« Latrobe wollte an seiner ursprünglichen Entscheidung für die einfache Ordnung am *Turm der Winde* festhalten. Er führte aus, die von Chambers gezeichneten korinthischen Kapitelle seien so kompliziert, daß sie, bei einer Ausführung in Gußeisen, schätzungsweise zwölf verschiedene Gußformen erforderten, was die Herstellung enorm verteuern würde. Da wäre es schon billiger, die Kapitelle in Stein zu hauen.[17] Tatsächlich geschah dies schließlich auch. Schwach verwies Latrobe in seinem Plädoyer für die athenischen Kapitelle darauf, daß es auf der Fassade des Gebäudes bereits ein Beispiel für den überladenen korinthischen Stil gebe. Doch Jefferson hing offenbar an seiner Wahl des korinthischen Kapitells, wie es bei Chambers abgebildet war, während Latrobe weiter an den griechischen Vorbildern festhielt. Gegen

6 Ostfassade des Kapitols nach der Zeichnung von B. H. Latrobe, 1810. Library of Congress.

Ende des Jahre 1804 schrieb er an seinen Bauleiter: »Ich habe das Kapitell in halber Größe gezeichnet; es ist ein enormes Ding, und ... ich habe mich eher an den griechischen als an den römischen Stil gehalten, trotz seines (Jeffersons) William Chambers.«[18]

Der Mittelteil des Gebäudes, den Latrobe entwarf, aber niemals baute, sollte von einer kreisförmigen Kuppel gekrönt sein, die sich zwar über die Flügel erhob, jedoch in ihren Maßen sorgfältig auf sie abgestimmt war. Da es in seinen Büchern mit griechischen Quellen keine Kuppeln gab, an denen er sich hätte orientieren können, war er gezwungen, in Rom nach einem Vorbild zu suchen. Er fand es in der flachen, gestuften Kuppel des Pantheons (Abb. 6).

Latrobes Entwurf für den Aufgang zur Westfront[19], hoch über der offen gestalteten Parklandschaft mit den vom Tiber Creek gespeisten stillen Lagunen, war ein weiterer Sieg für das antike Griechenland (Abb. 7). Er plante einen dorischen Toraufgang, über den die Fußgänger stufenweise auf die Höhe des Kapitols gelangen konnten, indem sie mehrere Treppenfluchten erstiegen. Ohne

7 Westaufriß des Kapitols nach der Zeichnung von B.H. Latrobe, Februar 1811. Library of Congress.

Zweifel ließ sich Latrobe von den Propyläen auf der Akropolis in Athen dazu inspirieren; die kannelierte, dorische, sechssäulige Kolonnade, die nach Westen über die Linie der Kolonnade vorspringenden Flügel, die Lage im Verhältnis zu der höher gelegenen Grundfläche auf dem *Capitol Hill* und schließlich die ersten Buchstaben des Wortes *Propyläen*, zunächst auf die Zeichnung geschrieben, doch dann wieder ausradiert, all das bezeugt den Glauben des Architekten an sein hellenistisches Vorbild. Latrobe war, mit dem Athener Stuart, überzeugt, daß »Griechenland die große Lehrmeisterin der Künste und Rom in dieser Hinsicht nur ihr Schüler war; man darf annehmen, daß all die bewunderten Bauwerke, welche diese großartige Stadt verschönen, lediglich Nachahmungen griechischer Originale waren.«[20] Doch wie Latrobe sagt, suchten »Palladio und seine Nachfolger und Zeitgenossen bis ins Detail unverrückbare Regeln für die Ordnungen festzulegen. Die Griechen kannten solche Regeln nicht; sie hatten die allgemeinen Proportionen und die Gesetze von Form und Anordnung bestimmt und überließen die

Einzelheiten dem Talent und dem Geschmack des einzelnen Architekten.«[21] Diese künstlerische Freiheit gestattete es Latrobe, mehrere neue Ordnungen für das Kapitol zu entwerfen. Das früheste und am wenigsten bekannte ist das Baumwoll-Kapitell, für das Latrobe eine Zeichnung anfertigte, zum Teil in Originalgröße, so daß der Steinschneider die Blöcke in der benötigten Form grob vorschneiden konnte (Abb. 8).[22] Der italienische Bildhauer, der am Kapitol beschäftigt war, konnte dann die Arbeit an Ort und Stelle vollenden. Latrobe wagte es, diesen Vorstoß über die Grenzen griechischer Baudekoration in der Galerie des Eingangs zum Senat anzubringen. Obwohl dies offenkundig die erste Abweichung von den geltenden Prinzipien für die Gestaltung der Ordnungen war, erregte es niemanden sonderlich. Als aber die Maiskolben-Kapitelle im Vestibül des Untergeschosses im Nordflügel auftauchten, spendeten die Kongreßabgeordneten höchstes Lob, und Latrobe bemerkt, diese Kapitelle hätten weit mehr Aufmerksamkeit gefunden als irgendeines seiner weitaus schwierigeren Meisterstücke (Abb. 9). In einem Brief an Jefferson berichtet Latrobe, die Kongreßabgeordneten hätten sie »die *corn-cab capitals* getauft; ob wegen der Alliteration, weiß ich nicht zu sagen; jedenfalls aber nicht sonderlich angemessen«.[23] Er schreibt, die Kapitelle sollten Maiskolben darstellen, kein *corn.* Offenbar dachte Latrobe an den englischen Wortgebrauch, wo *corn* nicht Mais, sondern Getreide bedeutet.

Zum dritten Male brach Latrobe mit der Tradition im Jahre 1816, als er nach dem Brand mit dem Wiederaufbau des Kapitols betraut wurde. Für die Rotunde im Hauptgeschoß des Nordflügels wählte er die Tabakspflanze zum Modell für Kapitelle in einer anmutigen Ordnung. Wiederum schreibt er an Jefferson, der nun nicht mehr Präsident ist: »Die Säulen der Rotunde, 16 an der Zahl, müssen schlanker sein, als die ionische Ordnung es zuläßt; und die korinthische Ordnung kommt auch nicht in Betracht, weil der Raum selbst nach der ionischen Ordnung gestaltet ist. Ich habe deshalb ein Kapitell aus Blättern und Blüten der Tabakspflanze entworfen, das vermittelnd wirkt, weil es sich der korinthischen Ordnung annähert und die Schlichtheit der Klepsydra oder des Tempels der Winde beibehält (Abb. 10).«[24] Diese Neuerung zeugt ein weiteres Mal von Latrobes Einbildungskraft. In den Händen einer späteren Architektengeneration wirkte solche Freiheit allerdings verheerend auf die Reinheit des klassischen Stils.

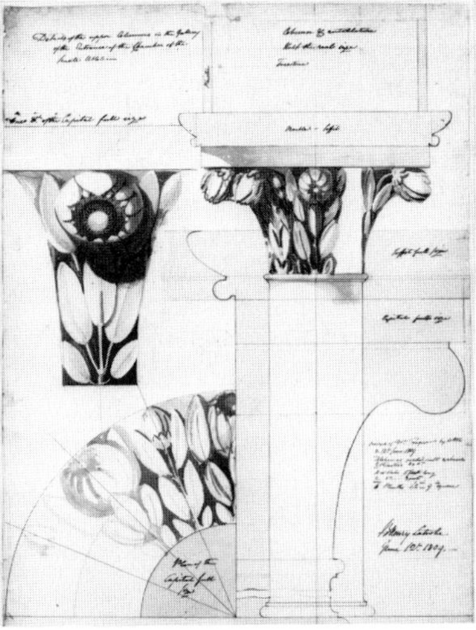

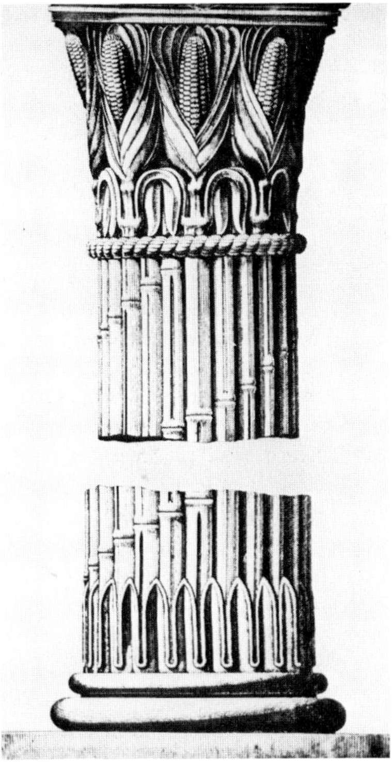

8–10
Neue Ordnungen für das Kapitol, von B. H. Latrobe. ›Baumwoll‹- (1809), ›Maiskolben‹- und ›Tabakspflanzen‹-Kapitelle. Library of Congress.

Zusammenfassend kann man sagen, daß beide, Jefferson und Latrobe, obgleich bestens mit dem kulturellen Erbe der Griechen und der Römer vertraut, sich nicht sträubten, die klassische Baupraxis an die Bedürfnisse einer amerikanischen Gesellschaft anzupassen. So hielt Latrobe in einer Debatte über die Angemessenheit einer Kuppel auf dem Nordflügel daran fest, daß sie nötig sei, um die Schornsteine, die über die Höhe des Karnieses hinausragten, zu verdecken[25] und zu verhindern, daß Regen in das Oberlicht eindrang. Und Jefferson erwiderte darauf: »Ihre Ideen gefallen mir alle sehr gut, nur eines nicht: daß Sie eine Kuppel bauen wollen, um die Schornsteine zu verdecken. Das Auge ist so sehr an den Anblick von Schornsteinen gewöhnt und verbindet damit die Vorstellung von Nützlichkeit so innig, daß ihre natürliche Häßlichkeit viel von ihrer Wirkung verliert; wie auch immer sie aus dem Dach herauskommen mögen, ich glaube nicht, daß sie solch eine Verunstaltung darstellen werden wie eine Kuppel.«[26]

So erwuchs aus dem Denken dieser beiden Männer eine Wiederbelebung der klassischen Architektur in Amerika; doch diese Wiederbelebung hielt sich nicht sklavisch ans Original; sie wurde vielmehr gemäßigt und verändert durch die besonderen Bedürfnisse einer jungen Kultur und durch den neuen Nationalismus, den die Trennung der Staaten vom britischen Empire hervorgebracht hatte. In gemeinsamer Anstrengung errichteten sie ein Gebäude, das dazu bestimmt war, ein wichtiges Zentrum der Weltpolitik zu werden, eines zudem, von dem man sagen darf, daß es den Geist eines vereinten Amerika verkörpert. Das Kapitol steht heute als architektonischer Ausdruck von Harmonie und stiller Größe. Walt Whitman brachte gewiß die Gefühle vieler seiner Landsleute zum Ausdruck, als er sagte: „Ich stehe gern etwas abseits und schaue lange, lange zur Kuppel hinauf; es erquickt mich.«

Anmerkungen

1 Thomas Jefferson, *Notes on the State of Virginia*, Boston, 8. amerikanische Ausgabe, S. 226f..

2 Fiske Kimball, *Thomas Jefferson, Architect*, Boston 1916, S. 21.

3 Edward Dumbauld, *Thomas Jefferson, American Tourist*, Norman 1946, S. 114.

4 A. Koch und W. Peden (Hg.), *The Life and Selected … Writings of Thomas Jefferson*, S. 414.

5 Latrobes Kenntnis der griechischen Sprache bezeugt ein Brief, den er an den Präsidenten der Princeton University, James Carnahan, schrieb und worin er die Aussprache des klassischen und des modernen Griechisch mit Bezug auf das von Erasmus von Rotterdam verwendete System vergleicht. Latrobe an James Carnaham, ohne Datum, in einem Brief von Carnaham an James C. Moffat vom 15. September 1854, Princeton University Library.

6 Eine französische Korvette kaperte das Schiff, auf dem die Sammlung in die USA transportiert werden sollte.

7 Bericht Latrobes an Jefferson vom 4. April 1803, District of Columbia Papers, Library of Congress.

8 Ebd.

9 Latrobe an Lenthall, 8. März 1804, Latrobe Papers, Library of Congress.

10 Latrobe an Jefferson, 29. März 1804, District of Columbia Papers, Library of Congress. Nur die ersten beiden Abschnitte dieses langen Briefes sind veröffentlicht in: S. K. Padover, *Thomas Jefferson and the National Capitol,* Washington 1946, S. 343f..

11 Diese Zeichnung befindet sich in der Library of Congress.

12 Julien David Le Roy, *Les ruines des plus beaux Monuments de la Grèce ...,* Paris 1770, Bd. II, Tafel XIX, Abb. 3 und 4.
Wir wissen, daß Jefferson schon vor 1807 ein Exemplar besaß, wahrscheinlich die 1759 in London gedruckte Ausgabe. Die Formulierung in Latrobes Brief an Jefferson legt die Vermutung nahe, daß er die dorische Ordnung desselben Gebäudes heranzog, das Jefferson vorgeschlagen hatte, jedoch nach einer anderen Quelle.

13 Vignola nennt für die dorische Ordnung genau acht Durchmesser.

14 Als Latrobe sich später für die korinthische Ordnung entschied, benutzte er ein Verhältnis von 10 : 1, wobei er den Durchmesser der Säulen auf 2′ 7¾′′reduzierte. Siehe den Brief von Latrobe an Lenthall vom 13. Juli 1804, Latrobe Papers, Library of Congress.

15 Jefferson stimmte der korinthischen Ordnung in einem Brief an Latrobe vom 9. April 1804 zu, in: S. K. Padover, a. a. O., S. 344f..

16 Sir William Chambers, *Treatise on Civil Architecture.* Es ist nicht bekannt, auf welche Ausgabe Jefferson sich bezog, aber die ersten drei Ausgaben sind aus den Jahren 1759, 1768 und 1791, wobei letztere eine leichte Veränderung im Titel aufweist.

17 Latrobe an Jefferson, 29. April 1804, District of Columbia Papers, Library of Congress.

18 Latrobe an Lenthall, 29. Oktober 1804, Latrobe Papers, Library of Congress. In einem Brief (Latrobe an Lenthall, 2. November 1804, Latrobe Papers) schreibt er jedoch: »Sie haben vergessen, mir den Querschnitt, d. h. die Länge & Breite der bestellten Blöcke anzugeben; das ist wichtig, weil die Projektion des Blattwerks und der Voluten davon abhängt.« Die Kapitelle des Turms der Winde haben keine Voluten, so daß er hier ein anderes griechisches Bauwerk meinen muß, höchstwahrscheinlich das Lysikratesdenkmal. Dies war jedenfalls mit einiger Sicherheit sein Vorbild, als er die *Hall of Representatives* nach dem Brand wieder aufbaute.

19 Die Zeichnungen befinden sich in der Library of Congress. Der Aufriß der Westfront trägt das Datum Februar 1811; Grundriß und Aufriß des Toraufgangs das Datum 10. April 1811.

20 Stuart und Revett, *Antiquities of Athens,* Bd. I, s. i. (dt.: *Die Altertümer von Athen,* Leipzig und Darmstadt, 1826–32).

21 Latrobe an Lenthall, 5. August 1809, Latrobe Papers, Library of Congress.

22 Die Zeichnung befindet sich in der Library of Congress und trägt das Datum 12. Juni 1809.

23 Latrobe an Jefferson, 28. August 1809, zum Teil veröffentlicht in: S. K. Padover, a. a. O., S. 462. Ausgeführt wurden die Kapitelle von Francisco Iardella. Die ursprüngliche Vorlage für die Kapitelle schickte Latrobe 1817 an Jefferson nach Monticello; sie sind dort noch zu sehen.

25 Latrobe an Jefferson, 14. September 1807, District of Columbia Papers, Library of Congress.

26 Jefferson an Latrobe, 24. September 1807, District of Columbia Papers, Library of Congress.

George H. Weitzman

Die Utilitaristen und die ›Houses of Parliament‹*

In historischen Darstellungen des Aufstiegs der modernen funktionalistischen Architekturtheorie gelten die vierziger Jahre des 19. Jahrhunderts als die Zeit der ersten Anstöße und Entwicklungen.[1] Wenngleich in den Vierzigern gewiß einiges heranreifte, wie man etwa den Schriften Pugins entnehmen kann, so lassen sich doch bereits früher, in den hektischen Vorgängen der Jahre 1833 bis 1837 um den Neubau der englischen Parlamentsgebäude, die Bemühungen einer Gruppe ausmachen, die in der Architektur erstaunlich modern anmutende Maßstäbe anlegte. Diese Gruppe, die Utilitaristen, hielt während der ganzen, mit Verbissenheit geführten Debatte eine elaborierte und konsistente Position durch; eine Position, die überzeugende Hinweise auf die sozialen Wurzeln liefert, aus denen funktionalistische Maßstäbe ihre Kraft bezogen.

Als Sprachrohr der im Aufstieg begriffenen industriellen Bourgeoisie hatten die Utilitaristen sich zu einer starken und einflußreichen geistig-politischen Kraft entwickelt. Unter der Anleitung von Männern wie Jeremy Bentham, James und Stuart Mill bemühten sie sich um eine gründliche Fortbildung und Anwendung der auf reinen Nützlichkeitserwägungen basierenden Werttheorie. In einer Zeit, da die Zwänge der industriellen Ökonomie immer deutlicher ins Bewußtsein rückten, mußte dieses Konzept große Aufmerksamkeit finden; und die politischen Ereignisse des Tages – etwa die Wahlrechtsreform, die Aufhebung der Korngesetze – verdankten sich hauptsächlich den unermüdlichen Bemühungen dieser philosophischen Radikalen.

* George H. Weitzman, ›The Utilitarians and the Houses of Parliament‹. In: *Journal of the Society of Architectural Historians*, XX, 1961, S. 99–107. © Society of Architectural Historians. Aus dem Amerikanischen von Michael Bischoff.

Innerhalb des Parlaments wurde die Sache der Utilitaristen von vielen vertreten, doch Joseph Hume war wohl der kraftvollste und aktivste Sprecher der Radikalen. Hume war ein Mann, dessen Lebensaufgabe es gewesen zu sein scheint, Verschwendung und Mißbrauch vor allem in der Finanzpolitik aufzudecken, doch seine parlamentarischen Aktivitäten waren weitaus vielseitiger. So unterschiedlichen Fragen, wie die der Emanzipation der Katholiken, der Parlamentsreform, der Abschaffung der Prügelstrafe und der Aufhebung des gesetzlichen Exportverbots für Maschinen, galt Humes besondere Aufmerksamkeit. Außerhalb des Parlaments fand er noch die Zeit, Vizepräsident der *Royal Society of Arts* zu werden und sich in dieser Funktion rückhaltlos für die Verwirklichung des Kristallpalastes einzusetzen, als dieses Projekt zu scheitern drohte.

Hume redete freimütiger – wenn auch vielleicht weniger gut – als irgendeiner seiner Abgeordnetenkollegen. Daher ist es nicht erstaunlich, daß er aktiv wurde, als das Parlament 1833 beschloß, die Möglichkeit eines Neubaus des *House of Commons* zu prüfen. Jahrhundertelang war das Unterhaus in der alten *Saint Stephen's Chapel* zusammengetreten, doch die steigende Abgeordnetenzahl hatte in vielen Politikern das Bedürfnis nach einer Umgestaltung dieses alten, labyrinthartigen Komplexes geweckt. Dementsprechend setzte das Parlament 1831 einen Ausschuß ein, der die Frage behandeln sollte, ob eine Veränderung anzustreben sei. Dessen Untersuchungsergebnis, wonach »das *House of Commons* seinen Mitgliedern keine angemessene Unterbringung bietet«[2], wurde dem gesamten Haus zur Meinungsäußerung vorgelegt.

Zur Erörterung dieser Angelegenheit wurde das Haus für den 7. März 1833 einberufen. Die *Reform Bill* von 1832 hatte die Lage noch verschärft, da sie die Zahl der Abgeordneten weiter erhöht hatte. An diesem Tage forderte Hume ein neues *House of Commons.* Von Anfang an war sein Ruf nach Veränderung klar. Vielen Herren, stellte er fest, »sei die Erinnerung an all das, was sich im gegenwärtigen *House of Commons* ereignet hätte, lieb und teuer und sie seien deshalb darauf bedacht, daß keine Änderung erfolge«. In Hansards Protokoll heißt es weiter: »Er [Hume] könne die Gefühle der Herren in diesem Punkte gut nachvollziehen, doch seiner Ansicht nach habe man das Augenmerk in erster Linie auf die Nützlichkeit zu richten.«[3] Man hatte vorgeschlagen, das Unterhaus an einen anderen Ort zu verlegen, und Hume war überzeugt, daß an anderer Stelle ein besseres Gebäude errichtet werden könne.

Eine solche Stellungnahme konnte von den vielen konservativen, traditionsverhafteten Abgeordneten nur mit Zurückhaltung aufgenommen werden. Typisch für die Reaktionen, die dieser Vorschlag in der Versammlung auslöste, war die von Philip Howard, der sich aufs heftigste dagegen wandte, »dieses Gebäude, das von seinen Erinnerungen geheiligt sei, niederzureißen, um an dessen Stelle einen halbkreisförmigen Theaterbau wie den vorgeschlagenen zu errichten«.[4]

Man setzte einen Ausschuß aus vierunddreißig Abgeordneten ein, der weitere Untersuchungen anstellen sollte. Als Vorsitzender hatte Joseph Hume die Aufgabe, die berühmten Sachverständigen zu befragen. Dabei hielt er sich an die Grundlinien seiner zuvor dargelegten Position und machte später auch den Standpunkt deutlich, den er nach dem tragischen Brand vom 16. Oktober 1834 einnehmen sollte. Von Anfang an waren seine Fragen substantiell und rational. So fragte er Sir John Soane: »Ist es nicht wahrscheinlich, daß man mit einem runden Abschluß eine bessere Akustik erzielt als mit einem rechteckigen?«[5] Und wiederholt fragte er, ob es wünschenswert sei, das Parlamentsgebäude an einer anderen Stelle zu errichten, und dies aus Gründen offenkundiger Zweckmäßigkeit, denn die bestehende Lage brachte erhebliche Beschränkungen mit sich.

Dieser Gedanke war von den zweiundzwanzig Architekten, die dem Ausschuß Entwürfe für ein neues Parlamentsgebäude einreichten, offensichtlich nicht berücksichtigt worden. Sämtliche dem Bericht beigefügten Zeichnungen gehen von dem alten Platz aus. Es spricht daher für ihre Ehrenhaftigkeit, wenn alle Architekten, danach befragt, für eine Verlegung plädierten. John Deering, George Allen, John Crooker und Francis Goodwin gaben ohne Umschweife zu, daß der augenblickliche Standort, soweit es seine äußere Beschaffenheit betraf, unvorteilhaft war. Im Hinblick auf Boden, Gründung, Licht, Luft und Zugänglichkeit (für die Abgeordneten wie für das Publikum) könnten andere Standorte bessere Möglichkeiten bieten.

Am 13. Oktober 1833 legte der Ausschuß seinen Beschluß vor. Beide Punkte, aus denen der Bericht besteht, tragen Joseph Humes Handschrift:

BESCHLOSSEN Daß es die Meinung dieses Ausschusses ist, daß das gegenwärtige *House of Commons* seinen Mitgliedern keine angemessene Unterbringung bietet, und daß keine Veränderungen oder Verbesserungen am gegenwärtigen Haus vorgenommen werden können, die eine angemessene Unterbringung zu gewährleisten vermöchten unter sorgfältiger Berücksichtigung der Gesundheit und des allgemeinen Wohlbefindens seiner Mitglieder, der Beschleunigung der öffentlichen Geschäfte und der Kosten, die zu tragen wären...

BESCHLOSSEN Daß es die Meinung dieses Ausschusses ist, daß die unvollkommene Belüftung des gegenwärtigen Hauses äußerst schädlich für die Gesundheit seiner Mitglieder ist...[6]

Und so standen die Dinge am 16. Oktober 1834: Das Parlament hatte sich dem dringenden Appell des von ihm selbst gewählten Ausschusses verschlossen und gegen einen Neubau des *House of Commons* gestimmt. Der zusammengewürfelte Gebäudekomplex, dessen älteste Teile aus dem Jahre 1265 stammten, platzte angesichts der zunehmenden Tagesgeschäfte aus allen Nähten. *Saint Stephen's Chapel,* zu klein für die gewachsene Mitgliederzahl des Unterhauses, war nur ein Symptom der generellen Unzulänglichkeit der gesamten Anlage. Gefährlicher noch für Gesundheit und Wohlergehen seiner Mitglieder waren die unablässig anwachsenden Stapel von Papieren und Akten, die innerhalb des Komplexes aufbewahrt wurden. Unglücklicherweise hatte noch niemand die große Feuergefahr bedacht, die von derart beengten Verhältnissen ausging. Joseph Hume hatte 1833 sein Bestes getan, um wenigstens das Unterhaus aus dem Komplex von Westminster auszugliedern, doch die anderen hatten sich, zufrieden mit ihrer kirchenähnlichen Umgebung, nur allzu unwillig gezeigt, irgend etwas zu ändern.

Am Nachmittag des 16. Oktober, gegen 16.30 Uhr, machten zwei Männer in Begleitung der stellvertretenden Hausmeisterin Mrs. Wright ihren täglichen Kontrollgang durch das *House of Lords.* Obwohl einer von ihnen von einer Tür her Hitze verspürte, nahmen sie keine Notiz davon und gingen weiter. Erst gegen 18.00 Uhr bemerkte die Frau eines Pförtners ein Licht unter derselben Tür flackern und alarmierte die Feuerwehr.

Das Feuer wütete die ganze Nacht. Es war bis in die Außenbezirke von London sichtbar, und als die Nachricht sich in der Bevölkerung verbreitete, verwandelte sich die Stadt in ein Ameisennest. Der Menge schien das Schauspiel zu gefallen, und sie begrüßte es freudig, wenn Teile des Gebäudes einstürzten. Die Londoner *Times* brachte Berichte mit schaurigen Einzelheiten. Am 17. Oktober versicherte ihr Reporter: »Vom Fluß her betrachtet, war die Feuersbrunst besonders großartig und eindrucksvoll.«[7] Und am folgenden Tag: »Die Zerstörung war zu allgemein und zu vollständig, als daß sich dem Auge des Betrachters jenes Ineinander von geborstenen Mauern und schwankenden Dächern böte, das uns zuweilen durch seine schaurige Schönheit mit der Zerstörung versöhnt, die es herbeigeführt hat.«[8]

Vielen jedoch war die Katastrophe nur der traurige Beweis dafür, daß Joseph Hume letztlich nicht unrecht gehabt hatte. Einen Kutscher hörte man mit seinen Fahrgästen scherzen: »Manche sagen, die Bauleute haben's gemacht, damit sie was zu tun kriegen. Ich hab auch gehört, daß Mr. Hume sie angestiftet hat – weil, ja sehen Sie, die andern wollten kein neues Haus bauen, obwohl der Mr. Hume es ihnen so oft gesagt hat, und auch daß er sich sehr unwohl fühlt in dem alten.«[9]

Da das Parlament in den Ferien war, kamen alle direkten Kommentare von der Presse. Sämtliche Berichte schienen die Notwendigkeit eines Neubaus anzuerkennen, wenngleich nur wenige sich Gedanken über die mögliche architektonische Gestaltung machten. Der einzige Zeitungsartikel, der sich mit der Frage des Stils befaßte, war ein Leitartikel in der *Times*. Darin äußerte der Autor den Wunsch, »man möge die vernichteten Teile in einem Stile wiedererrichten, der mit dem ursprünglichen Gebäude harmoniert, statt eine heterogene Ansammlung von Baulichkeiten zur Schau zu stellen, worin Geschmack, Zeitbewußtsein und Bequemlichkeit gleichermaßen auf der Strecke blieben.«[10]

Am 29. Februar 1835 begann in beiden Häusern die neue Sitzungsperiode. König William IV. hielt seine Eröffnungsrede am 24. Februar und ging, wie erwartet, auch auf die Notwendigkeit eines neuen Gebäudes ein. Doch an der Ortswahl und der Art des zu errichtenden Bauwerkes war er anscheinend überhaupt nicht interessiert und überließ den beiden Häusern in diesen Fragen die volle Entscheidungsfreiheit.[11]

Also setzte der Schatzkanzler am 2. März einen ›Sonderausschuß zum Wiederaufbau der *Houses of Parliament*‹ ein. Dieser Ausschuß sollte aus Männern bestehen, »die nach ihren Geschäftsgebräuchen und nach ihrer Stellung im Hause am besten dazu geeignet erscheinen«.[12] Sobald die Sache zur Sprache kam, wollte Hume, unermüdlich wie eh und je, wissen, ob es in der Macht des Ausschusses liege, einen anderen Standort zu wählen. Kanzler Robert Peel, ein konservativer Mann, wollte von solch einer Idee nichts wissen und verwarf Humes radikalen Antrag für den Augenblick.

1 *Toddington Manor,* Glocs., erbaut von Charles Hanbury-Tracy (Photo: Autor).

Wir werden die Einzelheiten der Ausschußberatungen niemals vollständig erfahren. Der Abschlußbericht berührt nur kurz die eingeholten Aussagen und teilt dann die gefaßten Beschlüsse mit. Von den täglichen Beratungen wurden keine Protokolle angefertigt, so daß man hinsichtlich der Aktivitäten der einzelnen Mitglieder neben den in späteren Diskussionen gegebenen Kommentaren auf Vermutungen angewiesen ist. Der Ausschuß zählte dreiundzwanzig Mitglieder, deren aktivste Charles Hanbury-Tracy, Joseph Hume und möglicherweise Sir John Cam Hobhouse waren.

Die einflußreichste Position im Ausschuß hatte Kanzler Robert Peel inne. Als Kanzler konnte er leicht andere Mitglieder beeinflussen, doch nach seiner privaten Korrespondenz aus dieser Zeit zu urteilen, spielte er in den Beratungen nur eine unbedeutende Rolle.

Hanbury-Tracy, später Lord Sudely, war offensichtlich ein Amateurarchitekt. Seinen Wohnsitz, Toddington Manor (Abb. 1), hatte er wahrscheinlich selbst entworfen, wenngleich es in dieser Frage einige Verwirrung gibt. Ohne Zweifel hatte er sich von John C. Buckler helfen lassen, doch höchstwahrscheinlich nur in technischen Dingen. Das Grundkonzept dürfte wohl von Hanbury-Tracy stammen, eine imitierte Gotik mit einer Fülle historischer Anspielungen. Zeitgenössische Berichte sprechen dem Bauwerk höchst pittoreske Qualitäten zu, und man darf wohl annehmen, daß Hanbury-Tracy sehr stolz auf seine Schöpfung war. Sein Stolz sollte auch in die Ausschußberatungen überfließen, und nach seinem späteren Verhalten als Juror zu urteilen, muß er die Rolle eines selbsternannten Experten gespielt haben.

Der Ausschuß tagte vom 2. März bis zum 3. Juni; an diesem Tag gab er seine Entscheidung zugunsten eines offenen Wettbewerbs bekannt. Von den vierunddreißig Beschlüssen sind hier nur zwei von Interesse. Nummer 26 legt fest: »Daß der Stil des Gebäudes entweder gotisch oder Elisabethanisch sein soll«[13], und der andere, Nummer 27, bezeichnet den Standort und verlangt den Druck eines Lageplans. Die Idee des offenen Wettbewerbs geht höchstwahrscheinlich auf Hume zurück, denn in einer Rede bemerkte er später, daß er ursprünglich eines von den zwei Mitgliedern im gesamten Ausschuß gewesen sei, die dies gewünscht hatten.[14]

Die Entscheidung, das Parlamentsgebäude im »gotischen oder im Elisabethanischen« Stil zu errichten, scheint eine Folge des Standor-

2 Grundriß der neuen *Houses of Parliament,* von Robert Smirke, 1834.

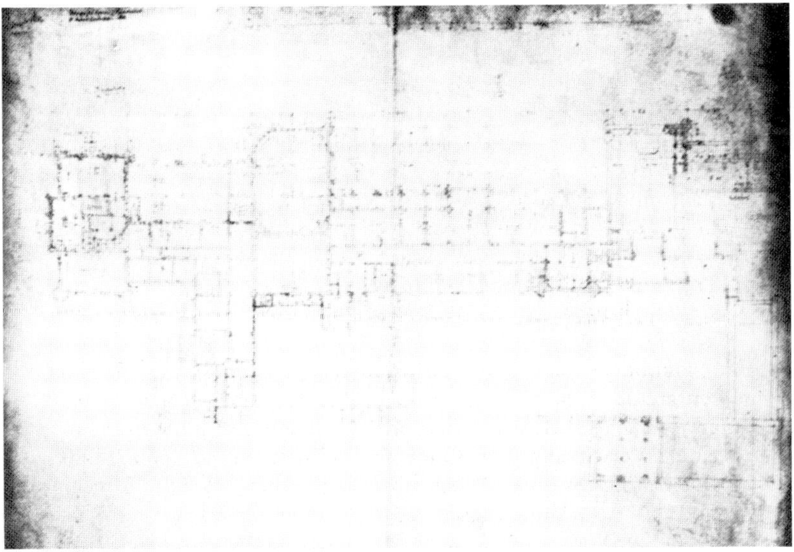

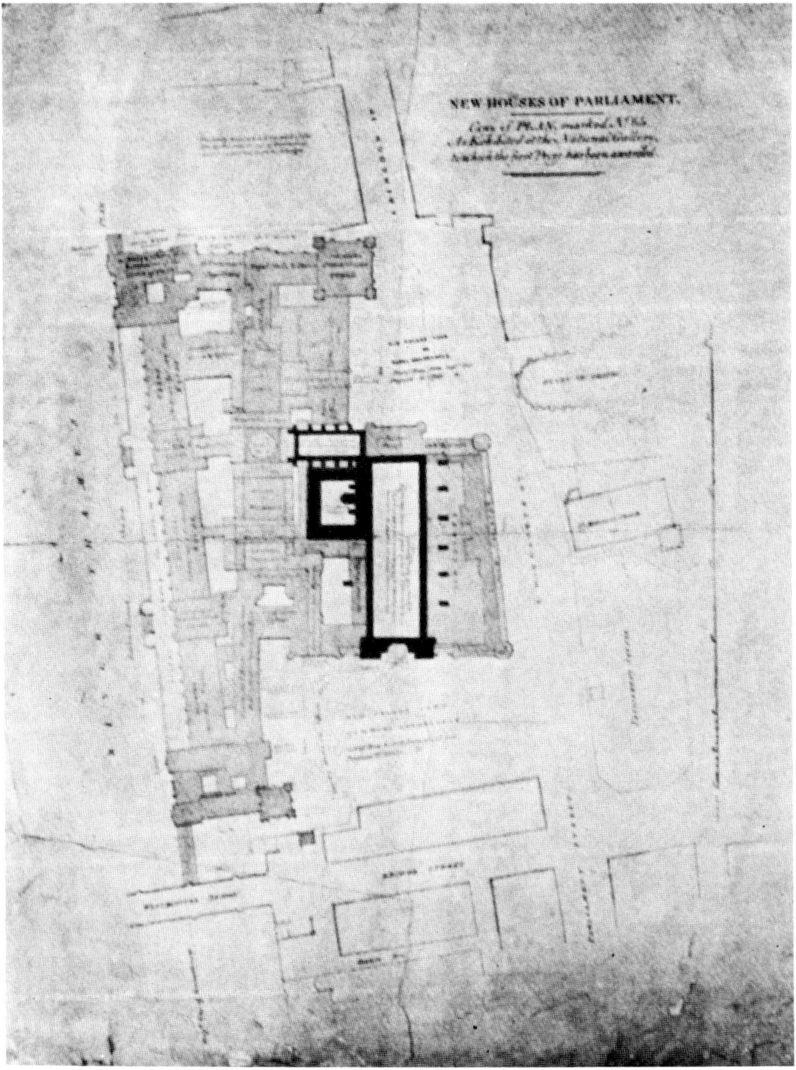

3 Grundriß des preisgekrönten Entwurfs, ausgestellt in der Nationalgalerie, von Charles Barry.

tes und seiner Nähe zu so ehrwürdigen Bauten wie *Westminster Abbey* gewesen zu sein. Assoziationen dieser Art mußten natürlich in Hanbury-Tracys Gemüt einen sympathischen Reflex auslösen, und höchstwahrscheinlich war er auch die treibende Kraft bei der Stilentscheidung gewesen. Nur vier gedruckte Dokumente sind aus dieser Phase der Ausschußarbeit erhalten geblieben, und es ist kaum anzunehmen, daß sie einen wesentlichen Einfluß auf den Gang der Beratungen hatten.

Das erste Dokument war ein von Robert Smirke gezeichneter Grundriß, der den Diskussionen im Ausschuß als Grundlage dienen sollte. Zur Zeit des Brandes war Smirke bestallter Architekt des *Board of Works,* ein überaus erfolgreicher, wenngleich etwas einseitiger Architekt, dessen Meisterwerke im neugriechischen Stil gehalten waren. Ein guter Architekt mußte jedoch alle Stile kennen, und Smirke bildete keine Ausnahme von dieser Regel. Er hatte zwei Herrenhäuser entworfen, *Eastnor* und *Lowther Castle,* die seine Kompetenz auf dem Gebiet des gotischen Stils belegten.

Smirke machte einen Entwurf und übergab ihn dem Ausschuß (Abb. 2). Er zeigt Türme und andere gotische Elemente, obgleich frühere Zeichnungen anzeigen, daß er mit dem Gedanken eines klassizistischen Gebäudes zumindest gespielt hatte. Das Programm für diesen Plan ist weitaus beschränkter als der, auf dessen Grundlage schließlich entschieden wurde, und Aufrisse, die in Stilfragen wirkungsvollste Art von Zeichnung, wurden nicht vorgelegt. Dieser Entwurf dürfte daher kaum einen bestimmenden Einfluß auf den Ausschuß ausgeübt haben.

Das zweite Dokument ist ein offener Brief, den Sir Edward Cust am 31. Januar 1835 an Sir Robert Peel geschrieben hatte und worin er einen eingegrenzten Wettbewerb verlangt. Jede Zeile des Briefes läßt Custs Vorliebe für die Gotik überdeutlich hervortreten.[15] Nach Peels Antwort an Cust zu urteilen, war dieser jedoch nicht sonderlich beeindruckt von dem Plädoyer.[16]

Das dritte Dokument ist ein Artikel im *Gentleman's Magazine* vom November 1834; er ist mit AJK gezeichnet und »gibt der Hoffnung Ausdruck, man möge bei der Wiederherstellung oder beim Neubau der Parlamentsgebäude ... dem gotischen Stil den Vorzug geben«. Dieser Artikel mag wohl in weiten Kreisen gelesen worden sein, doch das Publikationsdatum liegt zu früh, als daß er einen wirklichen Einfluß auf den Gang der Ausschußberatungen gehabt haben dürfte.

4 Südwestansicht, vom *Old Palace Yard* gesehen, von John C. Buckler (mit Erlaubnis des Ministry of Works).

Dasselbe gilt wohl für den bereits zitierten *Times*-Artikel, der am Tage nach dem Brand geschrieben wurde und in dem der Herausgeber einen Stil fordert, der mit dem ursprünglichen Gebäude harmoniert.

Zusammengenommen mögen diese Dokumente beim Ausschuß eine gewisse Wirkung gehabt haben, doch der Beschluß hinsichtlich des Baustils wurde höchstwahrscheinlich aufgrund eines Antrages von Hanbury-Tracy in den Bericht aufgenommen, und zwar mit einem Minimum an Diskussion. Dieser Tatbestand findet eine unabhängige Bestätigung in den Schwierigkeiten, in die derselbe Ausschuß kam, als er bestimmen sollte, was denn der Elisabethanische Baustil sei. Eine ausführliche Diskussion hätte zweifellos eine gewisse Abgrenzung und Klärung erbracht.

Die Geschichte des Wettbewerbs ist bekannt, doch eine kurze Zusammenfassung mag hier dienlich sein. Es wurde ein Ausschuß, der als Jury fungieren sollte, eingesetzt und eine Frist von sechs Monaten festgelegt. Siebenundneunzig Entwürfe wurden eingereicht, vier davon wurden prämiert. Den 1. Preis erhielt Charles Barry (Abb. 3), die übrigen Preise gingen an John C. Buckler (2. Preis; Abb. 4), W. David Hamilton (3. Preis; Abb. 5) und an William Railton (4. Preis; Abb. 6). Abgesehen von einer unbedeutenden Beschwerde wegen der verspäteten Ausgabe des Lageplans und einer entsprechenden Verschiebung des Eingabeschlusses nahm der Wettbewerb einen guten Verlauf und gab kaum zu Klagen Anlaß.

Als aber die Sieger bekanntgegeben wurden, gab es einen fürchterlichen Aufruhr bei den unterlegenen Kandidaten. Hohn und Spott ergossen sich über die preisgekrönten Entwürfe, und die Verlierer führten alle möglichen Gründe für eine neue Ausschreibung des Wettbewerbs an. Die literarisch Gesonnenen unter den Glücklosen schrieben Pamphlete, in denen sie Barrys Gebäude Zoll für Zoll auseinandernahmen und allenthalben irgendwelche Mängel entdeckten. Viele erhoben den Vorwurf des Plagiats, desgleichen die Anschuldigung allzu eifriger Willfährigkeit gegen die Jury. Ergebnis dieser Erregung war schließlich eine Ausstellung sämtlicher Entwürfe in der Nationalgalerie (Abb. 3), die in London große Aufmerksamkeit fand.

Diese Aktivitäten konnten auch im Parlament nicht ohne Auswirkungen bleiben, und so verlangte der neue Schatzkanzler, T. Spring Rice aus Cambridge, am 9. Februar 1836 die Wiedereinsetzung des Sonderausschusses. Das brachte sogleich Hume auf den Plan. In einer langen Rede setzte er sich für einen Standortwechsel ein, wobei er darauf hinwies, daß er sich schon im alten Ausschuß dafür

5 Schnitt, die neuen *Houses of Parliament,* von David Hamilton (mit Erlaubnis des Ministry of Works).

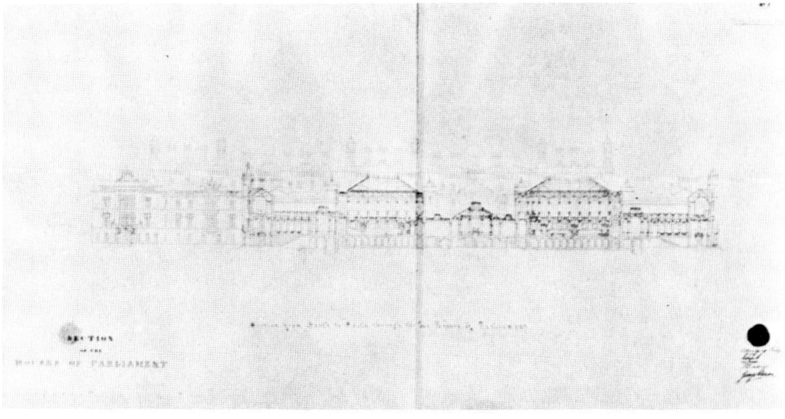

ausgesprochen habe, jedoch mit 14 zu 2 Stimmen unterlegen sei. Er erklärte weiter, er habe diese Frage schon im Juli, als der Bericht vorgelegt wurde, vor das Haus bringen wollen, habe zu dieser Zeit jedoch unglücklicherweise sein Mandat nicht wahrnehmen können.

Humes Kreuzzug für einen Standortwechsel ist interessant, aber *per se* noch kein Argument für eine rationale, funktionale Gestaltung. Entscheidend wäre natürlich erst die Begründung für eine solche Position, und in diesem Punkt scheinen die von Hume angeführten Gründe bedeutsam. Hansards Protokoll vermerkt über Humes Rede: »Die Lage sei ungünstig und mit vielen Unzuträglichkeiten behaftet... Angesichts eines Klimas, das nicht immer das

6 Ansicht, vom *Old Palace Yard* gesehen, von William Railton (mit Erlaubnis des Ministry of Works).

klarste sei, und einer oft düsteren und dunstigen Atmosphäre benötigten die Parlamentsgebäude eine freie und offene Fläche. In der Nachbarschaft jenes großen Gebäudes, Westminster Abbey, gehe die Hälfte des Tageslichtes verloren... Auch die Nähe von *Westminster Hall* beeinträchtige Licht- und Luftverhältnisse.«[17]

Diesen Gründen und anderen, die er bereits in früheren Reden vorgebracht hatte, fügte Hume nun eine neue Forderung hinzu – eine Forderung, die eine erstaunliche Vorstellungskraft in Fragen der soziologischen wie auch der materiellen Planung verrät und die noch bemerkenswerter erscheint, wenn man bedenkt, daß Hume ein hartnäckiger Verfechter von Sparmaßnahmen war. Das Protokoll fährt fort: »Man werde ihm [Hume] vielleicht vorwerfen, eine radikale Veränderung in diesem Punkte zu wünschen, weil er die *Courts of Law* von ihrem derzeitigen ungünstigen Standort verlegen wolle. [Die *Courts of Law* waren zu dieser Zeit ein Anhängsel des Regierungskomplexes in Westminster.] Er mache den Vorschlag, ein eigenes Gerichtsgebäude im Zentrum von Lincoln's-Inn-Fields in der Nähe der Anwaltskanzleien zu bauen. Dies wäre weit bequemer für das Publikum wie auch für die Anwälte... und brächte der Öffentlichkeit große Vorteile.«[18]

Schließlich stellte Hume, in offensichtlicher Anspielung auf die Traditionalisten, fest, er kenne nur zwei tragfähige Einwände gegen diesen Vorschlag. Der eine beruhe auf den Erinnerungen, die sich mit dem Ort verbanden, an dem das Parlament so lange residiert hatte. Er glaube jedoch, diese Erinnerungen müßten zu einem großen Teil vernichtet worden sein. Der zweite Einwand betreffe die mögliche Verlegung der Gerichtshöfe, gegen die vielleicht einige Bedenken bestünden.

Dreißig Jahre später, im Jahre 1866, sollte die Regierung sich für eine Verlegung der Gerichtshöfe in das Gebiet von Lincoln's Inn entscheiden. Zumindest für diese vorausschauende Einsicht in die Bedürfnisse Londons hätte Hume verspätete Anerkennung verdient. Doch unglücklicherweise war er mit der Schlacht, die er in dieser Frage schlug, seinen Zeitgenossen weit voraus und am Ende zur Niederlage verurteilt.

Aufgrund des Antrages von Kanzler Rice wurde der Ausschuß unverzüglich wiedereingesetzt und insbesondere beauftragt, die Entscheidungen des Auswahlausschusses zu überprüfen. Er befragte die vier Juroren, Charles Hanbury-Tracy, Sir Thomas Liddell, Sir Robert Cust und George Vivian. Barry und einige

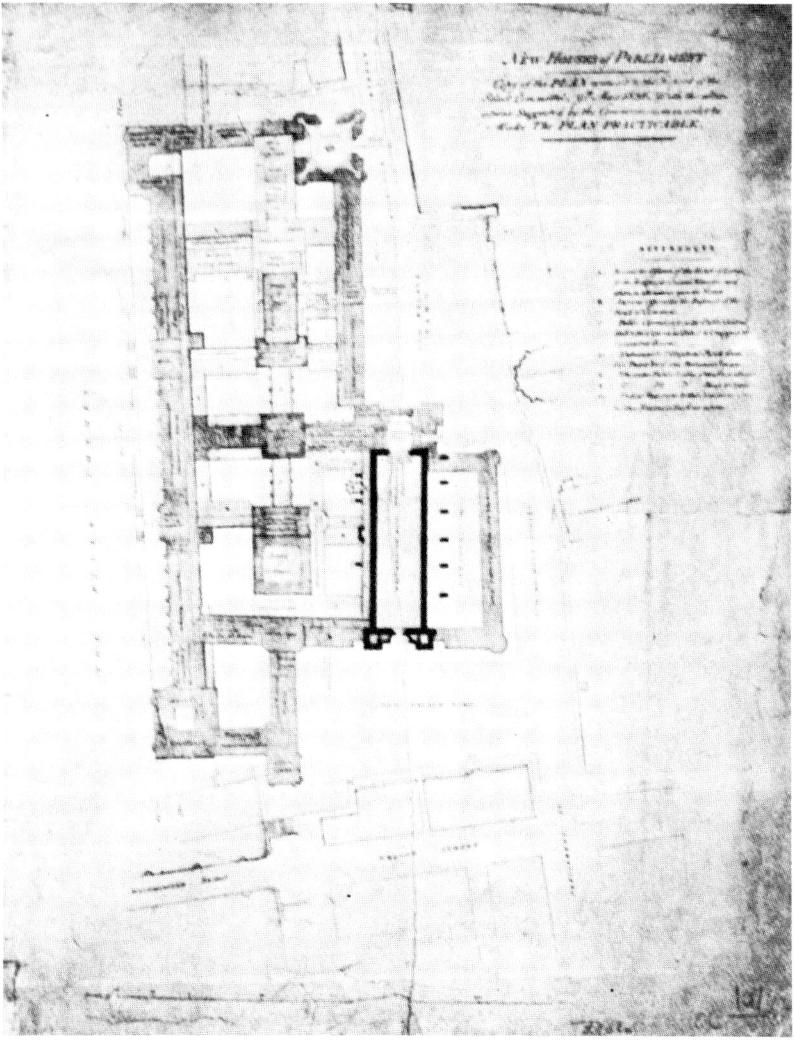

7 Grundriß der neuen *Houses of Parliament,* Anhang zum *Report of the Select Committee,* mit Änderungen, welche die Kommission vorschlug, um den Plan praktikabel zu machen.

Fachleute wurden gleichfalls angehört. Obwohl Sir John Hobhouse den Vorsitz führte, war Hume während der gesamten Verhandlungen der beharrlichste Examinator. Sein wacher Verstand deckte rasch ein paar Mängel auf, die den Wert des Barryschen Entwurfes zumindest in funktioneller Hinsicht minderten. Er fragt Barry:

F.: Der Plan sieht doch einen Turm von sehr großer Höhe vor?

A.: So ist es.

F.: Muß ein Turm von solcher Größe und Höhe nicht das Licht und die Luft für die angrenzenden Gebäudeteile beeinträchtigen?

A.: (Hanbury-Tracy) Mir ist keine ernsthafte Beeinträchtigung der Licht- und Luftverhältnisse bekannt, die von besagtem Turm ausginge. [Der Turm liegt in der Südwestecke des Komplexes und wirft gerade in den entscheidenden Nachmittagsstunden seinen Schatten auf das Gebäude. Andererseits hätte er die Luftströmung wohl kaum behindern können.] (Cust) In gotischen Bauwerken gilt der Turm ganz allgemein als Element von großer Schönheit.[19]

Natürlich hatte Joseph Hume dem Ausschuß von 1835 angehört und war daher auch mitverantwortlich für alle dessen Entscheidungen. Es liegt jedoch auf der Hand, daß er sich als Laie nicht der funktionellen Verästelungen bewußt war, die diese Stilentscheidung mit sich brachte. Doch Sir Edwards Erwiderung hinsichtlich der Notwendigkeit eines Turmes an allen gotischen Bauwerken lenkte Humes Aufmerksamkeit auf die Angemessenheit – oder Unangemessenheit – jedweder stilistischen Beschränkung. In der anschließenden Befragung tastete er sich in diese Richtung voran:

F.: Sie sprachen vom Stil und von der Schönheit der Gotik; haben die Juroren die Auswirkungen von Luft und Wetter auf alle Verzierungen dieser Art bedacht?[20]

Und später, immer noch während der Befragung der Jury-Mitglieder, trifft er eine vorsichtige, aber vielsagende Feststellung:

Als der Ausschuß den Architekten bestimmte Vorgaben machte und der Gotik sowie dem Elisabethanischen Stil den Vorzug gab, mag er einen Irrtum begangen haben…, und da ich der Meinung bin, daß Dauerhaftigkeit eines der Elemente ist, die bei der Entscheidung über diese Fragen [d.h. die Bauform] leitend sein sollten, zielte meine Frage darauf ab, ob man der gotischen Architektur, die nach meinem Dafürhalten in diesem Lande anfälliger ist als Elisabethanische [sic] oder einfachere Bauten, bei öffentlichen Gebäuden den Vorzug geben sollte.[21]

Wenngleich ein Jahr zu spät, hatte all dieses Fragen doch den Sinn, daß es Joseph Hume in die Fallstricke des Kopierens von Baustilen einweihte. Die Frage der Eignung hinsichtlich materieller Zwecksetzungen war, zumindest in seinen Augen, hoffnungslos ins Hintertreffen geraten gegenüber Erwägungen, die auf Gefühlswerte oder historische Assoziationen abzielten. Schließlich gab er am 21. Juli 1836 seinen Zweifeln im Unterhaus Ausdruck. Wenn er dabei einen neuen Ausschuß und eine Wiederholung des gesamten, eineinhalb Jahre währenden Vorganges forderte, so mag er wohl übertrieben haben, doch einige seiner Begründungen sind immer noch stichhaltig. Das offizielle Protokoll faßt seine Rede zusammen:

Er mißbilligte ... die Einschränkungen, die hinsichtlich des Baustils auferlegt wurden. Er hielt es für durchaus möglich, daß ein Architekt ein sehr schönes Bild zeichne, das die Augen erfreue, und dabei die wichtigeren Einzelheiten der Bequemlichkeit und der guten Belüftung außer acht lasse.[22]

Im ganzen Verlauf dieser lauten und heftigen Debatte trat Hume, der führende Sprecher der Utilitaristen im Parlament, für eine rationale, funktionale Architektur ein. Wenn seine Aktivitäten eine Spur Spießbürgerlichkeit zeigen, so immerhin eine wohldurchdachte, die auf den Grundsätzen der Benthamschen Lehre basierte. Der Fairneß halber muß erwähnt werden, daß Hume durchaus an ästhetischen Fragen interessiert war. Er war Mitglied der *Royal Society of Arts,* und obgleich die oben dargestellten parlamentarischen Aktivitäten dies kaum erkennen lassen, zeigte er ein gewisses Interesse am äußeren Erscheinungsbild der neuen Parlamentsgebäude. So versuchte er, die Kreuzgänge um *Saint Stephen's* herum wegen ihrer großen Schönheit zu erhalten, und wie die folgenden Fragen zeigen, befaßte er sich auch mit einigen ästhetischen Implikationen von Barrys großem Turm.

F.: [an Barry] Hielten Sie Ihren Entwurf auch ohne den großen Turm für vollständig?

F.: Wird nicht die Verlängerung, die Sie vorschlagen [15 m], den Turm so weit in Richtung Abbington Street verschieben, daß die erwartete Wirkung für die Ansicht des Gebäudes von der Brücke her weitgehend entfällt?

F.: Wird er [der Turm] durch seine große Höhe das Gebäude insgesamt nicht etwas unscheinbar erscheinen lassen?[23]

Hume war kein Weiser, noch gründete seine Position auf umfangreichen Kenntnissen im Bereich der Architektur. Er war in erster Linie ein Politiker, der die philosophischen Gebote des Utilitarismus auf die vielen verschiedenen praktischen Fragen anwendete, mit denen ein Parlament sich zu befassen hat. Die Gruppe, für die er sprach und die sich um den bereits alternden Bentham scharte, besaß eine lange, ehrwürdige Geschichte rationalen Denkens. Die Benthamsche Doktrin ist in der Art, wie sie Vernunft und Logik auf alle Lebensbereiche anwendet, allzu mechanisch und unmenschlich, und seine lange, detaillierte *Tafel der Beweggründe* zeigt zur Genüge, wie besessen er von der mechanischen Zergliederung der menschlichen Tätigkeiten war. Doch trotz dieser Auswüchse verstand Bentham sich selbst als den englischen Erben des Rationalismus der Französischen Revolution und die Utilitaristen als das Werkzeug, durch das eine neue industrielle Demokratie geschaffen würde.

Zur Verbreitung seiner Lehre hatte Bentham eine Monatszeitschrift gegründet, *The Westminster Review.* Obwohl Colonel Perronet Thompson 1832 die Herausgabe übernommen hatte, propagierte sie weiterhin utilitaristische Gedanken. Zwei Artikel, der eine 1834 über ein neues *House of Commons,* der andere 1835 nach dem Brand geschrieben, bringen die utilitaristische Position weit deutlicher zum Ausdruck, als Joseph Hume es vermochte.

Der Artikel aus dem Jahre 1834 trug die Überschrift: »Parlamente unserer Vorfahren«. Er stellt einen Versuch dar, Humes Bemühungen um ein neues Unterhaus-Gebäude historisch zu begründen. Sein Autor, Henry Cole, galt als prominenter Vertreter der jüngeren Generation von Utilitaristen und nahm eine gewichtige Stellung in der hochviktorianischen Welt der Kunst und des Handwerks ein. Der Schlußabsatz ist eine ätzende Zusammenfassung seiner Position:

> Warum... werden Bruchstücke von Verfassungspräzedenzien übernommen? Wenn man unablässig aufs Scheinheiligste und Maßloseste der Weisheit der Ahnen Achtung zollt – auf welchem Grundsatz beruht denn diese Weisheit? Warum anders, denn weil man es nicht bequem findet, ein unbequemes Haus zu haben? Warum sollte man erwarten, daß eine Forderung nach Bequemlichkeit, die mindestens so alt ist wie James I., eitel und geschmacklos gescholten werden sollte?[24]

Von einer Zeitschrift mit dem intellektuellen Format der *Westminster Review* durfte man einen beißenden und zugespitzten Artikel zum großen Brand vom Oktober 1834 erwarten. Ein nicht unterzeichneter Aufsatz in der Januarausgabe des Jahres 1835, wahrscheinlich von Thompson verfaßt, legte den utilitaristischen Standpunkt knapp und bündig dar. Er beginnt mit einer ätzenden

Feststellung: »Ein plötzlicher Unglücksfall hat den schmerzenden Zahn gezogen.« Der Brand war ein »glückliches Unheil«, und nun sollten wir neu beginnen. Das neue Gebäude müsse eine »mächtige Maschine [ein interessantes Bild] von allerfeinster Kraft« werden, »die für die kraftvollsten und für die zierlichsten Operationen ausgelegt ist, ganz wie die verschiedenen Anlässe es erfordern – eine wunderbare Kraft, die wohl aus einer Vielzahl von Teilen mit tausend unterschiedlichen Aufgaben zusammengesetzt ist und dennoch all diese Teile zu einer großen allgemeinen Wirkung kombiniert«. Und zusammenfassend: »Der Bau eines neuen *House of Commons* [die Utilitaristen erkannten die Rechte der Lords niemals an] ist keine Frage von vier Wänden, die man hier oder dort von diesem oder jenem Architekten in diesem oder jenem Stil errichten läßt; es geht vielmehr um die Frage, welche Maschinerie die gesetzgebenden Funktionen am besten erfüllen wird.« Der Artikel schließt mit einer Reihe von Überlegungen hinsichtlich der »äußeren Lage und Umstände« wie auch der »inneren Eigenart und Anordnung«, die den materiellen Charakter der ins Auge gefaßten Funktionen betonen sollen.

Die theoretische Bedeutung dieser Darlegungen läßt sich besser ermessen, wenn man einen Blick auf einige Reaktionen in anderen für ein Laienpublikum bestimmten Zeitschriften und Pamphleten wirft. In *Blackwood's Magazine* erschien ein Artikel mit dem Titel »Die britische Schule der Architektur«, der den Standpunkt der Tories in der Frage der neuen Parlamentsgebäude vertritt:

Es ist an der Zeit, eine wahrhaft königliche Haltung zum Gegenstand einzunehmen. Errichtet einen Bau von solcher Festigkeit, daß er dem Ansturm der Elemente, dem Niedergang der Zeiten und der Dummheit des Volkes gleichermaßen zu trotzen vermag![25]

Es folgt ein Angriff auf die erstarkende Bourgeoisie und ihre Institutionen. Nach Würdigung des Beitrags jener Projekte »die dem Zwecke anerkannter Nützlichkeit dienen«, heißt es:

Doch gerade die Würde und Größe dieser nützlichen Bauten läßt uns vom Geist der Zeit in diesem besonderen Falle das Schlimmste befürchten... Wir sind zu einer Rasse bloßer Utilitaristen geworden. Nichts wird in einer Weise angegangen, die der Zeit oder der Nachwelt würdig wäre, es sei denn, es verspricht eine gute Dividende... Die Ungeduld des demokratischen, der Eigennutz des merkantilen Geistes, sie haben nicht nur von den nationalen Ratsversammlungen Besitz ergriffen, sondern auch vom Geschmack der Öffentlichkeit.[26]

In einem Artikel mit dem Titel »Die gegenwärtige Schule der Architektur in Deutschland« vertrat das *Foreign Quarterly* eine Form von künstlerischem Mystizismus, dessen Vermächtnis die viktorianische Architektur viele Jahre lang beherrschen sollte. Der Artikel ging von Überlegungen zu den formalen Anforderungen an Architektur aus und stellte fest:

Ein Bauwerk, in dem Genie zum Ausdruck kommt, wird in derselben Weise geschaffen wie ein Gedicht: Die Erfindung oder Grundidee des Gegenstandes muß am Anfang stehen, und zu diesem Werk der Einbildungskraft tritt dann die technische Fertigkeit hinzu, um sie auszuarbeiten, um im Bau praktisch werden zu lassen, was ursprünglich die bloße Vorstellung von Schönem war. Dies ist der einzig wahre Vorgang: Wenn wir den entgegengesetzten Weg gehen, mögen wir wohl einen Bau schaffen, der seinem Zwecke in jeder Hinsicht angemessen ist, jedoch wird er niemals jenen geheimnisvollen Reiz besitzen, den nur Genie zu schaffen vermag.[27]

Dies also waren die Strömungen, denen die *Westminster Review* sich entgegenstellte. Heute können wir ihre Position als heilsam und vernünftig erkennen, doch zur Zeit der Utilitaristen war sie zumindest in dieser Hinsicht verfrüht.

1837 erschien ein Pamphlet von einem gewissen Archilochus, der darin die Rolle der Utilitaristen in der Debatte um die Parlamentsgebäude auf amüsante, aber treffende Weise zusammenfaßt. Der Artikel ist von ausgreifender Breite, wenngleich nicht immer auch von intellektueller Schärfe. Als Zusammenfassung jedoch verdient er, ausführlich zitiert zu werden.

Dieselben Personen [d.h. die Utilitaristen], die zu denken wagten, der *common sense* solle die rechte Gestalt der neuen protestantischen Kirchen bestimmen, erdreisteten sich auch, anzunehmen, daß nun, da es ein reformiertes Parlament gibt – da es viel Gas- und sonstiges Licht gibt –, da es so viel wohlfeiles Wissen gibt…, daß nun eher Erwägungen des Nutzens als der Schönheit, *eher Grundrisse und Querschnitte als Aufrisse* [Hervorhebung von mir, G. H. W.] die Geister derer beschäftigt hätten, die mit der Aufgabe betraut worden waren, die Grundlagen niederzulegen, auf denen die neuen Parlamentsgebäude errichtet werden sollen.[28]

Und über den Streit um den Standort heißt es:

Befrage stets den *genius loci*! Dies Rezept bestimmte die ganze Frage. So wurde denn ein Ort, der einen Genius besaß, unabdingbar, und bald entschied man, daß kein Ort mehr Genius besitze als der, an dem die beiden Häuser sich zur Zeit befinden. Doch während der kurzen Betrachtung dieses

Erstlings, warf der rührige Geist des Radikalismus seine Blasen: Such einen besseren Ort! – Riech an deinem Hasenbraten, bevor du ihn zubereitest! – Sieh dir das Gelände von *St. James Palace* an, und den Garten von *Buckingham Palace*. Mische beides, und du erhältst einen geeigneten Standort. Mach einen Spaziergang zur Besserungsanstalt, und sieh alle Unterlagen über den Bau dieses Gebäudes durch, und frage vor allem nach den Folgen der Wahl dieses Standortes, der dem der gegenwärtigen Parlamentsgebäude ähnelt... Bevor du deinen Geschmack zum Zuge kommen läßt, überlege, welche Form der Sitzungssaal der Lords und welche der Saal der Gemeinen haben soll; und wo das Licht einfallen soll: von oben oder von den Seiten. Wo soll die Luft herkommen? Und wie soll sie hereingelangen? Aus engen Innenhöfen mit stehender Luft oder von einer freien Fläche; von oben, von unten oder von den Seiten? Kläre diese Fragen! Berücksichtige den Punkt, auf den alle Stimmen sich richten werden, wenn du die Form des Raumes festlegst, und berücksichtige ihn im Hinblick auf die Sprechrichtung und die Hörbedingungen. Diese Dinge sollten nicht vom *genius loci* abhängen und auch nicht von Aufrissen und deren Präsentation. *Die beiden Räume im rechten Verhältnis zueinander und unter Berücksichtigung ihrer Zweckbestimmung nach Länge, Breite und Höhe zu entwerfen; ihre Form mit Hilfe von Grundrissen und Querschnitten festzulegen, die ihren direkten Zugang und Ausgang für die späteren Benutzer sowie für Licht und Luft aufzeigen, und dies ganz unabhängig von allen Fragen des Geschmacks, ist eine Arbeit, die viel Nachdenken erfordert und der alles andere untergeordnet werden sollte.* [Hervorhebung von mir, G. H. W.][29]

Anmerkungen

Dieser Aufsatz wurde posthum veröffentlicht. Der Autor war *Graduate* der School of Architecture (1957), Columbia University, und Gewinner einer William Kinne Fellows Travelling Fellowship, zu deren Ergebnissen dieser Aufsatz zählt. Seine Familie hat in seinem Namen eine »Memorial fellowship for graduate study in the history of architecture« an der School of Architecture eingerichtet.

1 Die einzige Ausnahme ist Edward DeZurkos *Origins of Fundamentalist Theory*. Nach seiner Ansicht reichen die Wurzeln bis hin zu Sokrates; insbesondere bestreitet er den Einfluß der Industriellen Revolution auf diese Entwicklung.
2 Great Britain, *Report of the Select Committee on the House of Commons Building*, Parliamentary Papers V, 16. Oktober 1831.
3 Hansard, *Parliamentary Debates* XVI, 1833, S. 373.
4 Ebd., S. 377.
5 Great Britain, *Report of the Select Committee...*, Parliamentary Papers XII, 13. Mai 1833, S. 12.
6 Ebd., Titelseite.

7 *The Times* (London), 17. Oktober 1834.
8 *The Times* (London), 18. Oktober 1834.
9 Ebd.
10 *The Times* (London), 17. Oktober 1834, Leitartikel.
11 Hansard, *Parliamentary Debates* XXVI, 1835, S. 470. »... und es wird mein Wunsch sein, alle Pläne zu Ihrer bleibenden Unterbringung zu billigen, die Sie nach Ihren Erwägungen für geeignet und angemessen halten werden.«
12 Ebd., S. 470.
13 Great Britain, *Report of the Select Committee on Rebuilding the Houses of Parliament,* Parliamentary Papers XVIII, 1835, Titelseite.
14 Hansard, *Parliamentary Debates* XXXI, 1836, S. 235.
15 Brief an Sir Robert Peel, R. I. B. A., unter: Pamphlets on Houses of Parliament. »Der imaginäre Reisende würde zweifellos schließen ..., das Handwerkszeug eines britischen Architekten bestehe aus ein paar Säulen der fünf verschiedenen Ordnungen... In Ermangelung eines vielseitigen Verstandes sucht man sich Verdienste... aufgrund unangefochtener griechischer Autorität zu erwerben.«.

»Alle Sorge bei dieser Gelegenheit [dem Brand] galt der Sicherheit von *Westminster Hall* und *Abbey.* Und dennoch sind beide das Werk einer als barbarisch angesehenen Zeit.«

16 In Erwiderung der Custschen Forderung nach einem eingegrenzten Wettbewerb stellt er fest, es gebe eine Überlegung, »die bei Bauprojekten häufig außer acht gelassen wird, nämlich die, wer das neue Gebäude bezahlt... Ich denke, Sie werden meine Ansicht teilen, daß das Haus viel stärker Anteil an den Beratungen über Größe und Grundriß... nehmen sollte, als Sie dem zubilligen wollen.« 8. Februar 1835, British Museum MSS 40413f134.
17 Hansard, *Parliamentary Debates* XXXI, 1836, S. 236.
18 Ebd.
19 Great Britain, *Report of the Select Committee on Rebuilding the Houses of Parliaments,* Parliamentary Papers XXI, S. 3.
20 Ebd., S. 4.
21 Ebd., S. 5.
22 Hansard, *Parliamentary Debates* XXV, S. 398.
23 Great Britain, *Report of the Select Committee on Rebuilding the Houses of Parliament,* Parliamentary Papers XXI, S. 22.
24 *Westminster Review* XXI, Oktober 1834, S. 334.
25 *Blackwood's Magazine,* August 1836, S. 235.
26 Ebd.
27 *Foreign Quarterly,* 1834, S. 96.
28 R. I. B. A., unter: Pamphlets on Houses of Parliament, »What Style, Royal or Baronial?«, London 1837, S. 15.
29 Ebd., S. 19f.

Tilmann Buddensieg

Die Kaiserlich Deutsche Botschaft in Petersburg von Peter Behrens*

Der freundliche Angestellte des staatlichen russischen Reisebüros Intourist in Leningrad überließ dem fremden Besucher sein Arbeitszimmer, den ehemaligen Preußensaal der einstigen Kaiserlich Deutschen Botschaft, zu einer offiziell genehmigten Besichtigung[1] und zeigte auf kleine Nylon-Vorhänge an zwei Wänden: da hingen sie noch, die vergoldeten Gipsreliefs der großen Preußenherrscher, vom Großen Kurfürsten, dem Soldaten- und Philosophenkönig bis zum Heldenkaiser. Trotz zweier Weltkriege, trotz der Verwüstung der Botschaft im August 1914, trotz Revolution, Enteignung und vielen neuen Zweckbestimmungen war nur der Goldglanz etwas verblaßt. Eigentlich fehlten nur die Möbel. Die alten Türen aus Makasser-Ebenholz, Mahagoni und Olivenesche, weißlackiert oder schwarz gebeizt, schließen mit ihren alten Türgriffen fast noch so perfekt wie am ersten Tag; das Parkett knarrt wie jedes gute Parkett; die reiche Wand- und Deckengliederung ist durchweg bis in die ursprüngliche Farbgebung erhalten, offensichtlich gepflegt und sachgerecht erneuert, wie die zahlreichen originalen Lampen.

Obwohl die neuen Büromöbel der geschäftigen Intourist-Behörde auf dem glatten Parkett buchstäblich herumzurutschen scheinen und der ehemalige große Speisesaal von der englischsprachigen Abteilung zu einem Großraumbüro wider Willen verwandelt wird, obwohl die riesigen Schiebetüren absurd wirken, so ist hier doch kein Versuch gemacht worden, durch Zwischenwände, Mauerdurchbrüche und Renovierungen das Höhenmaß eines

* Tilmann Buddensieg, ›Die Kaiserlich Deutsche Botschaft in Petersburg von Peter Behrens‹. In: *Frankfurter Allgemeine Zeitung*, 3.11.1979 (in gekürzter Form), und in: *neue heimat* 12/1979.

fremdstaatlichen Repräsentationsbaues den alltäglichen Arbeitsbedürfnissen einer Behörde anzupassen. Wenn Geldmangel der Grund sein sollte, um so besser. Gewiß sehen die Gummibäume und Topfpflanzen genauso mißmutig und gefräßig aus, wie in jedem anderen, wenn nicht zeitgenössischen Büro; die bunten Ferienpostkarten, Kalenderblätter und Sinnsprüche wollen an den honigfarbenen Ahornsäulen und den weißen Stuckpilastern nicht recht haften. Auch wenn das unverlorene Pathos von Peter Behrens, »normale« Existenzen und deren Arbeit zu überhöhen, im Intourist-Büro kein Subjekt mehr findet und gerade im Kontrast mit der Wirklichkeit gewissermaßen sichtbar verpufft, so wage ich auch ohne empirische Untersuchung zu behaupten, daß seine Angestellten lieber in der leicht angerosteten Staatsfregatte am Isaakplatz arbeiten, als täglich mit der durchrationalisierten Identität ihrer vorprogrammierten

1 Die Deutsche Botschaft in Petersburg unmittelbar nach der Fertigstellung der Fassade (Aufnahme des Photographen und Architekten E. F. Feofanow aus dem Nachlaß von Behrens).

»Bedürfnisse« konfrontiert zu werden. Man kann sich nur angstvoll ausmalen, wie vollständig im Nierenstil die Botschaft in den fünfziger Jahren verändert worden wäre, befände sie sich noch in deutschem Besitz. Sie gehört damit zu der langen Liste von Zeugnissen deutscher Kunst und Kultur, die deshalb wohlerhalten sind, weil sie nicht mehr in deutscher Hand sind. Die Botschaft steht dabei keineswegs unter Denkmalschutz, wie 16000 Gebäude vor 1890, sowenig wie Mendelsohns vollständig erhaltene Textilfabrik von 1925[2] oder wie die Leningrader Architektur der zwanziger Jahre, kein Werk also, das »westliche« Architekturhistoriker der Avantgarde zurechnen würden. Offizielle Stellen sagen auf entsprechende Fragen: »Warten Sie noch ein bißchen.« Die Bevölkerung Leningrads, für den Autor nur vertreten durch die kluge Dolmetscherin Ludmilla, erwidert nach einem zweistündigen Hymnus auf die Strumpffabrik von Mendelsohn nur trocken: »Für mich ist Mendelsohn immer noch ein Komponist.«

So befriedet also dieses sehr deutsche Bauwerk heute auch erscheinen mag, so lebhaft und kontrovers ist und bleibt die internationale Diskussion über dieses umstrittenste Werk von Peter Behrens. Trifft auf seine Botschaft Ernst Cassirers Bemerkung zu, das Geschaffene könne sich als der Feind seines Schöpfers erweisen?[3] Denn ein so gutgemeinter wie irregeleiteter Versuch deutscher Vergangenheitsbewältigung wollte Behrens an das Werk des von ihm als Nichtskönner verachteten Troost ketten und deformierte seine Botschaft zum Eingangstor in die Architektur des Nationalsozialismus. Die Botschaft müsse »formal und inhaltlich als Vorstufe für die NS-Architektur angesehen werden«[4], frei nach dem Rezept von Lukács, auch das Werk von Behrens als »gedanklichen Widerschein der realen Entwicklung Deutschlands zu Hitler«[5] zu richten und abzuschreiben. Speer-Exegeten zwingen sie in einen Stammbaum geschichtlicher Rechtfertigung.[6]

An einer solchen architekturgeschichtlichen Schleifung der Botschaft hat sich die internationale Architekturkritik nicht beteiligt: Peter Blake spricht 1960 von den vollendeten Proportionen, der Vornehmheit des Baues.[7] Der amerikanische Architekt Philip Johnson berichtet von seinem Lehrer Mies van de Rohe, er sei als der damalige Projektleiter im Atelier von Behrens »very proud of that building« gewesen, Mies habe es als sein »Gesellenstück« bezeichnet.[8] Aldo Rossi, einer der führenden italienischen Architekten

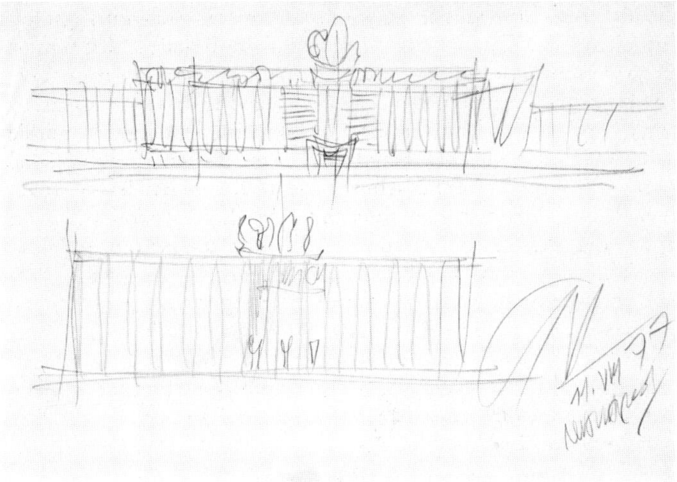

2 J. N. Lukin, Zeichnung der Botschaft von Behrens (unten) und ihrer korrigierten Leningrader Version. 11. 8. 1977.

unserer Zeit, hält die Petersburger Botschaft für eines der großen Bauwerke des 20. Jahrhunderts, vorbildlich noch für die heutige Architektur.

Professor J. N. Lukin, der Direktor der Leningrader Hochschule für Architektur und Kunstgewerbe im ehemaligen Stieglitz-Museum, griff wie elektrisiert ein Blatt Papier, als ich ihm von meinem Interesse an dem Bau berichten konnte. Ohne zu zählen, zeichnete er mit schnellen Strichen seine 15 Joche, voll des Lobes für seine Perfektion und Originalität (Abb. 2). Lukin weiß auch von der Mitarbeit Mies van der Rohes, »einer der zehn Riesen der Architektur des 20. Jahrhunderts«. In einer zweiten Zeichnung aber erläuterte er dann die »Fehler« des Baues: kein Stockwerkbau, kein Sockel für die Halbsäulen, kein Mittelrisalit mit großem Portal und Freitreppe, keine Seitenflügel, keine Attika, kurz, keine Rücksichtnahme auf die barocke Wurzel der Leningrader Palastarchitektur. Lukin zeichnet mit seiner Behrens-Kritik sehr genau den Sowjetpalast in Leningrad von 1936–41 (Abb. 3).

Lukin hat als junger Mann im Atelier des führenden Leningrader Architekten der Stalin-Ära, J. A. Fomin und dessen Schüler

3 Leningrad, Sowjetpalast von Trotzki 1936–41 (nach *30 Jahre Sowjetische Architektur,* Leipzig 1950, Abb. 196).

Trotzki[9], mitgearbeitet und bestätigte den mächtigen Einfluß, den die deutsche Botschaft auf die Architektur der dreißiger Jahre in Leningrad und Moskau ausübte (»Wir sprachen wie von Renaissance von Behrenssance«). Das Technikum von Golperin, 1936/37, Fomins Wohnhäuser am Newa-Ufer von 1938/40, ein unfertiges Warenhaus am Finnländischen Bahnhof, von Rubanschik und Meerson, Ende der dreißiger Jahre, der Leningrader Sowjetpalast von Trotzki seit 1936 (Abb. 3), ein Büro in der Baskow-Gasse Nr. 16 von 1937 (Abb. 4), ja noch ein Bus-Depot an der Naljitschnaja-Straße aus den sechziger Jahren[10] (Abb. 5) – diese und andere Bauten greifen die Botschaft mit den von Lukin genau genannten Rückverbesserungen im Sinne der Leningrader klassizistischen Tradition auf.

Demgegenüber ist die Wirkung des Baues auf die Architektur des Nationalsozialismus nur sehr begrenzt, trotz einer Sympathie-Erklärung Hitlers. Die Architekten Speers hätten den Bau nur mit ähnlich einschneidenden Änderungen gebrauchen können, ohne sich angesichts des spröden Schinkel mit gleicher Sicherheit auf eine lokale Tradition berufen zu können, wie die russischen Architekten: keine Freitreppe, kein wuchtiger Sockel, kein übergroßes Portal, keine Isolation und Zentrierung der NS-Baublöcke. Die Botschaft ist ein durchaus kleines, keine 50 m langes, keine 18 m hohes, asymmetrisches Gebäude. Selbstbewußt und eigenartig fügt es sich dem riesigen Platz und den durchweg größeren und höheren Nachbarn ein (Abb. 6), in perfekter Rücksicht auf Platzbegrenzung, Straßenraum und auf die Granitsäulen der Isaakskathedrale (Abb. 7).

Kein Gebäude des 20. Jahrhunderts hat eine vergleichbare internationale und nationale Faszination in Sympathie und Abscheu ausgeübt, über die extremsten politischen und künstlerischen Standpunkte hinweg. Der einflußreiche russische Kunstkritiker Alexander Benoit schildert im Februar 1913 die Wirkung auf die Petersburger Bevölkerung: »Über das neue Haus der deutschen Botschaft spricht die ganze Stadt. Die einen sind empört, die andern entzückt. Selbst Leute, die sonst der Baukunst gegenüber ganz gleichgültig sind, Greise und Kinder, Männer und Frauen, Vertreter aller möglichen Berufe sind verblüfft und fragen einander unruhig: Wie soll man sich dazu stellen? Allerlei kleine Leute, selbst Droschkenkutscher halten an und machen sehr wenig schmeichelhafte Witze.«[11] (Vgl. auch Abb. 8.)

4 Leningrad, Verwaltungsgebäude in der Baskow-Gasse Nr. 16. 1937 (Photo: Buddensieg).

5 Leningrad, Bus-Depot in der Nalituknaja-Straße, sechziger Jahre (Photo: Buddensieg).

Der Vorwurf der russischen Kunstkritik beruhte, sofern sie nicht nur plumpen Nationalismus unterstellte, auf der Anklage, so Benoit, »den Futuristen, Akmeisten und allen anderen ›isten‹ die Hand gereicht« zu haben. Sergej Glagol fühlte sich »zum Verzweifeln an kubistische Malerei« erinnert, zu einem Zeitpunkt, als die russische Avantgarde genau jene westlichen Anregungen aufzuarbeiten begann.

Die deutsche Kunstkritik ist dagegen des Lobes voll. Für sozialdemokratische und liberale Fachkenner wie Max Osborn und Karl Scheffler[12] ist die Botschaft der erste »offizielle« Triumph der modernen, im Deutschen Werkbund und in der Berliner Sezession versammelten oppositionellen Kräfte der deutschen Kunst über Hofstil und Akademie. Alfons Paquet nennt sie in der Frankfurter Zeitung »bis in die nebensächlichsten Einzelheiten modern und mustergültig«.[13] In Hardens »Zukunft« wird sie eine »feinfühlige programmatische Kundgebung deutscher Kunst« genannt, »ohne absichtlich zur Schau getragenen Patriotismus«.[14] National-Konservativen wie Möller van den Bruck und Wilhelm Schäfer[15] erscheint die Botschaft als neuer preußischer Stil eines deutschen Reiches der Zukunft, für Kosmopoliten wie Theodor Däubler[16] vollzieht sich hier endlich »der Anschluß an große Überlieferung«, an die Baukunst seit Bramante.

6 Leningrad, Isaak-Platz, links im Hintergrund die Deutsche Botschaft (Bildarchiv Foto Marburg).

Welches Gebäude ist gleichzeitig schärfer als provozierender Ausdruck Wilhelminischer »Großmannssucht« (Wilhelm von Bode) kritisiert worden[17], dem man einen »schädigenden Einfluß« auf das deutsche Ansehen zuschrieb? Dem Nationalliberalen Prinzen zu Schönaich-Carolath ist die Botschaft jedoch nicht prunkvoll und würdig genug, sondern eher einem »Warenhaus an der Leipziger Straße«, also Messels Wertheim, ähnlich und »außerordentlich

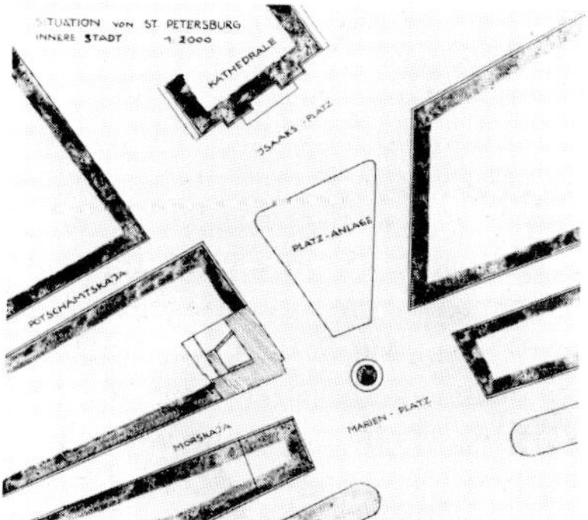

7 Leningrad, Isaak-Platz. Die Deutsche Botschaft an der Ecke Morskaja.

geschmacklos«. Darum widerspreche es »der Würde der deutschen Nation« und erntet im Reichstag »Heiterkeit« links und rechts.[18]

Auch Mitglieder des diplomatischen Korps urteilen negativ. Der Botschafter und große Kunstsammler Graf Friedrich von Pourtalès unterzog seinen Amtssitz »mehrfach einer verurteilenden Kritik«.[19] Für den damaligen Botschaftsrat und späteren Botschafter in Washington, Freiherrn von Prittwitz und Saffron, war der »in jeder Beziehung mißglückte Neubau« »nicht ganz ohne Schuld« an seiner Zerstörung.[20] Doch schlimmer noch: Anläßlich der Krönungsfeierlichkeiten in Berlin im Mai 1912 bringt der Zar Nikolaus II. »sein Mißfallen deutlich zum Ausdruck«[21], und endlich ergießt sich Weihnachten 1913 in einer Randbemerkung zum Vorschlag der Ordensverleihung der kaiserliche Zorn höchstselber über Behrens: »Wie heißt der Esel, der sich dieses Ungeheuer ausgedacht hat?« (Abb. 9) An anderer Stelle nennt er es ein »Bauscheusal«, »scheußlich im Jugendstyl errichtet«.[22] Die Leningrader Bevölkerung zieht auf ihre Weise die Schlußfolgerung aus solchem Urteil. »Mob« stürmt am 4. August 1914 den umstrittenen Bau, keine zwei Jahre nach seiner Vollendung und stürzt die Pferdegruppe vom Dach, gemäß dem klassischen Ritual zerstörerischen Handelns gegen verhaßte Symbole.

Die Emotionalität, Widersprüchlichkeit und Handgreiflichkeit dieser Wirkungsgeschichte einer verweigerten Rezeption macht eines deutlich: Es handelt sich hier nicht um eine Sammlung von mehr oder weniger divergierenden Meinungen zu künstlerischen Geschmacksfragen, sondern um den tieferliegenden Konflikt gestörter oder fehlender Übereinkunft in Grundfragen nationaler Identität als Ausdruck unvereinbarer Gegensätze. Der Freiraum ästhetischer Urteile wird hier voll genutzt, weil die beanspruchte Freiheit scheinbar privaten Geschmacks die Fesseln außerästhetischer Interessenbindung zu verdecken vermag. Man könnte jeder dieser Ansichten über die Botschaft einen genauen Platz im Halbrund des deutschen Reichstages zuweisen. Das verlangte langwierigere Beweisführungen, als sie hier geboten werden können.

Die Beauftragung des umstrittenen Außenseiters Behrens mit dem Bau der Botschaft ist ein erstaunliches Lehrstück für den Mut eines Ministeriums, die Routine, das Etablierte und Konventionelle zu verhindern und sich mit der künstlerischen Avantgarde um den Deutschen Werkbund und die Berliner Sezession, also mit der künstlerischen Opposition gegen den obersten Dienstherrn, zu

8 Russische Karikatur der Deutschen Botschaft. Beischrift: Grimasse der Stadt, das neue Gebäude der Deutschen Botschaft in Petersburg (Politisches Archiv des Auswärtigen Amtes, Bonn).

verbünden. Das zeugte von einem Mut zum Risiko, zum geistigen Abenteuer und zur Zeitgenossenschaft, der im staatlichen Bereich auf solchem Niveau nur mit dem deutschen Pavillon in Barcelona, 1929, von Mies van der Rohe, wiederholt wurde. Die Avantgarde gehört nicht in eine staatliche Institution (Leserbrief Wickert, FAZ, 25. 10. 1979), eine Fettecke von Beuys im Bundeskanzleramt, ein Denkloch von Walter de Maria in der Bayerischen Staatsvertretung wird es nicht geben und von Christo eingepackt wird schon gar nicht (Staatsminister Schmidthuber).

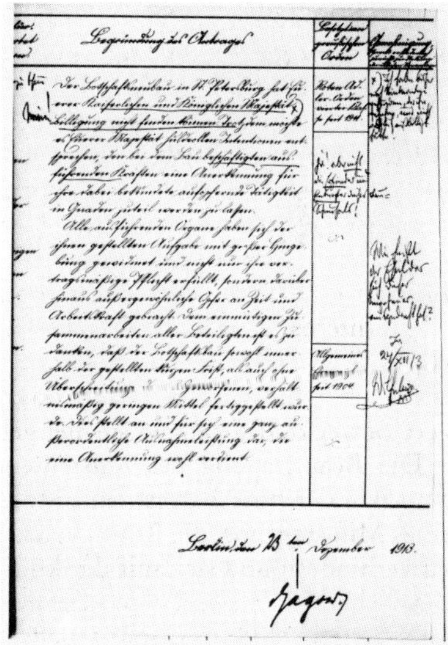

9 Antrag auf Ordensverleihung vom 23. 12. 1913 mit Randbemerkungen Wilhelm II. (Politisches Archiv des Auswärtigen Amtes, Bonn).

Die Initiative ging von dem jungen damaligen Legationsrat, dem späten Ministerialdirektor im Auswärtigen Amt, Edmund Schüler (1873–1952), aus. Vom Großvater her, einem Schinkel-Schüler, an Architektur interessiert, war er ein Bewunderer der Behrens-Bauten für die AEG, dazu humanistisch gebildet, musikalisch begabt und Duettpartner des Botschafters Marschall von Bieberstein in Istanbul.[23] Seit Konsulartagen in Smyrna war Schüler mit dem Pergamon-Ausgräber Theodor Wiegand befreundet, der sich seit 1910, exakt gleichzeitig mit der Botschaft, von Behrens seine opulente Dahlemer Villa, heute Sitz des Deutschen Archäologischen Institutes und soeben mustergültig veröffentlicht[24], erbauen ließ. Schüler gelang es, den schwäbischen Staatssekretär des Äußeren, von Kiderlen-Wächter, von seinem wahrlich »ungewöhnlichen Gedanken« zu überzeugen, und Behrens fand Sympathie für seine Entwürfe bei der zweithöchsten Genehmigungsinstanz, bei dem Reichskanzler von Bethmann Hollweg. Die Vermutung liegt nahe, daß der mit Behrens und Bethmann befreundete AEG-Direktor Walther Rathenau ein gewichtiges Wort einlegte, gewissermaßen über den Zaun: »Freienwalde liegt nicht weit von Hohenfinow; der Reichskanzler ist Rathenaus Gutsnachbar« – auf diese Formel bringt Graf Kessler deren freundschaftliche Beziehungen.[25] Der Botschafter Graf von Pourtalès hilft bei Detailfragen der Raumanordnung, der Kaiser befiehlt nach genauer Durchsicht der ersten Pläne und nach »Änderungen an der Küche etc.« die Bauausführung durch Behrens, womit der konventionelle Entwurf des Ministeriums der öffentlichen Arbeiten endgültig unter den Tisch fiel. Zar Nikolaus II. wird im Juni 1911 durch Graf Pourtalès über die Baupläne unterrichtet. Er fand die Fassade »einfach und würdig«. Sie passe »sehr gut nach Petersburg«. Welch dramatische Sinnesänderung der beiden Souveräne nach Fertigstellung des Baues!

Erst als die Bauzäune fielen, wurde das Konzept von Behrens und Schüler in seiner ganzen Tragweite sichtbar (Abb. 1): Der traditionelle, an französischen Vorbildern orientierte Residenzcharakter eines Botschaftspalais war vollständig modernisiert. »Was ist eine Botschaft«, fragt der zitierte Alexander Benoit, »die Botschaft ist vor allem das Wohnhaus des Botschafters, außerdem aber auch etwas Symbolisches. In einem ihrer Räume muß ein Thron stehen, es ist somit ein Tempel der Monarchie auf fremdem Staatsgebiet, oder kurz ein ›Palais‹«.[26] Diese beiden traditionellen Aufgaben einer Botschaft hat Behrens radikal reduziert, ja verneint, zugunsten einer

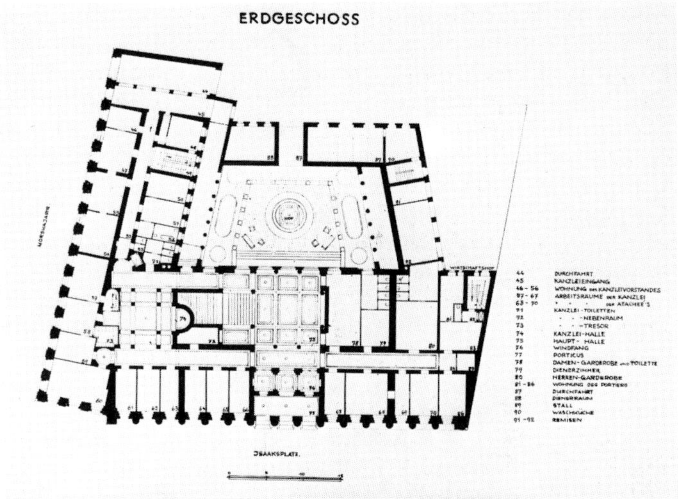

10, 11 Grundriß der Deutschen Botschaft in Petersburg, Erdgeschoß und 1. Obergeschoß (Bildarchiv Foto Marburg).

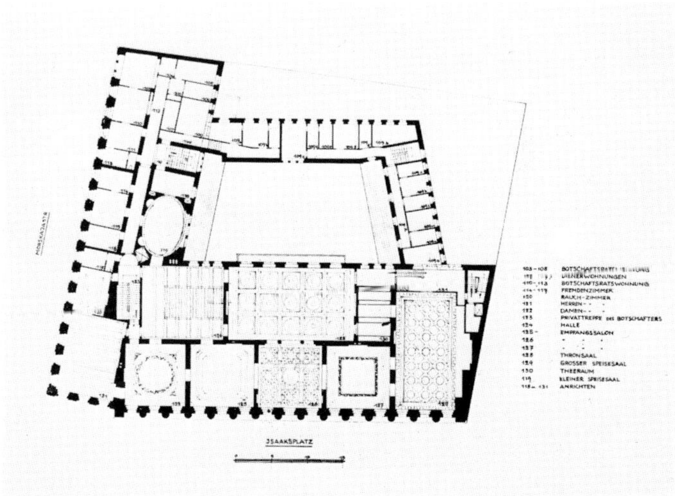

Anlage, die die Gesellschaftsräume von ihrer personalen Bindung an die Person des Monarchen und seines Stellvertreters, des Botschafters, befreit, gewissermaßen einer breiteren Öffentlichkeit zuführt. Den Verwaltungsaufgaben einer großen Behörde ist neben den Repräsentationspflichten des Hausherren ein so großer Raum gegeben, daß das ganze traditionelle System eines Palais, wie in der alten Botschaft an gleicher Stelle oder der vornehmen Bayerischen Gesandtschaft in Berlin von 1891[27] umorganisiert wird (Abb. 10–11). Die Repräsentationsachse aus Portal, Vestibül, zentral beherrschendem, mehrgeschossigem Treppenhaus, die Sequenz aus Avant- und Antichambres über die Flucht der Festräume mit Emporen und Exedren zum alles beherrschenden Thronsaal wird buchstäblich gebrochen, nicht mehr feudal-ikonographisch in der symbolischen Parusie des Herrschers im Thronsaal zur Steigerung gebracht, sondern nach pragmatischen Bedürfnissen organisiert.

Vor allem der Thronsaal (Abb. 12) ist völlig seines noch von Alfred Messel 1899 in der römischen Botschaft[28] voll entfalteten

12 Deutsche Botschaft, Petersburg, Thronsaal mit Thronsessel.

13 Deutsche Botschaft, Petersburg, 1. Empfangssaal; die Bilder (v.l.n.r.): Lenbach (Kaiser Friedrich III.), Kalckreuth (Hamburger Hafen), Leistikow; Bronzegruppe von August Gaul, Teppich von Gerson, Berlin (Bildarchiv Foto Marburg).

üppigen dynastischen Pomps aus germanischer Mythologie im Gewande des römischen Barocks, sehr weit hergeholter Genealogie und steifer Heraldik entkleidet und zu einem bildlosen Gesellschaftssaal geworden. An der Schmalseite zwischen den beiden Haupteingängen ist der nüchterne Thron, vor dem widerstrebend hingenommenen Ölbild des Monarchen von dem belanglosen Hofmaler Alfred Schwarz, ohne Baldachin auf niedrigem Sockel aufgestellt: »Sicherlich der modernste Thron des 20. Jahrhunderts, keine Spur von Barock, von Renaissance oder von Byzanz, vielmehr ein fast nüchtern wirkender Sessel« (Alfons Paquet).[29]

Der ganzen Botschaft fehlt der vom Grafen Pourtalès so bitterlich entbehrte Stimmungswert dunklen Plüschs, knautschiger Lederfauteuils, schwerer Perserteppiche und reich gemusterter Tapeten und

14 Deutsche Botschaft, Petersburg, Zimmerflucht (Bildarchiv Foto Marburg).

Gardinen. Behrens taucht die Botschaft in ein »blendendes Lichtermeer«, geliefert von der AEG, zum strahlenden Eklat heller Farbflächen aus »vollem, wuchtigem Blau«, weißem Stuck, weißem Atlas, hell-lila Seide, »giftgrünem« Teppich von Gerson in Berlin, leuchtendem Rot, dazu viel Gold und naturfarbene Hölzer (Abb. 13–16).

Diese kühne Botschaftskonzeption von Schüler und Behrens zielte auf zwei Vorstellungen: das traditionelle und internationale Ritual monarchischer Selbstverherrlichung, die Verengung einer deutschen Botschaft auf die dynastische Glorifikation der Hohenzollern zu ersetzen durch eine Darstellung der wissenschaftlich-technischen, industriell-gewerblichen und künstlerischen Leistungsfähigkeit des modernen, ausgeprägt mittelständisch-bürgerlichen Deutschland. Der Kaiser sollte sich ganz im Sinne des Behrens-Freundes Friedrich Naumann von den neuen bürgerlichen Köpfen und Herrschern des industriellen Deutschland *vertreten* lassen. Die radikale bildliche Entleerung der Botschaft bezeichnet jenen fortgeschrittenen Zustand der »Entpersönlichung des Monarchen«, die Naumann als unausweichliche Folge der technisch-wirtschaftlichen Entwicklung des Deutschen Reiches voraussah.[30] Die Umwandlung der Botschaftsresidenz in eine Ministerialbehörde entsprach dem von Max Weber beschriebenen »unentrinnbaren ... unentfliehbaren« Prozeß der Rationalisierung und Bürokratisierung der modernen Industriegesellschaften.[31]

Der geschichtliche Rang der Botschaft von Behrens liegt also in ihrer entschiedenen Teilhabe an den konfliktreichen Modernisierungsbemühungen des Reiches, und es ist kein Wunder, daß sie förmlich begraben wird unter der Polemik des Hofes und einiger Diplomaten des Hofadels. Theodor Heuss beschrieb die monarchischen Überzeugungen Max Webers als »völlig frei von dynastischen Bindungsgefühl, gar von jeglicher das Mystische bemühenden

15 Deutsche Botschaft, Petersburg, Preußensaal, rechts im Hintergrund der Thronsaal (Bildarchiv Foto Marburg).

Romantik«.[32] Das hätte er auch von seinem Freunde Behrens im Hinblick auf dessen Botschaftskonzeption sagen können. Nur war solche weitreichende Kritik des Kaiserlichen Hofstaates im Medium der Architektur nicht als bloße Kritik zu formulieren. Baukunst kann nicht abbauen, sie muß, ihrer Natur nach, das Neue buchstäblich und unausweichlich »positiv« an die Stelle des Alten setzen.

Die Bausteine für eine solche neue Selbstdarstellung des deutschen Reiches im Ausland holte sich Behrens nach seinem eigenen Zeugnis vom Deutschen Werkbund: »Es war meine kunstpolitische Absicht, solche Bauformen zu erstreben, die der Geschmacksrichtung des Deutschen Werkbundes entsprachen.«[33] Diese hatte internationale Anerkennung auf zahlreichen Ausstellungen erfahren. Damit hatte Behrens auch eine deutsche Architektursprache gefunden, anstelle des unverbindlichen, französisch beherrschten internationalen Historismus.

Hier entstand allerdings ein sehr schwerwiegendes Problem, das Schüler und Behrens klar erkannten: Wenn die Botschaft Ausdruck der modernen und zukunftsträchtigen Kräfte des deutschen Reiches in Kunst, Gewerbe, Technik, Industrie und Handel werden sollte, dann lag es nahe, die Ideale des Deutschen Werkbundes – schlichte, materialgerechte, funktionale Formensprache – aufzugreifen. Die Botschaft durfte jedoch nicht zur Selbstdarstellung einer letztlich machtlosen Interessengruppe des Reiches, wie der Werkbund es war, schrumpfen.

Ferner konnte Behrens nur beschränkt auf seine Erfahrungen als Architekt der AEG zurückgreifen, als der er das Gesicht eines modernen deutschen Industriebetriebes gestaltet hatte. Auch seine persönliche Handschrift mußte sich bei dieser diplomatischen Aufgabe erheblich zügeln, denn es galt doch, den politisch schwachen Kräften einer modernen deutschen Kultur, vertreten durch Werkbund und Sezession, die Verbindlichkeit einer umfassenden Darstellung des Reiches im Ausland zu gewinnen. Das ging nur durch die Öffnung dieser »Moderne«, die sich ganz aus dem Affekt gegen den Historismus bildete, für die Dimension der Geschichte. »Traditionslosigkeit und Bedürfnis nach geschichtlicher Rechtfertigung« (Helmuth Plessner)[34] mußten miteinander versöhnt werden, nicht als Wohlsein unter dem Schatten eines sich dünnlich bis ins 12. Jahrhundert verästelnden Stammbaums der Hohenzollern, auch nicht als Ahnengalerie der Botschafter und deren dynastischer Diensther-

16 Deutsche Botschaft, Petersburg, Damenzimmer. Bild der Königin Luise von Arthur Kampf, Bronzegruppe von August Gaul.

ren: Schüler läßt dieses überkommene Material brüsk, wegen »mangelnder Qualität« beseitigen, weil sie »modernen Geschmacksgrundsätzen nicht mehr entsprachen«. Der »nationale Charakter« der Botschaft wird auch nicht »durch Anbringung von Wappen, Emblemen oder dergl. unnötig hervorgehoben« (Schüler).[35]

Der geschichtliche Bezug ist aus dem Dynastisch-Politischen ganz in die Dimension einer nationalen und bürgerlichen Kultur verlegt. Nicht die geschichtlichen Gemeinsamkeiten der abendländischen Architektur werden, wie vom Historismus und in Analogie zum internationalen Geblüt der europäischen Monarchen, betont, sondern »deutsche Eigenart« (Behrens)[36] im ausschließlichen Rückbezug auf die preußische Klassik gesucht. Man hoffte, es träfe »die Allerhöchsten Intentionen«, wenn »die in der preußischen Baukunst vorhandenen großen Vorbilder und Motive zu Wort kommen« und wenn »Ausstattung und Schmuck ... den besten preußischen Traditionen ... entsprechen«.[37] So sollte dem Modernismus der Avantgarde jenes Minimum an geschichtlicher Autorität verliehen werden, das notwendig schien, um die Botschaft als eine nationalstaatliche Institution erscheinen zu lassen.

Dieser Behrens'sche »ordre prussien« übersetzt aber das historische Zitat nach Langhans, Gilly und Schinkel derart in eine abstrakte Rhythmik der Halbsäulen und die überlieferten architektonischen Ordnungen in bloße »Struktur«, daß russische Kritiker wie Glagol und Benoit[38] sehr zu Recht an die Rhythmik und Flächenbewegung futuristischer und kubistischer Bilder erinnert wurden. Die überlieferte Rhetorik einer Rustika-Fassade mit kolossaler Säulenordnung wird gewissermaßen in »freie Rhythmen«, allerdings zum Hymnischen hin, nicht zur Prosa, verwandelt – wie die Dichterfreunde von Behrens, Dehmel, Hofmannsthal und Wolfskehl die Bindungen an traditionelle, poetische Versformen lösen, ohne den hohen Ton herunterzunehmen.

Diese Architektursprache von Behrens formulierte seiner Intention nach innenpolitisch die mittelständisch-werkbündlerische Alternative zur Kulturpolitik des Hofes und außenpolitisch die erhoffte Allgemeingültigkeit eines modernen deutschen Lebensentwurfes. Das hohe Maß an Formalismus entläßt die in dem Gebäude dargestellte »Staatsmacht« aus einer eindeutigen Bestimmung, wegen des Verzichtes auf die personale Bindung an den Monarchen und den Botschafter und macht sie trotz ihres preußischen Bezugsversuches austauschbar und verwendbar für ganz andere und bösere Definitionen von staatlichen Mächte als sie Behrens und Schüler mit ihrem mittelständischen Werkbundstil der Welt zu offerieren suchten. Max Weber hat den Grund genannt, der die Hoffnung auf universale Brauchbarkeit dieser deutschen »Weltthese« (Bethmann Hollweg), gleichberechtigt neben der älteren und beneideten fran-

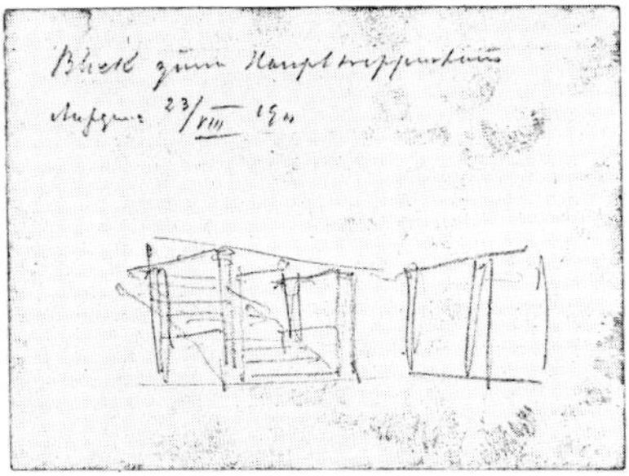

17 Mies van der Rohe, Zeichnung des Vestibüls der Deutschen Botschaft vom 23. 8. 1911 (Politisches Archiv des Auswärtigen Amtes, Bonn).

zösischen und englischen, auf ihre nationale Begrenztheit zurückwarf: »Alle Kultur ist und bleibt heute durchaus national gebunden, und zwar nur immer um so mehr, je ›demokratischer‹ die äußeren Kulturmittel nach Verbreitung und Art werden.«[39] Die erhoffte Allgemeingültigkeit vermochte sich nicht aus den Formen eines national begrenzten »Imperialismus der Idee nach französischem Muster« (Bethmann Hollweg) zu befreien. Sie war zu tief in die Zwänge wirtschaftlicher Verwertbarkeit, außenpolitischer Konkurrenz und in die finstere Analogie zu militärischem Expansionsstreben verstrickt. Bethmann Hollweg hat resignierend erkannt, daß diese Formulierung einer solchen deutsch gefärbten »Weltthese« geschichtlich verfrüht, wenn nicht überhaupt verfehlt war.[40] Sie gelang erst, und wieder »nur« auf der Ebene der Kunst, als zwei Schülern von Behrens, Walter Gropius und Mies van der Rohe, dem Gründer des Bauhauses und dem Mitbegründer des »International Style« in der Architektur (neben dem loseren Behrens-Schüler Corbusier), von den Nationalsozialisten das grenzensetzende Stigma der nationalen Identität genommen und ihrer Lehre damit die Internationalität der Diaspora verliehen wurde.[41]

In einer kostbaren Zeichnung vom 23. 8. 1911 (Abb. 17) hält der 25jährige Behrens-Assistent Mies van der Rohe das im Entstehen begriffene Vestibül auf der Rückseite eines Behrens übersandten handtellergroßen Fotos fest. Sein »Blick zum Haupttreppenhaus«, der übrigens nicht dem angeführten Bau entspricht, übersetzt das Schinkelzitat des Vestibüls visionär in das immer noch antikisch proportionierte Stahlstützen- und Deckensystem seiner reifen Bauten bis zur Neuen Nationalgalerie in Berlin. Die mit Stahlrahmen gefaßten, perfekt proportionierten Türen zum Innenhof zwischen

18 Deutsche Botschaft, Petersburg, Vestibül (Bildarchiv Foto Marburg).

den freigestellten schwarzen Marmorsäulen lassen deutlich die Handschrift von Mies erkennen (Abb. 18). Hier wird einer der Stammbäume der modernen Architektur sichtbar: Schinkel, insbesondere der Entwurf für das Schloß Orianda, Behrens in seiner zitathaften Einbindung Schinkelscher Motive in eine neue Architektur geometrischer Abstraktion und Miesens Vision einer Umsetzung dieser Zitate in die sprachliche Realität des neuen Trag- und Füllmaterials Glas und Stahl. Das ist der Weg vom deutsch-griechischen über den deutsch-nationalen zum internationalen Stil deutscher Herkunft.

Die Verächter der Petersburger Botschaft von Behrens seien an die erstaunlich angemessene Beschreibung der Tempel von Paestum von R. P. Knight aus dem Jahre 1777 erinnert. Goethe hat sie in seinem Philipp Hackert-Essay von 1811 der Übersetzung für wert erachtet: »Betrachtet man die Theile dieser Tempel in der Nähe, so erscheinen sie roh, massiv und schwer; aber in der gehörigen Entfernung gesehen, ist die allgemeine Wirkung groß, einfach, ja zierlich. Das Rohe erscheint dann als eine künstlerische Nachlässigkeit, und das Schwerfällige verwandelt sich in eine gerechte und edle Festigkeit.«[42]

Goethe selbst erschienen am 23. 3. 1787 in Paestum »diese stumpfen ... enggedrängten Säulenmassen lästig, ja furchtbar. Doch bald nahm ich mich zusammen, erinnerte mich der Kunstgeschichte, gedachte der Zeit, deren Geist solche Bauart gemäß fand ... und in weniger als einer Stunde fühlte ich mich befreundet und pries den Genius, daß er mich diese so wohl erhaltenen Reste mit Augen sehen läßt.«[43]

Solche Erinnerung an die befreundende Kraft der Kunstgeschichte verdient die Petersburger Botschaft. Ob »weniger als eine Stunde« reicht, mag der Leser entscheiden.

Anmerkungen

1 Der Verfasser bereitet eine Monographie über das Bauwerk vor. Eine Besichtigung wurde mir als Gast der Sowjetischen Akademie der Wissenschaften in Leningrad durch Vermittlung der Deutschen Forschungsgemeinschaft ermöglicht. Der ehemalige Generalkonsul Dr. Alfred Blumenfeld gab wertvolle Hilfe. Seit 1973 erhalte ich die Unterstützung des politischen Archives des Auswärtigen Amtes, vor allem von Frau Dr. Keipert und Herrn Dr. Sareyko. Die erste kunsthistorische Auswertung der Akten stammt von Stanford Owen Anderson, *Peter Behrens and the Architecture of Germany 1900–1917.* Phil. Diss. Columbia University 1968. Einen Überblick über den Bau vermittelt jetzt Hartmut Niederwöhrmeier. *Die deutschen Botschaftsgebäude 1871–1945.* Diss. Darmstadt 1977, S. 74ff. Alle dokumentarischen Angaben sind den genannten, hier im einzelnen nicht genauer bezeichneten Akten entnommen.

2 Bruno Zevi, Erich Mendelsohn, *Opera completa.* Mailand 1970, S. 118ff. Gustav Adolf Platz, *Die Baukunst der neuesten Zeit. Propyläen Kunstgeschichte.* Berlin 1927, Abb. S. 402. Da sich Mendelsohn wegen der dürftigen technischen Ausführung schnell von dem Teilabschnitt seiner umfangreichen Planung distanzierte, findet sich, soweit ich sehe, nur das Modell reproduziert. Eine neue Abb. bei T. Buddensieg, ›Von der Industriemythologie zur Kunst in der Produktion‹, in: *Jahresring 78–79.* Stuttgart 1978, S. 70, Abb. 30.

3 Ernst Cassirer, *Zur Logik der Kulturwissenschaften.* Göteborg 1942. (Darmstadt 1961), S. 109.

4 Hans-Jochen Kunst, ›Architektur und Macht. Überlegungen zur NS-Architektur‹, in: *Kommentare, Berichte der Philipps-Universität,* Marburg 3, Mai 1971, S. 51.

5 Georg Lukács, *Die Zerstörung der Vernunft. Der Weg des Irrationalismus von Schelling zu Hitler.* Berlin 1955, S. 6.

6 Albert Speer, *Architektur. Arbeiten 1933–1942.* Berlin 1978, S. 142, hier der vorsichtige Vergleich der Botschaft von G. F. Koch mit den Kolossalpfeilern des Deutschen Hauses in Paris von 1937; ferner S. 146 und 155.

7 Peter Blake, *Drei Meisterarchitekten, Le Corbusier, Mies van der Rohe, Frank Lloyd Wright.* München 1962 (New York 1960), S. 157ff..

8 John W. Cook and Heinrich Klotz, *Conversations with Architects.* London 1974, S. 22; siehe auch Anderson, a.a.O., S. 404f.

9 Siehe jetzt Anatole Kopp, *L'architecture de la période stalinienne.* Grenoble 1978, S. 164f., 225 (zu Fomin).

10 Die meisten der genannten Bauten finden sich in: *Dreißig Jahre Sowjetische Architektur in der RSFSR.* Herausgeber der deutschen Ausgabe: Deutsche Bauakademie. Leipzig (1950). Trotzki wird hier als Architekt nicht erwähnt. Unentbehrlich das materialreiche Buch Architectural Monuments of Leningrad. Leningrad 1975, von den oben genannten Bauten sind allerdings nur das Warenhaus neben dem Finnländischen Bahnhof, S. 540, und der Sowjetpalast, S. 544f., abgebildet.

11 In Auszügen zitiert in: ›Peter Behrens und die russische Kritik‹, *Vossische Zeitung,* 2. Beilage Nr. 89 (Abend), 18. 2. 1913. Der vollständige Text, sowie der von S. Glagol, ist mir zugänglich gemacht worden durch Maria Enzensberger, deren Studie über die russische Reaktion auf die Botschaft von Behrens in der geplanten Monographie erscheinen wird; siehe auch Anm. 38.

12 Max Osborn, ›Die deutsche Botschaft in St. Petersburg‹, in: *BZ am Mittag,* Nr. 23, 28. 1. 1913. Ders., in: *Die Bauwelt,* Kunstbeilage, 1913, IV, S. 25ff. Karl Scheffler, ›Das neue Haus der Deutschen Botschaft in St. Petersburg‹, in: *Kunst und Künstler,* 11, 1913, S. 414ff.

13 Alfons Paquet, ›Die deutsche Botschaft in Petersburg‹, in: *Frankfurter Zeitung* Nr. 31, 31. 1. 1913.

14 Walther Curt Behrendt, ›Die deutsche Botschaft in Petersburg‹, in: *Die Zukunft 21,* Nr. 34, 24. 5. 1913.

15 Moeller van den Bruck, ›Herrschaft durch Stil‹, in: *Das Neue Deutschland, Wochenschrift für konservativen Fortschritt.* Berlin I, 12. 4. 1913, Nr. 28, S. 348ff. Wilhelm Schäfer, ›Die deutsche Botschaft in Petersburg‹, in: *Die Rheinlande* 14, 1914, S. 347ff. (mit 37 Abb.), zusammen mit Paquets Text aus Anm. 13. Wilhelm Schäfer, ›Das Gebäude der Kaiserlich Deutschen Botschaft in St. Petersburg‹, in: *Der Profanbau 1914,* I, S. 309ff. (44 Abb.).

16 Theodor Däubler, *Der Neue Standpunkt.* Leipzig 1916, ^{2}1919, S. 18f., Neuausgabe, Dresden 1957: »Des Peter Behrens deutsche Botschaft in Petersburg ist eine Tat. Die Ausschaltung der historisierenden Gründerjahre, der Anschluß an große Überlieferung mußte geschehn.«

17 Wilhelm von Bode, ›Die »Großmannssucht« in der neueren deutschen Kunst‹, in: *Wieland,* Juni 1916, S. 8.

18 Siehe Verhandlungen des Reichstages, 13. Legislaturperiode, Bd. 289, Stenographische Berichte, 150. Sitzung, 26. 4. 1913.

19 So Peter Behrens in einem Schreiben an den Staatssekretär v. Jagow vom 26. 8. 1913 und in dem Schreiben von Jagows an den Kaiser vom 12. 12. 1913.

20 Friedrich von Prittwitz und Gaffron, *Zwischen Petersburg und Washington. Ein Diplomatenleben.* München 1952, S. 54f.

21 Siehe das in Anm. 19 zitierte Schreiben Jagows.

22 Anläßlich der Vorlage zur Ordensverleihung am 24. 12. 1913, ferner als Randbemerkung zum Abschlußbericht des Staatssekretärs v. Jagow an den Kaiser vom 15. 2. 1913.

23 Edmund Schüler hat Aufzeichnungen im Archiv des Auswärtigen Amtes hinterlassen, eine wichtige Quelle zum Verständnis der Botschafts-Konzeption. Ende November 1910 beginnen die ersten Überlegungen, am 23.2.1911 genehmigt der Kaiser den Vorentwurf. Siehe Edmund Schüler, ›Von deutscher Kunst im Ausland‹, in: *Der alte Joachimsthaler. Vierteljahresblatt der Vereinigung Alter Joachimsthaler* 13, 1940, Nr. 50, 15.6.1940, S. 15ff.

24 Wolfram Hoepfner und Fritz Neumeyer, *Das Haus Wiegand von Peter Behrens in Berlin-Dahlem.* Das Deutsche Archäologische Institut, Geschichte und Dokumente, Bd. 6. Mainz 1979.

25 Harry Graf Kessler, *Walther Rathenau, sein Leben und sein Werk.* Berlin 1928, Nachdruck Wiesbaden o.J. (1962), S. 152.

26 Siehe den in Anm. 11 zitierten Artikel. Ähnlich die Definition einer Botschaft im *Handbuch der Architektur IV, 7, 1.* Darmstadt 1887, S. 101ff., Stuttgart 1900, S. 164: »Die Botschafter werden als persönliche Stellvertreter des Monarchen betrachtet. Sie vertreten also nicht bloß den Staat, ... sondern außerdem die Person des Monarchen. Der Botschafter verlangt deshalb größere Mittel für standesgemäßen Aufwand und häusliche Einrichtung, da die Entfaltung eines größeren äußeren Prunkes üblich und erforderlich ist.« Reiche Literatur zum Bautyp jetzt erschlossen in: Stephan Waetzoldt, ed., *Bibliographie zur Architektur im 19. Jahrhundert,* Bd. 2, Nendeln 1977, Nr. 18840ff., Niederwöhrmeier, op. cit. (Anm. 1), S. 22ff.

27 Von Kyllmann und Heyden, siehe *Zeitschrift für Bauwesen* 42, 1892, Sp. 301ff., Atlas Taf. 46f. *Blätter für Architektur und Kunsthandwerk* 5, 1.7.1892, Nr. 7, S. 31ff.

28 K.F.O. Fritsch, ›Die neue Ausstattung des Thronsaales im Palast der deutschen Botschaft in Rom‹, in: *Deutsche Bauzeitung* 33, 1899, Nr. 54, S. 340ff. Adolf Rosenberg, *Prell.* Bielefeld und Leipzig 1901, S. 94ff. F.H. Meißner, *Hermann Prells Wandgemälde im Thronsaale der deutschen Botschaft in Rom.* Dresden o.J. M. Rapsilber, ›Das Werk Alfred Messels‹, *Berliner Architekturwelt,* Sonderheft 5, 1905, S. 51f.

29 Siehe den in Anm. 13 und 15 zitierten Aufsatz. In der Villa Hügel, Essen, befinden sich zwei lebensgroße Porträts von Wilhelm II. und Auguste Victoria, datiert 1914, von Alfred Schwarz.

30 Friedrich Naumann, *Das blaue Buch von Vaterland und Freiheit. Auszüge aus seinen Werken.* Königstein und Leipzig 1913, S. 17ff., 21f., 24.

31 Für diese zentralen Gedanken Max Webers seien hier nur die zitierten Vokabeln nachgewiesen: ›Parlament und Regierung im neugeordneten Deutschland‹, 1918, in: *Gesammelte politische Schriften,* herausgegeben von Johannes Winckelmann. Tübingen ^{2}1958, S. 318, 321.

32 Theodor Heuß, ›Max Weber in seiner Gegenwart‹, Geleitwort zu: *Max Weber, Gesammelte politische Schriften*, siehe Anm. 31, S. XIV.

33 In dem in Anm. 19 zitierten Schreiben.

34 Helmuth Plessner, *Die verspätete Nation. Über die politische Verführbarkeit bürgerlichen Geistes.* Zürich 1935, Stuttgart 1959, S. 83.

35 Schreiben Schülers an Graf Pourtalès vom 28.6.1912.

36 S. Anm. 19.

37 S. Anm. 35.

38 Zu Benoit siehe Anm. 11, wo allerdings diese Stelle nicht zitiert ist. Ich verdanke sie Maria Enzensberger, London, siehe Anm. 11, wie auch den Text von S. Glagol, in: *Utro Rossii,* Nr. 33, 9.2.1913. Hier auch das Urteil, die Botschaft stelle den extremsten architektonischen Modernismus dar, den Rußland bisher kannte.

39 Max Weber, ›Bismarcks Außenpolitik und die Gegenwart‹, in: *Frankfurter Zeitung* 25. 12. 1915, wiederabgedruckt in: *Gesammelte politische Schriften*, herausgegeben von Johannes Winckelmann. Tübingen [2]1958, S. 125. Siehe ferner in dem Aufsatz: ›Wahlrecht und Demokratie vom Dezember 1917‹, ebenda S. 234: »Der zunehmende Nationalismus gerade der Massen ist nur natürlich in einem Zeitalter, welches die Teilnahme an den Gütern der nationalen Kultur, deren Träger nun einmal die nationale Sprache ist, zunehmend demokratisiert.«

40 v. Bethmann Hollweg in einem Brief an Karl Lamprecht vom Juni 1913: siehe Herbert Schönebaum, ›Karl Lamprechts Mühen um innere und äußere Kulturpolitik‹, in: *Die Welt als Geschichte,* 1955, S. 148f. K. Stenkewitz, *Gegen Bajonett und Dividende.* Berlin (Ost) 1960, S. 110. Eberhard von Vietsch, *Bethmann Hollweg. Staatsmann zwischen Macht und Ethos. Schriften des Bundesarchivs 18.* Boppard 1969, S. 292. Bethmann Hollweg, *Betrachtungen II,* S. 58f.: »ein geistig und national noch nicht zusammengewachsenes Volk konnte auch keine Weltthese aufstellen. Wettzumachen war diese Unterlegenheit nicht.«

41 Tilmann Buddensieg, in Zusammenarbeit mit Henning Rogge, *Industriekultur, Peter Behrens und die AEG,* 1907–1914. Berlin 1979, S. 20.

42 Der englische Text lautet: »Regarded close at hand the various portions of these temples appear rough, ponderous and heavy; yet, seen from an appropriate distance, the uniform effect is mighty, simple and even delicate. The roughness then assumes the appearance of wilful negligence, and the ponderousness is transformed into a solidity at once righteous and noble«, siehe Nicolaus Pevsner, ›Richard Payne Knight‹, in: *Art Bulletin* 31, 1949, S. 312, wiederabgedruckt (aber ohne den Textanhang) in: *Studies in Art, Architecture and Design,* I. London 1968. Der Text Goethes in: *WA I,* 46, S. 154 (Philipp Hackert, 1811).

43 *Italienische Reise,* WA I, 31, S. 71, ed. Herbert von Einem, München [8]1978, S. 219f.

Heinrich Klotz

Ikonologie einer Hauptstadt – Bonner Staatsarchitektur*

1. Das neue Bundeskanzleramt

Wären nicht die Villa Hammerschmidt und das Palais Schaumburg gewesen und hätte nicht die Pädagogische Akademie mit ihren schnittigen Linien der Zeit um 1930 einen modernen Parlamentssitz abgegeben, so wäre der Vorstellung der Bundesbürger über Jahrzehnte hin kaum ein visueller Anhalt geblieben, an den sich die Repräsentanz des deutschen Nachkriegsstaates hätte knüpfen lassen. Bonn als provisorische Hauptstadt der Republik hatte von Anfang an auf ein Darstellungsmittel verzichten wollen, das üblicherweise die sichtbaren Signale neu gegründeter Staaten setzt, auf die Architektur. Die beiden Parkvillen am Rhein, Haus des Bundespräsidenten und Haus des Kanzlers, gaben dem deutschen Provisorium ein Flair von Tradition, die es nicht hatte; und das weiße Quadergeschiebe der ehemaligen Lehrerakademie sicherte als Bundeshaus diesem Staate den Reflex von Modernität, den die Weimarer Republik bereits für sich beanspruchen konnte.

Historische Bauten sorgten für ein bescheidenes Spektrum von Anschauungsgehalten, die diesem Staat den Anspruch auf Vorläufigkeit ebenso garantierten, wie sie ihm gleichzeitig die völlige Geschichtslosigkeit nahmen. Denn die neuen Ministerien der fünfziger Jahre an der Adenauer- und Friedrich-Ebert-Allee hielten auf so große Zurückhaltung, daß sie nichtssagend blieben.

Unter dem Druck der jüngsten Vergangenheit und der geteilten Gegenwart erschien solche Unaufdringlichkeit angemessen. Aber

---

* Heinrich Klotz, ›Ikonologie einer Hauptstadt – Bonner Staatsarchitektur‹. In: H. Klotz, *Gestaltung einer neuen Umwelt. Kritische Essays zur Architektur der Gegenwart*, Luzern und Frankfurt/M. 1978, S. 45–55.

aus der Bescheidenheitsgeste wurde eine Architektur, die bald ihren wahren Gehalt als ein Bauen auf dem Fundament bloßer Zweckrechnung hervorkehrte. Renditedenken schlug bis dorthin durch, wo sich anderenorts die Reservate eines machtdemonstrierenden Würdenaufwandes gehalten haben: in den Monumentalbereich der Staatsrepräsentation. Zuletzt obsiegt das Kargheitsprinzip des Bundesrechnungshofs, der den Erbauern des Münchner Olympiazeltes die Kostenhöhe zum Vorwurf machte, ohne nach den besonderen, vom Bauprogramm geforderten Ausdrucksgehalten dieser Architektur zu fragen. Der Rechnungshof gehorcht dem Zweckrationalismus, der die Bilanzen der Wirtschaftsunternehmen bestimmt, die selbst wiederum – sobald es um ihre eigene Darstellung geht – dieses Prinzip um der eindrucksvollen Architekturgebärden willen nur allzu beflissen preisgeben.

Bonn ist heute schon gebrandmarkt von einer »Rechnungshof-Architektur«, in der die Institutionen der Republik zwar Unterkunft, doch kein Image finden. Das neue Ministerium für Wirtschaftliche Zusammenarbeit ist als Bauwerk ein Behälterkombinat, das sich der Bürger allenfalls als die Zentrale eines Warenversandhauses vorstellen kann. Was, so fragt man, soll aus Bonn werden, wenn das durchaus vorhandene hauptstädtische Potential, das sich aus einer besonders schönen Rhein-Situation und einer barockfürstlichen wie großbürgerlichen Hinterlassenschaft zusammensetzt, sich zunehmend in solcher Boxarchitektur inkarniert?

Andererseits stellt sich die Frage, wie eine bundesdeutsche Staatsarchitektur aussehen könnte, die über die bloße Bereitstellung von umbauten Kubikmetern hinausgeht. Welche Repräsentationsformen gibt es überhaupt, die ein demokratisches Staatswesen vergegenwärtigen können? Monumentalbaukunst wie das Capitol in Washington oder wie das Parlament in London hat ihre Wurzeln in Gesellschaftsordnungen, in denen Macht nicht demokratisch-repräsentativ, sondern feudal oder absolutistisch ausgeübt wurde. Im Bereich ästhetischer Repräsentation wirkten die Herrschaftsformen weiter, die die politische Repräsentation der ersten Demokratien gerade nicht wahrhaben wollten.

»Monumentale Größe«, jene Begriffsprägung, mit der eine emphatische Kunstgeschichtsschreibung den höchsten Rang eines Werkes festzustellen pflegt, wird uns durchschaubar als eine Formqualität, in der sich »Repräsentation« als Herrschaftsabsicherung reflektiert, mit der jedoch demokratische Repräsentation im Sinne

1 Bundeskanzleramt, Bonn. Architekt: Planungsgruppe Stieldorf, 1976.

freiwilliger Machtübertragung keine genuinen Ausdruckswerte gefunden hat. »Monumentalität« ist ein ästhetischer Atavismus – zumal durch sie jedes Freiheitsbegehren wieder verlosch im Würdeausdruck von Würdenträgern.

Erst der Schwund historisch geübter Macht gibt das Monument als bloße Form dem ästhetischen Genuß frei. Heutigentags erneut Monumente zu errichten heißt auch, Monumentalität für gegenwärtig ausgeübte Macht weiter zu beanspruchen, sich also mit einem Dekorum zu schmücken, dessen Würde bereits entlarvt ist. Le Corbusiers späte Monumentalbaukunst, die im Stahlbeton das Material fand, das sich zu neobarocken Kraftgebärden zurechtgießen ließ, hat die Modelle abgegeben für einen Betonbrutalismus, der einer monumentalen Muskelprotzerei zum modischen Stilgewand verhilft. Zwischen den zwei extremen Architekturauffassungen, einem zweckbestimmten Containerbau einerseits und einer gestikulierenden Betonmonumentalität andererseits, läßt sich nur schwer ein Weg finden, der aus der Monotonie doch nicht gleich in den kraftmeiernden Exhibitionismus führt, wie ihn Staat, Kirche, Bürokratie und Kapital zur neuen Selbstdarstellung nutzen.

Liegt es unter solchen Gegebenheiten nicht nahe, daß auch das neu zu errichtende Bundeshaus in Bonn sogleich Teil dieser Architektur-Pathologie wird, und daß sich mit seinem Bau zwangsläufig eine Symptomatik anreichert, die den Riß zwischen Demokratieverständnis und monumentalem Herrschaftsgebaren drastisch verdeutlicht?

Der erste Schritt, mit dem sich Bonn aus dem Provisorium herauswagte, war der Bau des Abgeordneten-Hochhauses, des nach dem damaligen Bundestagspräsidenten genannten »Langen Eugen«. Es war der nächstliegende Gestus, aus der hingestreckten Bonner Rheinuferlandschaft abrupt hinauszuweisen und mit der banal beanspruchten Vertikalen ein Signal zu setzen: Achtung, Hauptstadt! Das unter Voraussetzung einer modernen Technologie ermöglichte Erscheinungsbild solcher Hochhäuser ruft im Grunde noch immer die gleichen Assoziationen hervor wie die mittelalterlichen Patriziertürme, mit denen die um Herrschaft kämpfenden Oligarchenfamilien die italienischen Stadtkommunen füllten. Über das unmittelbare Schutzbedürfnis hinaus wuchsen diese Türme zur konkurrierenden Prestigehöhe heran. Das simple Mittel, durch bloße Höhe ein Überragen ausdrücken zu wollen, ist auch noch eines der Antriebsmomente jener Spekulanten geblieben, die New York bauten und heute Frankfurt zur Skyline verhelfen.

Indessen steht der »Lange Eugen« konkurrenzlos im Rheinuferpark, als reines Zeichen, frei von den Bedrängnissen und den Bedingungen der Grundstückskeilerei. Wo die bodenspekulative Willkür nicht hinreicht, kommt solche Hochbaufreiheit leicht in den Geruch einer formalistischen Willkür, die dem »Langen Eugen« den selbstherrlichen Umriß sicherte. Eine Architektur, die in Frankfurt der Kritik an einer falschen Bodenpolitik verfällt, muß sich hier in Bonn den Vorwurf bloßen Auftrumpfens und übereilten Signalsetzens gefallen lassen.

Das jüngste Ergebnis Bonner Architekturpolitik ist der Neubau des Bundeskanzleramtes (Abb. 1), das den städtebaulich zentralen Ort zwischen Görresstraße und Adenauerallee besetzt hält, also die Wegführung zum Bundeshaus markiert, dem Symbol der Villa Schaumburg beigesellt ist und mit seinen drei Risaliten die Hauptfront des Bundeskanzlerplatzes bestimmt. Sieht man einmal ab von der Problematik der inneren Raumorganisation, so bleibt hier die Frage zu stellen, durch welche Formcharakteristik die Image-Skala der Bonner Staatsarchitektur mit einem solchen Kanzleramt bereichert werden könnte. Die Primärgestalt wird bestimmt von den je drei Risaliten, die sich zu beiden Seiten hin in strenger Symmetrie wie vorgeschobene Bastionen vom Hauptbau fortrecken. Auf den ersten Blick ist klar, daß diese Grundrißordnung den Eindruck größter Ernsthaftigkeit hervorruft: drei lagernd andringliche Blöcke zu beiden Seiten hin, die langsamen Marsches den Raum durchmessen. Nun aber wird diese sonore Grundhaltung vertieft durch die weiten Intervalle, die das äußere Raumgehäuse von Pfosten zu Pfosten aufteilen. Solche Proportionen schwanken im Ausdruck zwischen Großzügigkeit und Trauer. Da jedoch die Architekten darauf achteten, daß die Ausdrucksschwere keinerlei Aufhellung durch differenzierte Mannigfaltigkeit des Details findet, daß auch jede Stütze und jedes Brüstungsband à la Mies van der Rohe in größter Simplizität zum Ausrutschen glatt gehalten ist, kommt es dem Besucher so vor, als müsse der gesamte stählerne Raumkäfig in schwärzester Seriosität eine anhaltende Schwermut ausbrüten, als zöge ein Begräbnis vorbei: – ein schwarzer Tripelkatafalk.

Die Bandbreite der Assoziationen, die von der wahrgenommenen Form zu einem Eindruck führt, ist schmal. Das Amt des Kanzlers erreicht seine Ausdruckskraft auf dem Wege: gemessene Schritte, lagernde Proportionen, feierliche Wiederholung, seriöser Ton. Die Beschwörung eines solchen Image beruht auf dem freudlosen Glauben, daß Regieren stets im Frack stattzufinden habe. Die Architektenphantasie, die hier am Werke war, und die Wettbewerbsjury, die sich für diesen Entwurf entschied, erscheinen deutlich bestimmt von der Vorstellung, daß der Unverbindlichkeit des Bonner Provisoriums auf direktestem Wege widersprochen werden könne, indem man den abgeschmackten Metaphern feierlicher Größe zu einer Wiederbelebung verhalf. Was jedoch bei all dieser Seriosität niemand bedacht zu haben scheint, wird jedem Kanzlerbesucher offenbar werden, sobald er vor dem fertigen Eingangspavillon stehen wird; der eigentliche Herr des Palastes wird jener Mercedes-Stern sein, der sich auf dem Hochhaus jenseits des Platzes seit längerem dreht. Die perspektivische Verkürzung macht das Firmenzeichen zur Bekrönung des schwarzen Regierungshauses. So ist ein Popeffekt entstanden, den auch Max Bill und alle die Künstler, die zur visuellen Aufbesserung des Kanzleramtes herangerufen werden, nicht überbieten oder wiedergutmachen können. Der Gewinner dieser ernsten Inszenierung war längst schon – wie der Swinegel vor dem Hasen – angekommen.

2 Parteizentrale der SPD, Bonn. Architekt: Hans Novotny, 1976.

2. Zwei Parteizentralen

Neben dem Bonner Bundeskanzleramt (Abb. 1) hat jüngst die Fertigstellung der SPD-Parteizentrale (Abb. 2) deutlich gemacht, daß ein ehemals auf Vorläufigkeit und Provisorium gerichtetes Architekturgebaren einem Bestreben nach Dauer gewichen ist. Aus der »Baracke« wurde eine festere Institution, die mit ihren demonstrativ gezeigten Betonstützen die Stabilität des Stehens zu versinnbildlichen scheint. Die Treffpunkte von Horizontalen und Vertikalen wurden zu kräftigen Knochengelenken dramatisiert, als gelte es, dem geheim Inwendigen ostentativ seine übliche Verborgenheit zu nehmen. Jedermann mag erkennen, wie Stabilität zustande kommt, indem die schwarzeloxierten Fassadenplatten ganz ohne Vermittlungsnöte *hinter* das Gerüst gehängt wurden. Es scheint, als sei ein Körper mit seinem Skelett förmlich nach außen gestülpt, und man fragt sich, ob die Architekten mit dieser Symbolik nach einer Offenheit oder nach anderen Tugenden rufen, die zwar die SPD zieren mögen, die aber möglicherweise mit dem architektonischen

Plädoyer einen allzu abstrakten Ausdruck fanden. Haben diejenigen, die in diesem Haus residieren, die Botschaft ihres Bauwerks verstanden, oder sind die informativen Gehalte dieser Architektur so sehr im Statisch-Bautechnischen verschlüsselt, daß nur die Architekten selbst die eigene, anspielende Sprache zu verstehen in der Lage sind? Mit anderen Worten: wie unmittelbar kann Architektur sprechen, wenn sie es nicht durch sekundäre Zeichen, durch applizierte Symbole tut? Ist das statische Drama, das hier zum Festspiel inszeniert wurde, bedeutungsvoll genug, um wenigstens einiges vom Geschehen, das in diesem Haus vonstatten geht, der Öffentlichkeit in direkter Rede mitzuteilen? Klartext spricht allein der orangerote Würfel über dem Dach: »SPD«! Wäre es nicht an der Zeit gewesen, ein wenig mehr über sich selbst zu sagen? Wäre es nicht an der Zeit gewesen, anstelle eines architekturästhetischen Röntgenbildes in Bildern aus dem Leben zu sprechen? Das hätte der Architektur die skelettöse Würde genommen. Doch heutigentags nach Bildern zu rufen, heißt, einen Architekturstandard vorauszusetzen, der hierzulande fast unbekannt geblieben ist und sich nicht sogleich mit Mosaiken und Fresken behilft. Zur Diskussion steht die Fassade, die moralisch disqualifizierte Fassade, von der wir immer nur meinen, daß sie Falsches vortäusche und mit den Potemkinschen Dörfern im Bunde sei. Übriggeblieben sind die »ehrliche, nackte Wand« oder – wie hier – der baustatische Schaueffekt. Auch das ist Fassade! Fassade der Seriosität, Fassade der Selbstversicherung, das Provisorium in Dauer verwandelt zu haben. Ist die orange-rote SPD ein Monument auf einem schwarzen, immerhin knöchernbleich skelettierten Sockel? – worin sie sich vom glatt-schwarzen Tripelkatafalk des Bundeskanzleramtes gewiß positiv unterscheidet. Kürzer gefragt: steht uns ein Bonn der Würdemonumente bevor, wenn nicht einmal die SPD über ein solches Stück Selbstdarstellung einen Wink aus der nüchternen Gegenwart heraus in eine erwartungsfrohe Zukunft zu geben bereit ist? Um solches auszusprechen, genügt es nicht, der nun in Stahl und Beton verfestigten Baracke eine Art von Theaterfoyer vorzuhängen, damit festliche Aufnahmewilligkeit annonciert werde. Doch da steht er nun, dieser nicht ganz unfreundlich proportionierte SPD-Bahnhof, dies Kleinstadt-Theater, diese durchaus überdurchschnittliche und doch banale Festtagsarchitektur. Wie ernst sind die Genossen!

Wenn dies alles auch nicht gemeint war, so muß sich der Bewohner eines Hauses doch gefallen lassen, daß sein Haus etwas meint. Zugunsten der SPD ist zu sagen, daß ihr Haus kein bloßer Container geworden ist und auch kein Kanonenboot auf hoher See. Sicherlich ist ein Grad von Differenziertheit gelungen, die zumindest zum Hinblicken reizt. Doch wo liegt der innovative Fortschrittsgeist, der nach einer innovativen Architektur gefragt hätte, etwa nach den neuen umweltfreundlichen Projekten eines O.M. Ungers, eines Ludwig Leo, gar eines Robert Venturi oder nach der techniziös-heiteren Architektur des Büros Behnisch, das nicht nur durch den Bau der Münchner Olympiaanlage ein bedeutungsvolles Zeichen in der sprachlosen Szene der deutschen Nachkriegsarchitektur gesetzt hat, sondern das sich durch eine Reihe von öffentlichen Bauten ausgewiesen hat, mit denen sich über die bloße Würde hinaus lebensfrohere Möglichkeiten eröffnen.

Doch sind die Volksvertreter dieser jungen Demokratie mit einer eigentümlichen Gleichgültigkeit geschlagen gegenüber dem bedeutungsvollsten Mittel staatlicher Vergegenwärtigung, der Architektur. Hineinverstrickt in das tägliche Gewirbel des aktuellen Politkampfes finden sie sich mit einer Umwelt als von anderen gegeben ab, für die sie selbst, wenn nicht eine eigene Vorstellung, so doch eigene Fragen zu entwickeln hätten, so wie es vordem etwa Theodor Heuss oder Adolf Arndt noch taten. Was Diktatoren nur allzu genau wußten, mit Architektur staatliche Umwelt eindrücklich zu erzwingen, hat in der Gegenwelt des Parlamentarismus keine demokratische, bessere Alternative. So gezielt wie Franco oder Hitler mit dem Medium des Bauens die Macht des einzelnen zu beschwören verstanden, so wenig gezielt hat der Parlamentarismus das Freiheitspotential der Demokratie als gebaute Umwelt darzustellen vermocht. Dies ist ebenso symptomatisch für die bundesdeutsche Demokratie wie für die Sozietät der Bonner Politiker, die sich besonders schwer darin tun, kommunikative Formen zu finden. Was aber, so bleibt zu fragen, hat die CDU der SPD baulich entgegenzusetzen, und in welchem physischen Körper findet sich diese Partei repräsentiert, wenn es nicht gleich die über das Land gestreute Korporation ihrer Mitglieder selbst sei?

Dort, wo die Friedrich-Ebert-Allee zwanglos in die Kölner Straße übergeht, steht das weiße Adenauer-Haus (Abb. 3), dessen Raster von überall her vertraut ist, hinter dem nach täglicher Erfahrung die Verwaltungen, die Bürokratien, die Versicherungen vor allem, die Banken auch – und mehr noch die etwas kleineren Konzerne zu Hause sind. Bei näherem Blick erkennt man, daß die Fensterord-

3 Parteizentrale der CDU, Bonn, etwa 1965.

nung mit dem großen Atem zusätzlich geadelt wird durch das Material der Brüstungsbänder: es ist weißer Carrara-Marmor, gerade so wie bei Banken, Versicherungen und bei den etwas kleineren Konzernen. Was bleibt noch zu sagen? Daß die weiße Scheibe auf feinen Stützen steht, quer zur Straße wie eine Reklametafel mit dem schnittigen Markenzeichen der Firma obenauf, daß die weiße Scheibe Licht, Luft und Sonne, auch Grün um sich hat und vom langen Schußanlauf eines niedrigen Pavillontraktes angezielt wird, in Richtung all der fahrenden Mercedes-Wagen, die von der weißen Fenster-Marmor-Wand beinahe zum Halten gebracht werden und dennoch vorüberhuschen, als sei die CDU ein widerständiger und doch am Straßenrand vorbeiwinkender Partner? Ist Architektur so wörtlich zu nehmen, wörtlich wie alle jene architektonischen Markenzeichen der Aufsichtsratvorsitzendenwelt? Doch derart glatt kommen wir nicht vorbei. Hundert Schritt zurück auf dieser visuellen Anlauframpe tritt der als Fußgänger sich Bescheidende auf einen Eingang zu, der in altdeutschen Buchstaben zur Unions-Schenke ruft (Abb. 4). Daneben, zur Linken, hängen zwei

4 Parteizentrale der CDU, Bonn, Eingang zur Union-Schenke.

Heuwagenräder an der zarten Stütze des zierlichen Hochhauses. Wer sich von dieser Gemütsdekoration angezogen fühlt, kommt herein auf einen Kieselplatten-Platz und findet dort, einzeln, glatt auf den Boden gestellt, zwischen aller weißen Modernität den alten Pferdewagen selbst mit seltsam abgekappter Deichsel – ein Versprechen auf solid-heimatliche Kulinarik, die in der Unionsschenke zu erwarten steht: Jägerschnitzel oder Nürnberger Würstchen auf Kraut. Das ist vertraute Sphäre, vertraut ist diese Modernität mit den Sentiment-Zitaten, einzeln, isoliert, ausgespuckt, von Wünschen verweht. Bonner Staatsarchitektur, Parlamentarierikonologie: die Image-Tracht des Parteischlosses.

Man sah dort einen Freund Bonns stehen, aus Kenia wohl oder aus einem anderen Tropenland. Er stand dort in farbig-luftigen Gewändern und wollte zur CDU, stand und stand, stand buchstabierend vor dem Pferdewagen auf dem Kieselplattenplatz und suchte wohl nach Sinn und Gehalt. Wer wollte es ihm erklären?

3. Ein neues Bundeshaus

Die jüngst errichteten Bonner Partei- und Regierungsbauten haben schlagend deutlich gemacht, daß es nicht hinreichen kann, Bauaufgaben, die die Gegenwart eines Staatswesens versinnbildlichen und gleichzeitig dieser aus der Provinzialität herausstrebenden Hauptstadt einen prägnanteren Charakter verleihen sollten, mit den Mitteln der Bürohausrepräsentation zu lösen. Ein Bundeshaus kann keine Wegwerfarchitektur werden, die man je nach Bedarf austauscht. Sein Erscheinungsbild wird ebenso wichtig sein wie sein bloßes Funktionieren; eine Baugestalt aber, die zu einem identifizierbaren Zeichen für ein identitäts-unsicheres Volk werden sollte, kann sich ebensowenig in der Belanglosigkeit des überall Gehabten erschöpfen, wie sie alle zwanzig Jahre durch ein anderes Zeichen ausgetauscht werden kann. Die Phantasie der Architekten muß also hinreichen, neben all den naheliegenden Forderungen nach günstigen Verkehrswegen, nach sinnvoller Raumaufteilung oder gar nach einer guten Durchlüftung, eine Form zu finden, deren Ausdrucksgehalt nicht nur augenblickliche Impressionstiefe garantiert, sondern die auf Dauer glaubhaft sein kann. Auf Dauer glaubhaft zu sein bedeutet, daß sich eine augenblicklich gültige Stilmode am wenigsten eignet, davor zu bewahren, morgen schon auf ein Bundeshaus zurückblicken zu müssen wie auf eine modische Hinterlassenschaft. Identitätsgewinn vollzieht sich als ein Prozeß, der währende Identifizierung erlaubt. Stil in der Architektur nähert sich heutzutage mehr denn je einer Warenästhetik, die mit den wechselnden Moden Verpackungen wechselt. Sollte das Abgeordnetenhaus, wie es die Architektengemeinschaft von Wolff vorschlägt, wirklich gebaut werden, so riskiert die Bundesrepublik eine Form der Selbstdarstellung, die eben wegen ihrer Modebewußtheit ebenso vergänglich ist, wie eine Röhrenhose von gestern. Das von Wolffsche Projekt hat die Durchschlagskraft eines Stilaugenblicks, nicht aber die Überzeugungskraft der Dauer. Es arbeitet mit den Reaktionsmitteln, die in der Bundesrepublik seit etwa zwei Jahrzehnten üblich sind. Sobald der rechte Winkel eines Mies van der Rohe Überdruß schafft, kommt die malerische Unregelmäßigkeit eines Hans Scharoun zu ihrem Recht. Sobald die kristallinen Glashäuser nichts mehr gelten, zieht das amorphe Felsengebirge in die Cities ein. Das Architekturschiffchen schwankt auf den Modewellen eines rechtwinkligen Scheinrationalismus und einer expressiven Durchschlagsambition.

Von Wolffs Bundeshaus ist ein klassisches Reaktionsgebilde, das sich, nach allen Richtungen organisch fortwachsend, in die Bonner Rheinufer-Landschaft legt wie ein eindrucksvolles Kongreßhotel an der Costa Brava; daneben steht ein Parlamentsbau, der wie ein gigantomaner Tanzpavillon seine hübsche Faltdachkuppel dem »Langen Eugen« entgegenhält. Was aber nutzt ein Bundeshaus, an dem die Preisrichter die Funktionsgerechtigkeit rühmen, den Mangel an Form jedoch am Rande mit bewerten, als ginge es hier um das stets so nebensächliche Ästhetische? Die Feststellung einiger Preisrichter, daß die vorgeschlagenen Fassadendetails nicht geglückt seien, ist ein Hinweis darauf, was wir zu erwarten haben. Ein Bundeshaus, an dem alles stimmen mag, die Zufahrtswege, der öffentliche Begegnungsraum (der wohl von einem Dutzend Soldaten ständig bewacht werden müßte), die Belüftungsanlage und die Klimatechnik – nur eines nicht: die Form. Das vorgelegte Fassadendesign läßt erkennen, woran es den Architekten mangelt: an Fähigkeit, die Gestalt des Ganzen auch im Detail zu begründen, also visuelle Präzisierung über die Willkür bloßer Dekorationsgeschmäcklerei hinauszuheben.

Das andere aus einem langen Entscheidungsprozeß hervorgegangene Projekt, der Entwurf der Behnisch-Gruppe (Abb. 5), der in Gefahr ist, dem Wolffschen Projekt geopfert zu werden, hat eine Reihe von Qualitäten, die es unverständlich machen, wie ein solcher Entwurf aus der Perspektive der Infrastruktur-Fanatiker im ersten Anlauf hat zurückgewiesen werden können. Wenn klimatechnische Bedenken bereits zu einem Zeitpunkt in die Waagschale geworfen werden, zu dem es nur um die Gesamtkonzeption ging, so triumphiert der Zweckrationalismus einer verengten Perspektive über das soziale und ästhetische Versprechen, das dieser Entwurf einzulösen imstande wäre. Behnischs Vorschlag, für den Abgeordnetenbereich mit einer Reihe von Rundbauten das riesige Raumprogramm funktional sinnvoll zu untergliedern und damit für etwa 4000 Menschen unterschiedliche, jedoch im Zusammenhang stehende Kommunikationszentren zu schaffen, ist dem üblichen Unverständnis begegnet, jeden Büroraum-Quadratmeter gegen den Kommunikationsraum aufzurechnen. Wenn irgendwo, so wäre es in einem Bundeshaus geboten, das einzelne Abgeordneten-Büro nicht wichtiger zu nehmen als jene Räume, die gewöhnlich zur bloßen Rennbahn entarten, die sogenannten Verkehrswege. Politik ist eine Sache des Disputs, des Austauschs, der Meinungsbildung. In Behnischs Abgeordneten-

5 Bundesbauten in Bonn (Westbewerbsentwurf). Architekt: Behnisch & Partner, 1974.

häusern werden die Flure zu Hallen, die sich um Lichtkuppeln zentrieren (Abb. 6); sie werden in Ergänzung zum einzelnen Büro zu Aufenthaltsräumen, die der üblichen silohaften Raumordnung von Bürohäusern entgegenwirken. In dieser von Pflanzen und Sitzmöbeln gelockerten Atmosphäre wäre die wie im Nebenbei

6 Bundesbauten in Bonn, Abgeordnetenhaus (Wettbewerbsentwurf). Architekt: Behnisch & Partner, 1974 (Photo: Behnisch & Partner).

kommunikative Offenheit mitgegeben, die eine Gesellschaft ohne Starre in legerer Großzügigkeit möglich macht. Architektur ist in der Lage, die Stimmungen und Regungen zu wecken, an denen es in der Bonner Abgeordnetenwelt so sehr mangelt: die kleinbürgerliche Enge der emsigen Zielrichtung durch ein Einsprengsel vom sozialen Laisser-faire zu humanisieren, ja zu kultivieren. Wer Behnischs Schule (Abb. 7) in dem etwas entlegenen Württembergischen Städtchen Lorch kennt, hätte einen Vorstellungsmaßstab, die Abstraktheit der Architekturmodelle für das Bundeshaus mit Leben auszumalen. Hier haben die Flure um eine zentrale Kuppel herum die Heiterkeit wie nirgends in einem halböffentlichen Raum (Abb. 8). Sie werden zu Treffpunkten, ohne zu zwingen. Der Kuppelraum wird als Spiel- und Versammlungshalle genutzt. Diese Umgebung gibt an die Schüler wie an die Lehrer Verhaltensimpulse weiter, die die funktionstüchtige Tristesse solcher Anstalten gänzlich verwandelt in Einladung und freundlichen Aufenthalt. Die zu den bedeutendsten modernen Bauten von internationalem Rang zählende Schule von Lorch, die mit anderen Werken Behnischs angesichts der Imposanz des Münchener Olympiazelts der öffentlichen Aufmerksamkeit weitgehend entging, könnte als ein Modell im Kleinen für das Bundeshaus angesehen werden, hätte sie je die Chance gehabt, von den verantwortlichen Urteilenden zum Vergleich herangezogen zu werden. Hier nämlich wird klar, daß all die vordergründigen Assoziationen, die Behnischs Bundeshaus-Entwurf mit dem Washingtoner Watergate-Hotel oder mit Oskar Niemeyers Baudenkmälern zusammenbrachten, an allem vorbeigehen, was dieser Entwurf an sozialem und ästhetischem Potential enthält.

Sich dessen bewußt zu sein, daß die Form des Bundeshauses eine städtebauliche wie staatspolitisch eminent wichtige Rolle spielt, heißt nicht, schon zu wissen, welchen anschaulichen Charakter sie vermitteln soll. An dieser Frage sind nicht die Architekten der Behnisch-Gruppe gescheitert, als vielmehr die am Entscheidungsprozeß beteiligten Urteilenden. Wenn zum Beispiel der Architektur-Soziologe Lucius Burckhardt in seinem in vielen Passagen glänzenden Gutachten Behnischs Projekt einer Architekturhaltung der Zeit um 1960 zuordnet und in der Gesamtanlage eine zu geringe Flexibilität und Wandelbarkeit wiederfindet, so spricht daraus zweierlei Fehleinschätzung: zum einen, Veränderbarkeit der Baustruktur dort zu suchen, wo sie aufgrund des Bauauftrages nicht gewollt sein kann; zum anderen, nicht in der Lage zu sein, das

7 Progymnasium, Lorch/Württemberg. Architekt: Behnisch & Partner, 1972/73.

generalisierende Modell nach Maßgabe des Behnisch zur Verfügung stehenden Detaillierungs-Repertoires zu beurteilen. Die Großform wird als unnachgiebiges Einzelmonument gesehen, als habe Behnisch Mies van der Rohes oder gar Le Corbusiers Muster in die Rundform uminterpretiert. Die Schule von Lorch ist Beispiel dafür, wie aus der vollen Ausschöpfung technischer Konstruktionsdetails eine überzeugend gegenwärtige Sprache entsteht, die die Großform entmonumentalisiert, ihr also den Ausdruck spielerischer, ans Populäre herankommender Leichtigkeit gibt, ohne jedoch, wie Mies es tat, die Fassadenelemente bis zur unantastbaren Veredelungssterilität zu ästhetisieren. Aus dem technischen Repertoire der Gegenwart entsteht ein Gesamtausdruck, der die dekorative Willkür zur artifiziell unglaubwürdigen Verschönung nicht nötig hat, dennoch aber einen strahlend entgegenkommenden, die fernhaltende Aura durchbrechenden Impetus auf das Publikum hin entwickelt. Erst diese unter deutschen Architekten äußerst seltene Fähigkeit, Frei Ottos Leichtbaufreundlichkeit für strengere Aufgaben einzusetzen, macht es Behnisch möglich, an einer Großform festzuhalten, die ihrerseits sowohl für ein gelichtetes Image staatlicher Repräsentation nötig ist als auch für die urbanistische Gestalt der unentschieden zwischen Provinz und Staatszentrum oszillierenden Hauptstadt Bonn. Die visuell einprägsame Grundform von Rundhäusern wäre für dieses im rechten Winkel funktionalistisch abgesackte Regierungsviertel eine befreiende Form gewesen, die gleichzeitig ein Signal gesetzt hätte für ein städtebaulich dringend benötigtes Konzentrat. Unter diesem Aspekt kann man auch nicht nach Flexibilität verlangen, die die Gestalt zugunsten stetig sich ändernder Brauchbarkeit opfert. Darin liegt die zweite Fehleinschätzung, ein Bundeshaus nach Anpassungskriterien sich ändernder Funktionen formal »offen« halten zu wollen. Behnischs Vorschlag, deutlich faßliche Grundformen – aus Kreis und Kreissegment entwickelt – mit einer technisch gelichteten Detaillierung zu verbinden, wäre die Form für eine Bauaufgabe gewesen, die dem Ausdrucksverlangen eines demokratischen Staatswesen mit gegenwärtigen Mitteln der Architektur, wenn nicht eine Erfüllung, so doch einen Ausblick auf Erhoffenswertes bereitgestellt hätte: eine gewisse Größe, die sich der Machtdemonstration versagt, Staatlichkeit ohne Herrschaftsmonumentalität. Wenn dies nicht gelingen sollte, so hat ein nach anderen Werten schielendes Bewußtsein dem zumindest ästhetisch Möglichen die Realisierung verboten.

8 Progymnasium, Lorch/Württemberg, Pausenhalle. Architekt: Behnisch & Partner, 1972/73 (Photo: Behnisch & Partner).

Behnisch ist kein bequemer Architekt. Um der glatten Abwicklung willen ist schon immer Phantasie preisgegeben worden. Dem Büro von Wolff sind etwa drei Viertel des Gesamtbauvolumens zugeschlagen, also der gesamte Abgeordnetenbereich. Damit hätte wieder einmal, wie so häufig in jüngster Zeit, eine überregional bedeutsame Bauaufgabe eine knapp überdurchschnittliche, nicht aber die besondere Lösung gefunden.

Dank und Drucknachweis

Verlag und Herausgeber danken den Autoren bzw. ihren Rechtsnachfolgern, den Verlagen und Institutionen für ihre freundliche Genehmigung zum Abdruck der hier zusammengestellten Aufsätze und für die Überlassung des Bildmaterials. Besonderer Dank gilt der Bibliotheca Hertziana, Rom, die alle Abbildungen im Aufsatz von W. Lotz und die Abb. 30 im Aufsatz von St. von Moos zur Verfügung stellte, sowie dem Warburg Institute, London, für die Abb. 1, 2, 5, 7, 8, 11, 13, 15, 19 und 21 im Beitrag von F. Saxl. Nachfolgend die Quellen der Erstveröffentlichung der einzelnen Aufsätze:

Günter Bandmann, ›Ikonologie der Architektur‹. In: *Jahrbuch für Ästhetik und allgemeine Kunstwissenschaft,* 1951, S. 67–109. © Roswitha Bandmann-Hespe; Ferdinand Enke Verlag, Stuttgart.

Fritz Saxl, ›The Capitol during the Renaissance – A Symbol of the Imperial Idea‹. Vortrag am Institute of Education, Italian Conference, Jan. 1938. Erschienen in: F. Saxl, *Lectures,* Bd. I., S. 200–214, The Warburg Institute, University of London, London 1957. © The Warburg Institute, London. Aus dem Englischen von Reinhard Kaiser.

Stanislaus von Moos, ›The Palace as a Fortress: Rome and Bologna under Pope Julius II.‹. In: Henry A. Millon and Linda Nochlin (ed.), *Art and Architecture in the Service of Politics,* Cambridge, Mass./London 1978, S. 46–79. © The MIT Press, Cambridge, Mass./London. Aus dem Englischen von Reinhard Kaiser.

Hans Sedlmayr, ›Allegorie und Architektur‹. In: H. Sedlmayr, *Epochen und Werke,* II, Wien 1959, S. 235–248. © Mäander Kunstverlag, München.

Wolfgang Lotz, ›Die Spanische Treppe. Architektur als Mittel der Diplomatie‹. Für Richard Krautheimer zum 70. Geburtstag. In: *Römisches Jahrbuch für Kunstgeschichte,* Bd. 12, 1969, S. 41–74 (die Anhänge zu diesem Aufsatz, S. 75–94, sind hier nicht abgedruckt). © Hilde Lotz; Bibliotheca Hertziana, Rom; Verlag Ernst Wasmuth, Tübingen.

Leopold Ettlinger, ›Denkmal und Romantik. Bemerkungen zu Leo von Klenzes Walhalla‹. In: *Festschrift für Herbert von Einem*, Berlin 1965, S. 60–70. © Leopold Ettlinger; Gebr. Mann Verlag, Berlin.

Angela Schönberger, ›Die Neue Reichskanzlei in Berlin von Albert Speer‹. In: *Die Dekoration der Gewalt,* hg. v. B. Hinz, H.-E. Mittig, W. Schäche. A. Schönberger, Gießen 1979, S. 163–172. © Anabas-Verlag, Gießen.

Erich Maschke, ›Die Brücke im Mittelalter‹. In: *Historische Zeitschrift,* Bd. 224, 1977, S. 265–292. Unveränderte, mit Anmerkungen versehene Fassung des Vortrages, der am 15. November 1975 im Rahmen der Tagung des Südwestdeutschen Arbeitskreises für Stadtgeschichtsforschung mit dem Gesamtthema »Die Stadt am Fluß« in Kehl a. Rh. gehalten wurde. © Wolfram Maschke; R. Oldenbourg Verlag, München.

Helmut Maurer, ›Die Ratskapelle. Beobachtungen am Beispiel von St. Lorenz in Konstanz‹. In: *Festschrift für Hermann Heimpel,* Bd. 2, Göttingen 1972, S. 225–236 (= Veröffentlichungen des Max-Planck-Instituts für Geschichte 36/II). © Helmut Maurer.

Rudolf Wittkower, ›English Neo-Palladianism, the Landscape Garden, China and the Enlightenment‹. In: *L'Arte* 6, 1969, S. 18–35, sowie leicht gekürzt in: R. Wittkower, *Palladio and English Palladianism,* London 1974. Eine erste Fassung dieses Aufsatzes wurde auf den *Humanities Conferences* an der Ohio State University im April 1965 vorgetragen. © Margot Wittkower. Aus dem Englischen von Michael Bischoff.

Paul F. Norton, ›Latrobe Classicism. The Classic Style in the United States Capitol as Modified by Latrobe and Jefferson‹. In: *Actes du XVIIIme Congrès International d'Histoire de l'Art,* La Haye 1955, S. 507–519. © Paul F. Norton. Aus dem Amerikanischen von Michael Bischoff.

George H. Weitzman, ›The Utilitarians and the Houses of Parliament‹. In: *Journal of the Society of Architectural Historians,* XX, 1961, S. 99–107. © Society of Architectural Historians. Aus dem Amerikanischen von Michael Bischoff.

Tilmann Buddensieg, ›Die Kaiserlich Deutsche Botschaft in Petersburg von Peter Behrens‹. In: *Frankfurter Allgemeine Zeitung,* 3. 11. 1979 (in gekürzter Form), und in: *neue heimat* 12/1979. © Tilmann Buddensieg.

Heinrich Klotz, ›Ikonologie einer Hauptstadt – Bonner Staatsarchitektur‹. In: H. Klotz, *Gestaltung einer neuen Umwelt. Kritische Essays zur Architektur der Gegenwart,* Luzern und Frankfurt/M. 1978, S. 45–55. © Verlag C. J. Bucher, München und Luzern.

DuMont Taschenbücher

Stand Herbst '83

2 Janson, Malerei unserer Welt
3 Macke, Die Tunisreise
4 Schneede, Magritte
6 Thomas, DuMont's kleines Sachwörterbuch zur Kunst des 20. Jahrhunderts
8 Geelhaar, Klee
12 Pierre, DuMont's kleines Lexikon des Surrealismus
13 Muller, DuMont's kleines Lexikon des Expressionismus
14 Jensen, C. D. Friedrich
15 Klein, DuMont's kleines Sachwörterbuch der Drucktechnik und grafischen Kunst
17 Stoll, Asterix
18 Richter, Geschichte der Malerei im 20. Jahrhundert
22 Brückner, Elfenreigen – Hochzeitstraum
23 Keller, Chagall
25 Sterner, Jugendstil
26 Jensen, Spitzweg
27 Bihalji-Merin, Die Malerei der Naiven
29 Stützer, Die Etrusker
30 Pawlik, Malen lernen
31 Selz, DuMont's kleines Lexikon des Impressionismus
32 Schneede, Grosz
33 Panofsky, Sinn und Deutung in der bildenden Kunst
35 van Uitert, van Gogh
38 Tetzlaff, Romanische Kapitelle in Frankreich
39 Elffers, TANGRAM
41 Petzet, Vogeler – Zeichnungen
43 Krons, Gestalten mit Papier
44 Baumgart, DuMont's kleines Sachlexikon der Architektur
45 Jensen, Ph. O. Runge
47 Vogt, Der Blaue Reiter
48 Hofstätter, Beardsley
50 Fiedler, Schriften über Kunst
52 Krichbaum/Zondergeld, DuMont's kleines Lexikon der Phantastischen Malerei
54 Thomas/de Vries, DuMont's Künstler-Lexikon von 1945 bis zur Gegenwart
55 Schreiner, Kreatives Arbeiten mit Textilien
56 Tetzlaff, Romanische Portale in Frankreich
57 Adriani, Toulouse-Lautrec und das Paris um 1900
58 Schöttle, DuMont's Lexikon der Fotografie
59 Munsterberg, Zen-Kunst
60 Hofstätter, Moreau
61 Schuster/Beisl, Kunst-Psychologie
63 Neuhaus, Werken mit Ton
65 Küppers, Das Grundgesetz der Farbenlehre
66 Loyd/Gardner, Mathematische Rätsel und Spiele
67 Baumgart, »Blumen-Brueghel«
68 Krichbaum, Altdorfer
69 Burger, Norwegische Stabkirchen
70 Gombrich, Kunst und Fortschritt
71 Pierre, DuMont's kleines Lexikon der Pop Art
72 Schuyt/Elffers/Ferger, Rudolf Steiner und seine Architektur
73 Sterner, Barcelona: Antoni Gaudi
74 Kleßmann, Die deutsche Romantik
77 Hainke, Siebdruck
78 Rüdiger, Die gotische Kathedrale
79 Kallir, Grandma Moses
80 Wick/Wick-Kmoch, Kunst-Soziologie
81 Fischer, Erotik und Askese in Kult und Kunst der Inder
83 Kaemmerling, Bildende Kunst als Zeichensystem 1
84 Leber, Plastisches Gestalten
85 Loyd/Gardner, Noch mehr Mathematische Rätsel und Spiele

86 Arnheim, Entropie und Kunst
87 Giffhorn, Kritik der Kunstpädagogik
88 Walters/Sterner, Jugendstil-Graphik
89 Tetzlaff, Griechische Vasenbilder
90 Grassi, Die Theorie des Schönen in der Antike
91 Leber, Aquarellieren lernen
93 Elffers/Schuyt, Das Hexenspiel
94 Schreiner, Puppen & Theater
95 Hennig, Japanische Gartenkunst
96 Vierhuff, Die Neue Sachlichkeit
98 Clausberg, Kosmische Visionen
99 Fischer, Wasserburgen im Münsterland
100 Schulz, Der olle Hansen und seine Stimmungen
101 Freier, Fotografieren lernen – Sehen lernen
102 Vogel-Köhn, Rembrandts Kinderzeichnungen
103 Badt, Die Farbenlehre van Goghs
104 Hansmann, Die Apokalypse von Angers
105 Foerster, Das Barock-Schloß
106 Gardner, Mathematik und Magie
107 Elffers/Schuyt/Leeman, Anamorphosen
108 Adriani/Konnertz/Thomas, Joseph Beuys
109 Fischer, Hanse-Städte
110 Spitzing, Das indonesische Schattenspiel
111 Presler, L'Art Brut
112 Adrion, Die Kunst zu zaubern
113 Bialostocki, Stil und Ikonographie
114 Schulz, Der Kuckuck und der Esel
115 Hofmann, Ton
116 Champion, DuMont's Lexikon archäologischer Fachbegriffe und Techniken
117 Assunto, Die Theorie des Schönen im Mittelalter
118 Polin/Rain, Wie man besser flippert
119 Petsch, Geschichte des Auto-Design
120 Grünebaum, Buntpapier
121 Berger, Malerinnen auf dem Weg ins 20. Jahrhundert
122 Schmidt-Brümmer, Wandmalerei
123 Winzer, DuMont's Lexikon der Möbelkunde
124 Dohmen, Die Lithographie
125 Vielmuth/Kandorfer, Fachwort-Lexikon Film · Fernsehen · Video
126 Kellerer, Der Sprung ins Leere
127 Schulz, Rapunzel
128 Bro, Wie lerne ich zeichnen
129 Koch-Hillebrecht, Die moderne Kunst
130 Gruber/Vedder, DuMont's Handbuch der Video-Praxis
131 Keilhauer, Die Bildsprache des Hinduismus
132 Merker, Die bildenden Künste im Nationalsozialismus
133 Salberg-Steinhardt, Die Schrift
134 Pochat, Der Symbolbegriff in der Ästhetik und Kunstwissenschaft
135 Schüssler, Die ägyptischen Pyramiden
136 Harjes, Handbuch zur Praxis des Freien Theaters
137 Pevsner, Wegbereiter moderner Formgebung
139 Schulz, Guten Tag!
140 Schmidt-Brümmer, Alternative Architektur
141 Stützer, Die Kunst der römischen Katakomben
142 Wittkower, Allegorie und Wandel der Symbole in Antike und Renaissance
143 Warnke, Politische Architektur
144 Magall, Kleine Geschichte der jüdischen Kunst
145 Fixx, Rätsel und Denkspiele mit Seitensprung